Manuali universitari 39
Architettura

Parte dei contenuti di questo libro è stata elaborata nell'ambito del Progetto di ricerca di rilevante interesse nazionale MIUR 2004, *Procedure di progettazione e sperimentazione di tecnologie innovative per edilizia residenziale a basso impatto ambientale in interventi di nuova edificazione e recupero* (coordinatore nazionale prof. Ettore Zambelli, coordinatore locale prof. Fausto Novi).

I lettori che desiderano
informazioni sui volumi
pubblicati dalla casa editrice
possono rivolgersi direttamente a:

Carocci editore
Via Sardegna 50
00187 Roma
TEL 06 42 81 84 17
FAX 06 42 74 79 31

Visitateci sul nostro sito Internet:
http://www.carocci.it

Andrea Giachetta Adriano Magliocco

Progettazione sostenibile

Dalla pianificazione territoriale all'ecodesign

Carocci editore

Salvo i contributi forniti da Luca Mercalli (*Presentazione*), Lucien Kroll (cap. 1, par. 2), Silvia Soppa (cap. 2, par. 6), Marcello Brancucci (cap. 2, par. 7), Paolo Genta (cap. 2, par. 8), Stefano Bergero e Anna Chiari (cap. 5, par. 14), Thomas Smith (cap. 5, par. 15), tutti gli altri paragrafi (in numero di 20 a testa) sono stati scritti da Andrea Giachetta e Adriano Magliocco, che, insieme, hanno impostato la struttura del libro, coordinato gli interventi esterni, scelto il taglio della comunicazione.
Più in dettaglio:
Andrea Giachetta ha scritto le parti introduttive dei capp. 1, 2, 3 e i paragrafi: cap. 1, par. 1; cap. 2, parr. 1, 3, 5; cap. 3, parr. 1, 2, 3 e 4; cap. 4, parr. 1, 3; cap. 5, parr. 1, 3, 4, 7, 10, 11, 13 e tutti i relativi sottoparagrafi.
Adriano Magliocco ha scritto le parti introduttive dei capp. 4, 5, 6, 7 e i paragrafi: cap. 2, parr. 2, 4; cap. 4, par. 2; cap. 5, parr. 2, 5, 6, 8, 9, 12; cap. 6, parr. 1, 2, 3, 4; cap. 7, parr. 1, 2, 3 e i relativi sottoparagrafi salvo cap. 5, par. 6.4, scheda di prodotto fornita dalla Infinity Motion. Cap. 7, par. 2 è stato realizzato da Adriano Magliocco con la collaborazione di Alessia Massone.
Andrea Giachetta ha tradotto il testo di Lucien Kroll, Adriano Magliocco quello di Thomas Smith.

1ª ristampa, ottobre 2007
1ª edizione, marzo 2007

Finito di stampare nell'ottobre 2007
per i tipi delle Arti Grafiche Editoriali Srl, Urbino

ISBN 978-88-430-4091-9

Indice

Presentazione

di *Luca Mercalli*

In genere mi capita di tenere una conferenza sui cambiamenti climatici ogni settimana. Dopo una trentina di diapositive su ghiacciai in ritiro, emissioni di gas serra, siccità e grafici sull'andamento crescente della temperatura, viene il momento del "che fare?". È controproducente limitarsi ad annunciare che esiste un problema ma non vi sono soluzioni. Ecco allora che diventa normale spingersi nel campo dell'uso dell'energia e partire da lì per cambiare punto di vista. Un uso che è più che altro un abuso, e pure maldestro, in quanto mette insieme lo spreco – come tutti gli sprechi, un atto di stupidità – con la temerarietà, ovvero le conseguenze presenti e future sull'ambiente e la nostra salute. La casa d'abitazione e il luogo di lavoro sono i luoghi d'elezione dove questi crimini termodinamici vengono compiuti, un po' per ignoranza, un po' per pigrizia, un po' per indifferenza, un po' per superficialità... e talora anche un po' per arroganza. Cominciare l'educazione al buon uso dell'energia dalla casa è quindi una tappa obbligata. Ma c'è di più. Per chi si occupa di clima, il mondo dell'edilizia ecocompatibile presenta infatti un secondo punto di contatto: i parametri climatici di una certa località sono infatti un elemento indispensabile per procedere alla progettazione, dalla valutazione dell'energia solare disponibile alla temperatura dell'atmosfera esterna o all'umidità di quella interna, giusto per citare alcuni temi di rilievo.

Queste considerazioni servono ovviamente a consolidare rapporti di collaborazione e interdisciplinarità tra la piccola comunità dei climatologi e quella assai più vasta di architetti, ingegneri, termotecnici e via discorrendo. Intravedo un futuro ricco di relazioni con reciproco beneficio.

Ma torniamo alla nostra conferenza. Il pubblico recepisce dati e scenari fino ad accorgersi che la propria casa è un colabrodo energetico. Gli si spiega che esistono brillanti soluzioni per isolare termicamente tetto, pareti, serramenti, che si può installare un impianto di riscaldamento sobrio e di modesta potenza, che si può produrre acqua calda ed energia elettrica con il Sole. Il tutto a costi moderati, con un risparmio immediato che fa rientrare in breve dell'investimento, con un confort ancora superiore a quello della casa nel suo stato precedente, e in più facendo pure un favore all'equilibrio climatico e mettendosi al riparo dai futuri e inevitabili aumenti di prezzo, se non vere e proprie carenze, di combustibili fossili.

Bene, il lavoro di sensibilizzazione è concluso, arrivano le domande e le richieste di consigli pratici alla portata del singolo, e qui casca l'asino. Tutta questa attenzione, questa voglia di agire, di fare qualcosa, vengono ben presto vanificate dalla confusione normativa, dalla mancanza di solidi punti di riferimento, dalla tragica impreparazione degli operatori del settore, pronti talora a scoraggiare piuttosto che a promuovere nuovi approcci all'uso intelligente e razionale dell'energia. Beninteso, vi sono paesi come la Svizzera e la Germania che hanno attivato precisi percorsi formativi e attuativi con il rassicurante marchio dello Stato, ci sono anche in Italia isole di intraprendenza che fanno scuola, è ovvio che penso a CasaClima della Provincia autonoma di Bolzano. Ma altrove, in Italia, il nulla: sembra di essere su un altro pianeta allorché si propongono soluzioni che a poche centinaia di chilometri funzionano da decenni e vengono applicate con regolare naturalezza.

Ecco dunque che una guida come questa è da accogliere con somma soddisfazione in questo deserto culturale, sia per i contenuti frutto non solo di teoria bensì di esperienza sul campo, sia in quanto mi auguro possa diventare uno di quei punti di riferimento per quanti, ormai consapevoli che un cambiamento di rotta è necessario, sono privi di una mappa che indichi loro le direzioni da scegliere.

Ringraziamenti

Diverse persone ci hanno permesso di realizzare questo testo. Vorremmo pertanto ringraziare: Luca Mercalli, Lucien Kroll, Silvia Soppa, Marcello Brancucci, Paolo Genta, Stefano Bergero, Anna Chiari, Thomas Smith, che hanno fornito – attraverso i loro saggi e interventi specialistici – un indispensabile contributo all'arricchimento dei contenuti di questa guida; Alessia Massone per averci permesso di utilizzare i risultati del suo lavoro di ricerca; Thomas Herzog, Michael Hopkins e, in modo particolare, Georg Wolfgang Reinberg – insieme a Lucien Kroll, progettisti di fama internazionale –, che ci hanno inviato e permesso di pubblicare materiale documentario di estremo interesse sul proprio lavoro e, insieme a loro, per lo stesso motivo, gli architetti designer Marco Capellini e Paolo Cogliati; Alberto Natale e Paola Rissotto per le foto dei loro progetti; l'azienda Chenna e l'azienda All Paper Recycling Inc. per le foto dei loro prodotti; Pablo Dettoni, Gianluca Lavalle, Silvia Aresca, Giacomo Cassinelli, Federica Denegri per i loro render; Lorenzo Gallo (Infinity Motion), per le schede illustrative di prodotto.

Vorremmo poi ringraziare: Laura Bronzin, che ha condiviso con noi diverse delle esperienze lavorative citate in questo libro, letto e controllato alcune bozze dei capitoli di quest'ultimo; l'editore che ha, da subito, creduto in questo progetto sostenendolo anche nelle variazioni intercorse in fase di stesura e le diverse persone della casa editrice che hanno seguito lo svolgimento del lavoro. Infine vorremmo ringraziare Rossana Raiteri e Fausto Novi, nel gruppo di ricerca dei quali ci siamo formati, maturando l'interesse per i temi che sono divenuti oggetto di questo libro.

1 Introduzione alla progettazione ecologica

Per definizione, l'**ecologia** (*οικος*, "casa, ambiente", e *λογος*, "discorso"), neologismo del 1866 dovuto al biologo evoluzionista Ernst Haeckel, è «la scienza che tratta dei rapporti tra gli organismi viventi e l'ambiente in cui vivono e si sviluppano» (Vercelloni, 1992, p. 13).

Progetto ecologico

Che cosa sono, allora, la progettazione territoriale e del paesaggio, l'urbanistica, l'architettura e il design, in quanto strumenti che regolano le diverse forme del rapporto tra l'organismo vivente uomo e l'ambiente in cui vive e si sviluppa, se non specifiche declinazioni del concetto di "ecologia"?

Il progetto dell'ambiente costruito, in tutte le sue forme, dovrebbe essere ecologico per definizione, proprio perché struttura i rapporti tra l'uomo e il suo ambiente di vita; dovrebbe, cioè, essere concepito in funzione delle specifiche caratteristiche ambientali (climatiche, fisiche, sociali, culturali) del luogo di intervento, nel rispetto di tutte le sue risorse, evitando il loro spreco e inquinamento.

Non dovrebbero avere alcun senso, dunque, espressioni quali "pianificazione sostenibile", "edilizia bioclimatica", "architettura ecocompatibile", "bioarchitettura", "ecodesign", in quanto pleonastiche. Tuttavia sono, invece, così evidenti le ripercussioni sull'ambiente, legate alla realizzazione e alla gestione di insediamenti umani, che non si può fare a meno di pensare che occorra, oggi, una **ridefinizione del progetto** – anche esplicita – in senso ecologico.

Effetti dell'antropizzazione del territorio

L'antropizzazione del territorio ha infatti prodotto e continua a produrre effetti rilevanti in relazione al **consumo di risorse non rinnovabili**, energetiche, territoriali e materiali. Così che nelle società occidentali, per esempio, più di un terzo dei consumi energetici è ascrivibile al controllo termico e luminoso degli edifici, senza considerare le ingenti risorse impiegate per le opere di costruzione.

La realizzazione di insediamenti umani implica inquinamento dell'aria, delle acque e del suolo, acustico ed elettromagnetico, con conseguenze devastanti per l'ambiente e notevoli ripercussioni anche sulla salute dell'uomo; per non parlare degli effetti prodotti sugli assetti territoriali – geologico, idrogeologico, vegetazionale, faunistico – e dello svilupparsi di proble-

mi sempre più pressanti legati al traffico veicolare, allo smaltimento dei rifiuti, alla presenza di sostanze tossiche, anche tra quelle impiegate per i materiali destinati a costruire e costituire gli spazi che abitiamo.
Solo per rendere l'idea si possono riportare alcuni dati: la produzione di anidride carbonica dovuta al riscaldamento degli edifici è pari a circa la metà di quella totalmente immessa nell'atmosfera; quasi la metà delle emissioni di altri agenti inquinanti, che contribuiscono alla formazione dell'effetto serra, come l'anidride solforosa e il biossido di azoto, è ancora ascrivibile al settore delle costruzioni; in questo settore viene utilizzato circa il 40% dei materiali complessivamente impiegati ogni anno nel mondo (Faconti, Piardi, 1998, p. 23). La sempre maggiore diffusione di condizionatori, la massiccia presenza di costruzioni e superfici vetrate, la carenza di aree verdi, il traffico cittadino provocano sensibili innalzamenti di temperatura all'interno delle aree urbane innescando processi convettivi che incidono profondamente sulle condizioni microclimatiche locali e sulla formazione e concentrazione di sostanze nocive nell'aria, con effetti rilevanti sulla salute dell'ambiente e dell'uomo (dalle irritazioni alle mucose e alle vie respiratorie fino a patologie come il cancro).

Riconoscimento del problema ambientale

Il riconoscimento del problema ambientale, così come brevemente delineato, ha attraversato diverse fasi, fondandosi anche sull'evoluzione del pensiero scientifico (attraverso autori come Prigogine e Strangers) e sulla conseguente messa in crisi del **paradigma newtoniano**, che ha reso l'uomo più cosciente del suo essere parte intrinseca – e non più soggetto dominante – della natura, comportando un ripensamento circa il valore etico e simbolico del suo operare trasformazioni nell'ambiente che abita. Le principali fasi di questa presa di coscienza sono sostanzialmente due: la prima (anche da un punto di vista temporale) è fortemente legata alla paura dell'**esaurimento delle risorse**, cioè a un comparto specifico del più generale problema ambientale; la seconda, invece, è legata alla definizione più ampia del concetto di **sostenibilità** delle attività dell'uomo e alla capacità della Terra di assorbirne gli effetti.
La prima delle due fasi ha come principali riferimenti storici:

- gli studi sulle prospettive di sviluppo della società occidentale già avviati a partire dagli anni sessanta del XX secolo (con autori come Rachel Carson), che trovarono un significativo momento di sintesi nelle iniziative del **Club di Roma** (gruppo di intellettuali costituitosi nel 1968 grazie ad un'iniziativa di Aurelio Peccei);
- il **Rapporto del MIT di Boston** del 1972 – *The Limits to Growth* –, che proprio a partire dalle iniziative del Club di Roma pose l'accento soprattutto sul problema della scarsità ed esauribilità delle risorse, forse con un eccessivamente rigido determinismo scientifico e con troppo pessimismo, segnando però, sicuramente, un momento decisivo per il riconoscimento del problema energetico/ambientale che di lì a poco avrebbe

cominciato a preoccupare seriamente tutto il mondo occidentale (Scandurra, 1995);

- la **crisi energetica** del 1973, dovuta al conflitto fra Israele, Egitto e Siria chiamato "guerra del Kippur" (poiché ebbe inizio il sabato 6 ottobre 1973 alla vigilia dello Yom Kippur) e alla conseguente sospensione, da parte dei paesi arabi, delle forniture di petrolio destinato a Europa e Stati Uniti. In tale occasione (così come nella seconda crisi del 1978) l'intero sistema energetico mostrò, in modo eclatante, i segni della sua intrinseca debolezza dando il via a una serie di nuovi studi sull'energia e impulso a ricerche avviate in tempi non sospetti.

A distanza di diversi anni, anche se la minaccia di un black-out energetico totale sembra per ora scongiurata, le continue tensioni internazionali, dovute al controllo del mercato dell'energia (dai conflitti mediorientali, alle campagne militari USA, fino ai contrasti tra Russia e Ucraina registratisi dalla fine del 2005), e le dimostrazioni della "fragilità" di alcuni paesi come il nostro (continui rincari dei combustibili, limitazioni di forniture di gas e temporanee interruzioni dei servizi di adduzione di energia elettrica, come quella del settembre 2003 in Italia) mostrano che il problema è tutt'altro che risolto e che occorre approntare ancora idonee strategie di intervento, anche in relazione alla progettazione dell'ambiente costruito, che tanta responsabilità ha nel consumo di risorse.

Definizione di "sviluppo sostenibile"

La seconda fase del riconoscimento del problema ambientale – con un'attenzione non più solo rivolta alla questione dell'esaurimento delle risorse ma anche alla salvaguardia dell'ambiente nel complesso dei suoi fattori, valenze e capacità rigenerative – ha come primi riferimenti:

- la **Conferenza delle Nazioni Unite sull'Ambiente urbano di Stoccolma** del 1972, dove si definirono alcuni dei principi fondamentali sui diritti e le responsabilità dell'uomo in relazione all'ambiente naturale;
- il **Rapporto della Commissione mondiale su Ambiente e Sviluppo** del 1987, detto *Brundtland* dal nome del Primo ministro norvegese allora presidente della Commissione. In questo Rapporto venne formulata un'efficace definizione di "**sviluppo sostenibile**" come «sviluppo che soddisfa i bisogni del presente senza compromettere le capacità delle generazioni future di soddisfare i propri» (WCED, 1987). Le tre sezioni del Rapporto chiarirono i termini del problema del depauperamento delle risorse ambientali, identificarono i problemi sociali e ambientali di maggior rilievo di fronte ai quali costruire un fronte comune, proposero prime iniziative per un futuro dove fosse garantito il rispetto di pace, sicurezza, sviluppo e ambiente.

Nel dibattito internazionale sui temi dell'ambiente sono riconoscibili altri momenti significativi. Uno di questi è sicuramente la **Conferenza delle Nazioni Unite su Ambiente e Sviluppo di Rio de Janeiro** ("Summit della Terra"), del 1992, alla quale hanno partecipato rappresentanti di 178 paesi, oltre 100 capi di Stato e più di 1.000 organizzazioni non governative (ONG), che hanno sottoscritto due convenzioni (una sui cambiamenti climatici e l'effetto serra, l'altra sulla biodiversità – (cfr. cap. 3, par. 1) – e la tutela delle specie e dei loro habitat naturali) e tre dichiarazioni: sui principi per la gestione sostenibile delle foreste; sui diritti e le responsabilità delle nazioni nei riguardi dello sviluppo sostenibile; sul programma d'azione per il XXI secolo, definito **Agenda 21** (cfr. cap. 2, par. 4).

Tra gli altri momenti di confronto internazionale si possono ricordare:

- la Prima conferenza ambientale dei ministri e dei leader politici regionali dell'Unione Europea di Bruxelles del 1993, volta a confermare specifici indirizzi europei per Agenda 21;
- la Prima conferenza europea sulle città sostenibili, svoltasi ad Aalborg nel 1994, dove sono stati definiti i principi base per lo sviluppo sostenibile in ambiente urbano, riconoscendo la città come luogo prioritario per l'attuazione delle politiche sulla sostenibilità (la Seconda conferenza europea sulle città sostenibili si è tenuta a Lisbona nel 1996);
- la Seconda conferenza mondiale sugli insediamenti umani, svoltasi a Istanbul nel 1996 (la prima si era svolta a Vancouver nel 1976), dove è stata sottoscritta la **Dichiarazione di Istanbul**, per sottolineare la necessità di una casa adeguata per tutti e l'importanza dello sviluppo sostenibile degli insediamenti umani;
- la Terza conferenza europea delle città sostenibili, svoltasi ad Hannover nel 2000, nella quale le autorità di 36 paesi europei e delle regioni confinanti si sono riunite per un bilancio degli obiettivi stabiliti ad Aalborg.

Protocollo di Kyoto

Atto di politica ambientale di notevole importanza è stato, poi, il Protocollo di Kyoto, del 1997, negoziato da 160 paesi. Esso ha stabilito le misure per la riduzione delle emissioni di anidride carbonica, metano, protossido di azoto, fluorocarburi idrati, perfluorocarburi, esafluoruro di zolfo, che comportano cambiamenti climatici globali ed effetto serra, con l'obiettivo di assicurare, entro il 2008-12 una diminuzione del 5% del loro livello rispetto al 1990 o al 1995, a seconda del tipo di inquinante. Per il raggiungimento di questo obiettivo le nazioni sono state divise in 2 gruppi (il primo con 38 paesi responsabili di più del 50% delle emissioni, il secondo con altri 142 paesi in via di sviluppo) con differenti obiettivi da raggiungere; l'efficacia delle misure previste è stata a lungo ostacolata da paesi come gli USA e la Russia, quest'ultima ha comunque provveduto alla ratifica del Protocollo nel 2004.

Hanno fatto seguito al Protocollo di Kyoto:

- la Dichiarazione del Millennio, sottoscritta, nel 2000, dai capi di Stato di 189 paesi durante una sessione speciale dell'Assemblea generale delle Nazioni Unite, al fine di promuovere l'adozione, da parte di ogni paese, di una strategia per ribaltare entro il 2015 la tendenza alla perdita di risorse ambientali;
- il Vertice mondiale sullo Sviluppo sostenibile di Johannesburg, al qua-

le hanno partecipato 60.000 delegati di 200 paesi e 190 capi di Stato (il presidente USA assente) e diversi rappresentanti di ONG, sottoscrivendo un Piano d'azione molto discusso e frutto di numerosi compromessi, che non rappresenta un vero e proprio programma con specifiche date da rispettare, fornendo piuttosto raccomandazioni generiche su: diritti umani, lotta alla povertà, salute, acqua potabile, sostanze chimiche, energia, clima, biodiversità, commercio.

Critiche al concetto di "sviluppo sostenibile"

I risultati ottenuti nell'ambito di questo vertice mostrano che, nonostante gli sforzi intrapresi, l'obiettivo di uno sviluppo socioeconomico globalmente sostenibile per l'ambiente è ancora lontano dall'essere raggiunto. Alcuni autori ritengono addirittura che il concetto di "sviluppo sostenibile" sia da criticare in se stesso perché improntato alla stessa logica dello sviluppo economico occidentale – come tradizionalmente inteso – con un aggettivo che, semplicemente, cerca di ingentilirlo; secondo loro la soluzione del problema delle risorse ambientali deve trovare altre vie come la decrescita e il localismo. Tra questi autori, Serge Latouche sostiene che lo «sviluppo sostenibile» (in realtà nella traduzione si usa l'espressione francese "durevole" che in questo caso è ancora più significativa) rappresenta un «bricolage concettuale che punta a cambiare le parole visto che non si vogliono cambiare le cose», «una mostruosità verbale, data l'antinomia mistificatrice dell'espressione» (Latouche, 2004, trad. it. p. 46), «l'inferno, lastricato di buone intenzioni» (ivi, p. 49).

Strumenti operativi

Parallelamente alla formazione del dibattito internazionale sui temi dell'ambiente si sono via via sviluppati strumenti operativi per controllare l'impatto dell'antropizzazione sul territorio: tra essi, a partire dalle sperimentazioni dell'americano NEPA (*National Environmental Policy Act*), della fine degli anni sessanta, la VIA, **Valutazione di impatto ambientale**, alla quale ha fatto seguito la VAS, **Valutazione ambientale strategica** (cfr. cap. 2, par. 2). Si sono, inoltre, imposti sempre più all'attenzione del mercato e delle diverse amministrazioni locali strumenti di controllo come la **certificazione energetica ed ambientale** (cfr. cap. 5, par. 11). Diverse sono state le normative ambientali emanate a livello comunitario o nazionale. Per restare all'Italia, si può ricordare la **legge 9 gennaio 1991, n. 10** per l'attuazione del Piano energetico nazionale in materia di uso razionale dell'energia, di risparmio energetico e di sviluppo delle fonti rinnovabili di energia. Si tratta di una legge piuttosto evoluta per i tempi nei quali è stata redatta (anche rispetto ad altri paesi europei) ma che è stata, finora, sostanzialmente disattesa; per esempio in essa si afferma che: «negli edifici di proprietà pubblica o adibiti ad uso pubblico è fatto obbligo di soddisfare il fabbisogno energetico degli stessi favorendo il ricorso a fonti rinnovabili di energia o assimilate, salvo impedimenti di natura tecnica o economica» (legge 10/1991, art. 26, comma 7), ma in realtà, nelle recenti realizzazioni per l'edilizia pubblica non si sono quasi mai considerati questi requisiti. Inoltre, in ordine al contenimento dei consumi energetici degli edifici, ci sono voluti ben quattordici anni per mettere a punto il decreto ministeriale attuativo previsto nell'articolo 4 della stessa legge ed emanato solo nel luglio 2005 ("Gazzetta Ufficiale" del 2 agosto 2005, n. 178), non senza polemiche. Tra le altre originali esperienze italiane, maturate in campo ambientale, vanno ricordati i **Contratti di quartiere** per la riqualificazione, anche in senso sostenibile, delle aree urbane degradate (cfr. cap. 2, par. 4).

Nuovi indirizzi nella cultura progettuale

Come si è visto in questo breve *excursus*, l'attenzione per il problema ambientale non ha trascurato la questione dello sviluppo urbano, vista l'alta incidenza di quest'ultima in relazione all'impiego di risorse e all'emissione di inquinanti; questo fatto ha determinato, negli ultimi decenni, la formazione di nuovi indirizzi nella cultura progettuale.

Già a partire dagli anni sessanta, parallelamente alla presa di coscienza del problema ambientale, cominciarono a svilupparsi diverse teorie e prime sperimentazioni nel campo della progettazione architettonica e a essere considerati con rinnovato interesse alcuni progetti e studi dei decenni precedenti. Se Banham (1969) aveva messo in evidenza l'importanza dell'aspetto tecnologico come cardine dello sviluppo contemporaneo del costruire anche in relazione all'ambiente, l'opera di studiosi come Fitch (1972) era servita a sottolineare l'esigenza di confort degli utenti e il significato dell'involucro edilizio come utile strumento di controllo dei fattori ambientali. Entrambi gli autori citati avevano posto poi l'accento sull'importanza di un'architettura non considerata soltanto nei suoi aspetti formali ma come risultato equilibrato fra varie componenti.

Victor Olgyay

In questo clima culturale è stato però soprattutto un autore a far rilevare l'importanza di una progettazione più attenta ai fattori climatici, come soluzione "tradizionale" (per il suo legame con la tradizione storica) e alternativa al problema ambientale ed energetico. Questo autore è Victor Olgyay e la sua opera del 1962, *Design with Climate* (trad. it. *Progettare con il clima: un approccio bioclimatico al regionalismo architettonico*), è una citazione obbligata in tutti gli studi successivi in questo settore. Innumerevoli autori dopo Olgyay si sono interessati al tema della progettazione sostenibile ma, a fronte di una notevole produzione scientifica (anche in Italia), le effettive realizzazioni in questo campo (soprattutto in Italia) sono state molto poche. Nel corso degli anni la cultura del progetto bioclimatico e sostenibile ha assunto diverse declinazioni e interessato diverse scale d'intervento, da quella territoriale e urbana a quella edilizia e del design (la trattazione del progetto ecologico alle diverse scale di intervento è oggetto specifico di questo testo). Tuttavia, a diversi anni dallo sviluppo della cultura del progetto sostenibile, quest'ultimo non ha ancora avuto reali ricadute nel campo dell'architettura costruita tali da far fronte, almeno in parte, ai problemi energetico-ambientali che si proponeva di risolvere.

Ostacoli alla progettazione sostenibile

Le ragioni sono tante e diverse, tra esse: la **scarsa diffusione della cultura ambientale** soprattutto nel nostro paese; l'**inadeguatezza delle norme** predisposte e il mancato controllo del loro effettivo rispetto; l'**indisponibilità del mondo produttivo ed economico** alla riconversione dei suoi modelli operativi e alla messa in discussione dei suoi tradizionali equilibri; la **scarsa attenzione e formazione politica**; l'**assenza di adeguate strutture di ricerca.** Al di là di questi fattori, di carattere molto generale, se ne possono considerare altri più specificatamente legati al settore della progettazione dell'ambiente costruito. Va rilevato, per esempio, come fattore frenante la **scarsa preparazione dei progettisti** sui temi dell'ambiente, oltre che la loro tradizionale **difficoltà ad affrontare il lavoro di équipe**, fondamentale, invece, nella realizzazione di progetti sostenibili dove occorre necessariamente l'apporto di specialisti (a seconda dei casi: fisici tecnici, climatologi, impiantisti, biologi, chimici, esperti in scienze ambientali, paesaggisti, botanici, geologi, agronomi, operatori GIS, certificatori, tecnici di produzione ecc.). Altro ostacolo è costituito dalla grossolana **euforia** che, soprattutto a cavallo tra gli anni settanta e ottanta, ha caratterizzato i potenziali utilizzatori di fonti energetiche alternative, alle quali venivano attribuite possibilità miracolose; un'euforia, questa, che spesso non ha fatto valutare con lucidità i reali benefici provenienti dal possibile utilizzo di nuove tecnologie edilizie. Negli anni ottanta vi sono voci isolate che colgono il problema. La Cecla, intervenendo al congresso sull'energia del SAIE di Bologna del 1980, osserva che «le tecnologie alternative da sole non si sostengono anzi sono una pericolosa tentazione [...] e non è vero che, da sole, possano produrre il salto che si vorrebbe. Le allusioni che esse comportano invece sì, sono queste, con la loro risonanza, ad essere gonfie di contenuti innovativi» (La Cecla, 1980, p. 107). Bisogna poi osservare, con Manzini, che il **settore delle costruzioni** è un **sistema complesso** dove il rapporto tra gli attori che in esso operano è spesso conflittuale: «la teoria dei sistemi ci insegna che più un sistema è complesso più è stabile» (Manzini, 1989, p. 251) e forse questo è uno dei motivi della lentezza con cui il settore delle costruzioni affronta i cambiamenti.

Il costo dell'energia può infatti essere visto come una delle variabili che determinano le condizioni al contorno del sistema: per più di due decenni, dal dopoguerra fino a circa la metà degli anni settanta, essa è rimasta costante, o addirittura è risultata decrescente, ed il sistema, in tutte le sue componenti e relazioni, si è adattato a questa situazione di regime. A partire da tale situazione, il successivo aumento dei costi dei prodotti energetici si è presentato come una variazione delle condizioni al contorno, come una perturbazione del sistema rispetto alla quale il sistema stesso, però, proprio per le sue caratteristiche di complessità e di stabilità, non ha potuto reagire come un sistema a rapida risposta. In altre parole, se ad ormai molti anni dal cambiamento del contesto energetico, il settore edilizio non si è ancora messo a regime in una forma coerente con le nuove condizioni al contorno, ciò è perché la trasformazione deve toccare tutti gli attori e tutte le fasi del processo costruttivo (ivi, pp. 251-2).

Altra possibile causa di scarso successo del progetto sostenibile è l'**importazione acritica di tecnologie** elaborate in contesti diversi da quello di intervento: una serie di casi si è registrata, in questo senso, proprio in Italia, dove alcune sperimentazioni degli anni settanta-ottanta, relative all'edilizia plurifamiliare e basate sull'uso di sistemi solari passivi (cfr. cap. 5, par. 1), non hanno raggiunto i risultati sperati (con esiti negativi soprattutto nella stagione estiva a causa dell'eccessivo surriscaldamento) perché si sono avvalse di strategie originariamente elaborate per climi più freddi, senza apportare le necessarie modifiche. Infine bisogna rilevare il fatto che, in molti casi, le tecnologie sostenibili per l'architettura sono diventate di "moda", prima ancora di essere correttamente assimilate e testate, costituendo persino una sorta di "**stile**" compositivo, con un proprio linguaggio, con la conseguente riduzione dei risultati raggiungibili praticamente ai soli aspetti linguistici: per cui, per esempio, alcuni architetti – anche di fama internazionale – si avvicinano al tema ambientale più convinti dalle sue implicazioni di ordine estetico che da quelle di ordine ecologico, proponendo soluzioni tecnologiche ridondanti e appariscenti ma non indagate a dovere e fino in fondo, nei loro possibili risvolti ambientali, per non dire etici. È significativo che Zevi affermi che «probabilmente la questione petrolifera sarà superata nell'arco di pochi anni. Ma l'incubo ha prodotto i suoi frutti, perché ha imposto un esame organico delle "parole" e della loro semanticità nei confronti delle "frasi fatte" dell'architettura» (Zevi, 1995, p. 11).

Ecologia come ragione operativa

Per la risoluzione dei problemi sopra richiamati occorre innanzitutto una maggiore diffusione, a tutti i livelli, di una **cultura del progetto ecologico**, nel senso chiarito all'inizio di questo capitolo. Questa cultura, però, non deve essere considerata solo in termini eminentemente tecnologici, come acquisizione di specifiche competenze tecniche legate al progetto e alla realizzazione di città, villaggi, edifici od oggetti di design ecocompatibili. È necessario, infatti, che la cultura tecnica del progetto ecologico riesca a definire un proprio e più ampio contesto culturale di riferimento: un approccio progettuale solo tecnicista all'ecologia, sordo al contesto più generale di intervento, benché possa risultare comunque utile nella difficile situazione attuale, è insufficiente perché, in modo riduttivo, implica un ruolo dell'ecologia solo come "strumento" e non come "ragione operativa". Se l'ecologia resta solo uno strumento del progetto (attraverso la giustapposizione al costruito di tecnologie "ecologiche"), le città e gli edifici ecocompatibili rischiano di divenire delle banali e poco funzionali "caricature" dell'ecologia. Occorre allora che chi progetta in modo sostenibile sia in grado di al-

zare lo sguardo dal proprio tavolo da disegno (oggi, forse, dal monitor del proprio computer) aprendosi una più ampia prospettiva operativa.
Felix Guattari (1989) propone una **lettura allargata dell'ecologia** in linea con una visione non solo analitica, tecnicistica e parziale ma anche sintetica e globale del problema che può e deve, anche nella progettazione, trovare spazio di espressione. Questo autore sostiene che l'ecologia, nata come scienza, si è poi imposta come questione politica ed etica di grande importanza rispetto ai problemi di squilibrio ambientale che sempre più, a tutti i livelli, l'uomo si trova ad affrontare. Nonostante ciò, essa ha conservato, nelle politiche di intervento, una connotazione tecnocratica «mentre soltanto un'articolazione etico politica – [...] ecosofia – fra i tre registri ecologici, quello dell'ambiente, quello dei rapporti sociali e quello della soggettività umana, sarebbe capace di far adeguata luce su questi problemi» (Guattari, 1989, trad. it. p. 14). L'ecologia non può allora più essere considerata solo come scienza, essa «sarà in primo luogo mentale e sociale o non sarà nulla, o comunque poco» (ivi, p. 9).

Diversi livelli del progetto ecologico

Questo approccio, allargato e integrato, all'ecologia dovrebbe potersi risolvere, anche nel progetto d'architettura, sui diversi livelli tecnico, mentale e sociale. Forse si può dire, in questo caso, che il progetto ecologico – o, semplicemente, il progetto di architettura – è quello che si basa sull'applicazione di tecniche ambientali (idonee su scala locale e compatibili su scala globale), permettendo al contempo all'utente una percezione vera, sentita e non standardizzata del proprio intorno immediato, consapevole e partecipata del contesto più generale.
Il progetto ecologico, allora, sarà tale non solo se sarà in grado di impiegare strategie non inquinanti per il risparmio energetico e la tutela ambientale ma anche: se saprà mettere l'utente nella condizione di percepire come proprio lo spazio in cui vive, le sensazioni che esso gli comunica, il tempo che vi scorre, il contatto con l'esterno e con la natura; se permetterà di compenetrare, nel costruito, il tempo di oggi con il tempo del passato, i riferimenti ambientali e culturali, consentendo una reale continuità ecologica con il contesto, non mimetica ma naturale e vitale. Il progetto ecologico avrà senso se le strategie per il controllo climatico naturale non risolveranno solo localmente i problemi; così, non avrà alcun significato, per esempio, pretendere di migliorare la qualità dell'aria, dell'acqua, del terreno con una singola azione per limitare gli effetti delle emissioni tossiche degli impianti di un solo edificio, e nemmeno sarà utile usare prodotti per il risparmio energetico, ottenuti con cicli produttivi energeticamente costosi o in stabilimenti lontani che richiedono trasporti dispendiosi e inquinanti. Infine il progetto ecologico deve divenire terreno per una vera e propria partecipazione della società tutta all'ambiente, nelle sue diverse componenti. Tutto ciò, la capacità di fornire l'integrazione, la "relazione" tra l'abitante

e tutti i diversi aspetti dell'abitare, localmente e globalmente, fa l'**ecologia del progetto.**
Certo, gli obiettivi di questa guida non sono così ampi, gli argomenti trattati afferiscono più al campo dell'approccio tecnico all'ecologia che a quello della sua visione globale; tuttavia è utile che chi si avvale dei consigli pratici riportati nei capitoli che seguono, lo faccia con cognizione di causa.

1. Evoluzione storica del progetto ecologico

Sensibilità ambientale degli antichi costruttori

In passato l'uomo, non disponendo dei sofisticati sistemi tecnologici e impiantistici odierni, per regolare a suo piacimento le condizioni di confort all'interno degli ambienti che abitava ha maturato, nel costruire le sue dimore, una notevole consapevolezza e sensibilità ambientali. Queste si sono espresse nella capacità di "progettare" insediamenti urbani ed edifici, i materiali, la forma, l'organizzazione e disposizione dei quali sono fortemente legati alle specifiche caratteristiche climatiche, orografiche, produttive locali e, per questo, in grado di creare una **naturale interfaccia costruito/sito di inserimento**. Attraverso lo stabilirsi di questo rapporto viene massimizzato l'uso di risorse facilmente reperibili sul posto, l'apporto dell'irraggiamento solare, del vento e, in generale, di tutti i fattori climatici locali, ai fini del raggiungimento di un'accettabile condizione abitativa degli spazi confinati.
L'**estrema fiducia nell'apporto impiantistico**, d'epoca moderna e contemporanea, ha comportato, però, una perdita di questo importante patrimonio culturale, producendo inoltre architetture con elevate emissioni inquinanti e ingenti sprechi energetici, dovuti appunto all'abuso di soluzioni tecnologiche di controllo microclimatico, fondate essenzialmente sull'uso di fonti energetiche d'origine fossile.
Di fronte a questa situazione non è ovviamente pensabile un ritorno al passato che si attui mediante la riproposizione fedele di esempi del costruito storico, perché sarebbe ingenuo (o furbo) come "folclore" da negozio di souvenir; tuttavia è possibile che le basi di quella cultura, fondata sull'approfondita conoscenza del contesto di intervento, possano essere recuperate per affiancare e guidare la capacità tecnica contemporanea in un progetto più rispettoso delle risorse naturali. È per questo motivo – e quindi non con l'intenzione di fornire modelli di riferimento diretti – che vale la pena di ripercorrere, in questa sede, la storia dello sviluppo della cultura ambientale del progetto, attraverso un breve *excursus* su alcuni significativi esempi di espressione di questa stessa cultura.
È necessario altresì chiarire, fin da subito, che gli esempi di seguito proposti, benché non isolati, non rappresentano il complesso della realtà del costruito storico che, ovviamente, accanto a espressioni di alta capacità tecnica e di controllo, è costituita anche da fallimenti: «la città contemporanea è davvero inquinata, spesso invivibile e certamente bisognosa di recuperare

un po' della saggezza insediativa del passato, ma, forse, è meglio della immaginaria Cooktown o della reale Londra dell'Ottocento descritte da Dickens, della Parigi del Settecento descritta da Süskind ne *Il profumo*, della Milano del Seicento del Manzoni» (Giachetta, 2004, p. 140); mitizzare il passato si è spesso rivelato, in architettura, un escamotage per by-passare l'attenta analisi dei problemi della contemporaneità e la storia dei modi di realizzare e costruire architetture d'epoche remote è divenuta modello di un approccio ecologico, fondato su un **regionalismo ambientale** talora colto e consapevole, talora nostalgico e ingenuo.

Che gli antichi fossero consapevoli dell'importanza delle specifiche caratteristiche locali è comunque evidente: diversi sono i sistemi elaborati dagli uomini per insediarsi sul territorio, nelle differenti condizioni ambientali, in ogni parte del mondo, ed è singolare che civiltà distanti, in termini di spazio, tempo e cultura abbiano elaborato modelli costruttivi simili in analoghe condizioni climatiche.

Vitruvio

Uno dei padri dell'architettura bioclimatica, Victor Olgyay (1962), oltre alle tribù di indiani americani, che adattavano il loro stile costruttivo in base alle zone in cui si stabilivano, cita persino Vitruvio (Olgyay, 1962, trad. it. p. 12): «lo stile degli edifici dovrebbe essere manifestamente diverso in Egitto e in Spagna, nel Ponto e a Roma e nei paesi e nelle regioni di diversa natura. Perché in una parte la Terra è oppressa dal Sole, in un'altra la terra è troppo lontana da esso, in un'altra ancora è ad una distanza moderata» (Libro VI, cap. 1; Florian, 1978, p. 108). Scorrendo il *De Architectura* molti sono, in effetti, i riferimenti alle strategie da adottare per progettare gli edifici relazionandoli con i fattori climatici locali; alcune si potrebbero trovare in un testo di architettura bioclimatica di oggi: «la direzione delle strade deve essere diversa da quella dei venti, in modo che essi, investendo gli angoli degli isolati, vengano ostacolati, respinti, dissipati» (Libro I, cap. 6; Florian, 1978, p. 26).

Igloo eschimese

La rispondenza del costruito al clima locale è particolarmente evidente nei climi estremi: l'igloo eschimese – abitazione tradizionale degli inuit del Canada – è, come evidenzia Fitch (1972, trad. it. p. 238), uno degli esempi più significativi: la forma di questa abitazione temporanea presenta, per la sua compattezza e aerodinamicità, una minima superficie di esposizione; l'orientamento del tunnel di ingresso sottovento protegge lo spazio interno dalle correnti d'aria fredda; la neve pressata e i rivestimenti di ghiaccio, facilmente reperibili sul posto, sono impermeabili e ottimi isolanti, grazie all'aria ferma che contengono; la forma a calotta semisferica si adatta perfettamente all'impiego del materiale d'involucro, resistente unicamente a compressione.

Mesa Verde nel Colorado

Altro «esempio perfetto di utilizzazione delle caratteristiche naturali ai fini della sopravvivenza» (Gallo, 1995, p. 29) è l'insediamento indiano di Mesa Verde nel Colorado costruito nel XIII secolo (fig. 1.1); esso è incassato, sot-

FIGURA 1.1 L'insediamento indiano di Mesa Verde nel Colorado (secolo XIII) è un significativo esempio di controllo microclimatico naturale

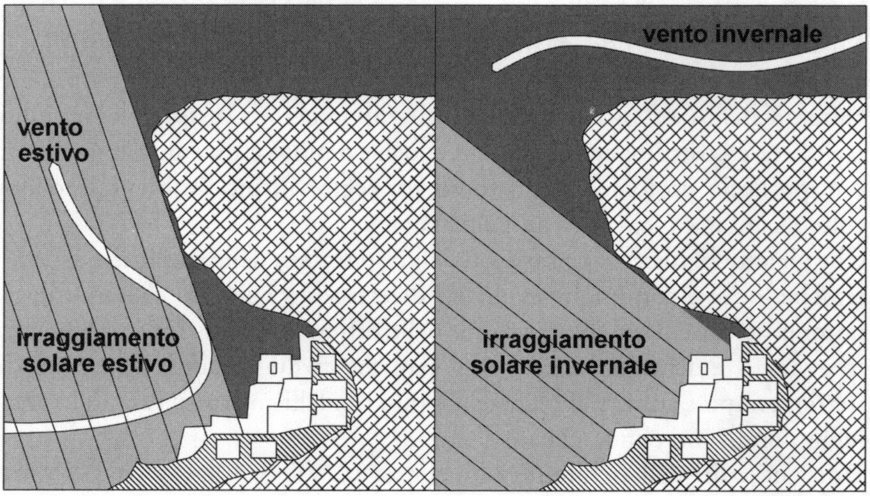

to una sporgenza naturale, nella roccia di un promontorio ed esposto a sud, al riparo dai raggi del Sole in estate ma non in inverno, data la loro differente inclinazione; la particolare disposizione delle abitazioni lo rende inoltre protetto dai venti freddi ed esposto a quelli della stagione calda; in più, la massiccia roccia contro cui si addossa costituisce una massa con grande inerzia termica molto utile per mitigare le escursioni termiche giornaliere.

Nel clima caldo-secco della Tunisia vi sono, invece, insediamenti in cui le abitazioni sono scavate nel suolo intorno a un patio anch'esso sotto il livello del terreno. Quest'ultimo permette l'illuminazione ma protegge le case dall'insolazione estiva e inoltre consente una stratificazione di aria fresca in fondo a esso che mitiga ulteriormente la temperatura. Sotto terra sono anche le case del villaggio Loyang, nella Cina settentrionale, ma in questo caso per difendersi dal freddo e dai forti venti (Fitch, 1972, trad. it. p. 235).

Torri del vento

Proprio sullo sfruttamento dei venti è invece basato il sistema delle "**torri del vento**" che si trovano in Iran e nel Pakistan. Queste torri (fig. 1.2) sono una sorta di camini che servono per captare i venti e sono divise al loro interno da setti verticali; di notte questi ultimi, in mattone, sono soggetti a raffrescamento, così che l'aria che viene a contatto con essi durante il giorno si raffredda, diventa più densa e scende in un condotto che la porta nell'edificio. Poiché il Sole riscalda le torri, verso la metà della giornata, il percorso dell'aria si inverte e, al tramonto, la torre ormai calda crea una cor-

FIGURA 1.2 Schema di funzionamento delle "torri del vento"

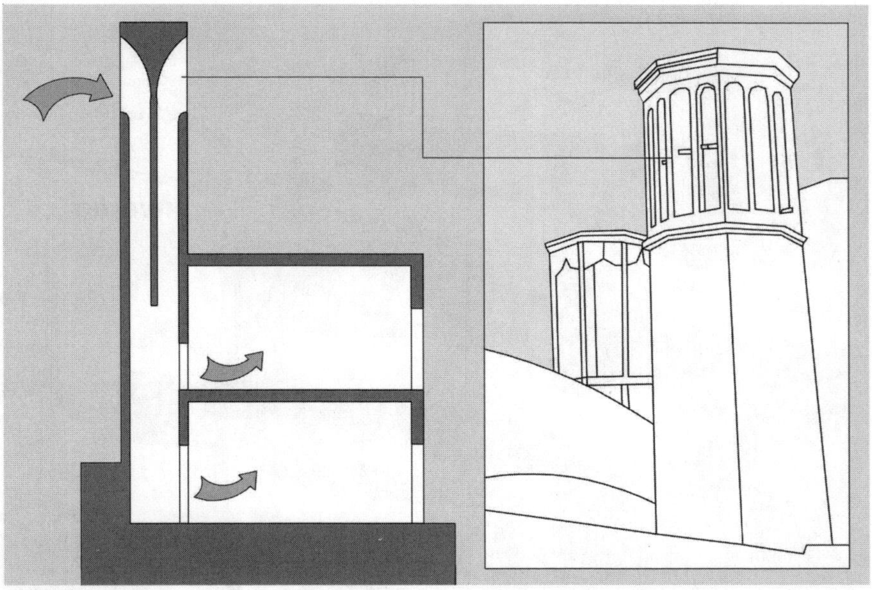

rente ascendente così che venga aspirata, da altre aperture dell'edificio, la fresca aria notturna.

Anche in Italia gli esempi di architetture del passato, realizzati considerando le specifiche condizioni ambientali locali e con strategie per il controllo microclimatico naturale, sono diversi. In alcuni edifici storici siciliani, come il Palazzo Marchesi di Palermo, vengono utilizzate le cosiddette "**camere dello scirocco**", locali ipogei o semi-ipogei, che si possono far risalire a scavi di cava del XV secolo e che sono stati poi dotati di lucernari e talora di piccole fonti, collegati tra loro e al corpo principale della costruzione da corridoi sotterranei con aperture per la ventilazione. Essi venivano utilizzati come fresco rifugio nel periodo caldo e afoso dello scirocco.

Camere dello scirocco

Altro esempio di grande interesse è quello delle ville vicentine di Costozza realizzate nella seconda metà del XVI secolo, dotate di un sistema di raffrescamento naturale basato sull'utilizzo di "ventidotti", particolari canalizzazioni che servivano a captare e sfruttare, nelle cantine (per la conservazione dei cibi) e nelle sale delle ville (per la climatizzazione estiva), l'aria fresca proveniente dai "covoli", grotte sotterranee di grandi dimensioni, d'origine in parte naturale, presenti nelle vicine colline.

Ville di Costozza

Si possono poi ricordare ancora: i "sassi" di Matera, strutture ipogee con cavità che penetrano profondamente nel terreno garantendo l'ingresso dei bassi raggi solari invernali e una buona protezione dall'irraggiamento

Sassi, dammusi e trulli

FIGURA 1.3 La particolare configurazione dei "sassi" di Matera favorisce la penetrazione dei soli raggi solari invernali, schermando quelli estivi

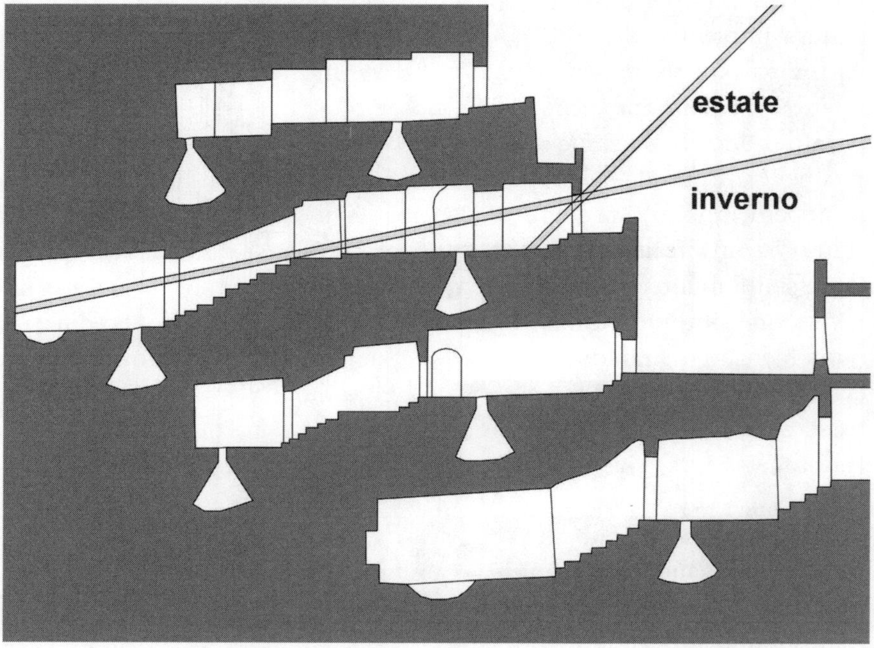

estivo (fig. 1.3); i "dammusi" dell'isola di Pantelleria e i "trulli" pugliesi, con pareti spesse, in grado di mantenere all'interno temperature costanti limitando le escursioni termiche e rendendo più sopportabile la stagione calda.

Villa Madama di Raffaello

Si può infine citare persino Raffaello, che nelle sue opere, particolarmente in Villa Madama e in Palazzo Bresciano, evidenzia una grande maestria nella disposizione dei vari corpi di fabbrica in relazione ai venti e alla radiazione solare: l'esedra di Villa Madama, per esempio, presenta finestre orientate secondo un asse est-ovest per avere una migliore illuminazione; esse si aprono su un muro che viene prolungato all'esterno dell'edificio a ospitare due finestre murate e a costituire una sorta di barriera, a occidente, per il Sole estivo della sera.

Agglomerati urbani del passato

Anche gli agglomerati urbani del passato sono, in moltissimi casi, fortemente legati alle specificità climatiche locali; così, ad esempio: nei climi caldi semiaridi sono diffusi centri storici a tessuto compatto ad alta densità, per ottenere un'adeguata protezione dall'irraggiamento solare (in alcune città come Siviglia, nella stagione estiva, vengono inoltre tradizionalmente utilizzate tende mobili a parziale copertura delle vie cittadine per aumentare l'ombreggiamento); le colorazioni delle facciate storiche dipendono spesso dal clima locale (con tinte più chiare e riflettenti nelle località più calde).

Meccanica impiantistica e Movimento moderno

Quelli fin qui riportati non sono che alcuni dei moltissimi esempi di quella cultura ambientale dei "progettisti" del passato che si è andata perdendo a partire dal XIX secolo. Con le prime concentrazioni industriali comincia, infatti, un'espansione incontrollata della città che crea forti disagi sociali e precarie condizioni igieniche; nello stesso periodo nasce una fiducia smisurata nei confronti della "macchina" e si cominciano a sviluppare i presupposti per l'applicazione dei sistemi energetici di controllo ambientale. «Dal rifiuto di una realtà urbana in degrado scaturisce l'essenza della nuova espressione architettonica. L'esigenza di costruire alloggi per un'utenza generica, in continuo ricambio, la necessità di una produzione edilizia a buon mercato e la rapidità di esecuzione sono le matrici economiche di tale evoluzione. Il progresso tecnologico e la disponibilità di fonti energetiche a basso costo sono i mezzi che concretamente ne consentono lo sviluppo» (Gostisa, 1983, p. 31).

In questo quadro generale, il **Movimento moderno**, con grande fiducia nella meccanica impiantistica (che diverrà, poi, persino elemento espressivo di primo piano: basti pensare ai camini di Le Corbusier sul tetto dell'Unité d'Habitation di Marsiglia o alla fabbrica per l'Olivetti-Argentina di Zanuso, fino al Beaubourg di Piano e Rogers a Parigi), sembra in parte allontanarsi da una metodologia progettuale fondata sull'attenzione allo specifico contesto locale: l'**Internazionalismo** in architettura ne è un esempio esplicito. Banham, a proposito della scarsa attenzione ai fattori ambientali dei progettisti dell'epoca, scrive: «gli architetti dell'International Style sottoposero medici, collezionisti d'arte, editori, insegnanti e altri borghesi, osservanti della legge, ad un ambiente luminoso tipo Gestapo» (Banham, 1969, trad. it. p. 128); lo stesso **Le Corbusier** fu fautore di un'architettura basata sui sistemi impiantistici per il controllo ambientale a tal punto che egli aspirava a «un unico edificio per tutte le nazioni e per tutti i climi» (ivi, p. 161) e riteneva fosse opportuna una temperatura interna agli edifici pari a 18 °C, in qualunque parte del mondo.

Frank Lloyd Wright

Vi sono anche figure di architetti moderni più sensibili ai problemi del clima locale, come Frank Lloyd Wright o Alvar Aalto. A proposito della **casa Robie** di Wright, Banham scrive: «una delle prime caratteristiche ambientali della casa colpisce il visitatore ancora prima di varcare l'uscio: il fresco ombroso cortile di ingresso. Questo si trova al lato nord della casa e praticamente non riceve Sole [...]; fornisce un serbatoio di aria fresca che funziona efficacemente anche nelle giornate senza vento con alta umidità» (ivi, p. 113); «la parte ovest funziona certamente da parasole per opporsi specialmente al forte Sole del primo pomeriggio» (ivi, p. 118); e ancora, sulla sporgenza del cornicione del lato sud, «in effetti la sporgenza del tetto è esattamente sufficiente: quando il Sole sta alto al mezzogiorno del solstizio d'estate alla latitudine di Chicago, l'ombra del cornicione tocca al di sotto del vetro la parte inferiore delle porte che danno sulla terrazza» (*ibid.*).

Altra opera di Wright che può essere ricordata in questo contesto è la **casa Jacobs** nel Wisconsin, del 1948, per la quale fu effettuato uno studio sulla radiazione solare incidente per realizzare un'ampia vetrata sulla facciata principale.

L'opera di architetti come Wright restò tuttavia piuttosto isolata, da questo punto di vista, mentre le evoluzioni tecnologiche del Novecento comportano inevitabilmente una **rottura del tradizionale rapporto uomo-abitazione-ambiente**: grazie ai sistemi strutturali in calcestruzzo e acciaio si cominciarono a utilizzare ampie superfici vetrate con notevoli effetti di surriscaldamento estivo; con l'utilizzo di ascensori si sono iniziati a realizzare edifici multipiano sempre più alti, le condizioni microclimatiche dei quali sono impossibili da controllare "naturalmente"; per ridurre i costi di costruzione i muri sono diventati progressivamente più sottili, sono stati utilizzati lotti inadatti e mal esposti.

Riscoperta del contesto climatico-ambientale

La cultura del progetto contemporaneo mostra ancora i segni dell'eredità del Movimento moderno, raccolta in modo rigido e nei suoi aspetti più negativi; tuttavia lo svilupparsi della consapevolezza circa l'emergenza energetico-ambientale ha comportato, come si è visto, la nascita di una nuova, anche se ancora non molto diffusa, attenzione ai modi di concepire e realizzare edifici e insediamenti urbani. Sono a questo proposito interessanti gli studi compiuti, nel 1958, da **Ralph Erskine** per la realizzazione di una città nella zona artica; in essi si cercano nuove soluzioni di controllo climatico in condizioni estreme a partire dalle specifiche caratteristiche ambientali locali ma anche ispirandosi alle forme abitative tradizionali. Uno dei primi edifici in cui sono stati utilizzati in modo consapevole sistemi solari passivi per il riscaldamento (cfr. cap. 5, par. 1) è, poi, il secondo corpo aggiunto della **scuola secondaria provinciale St. George a Wallasey**, in Inghilterra, realizzato nel 1962 da Emslie Morgan.

Drop city

Tra le prime esperienze di progettazione bioclimatica ve ne sono alcune che hanno fortemente risentito dei fermenti politici dell'epoca mostrando un alto contenuto di rottura sociale, nel senso che sono state realizzate da comunità che cercavano nuove modalità di convivenza, integrazione con l'ambiente, spazi e modi di abitare e costruire alternativi, autonomia, libertà dalla dipendenza economica ed energetica. Esperienza di questo tipo è la **Drop city** di Steve Baer, in Colorado, realizzata nella seconda metà degli anni sessanta con la partecipazione di tutta la comunità e caratterizzata da sistemi di captazione solare costruiti con materiale di recupero. Altre esperienze significative, a cavallo degli anni sessanta e settanta, sono le applicazioni solari passive effettuate dai **centri di ricerca Ark** del New Alchemy Institute.

Negli anni settanta, anche in diverse città italiane (come Carrara, Moncalieri, Ormelle, Vercelli) furono effettuati alcuni esperimenti di applicazione di sistemi solari soprattutto su edifici multipiano: si trattò di un'esperienza di ricerca piuttosto originale nel panorama internazionale, tuttavia i risultati prodotti non furono del tutto soddisfacenti perché le tecnologie impiegate non erano sufficientemente studiate rispetto al problema del surriscaldamento estivo e della loro integrazione architettonica.

Arcosanti

Caso del tutto singolare, da ricordare in questo contesto, è infine quello di **Arcosanti**, comunità scientifica e artistica realizzata come prototipo della città ecologica del futuro. Fondata più di trent'anni fa dall'architetto Paolo Soleri nel deserto dell'Arizona, Arcosanti si basa sul concetto di ***arcologia*** (architettura + ecologia), che ha prodotto risultati particolari anche in relazione alle forme del costruito, che richiamano simbolicamente un approccio progettuale basato sullo sfruttamento delle risorse climatiche locali e dell'energia solare.

La progressiva e lenta riscoperta del contesto climatico-ambientale a guida dell'impostazione progettuale ha conosciuto, fino a oggi, diverse espressioni (che verranno approfondite in questo testo), anche con esempi estremi come l'**Heliotrop di Friburgo** di Rolf Disch del 1994 (immagine a colori, foto 1), sorta di edificio-macchina cilindrico, concentrato di tecnologie per la produzione di energia a basso consumo e impatto, che ruota sulla sua colonna centrale – il vano scala – per ottimizzare la sua esposizione in funzione della captazione della radiazione solare.

2. Per un'ecologia innocente

di *Lucien Kroll*

> L'ecologia pretende innanzitutto una scala umana...

L'ecologia, della quale oggi non si fa che parlare, perde la sua innocenza e, talora, diviene perfino arma politica, investimento redditizio, burocrazia, cos'altro ancora?

Ecologia come scienza delle relazioni

Ritroviamo le nostre radici! L'ecologia è una parola "inventata" nel 1866 da Ernst Haeckel con il semplice significato di "scienza delle relazioni" di tutto con non importa cosa... Si tratta, in primo luogo, dell'osservazione razionale delle relazioni che formano tessuti: tutto è ecologia giacché senza relazioni non esiste niente. Subito dopo questa rigorosa osservazione, gli uomini si sono trovati di fronte a precise responsabilità nei riguardi delle cose inanimate e degli esseri viventi con i quali sono in relazione: hanno scoperto la solidarietà.

Essi hanno anche osservato che la natura, nelle sue forme animate e inanimate, è essenzialmente un insieme di relazioni e che la vita stessa è relazioni: il miracolo delle relazioni viventi fa sì che il complesso delle parti in relazione sia più ricco del totale delle parti, dato che ogni relazione vivente si modifica e modifica tutte le altre. James Lovelock, uno scienziato (indipendente, che per lunghi anni ha lavorato in un laboratorio casalingo sviluppando ricerche e teorie di riconosciuto interesse – *N.d.T.*), ha osservato che a partire dall'apparizione della vita sulla terra la vita stessa, malgrado cataclismi rapidi e violenti o lenti e continui, ha mantenuto il luogo che l'accoglie nei limiti del vivibile: il clima, l'aria, l'azoto, le variazioni d'irraggiamento solare ecc. La vita sulla terra si è comportata come un unico animale, coordinato, cibernetico. Questo autore si è riferito a quest'unico animale chiamandolo GAIA, ricordandosi dei greci che già così l'avevano descritto. Di colpo egli è stato preso come un fanatico, mentre è tutto il contrario. Egli ha anche dichiarato tranquillamente, qualche anno fa, che l'inquinamento, l'ozono, i gas e i metalli pesanti che noi gettiamo in quella che crediamo sia una pattumiera non avranno, in fin dei conti, alcun impatto sulla vivibilità del globo; salvo poi ritrattare, qualche mese fa, scrivendo che la Terra continuerà certamente a esistere, la vita anche, ma l'umanità corre il mostruoso pericolo di scomparire... Si è già a questo punto, salvo un miracolo. Ma un miracolo è sempre un'impossibilità imprevedibile che diventa banale non appena realizzata...

I perché del disastro

Ci si affaccenda molto a risparmiare risorse naturali e a diminuire emissioni inquinanti e rifiuti fino a farne un vergognoso mercato economico. Ben più importante è comprendere perché e come si è arrivati fino a questo punto. Non sono solo le colpe che bisogna analizzare, ma anche i motivi dei cambiamenti che, nel corso della storia dell'umanità, hanno creato questo disastro.

Qui interviene il filosofo tedesco Peter Sloterdijk e la polemica che ha suscitato il suo testo, scritto per una conferenza (su Heidegger del 1999 – *N.d.T.*), *Règles par le parc humain*. A grandi linee, questo autore parla dell'umanismo che è nato praticamente insieme alla scrittura formando un gruppo "nebuloso" e aperto di intellettuali. Questi ultimi vivevano un sodalizio quasi cieco che traeva la sua origine dall'ospitalità, che considerava "l'ospite", lo straniero, più importante del sé perché rappresentante la divinità. Poi questo autore situa, verso il 1945, una rottura irreversibile nella quale l'umanismo si è trasformato nel suo contrario per lasciarsi conquistare dall'inumanità, dalla colonizzazione, dalla mercificazione, dall'artificio, dalla tecnologia e dalla burocrazia che, per esempio, ha costruito le leggi sociali che sopprimono le responsabilità personali... e questo fino ad adottare tecniche di eugenetica (praticate dai nazisti) in nome della scienza e del suo presunto ruolo guida dell'umanità...

La Modernità è nata nel corso degli ultimi secoli e si è diffusa senza freni. Essa non si è fatta carico di alcuna responsabilità solidale: ed è divenuta razionale e calcolata. Ci si ricorda che Henry Ford ha proposto di costruire uno strumento automobile, utile per spostarsi, ma non che, da allora, ciò ha causato la morte di quaranta milioni di persone sulle strade. Questo è razionale? No, è finanziario...

Possibili soluzioni: le tre ecologie

Così, noi siamo alla vigilia di questo disastro. Cosa dobbiamo fare per uscire da questo circolo vizioso: costruire un circolo virtuoso nel quale la solidarietà, l'ecologia, potrà motivare e ricompensare coloro che la praticheranno in tutte le occasioni possibili.

Felix Guattari ha scritto un breve testo: *Le tre ecologie*. Ne traduco e riassumo brevemente (e malamente) il significato: la prima è l'**ecologia sociale**, la seconda l'**ecologia psicologico-mentale** e l'ultima l'**ecologia fisica**.

Per dare un'immagine di quella sociale, immagino che dietro l'architetto, sul suo tavolo o davanti al suo video, stiano due personaggi violentemente silenziosi: il terzo e il quarto mondo; essi sperano di influenzare il lavoro dell'architetto per telepatia. La seconda riguarda l'impatto che un'architettura ha sul comportamento dei suoi utenti: essi devono adattarsi a un modello di vita che raramente è il loro. L'ultima è l'ingegneria verde: risparmiare o sprecare le risorse sono due atteggiamenti altrettanto volgari, entrambi mirano sempre a far mercato del pianeta.

L'ingegneria verde non ha virtù se non si fonda sulle altre due ecologie.

Relazioni in architettura e partecipazione

In architettura, è lo stesso: non è più possibile insegnare il mestiere dopo l'esperienza del Bauhaus; questa scuola fondata in Germania verso il 1925 per diffondere il nuovo funzionalismo, malgrado tutti i meriti che ha avuto nella sua epoca, per quanto riguarda i suoi proseliti degli anni successivi, ha prodotto un'architettura che è diventata un atto criminale (si vedano ad esempio le sommosse dell'ottobre 2005 nei quartieri parigini...).

Quali sono le immediate relazioni naturali dell'architettura, non quelle del commercio, dell'economia, della tecnica, del corporativismo, del narcisismo, della gioia astratta di fare buon mercato di forme... Io ho proposto di appoggiarsi sempre sui "gesti dell'abitante": egli cammina, crea una strada virtuale (è sufficiente costruirvi sui due lati per renderla visibile); egli incontra un altro e si ferma per parlargli: è una piazza virtuale quella che ha creato. Ci sono ancora la corte e il giardino. Sono dei gesti viventi non delle forme calcolate.

L'urbanistica non è che questo... le tecniche devono essere a servizio di queste azioni. Il ruolo dell'urbanistica deve limitarsi a preparare le condizioni di una complessità più grande: non deve disegnare geometrie per costringere: si tratta di interpretazioni deviate o artifici malsani.

È nella misura in cui l'architettura risponde a questi meccanismi che essa guadagna in significato e verità: questo non ha niente a che vedere con il progetto, ridicolo e perverso, di una torre alta un chilometro...

Come comprendere questi gesti degli abitanti che sono forme della civiliz-

FIGURA 1.4 Buenos Aires: tutta un'università in una sola scatola

zazione contemporanea? La cosa migliore resta ancora il domandarglielo! In gruppo, sono affascinanti quando scoprono delle contraddizioni con i loro vicini: a poco a poco, essi sfumano le loro opinioni e guadagnano una capacità universale di essere tipologie di persona e non massa (chiaramente non la tipologia italiana che vede solo forme e materiali, niente di vivente). Questa evoluzione non cancella le divergenze del gruppo ma crea armonia, dal momento che la complessità è lo scopo del processo.
Da dove discende il desiderio di far partecipare gli abitanti all'urbanistica e all'architettura? Negli anni sessanta se ne è parlato molto, poi tutto è passato di moda. Oggi questa tendenza ritorna attuale, anche se in modo maldestro, brancolando, ed è perché non si possono immaginare altri atteggiamenti umanitari.
Una volta acquisita questa sensibilità, in modo naturale, l'ecologia si sviluppa e fare economia di risorse diventa una virtù; e poi, alcuni parlano ancora di "decrescita sostenibile": hanno ragione, ma nessuno sa come fare veramente ad affrontare questa questione. D'altra parte non è obbligatorio persuadere in modo violento gli altri: tutto ciò si produrrà fatalmente.
Quando adottiate questo nuovo atteggiamento umanitario, da un lato questo vi aiuta, dall'altro porta a sviluppare uno strano sentimento: quello di sentirsi utile...

FIGURA 1.5 Il desiderio di uniforme così nelle case popolari come nell'esercito è una malattia

FIGURA 1.6 St. Louis Missouri, complesso sociale "Pruitt & Igoe" vandalizzato dagli abitanti poveri e finalmente demolito. L'immagine di un edificio nuovo fatto crollare è terribile

FIGURA 1.7 Nello stesso periodo in cui si demolivano mezzo milione di alloggi sociali (quelli del complesso "Pruitt & Igoe"), a Roma si inaugurava il Corviale che era mostruosamente lungo un chilometro e che si esita attualmente a demolire

FIGURA 1.8 Un nostro (dello studio di Lucien Kroll – *N.d.T.*) progetto di riqualificazione "con gli abitanti"; ma costoro hanno incendiato il loro quartiere durante il concorso e l'amministrazione ha lasciato perdere

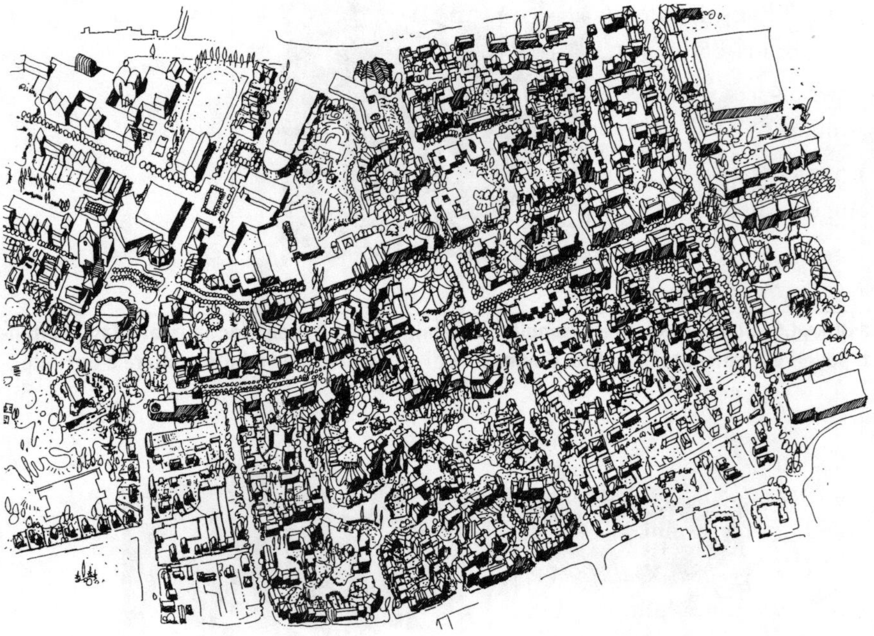

In questo capitolo

- Si definisce il progetto dell'ambiente costruito in rapporto al concetto di "ecologia", per spiegare l'odierno approccio sostenibile all'architettura e alla pianificazione territoriale.

- Vengono chiarite le motivazioni di ordine etico che sono alla base della progettazione ecologica, evidenziando come l'antropizzazione del territorio abbia comportato esaurimento delle risorse energetiche e inquinamento ambientale; si indicano le più importanti tappe della presa di coscienza del problema nel dibattito contemporaneo.

- A partire da esempi di costruzioni del passato, si mette in luce il rapporto storicamente esistente tra il progetto dell'ambiente costruito e il contesto climatico.

- Si spiega come la diffusione dei sistemi impiantistici in edilizia ha messo in crisi questo tradizionale rapporto e come, oggi, si sta, invece, tentando di recuperarlo.

- Un interessantissimo saggio di Lucien Kroll chiude questo capitolo, offrendo un'originale prospettiva sul modo di intendere l'approccio ecologico in architettura.

Riferimenti bibliografici

BANHAM R. (1969), *The Architecture of the Well – Tempered Environment*, Architectural Press, London (trad. it. *Ambiente e tecnica nell'architettura moderna*, Laterza, Roma-Bari 1993).

BENEDETTI C. (1994), *Manuale di architettura bioclimatica*, Maggioli Editore, Rimini.

BOTTERO M. (1991), *Spazio e conoscenza nella costruzione dell'ambiente*, Franco Angeli, Milano.

COOK J. (1990), *Regionalismo e cultura postindustriale*, in S. Los, *Regionalismo dell'architettura*, Franco Muzio Editore, Padova, pp. 135-59.

DAVOLI P. (1993), *Architettura senza impianti, aspetti bioclimatici nell'architettura preindustriale*, Alinea Editrice, Firenze.

DE CAPUA A. (2002), *Nuovi paradigmi per il progetto sostenibile*, Gangemi Editore, Roma.

FACONTI D., PIARDI S. (a cura di) (1998), *La qualità ambientale degli edifici*, Maggioli Editore, Rimini.

FALASCA C. (1985), *Dal clima alla tipologia edilizia: note metodologiche per la progettazione*, Alinea Editrice, Firenze.

FITCH J. M. (1972), *American Building 2: The Environmental Forces That Shape It*, Houghton Mifflin, Boston (trad. it. *La progettazione ambientale*, Franco Muzio Editore, Padova 1980).

ID. (1990), *Verso un regionalismo scientifico*, in S. Los (a cura di), *Regionalismo dell'architettura*, Franco Muzio Editore, Padova, pp. 161-71.

FLORIAN G. (1978), *Vitruvio Pollione. Dell'architettura. Interpretazione a cura di Giovanni Florian*, Giardini editori, Pisa.

GALLO C. (1995), *Architettura bioclimatica*, ENEA, Roma.

GIACHETTA A. (2004), *Architettura e tempo. La variabile della durata nel progetto di architettura*, CLUP, Milano.

GOSTISA B. D. (1983), *Evoluzione dell'abitazione contemporanea in rapporto allo sviluppo delle tecniche di controllo climatico dello spazio costruito*, ECIG, Genova.

GROSSO M. (1997), *Il raffrescamento passivo degli edifici*, Maggioli Editore, Rimini.

GUATTARI F. (1989), *Les trois écologies*, Galilée, Paris (trad. it. *Le tre ecologie*, Edizioni Sonda, Torino 1991).

HERZOG T. (a cura di) (1996), *Solar Energy in Architecture and Urban Planning*, Prestel, Munich.

KELBAUGH D. (1990), *Verso un'architettura del luogo*, in S. Los (a cura di), *Regionalismo dell'architettura*, Franco Muzio Editore, Padova, pp. 99-109.

KROLL L. (1996), *Bio Psycho Socio Eco, Ecologies Urbaines*, L'Harmattan, Paris (trad. it. *Ecologie urbane. Bio/psycho, socio/eco*, Franco Angeli, Milano 2001).

LA CECLA F. (1980), *Esperienze di autodeterminazione energetica e riflessioni sull'economia della rinnovabilità*, in AA.VV., *Politica edilizia e gestione del territorio: il nodo energia*, SAIE-Ente Fiere, Bologna, p. 107.

LATOUCHE S. (2004), *Survivre au développement*, Mille et une nuit, Département de la Librairie Arthème Fayard, Paris (trad. it. *Come sopravvivere allo sviluppo: dalla decolonizzazione dell'immaginario economico alla costruzione di una società alternativa*, Bollati Boringhieri, Torino 2005).

LOS S. (1990), *Un programma regionalista per l'architettura*, in S. Los (a cura di), *Regionalismo dell'architettura*, Franco Muzio Editore, Padova, pp. 1-64.

LOS S., PULITZER N. (1977), *L'architettura della evoluzione. Il sistema abitazione tra industrializzazione edilizia e tecnologie alternative*, Edizioni Luigi Parma, Bologna.

MADIO M. (1995), *Il clima come elemento caratterizzante ed ordinatore dell'edificio*, in "Bioarchitettura", 1.

MANZINI E. (1989), *Quando la manutenzione diventa trasformazione: il caso della riqualificazione energetica*, in C. Molinari (a cura di), *Manutenzione in edilizia, nozioni, problemi prospettive*, Franco Angeli, Milano, pp. 251-2.

MAROCCO M., ORLANDI F. (2000), *Qualità del comfort ambientale*, Dedalo, Roma.

NOTO V., RAPPALDO F., ZUCCARIN A. (1995), *Arte e bioclima nelle architetture palaziali siculo-normanne*, in "Bioarchitettura", 1.

OLGYAY V. (1962), *Design with Climate*, Princeton University Press, Princeton (trad. it. *Progettare con il clima: un approccio bioclimatico al regionalismo architettonico*, Franco Muzio Editore, Padova 1990).

PAOLELLA A. (a cura di) (2001), *L'edificio ecologico*, Gangemi Editore, Roma.

PRIGOGINE I., STRANGERS I. (1979), *La Nouvelle Alliance. Métamorphose de la science*, Gallimard, Paris (trad. it. *La nuova alleanza: metamorfosi della scienza*, Einaudi, Torino 1993).

RAITERI R. (a cura di) (2003), *Trasformazioni dell'ambiente costruito: la diffusione della sostenibilità*, Gangemi Editore, Roma.

SALA M. (a cura di) (1994), *Tecnologie bioclimatiche in Europa*, Alinea Editrice, Firenze.

SALA M., CECCHERINI I. (1993), *Tecnologie solari*, Alinea Editrice, Firenze.

SCANDURRA E. (1995), *L'ambiente dell'uomo. Verso il progetto della città sostenibile*, Etaslibri, Milano.

SLOTERDIJK P. (2000), *Règles par le parc humain*, Mille et une nuit, Paris.

TODD J., TODD N. J. (1984), *Bioshelters, Ocean Arks, City Farming – Ecology as the Basis of Design*, Sierra Club Books, San Francisco (trad. it. *Progettare secondo natura*, Eléuthera, Milano 1989)

VERCELLONI V. (1992), *Ecologia degli insediamenti umani*, Jaca Book, Milano.

WCED (1987), *Our Common Future*, University Press, Oxford (trad. it. di F. Saba Sardi, *Il futuro di tutti noi*, Gruppo editoriale Fabbri, Milano 1988).

ZEVI B. (1995), *Dalla bioclimatica alla poesia spazio-temporale*, in C. Gallo, *Architettura bioclimatica*, ENEA, Roma, pp. 11-2.

2
Progettare il territorio e la città: un approccio sostenibile

Il primo livello della progettazione sostenibile è rappresentato dalla pianificazione del territorio e degli insediamenti urbani, non solo perché essa dovrebbe costituire il quadro generale di riferimento nell'ambito del quale definire scelte più di dettaglio, riferite alla scala edilizia, ma anche perché il reale successo di un approccio ecologico per la costruzione degli insediamenti umani è determinato dalla diffusione su larga scala dei suoi principi oltre che dalla partecipazione della società tutta a uno sviluppo più consapevole e rispettoso dell'ambiente e delle sue risorse.

La pianificazione sostenibile del territorio deve riferirsi alla diffusione su larga scala di tecnologie bioclimatiche ed ecocompatibili elaborate per l'edilizia, ma contemporaneamente deve definire un proprio specifico e originale ambito disciplinare per prendere in esame problemi che sono impossibili da risolvere o che è inutile affrontare al livello del singolo edificio.

Di seguito vengono evidenziati alcuni dei possibili temi intorno ai quali si sta articolando, soprattutto negli ultimi anni, questo specifico ambito disciplinare.

Il primo di questi temi è quello della "gestione energetica".

Gestione energetica

Nell'ambito della progettazione sostenibile a grande scala possono essere avviate significative politiche di gestione energetica attraverso:

- la **diffusa realizzazione di impianti di produzione energetica da fonti rinnovabili**, con particolare riferimento, in contesti urbanizzati, a strategie quali il teleriscaldamento e la microgenerazione distribuita (cfr. cap. 2, par. 1);
- la **diffusa applicazione di soluzioni bioclimatiche** (cfr. cap. 5) per la realizzazione di nuovi edifici o per il recupero di quelli esistenti; con particolare riferimento all'impiego di idonee soluzioni di contenimento dei consumi energetici (iperisolamento degli involucri degli edifici, controllo delle correnti d'aria invernali attraverso barriere vegetali o artificiali ecc.), di riscaldamento solare attivo (fotovoltaico e solare termico) e passivo (serre solari, muri Trombe ecc.), di raffrescamento passivo (sfruttamento delle correnti d'aria estive, coperture "verdi", sfruttamento dei processi di evapotraspirazione delle masse vegetali, frangisole naturali o artificiali; uso

bioclimatico di specchi d'acqua ecc.), di illuminazione naturale (attraverso strategie di captazione, conduzione, riflessione e controllo della radiazione luminosa solare). A tal fine, nella localizzazione di nuovi insediamenti edilizi, si dovranno, ove possibile, considerare anche: la buona esposizione del sito rispetto alla radiazione solare diretta, l'assenza di ostacoli rilevanti capaci di schermare tale radiazione, la protezione dell'area (o la facile realizzabilità di protezioni) rispetto alle correnti di vento dominanti nella stagione invernale, l'accessibilità delle brezze refrigeranti estive, la possibilità di organizzare gli edifici previsti in modo opportuno rispetto agli orientamenti preferenziali in termini di guadagno solare e a distanze idonee l'uno dall'altro. Nel progetto di Norman Foster, Thomas Herzog e Richard Rogers, elaborato a partire dal 1995, per la **Solar City** di Linz in Austria, un nuovo distretto urbano ecocompatibile per 25.000 abitanti, la lottizzazione è organizzata, per esempio, con particolare riguardo alle distanze tra gli edifici, stabilite in riferimento all'inclinazione dei raggi solari invernali, in modo che essi possano arrivare su tutte le facciate interessate dall'impiego di soluzioni di guadagno solare. Oltre a questo citato, diversi progetti di insediamenti realizzati secondo i principi della sostenibilità sono basati sull'impiego di strategie bioclimatiche e solari; tra i più significativi si possono citare: il **Solar Village** realizzato, su progetto di Alexandros N. Tombazis (1989-95), nella periferia di Atene con largo impiego di sistemi solari passivi su un insediamento di 435 unità residenziali; il **quartiere dell'IGA** di Stoccarda (immagini a colori, foto 2 e 3), un insediamento residenziale dimostrativo (1989-93) realizzato a seguito di un concorso bandito dall'Internationale Garten Ausstellung tra architetti di fama internazionale, che si sono misurati sul tema dell'architettura bioclimatica (tra essi i francesi Jourda e Perraudin, gli austriaci Szyszkowitz e Kowalski, gli olandesi Mecanoo, i tedeschi della HHS Architekten).

Controllo dell'inquinamento

Altro tema di particolare rilevanza nell'ambito della progettazione sostenibile a grande scala è quello del "controllo dell'inquinamento".

Le politiche di controllo dell'inquinamento (cfr. cap. 3, par. 2) atmosferico, acustico, elettromagnetico, radioattivo, luminoso, delle acque e del suolo possono, ovviamente, avere effetti significativi solo se attuate su larga scala. I sistemi attraverso i quali si può tener conto del problema dell'inquinamento nell'ambito della progettazione di insediamenti urbani sono diversi, tra essi si possono ricordare i seguenti:

- **inserimento di spazi verdi e utilizzo della vegetazione** (cfr. cap. 4, par. 1) per attivare processi di ossigenazione e ricambi d'aria nelle aree ad alta concentrazione di smog (la vegetazione può, infatti, assorbire sostanze inquinanti, fissare batteri dall'aria, indicare la presenza di inquinanti, produrre ossigeno per fotosintesi riducendo l'emissione di CO_2). Ad esempio, per il progetto di **Potsdamer Platz** a Berlino degli architetti Hilmer e Sattler sono stati effettuati studi in galleria del vento vista la particolare posizione del sito tra spazi urbani densamente costruiti e il parco di Tiergarten e l'importanza di quest'ultimo in relazione al buon livello di ossigenazione dell'aria cittadina;

- l'attivazione di idonee misure per il **controllo del traffico veicolare**, tra i maggiori responsabili della produzione di inquinamento atmosferico e acustico nei centri urbani; in particolare, ai fini del controllo degli effetti inquinanti del traffico, possono essere adottate strategie quali: la multifunzionalità insediativa e il telelavoro, la promozione di mezzi di trasporto pubblico, la progettazione dell'assetto viabilistico e dei parcheggi per limitare l'accesso delle auto in zone dove potrebbero arrecare particolare disturbo ecc. Nel già citato progetto della **Solar City** di Linz vengono, ad esempio, proposti edifici multifunzionali (residenze-uffici) per limitare il più possibile gli spostamenti veicolari degli utenti dalla loro abitazione al posto di lavoro; a Friburgo (definita la capitale ecologica della Germania per le numerose iniziative avviate in particolare sull'uso di fonti energetiche rinnovabili), nell'insediamento ecologico di **Vauban** (1998-2006), per 5.000 abitanti, oltre a essere ampiamente diffuso il telelavoro, per cui la metà circa degli abitanti lavora da casa, la zona residenziale è liberata dalle automobili grazie al sistema *car sharing* (che prevede l'uso collettivo di autoveicoli), al diffuso uso di biciclette (presenti in numero superiore agli abitanti stessi) e a un parcheggio collettivo a cinque minuti a piedi dalle abitazioni (che, tra l'altro, integra soluzioni per lo sfruttamento dell'energia solare).

Gestione rifiuti, reti di servizio

Un altro tema della pianificazione sostenibile è quello della "gestione dei rifiuti e delle reti infrastrutturali e di servizio".

- I **rifiuti solidi urbani** possono rappresentare un rilevante carico ambientale quando non recuperati o riciclati (cfr. cap. 3, par. 3), è necessario quindi che la progettazione sostenibile di un insediamento consideri attentamente il problema della loro gestione con un'attenta organizzazione delle più opportune strategie e strutture di raccolta a seconda del contesto considerato, favorendo al contempo il coinvolgimento degli utenti, dei gestori di attività produttive e commerciali. Nel campo specifico dell'edilizia, grande importanza rivestono anche i rifiuti da costruzione e demolizione: il villaggio di **Ecolonia** ad Alphen-aan den Rijn in Olanda (1989-93), realizzato secondo le linee guida fornite da Lucien Kroll e basato su criteri bioclimatici ed ecocompatibili, è stato – per esempio – progettato con una particolare attenzione al riciclaggio dei materiali da costruzione; altro esempio di insediamento ecologico realizzato con grande attenzione alla riduzione dei rifiuti da cantiere (anche tramite l'impiego di componenti edilizi prefabbricati) e all'attivazione di politiche per la gestione dei rifiuti e il riciclaggio è quello di **Viikki** ad Helsinki (immagine a colori, foto 4), che interessa un'area di 1.130 ettari (iniziato nel 1999).
- Le **reti infrastrutturali e di servizio** sono in genere realizzate solo ai fini

dell'ottimizzazione di benefici strettamente economici senza considerare a dovere le loro conseguenze a livello ambientale; un'attenta politica di gestione dello spazio costruito dovrebbe avere particolare riguardo per i possibili problemi di impatto morfologico, idrogeologico, ecosistemico delle reti viarie, come per quelli derivanti dai disservizi relativi all'approvvigionamento idrico, allo smaltimento fognario e alla depurazione (che possono causare gravi danni all'ambiente, inquinamento delle acque e dei suoli, oltre che malfunzionamento degli insediamenti interessati).

Tutela delle risorse naturali

Tema di grande rilevanza rispetto alla pianificazione sostenibile del territorio è, ancora, quello della "tutela delle risorse naturali".

Per la progettazione sostenibile del territorio è indispensabile gestire correttamente il rapporto tra ambiente costruito e naturale, per esempio attraverso:

- la **tutela delle aree ad alta naturalità**, ottenuta attraverso una pianificazione attenta alle specie vegetali e faunistiche presenti nelle aree di intervento e alle dinamiche ecosistemiche locali. Nel già citato insediamento di **Viikki** ad Helsinki, per esempio, è prevista la tutela della biodiversità attraverso la conservazione delle specie arboree e della vegetazione presente, oltre che la realizzazione di nuove aree verdi a orto, ricavate con la terra di risulta degli scavi di cantiere, concimata con compost prodotto localmente;
- il **recupero dell'acqua piovana** e la **fitodepurazione** (cfr. cap. 4, par. 3) per la depurazione naturale delle acque reflue, al fine di ottenere risorse idriche per usi secondari (per l'irrigazione dei giardini, il lavaggio delle auto, la creazione di specchi d'acqua artificiali), limitando gli sprechi di acqua potabile. In diversi interventi sostenibili a grande scala sono state applicate strategie di questo genere, per esempio: nel citato insediamento di **Vauban** si sono applicate soluzioni per il recupero dell'acqua piovana raccolta dalle coperture degli edifici; nel villaggio solare **ParcBIT** di Maiorca, progettato da Richard Rogers (dal 1994), si sono creati bacini di raccolta dell'abbondante acqua piovana invernale per l'irrigazione estiva; ad **Ecolonia**, nel centro del villaggio ecologico, c'è un lago dove viene raccolta l'acqua piovana, rendendo più gradevole la percezione degli spazi aperti circostanti ma svolgendo, contemporaneamente, una funzione di regolazione degli effetti del variabile regime pluviometrico e creando condizioni adatte allo sviluppo della fauna e flora locali (immagine a colori, foto 5);
- la **realizzazione di pavimentazioni esterne permeabili**, per una più corretta e graduale alimentazione delle falde e la riduzione del rischio idraulico.

Strumenti

Tra gli strumenti che permettono, a scala territoriale, di gestire la grande complessità di una progettazione sostenibile attenta alle tematiche sopra richiamate vi sono, ad esempio: le procedure di **Valutazione di impatto ambientale** (VIA) e soprattutto di **Valutazione ambientale strategica** (VAS); le nuove **normative urbanistiche** che, specie negli ultimi decenni, stanno

dando spazio ai temi della tutela delle risorse energetiche e ambientali nell'ambito della pianificazione – nonostante le resistenze di progettisti, imprenditori e amministratori –; alcuni interessanti processi di gestione territoriale che implicano la partecipazione dei cittadini alle scelte di intervento, quali **Agenda 21** e i **Contratti di quartiere**.
Nei paragrafi che seguono si farà cenno a questi strumenti mettendo in luce vantaggi e limiti legati alla loro applicazione; si affronteranno, inoltre, alcuni argomenti strettamente connessi con l'approccio sostenibile nel progetto del territorio e della città: le **politiche di gestione energetica** ed il **turismo sostenibile**. Il turismo – soprattutto nella realtà di un paese come il nostro, così fortemente legato a questo settore di mercato – può infatti rappresentare sia un fattore di grande impatto ambientale sia un mezzo per tutelare, nel tempo, le risorse naturali dalle quali dipende.
Infine, poiché il campo della progettazione sostenibile rappresenta uno spazio per l'esercizio di diverse competenze professionali (architetti, ingegneri, urbanisti, paesaggisti, geologi, naturalisti, esperti in scienze ambientali, agronomiche e forestali, biologi ecc.), è indispensabile sempre più coltivare la multidisciplinarità di approccio ai suoi temi ed è per questo che, alla fine del capitolo, sono presenti contributi esterni relativi a due diversi punti di vista sull'argomento.

1. Politiche per il risparmio energetico e gestione energetica delle aree urbane

Il crescente fabbisogno energetico mondiale è, ad oggi, prevalentemente soddisfatto attraverso l'impiego sempre più massiccio di **fonti non rinnovabili** di origine fossile, soprattutto petrolio (con il quale si copre circa il 35% della totale produzione energetica), poi carbone e gas naturale (entrambi coprono intorno al 25%). Secondo le previsioni fornite nel Rapporto del 2003 *World Energy, Technology and Climate Policy Outlook* (WETO) della Commissione Europea, nel 2030 si raggiungeranno livelli di consumo energetico mondiale praticamente doppi rispetto agli attuali, con emissioni di anidride carbonica raddoppiate rispetto al 1990, stante l'attuale tendenza al prevalente utilizzo di fonti fossili. Tutto ciò senza considerare che queste ultime non solo sono esauribili ma sono già in via di esaurimento, tanto è vero che fra trent'anni, quasi sicuramente, non saranno più in grado di soddisfare, con i ritmi attuali, le esigenze espresse dallo sviluppo economico mondiale.

Petrolio

Il petrolio, attualmente la fonte energetica più utilizzata a livello mondiale (grazie alla sua facilità di produzione, trasporto e stoccaggio oltre che alla struttura stessa del sistema energetico ormai calibrato proprio sul massiccio impiego di questa fonte), oltre a far registrare una preoccupante diminuzione delle sue riserve, è notevolmente inquinante, sia in fase di estrazione che quando viene utilizzato nelle diverse forme dei suoi derivati (il traffico veicolare a benzina o diesel produce, per esempio, emissioni di ossidi di azoto, di composti organici volatili, di monossido di carbonio, di idrocarburi ecc.), e per di più le sue riserve sono per la maggior parte concentrate nell'area mediorientale, caratterizzata da forte instabilità sociale e politica.

Carbone

Il carbone, oggi sponsorizzato soprattutto dalle compagnie produttrici di energia elettrica per motivi economici (la produzione energetica da carbone ha infatti, rispetto a quella da gas, un più basso costo del combustibile ed è conveniente soprattutto per impianti riconvertiti, come nel caso delle trasformazioni delle centrali a olio combustibile in centrali a carbone, dove diminuisce anche il costo da capitale), è responsabile di emissioni inquinanti ancora molto considerevoli (di biossido di zolfo, polveri e metalli pesanti – tra cui il mercurio –, ossidi di azoto e gas a effetto serra, come l'anidride carbonica) nonostante l'evoluzione dei sistemi di trasformazione energetica (per esempio i nuovi impianti supercritici che consentono più alti rendimenti).

Gas

Il gas, che comporta minori problemi di inquinamento (comunque presenti), sarà prevedibilmente utilizzato in maniera crescente, sempre a fronte però di problemi di esauribilità e, soprattutto in paesi come l'Italia quasi totalmente dipendenti dalle forniture estere, di insicurezza circa la continuità delle forniture (si pensi alla crisi del gas russo del 2005).

Produzione elettrica in Italia

In Italia, nonostante i rilevanti problemi di inquinamento ed esauribilità, la produzione elettrica avviene per più dell'80% da fonti fossili, cosicché l'energia ricavata, benché considerata "pulita", lo è solo per gli utilizzatori finali ma non nella fase produttiva, che comporta inoltre, insieme al trasporto (nonostante le attuali ricerche sui superconduttori), perdite enormi. Basti pensare che da 100 unità di energia chimica di origini fossili si ricavano mediamente solo poco più di 30 unità di energia elettrica per l'utilizzatore finale (tenendo conto delle operazioni di estrazione e trasporto, delle perdite connaturate ai processi di trasformazione energetica, delle trasformazioni in alta, media, bassa tensione, delle perdite di rete). Senza considerare, poi, che nell'impiego delle **auto con motore elettrico** – spesso considerate "ecologiche" e utili a risolvere i problemi di inquinamento urbano – si hanno ulteriori perdite (anche del 40%) dovute perlopiù alla necessità di immagazzinare energia nelle batterie (che non vengono invece utilizzate nei mezzi di trasporto pubblico collegati direttamente alla rete elettrica, l'utilizzo dei quali è pertanto più sensato sostenere nelle aree urbane. Oggi, tuttavia, si stanno diffondendo auto a motore ibrido dove la ricarica elettrica è generata dal motore a scoppio).

Nucleare

Non sembra una soluzione praticabile neanche quella del nucleare, sulla quale hanno puntato paesi europei come la Francia (con quasi l'80% di produzione di energia elettrica da questa fonte) o il Belgio (quasi il 60%) ma che è attualmente in una fase di progressiva contrazione a livello mondiale. Sono ancora molto rilevanti, infatti, i problemi legati all'eliminazione delle scorie (nonostante gli studi sullo sfruttamento del loro potenziale energetico residuo), alla fragilità nel tempo dei materiali delle centrali sottoposti a irraggiamento, alla continua necessità di ammodernamento degli impianti e alla sicurezza (che comporta costi di gestione elevatissimi con conseguenze sul prezzo dell'energia prodotta).

Fonti energetiche rinnovabili

Ciò che pare evidente è, invece, la necessità di ricorrere sempre più all'uso di fonti energetiche rinnovabili, che sono, almeno nel caso di quelle solare, eolica e geotermica, non solo rinnovabili ma costantemente, immediatamente e indefinitamente presenti in natura, e l'utilizzo delle quali – attraverso la realizzazione degli apparati tecnologici per il loro sfruttamento – comporta emissioni inquinanti e uso di risorse e materiali esauribili in proporzioni molto ridotte, talora del tutto trascurabili.

Nonostante gli indubbi vantaggi delle rinnovabili, esse non trovano ancora sufficiente spazio nella produzione energetica contemporanea perché comportano competenze e tecnologie nuove, hanno – di norma – costi di investimento più alti rispetto a quelli per la produzione energetica standard e, conseguentemente, implicano lunghi periodi di ammortamento e rientro dei capitali iniziali, offrono benefici sull'ambiente ancora difficilmente monetizzabili e, normalmente, di scarso interesse per gli imprenditori (se non sussistono reali politiche incentivanti). Inoltre l'attuale sistema di produzione e distribuzione è fortemente legato all'impiego delle fonti energetiche di origine fossile e un radicale cambiamento dei sistemi produttivi deve basarsi per forza su una serie di pesanti modifiche d'assetto del sistema energia nel suo insieme (si pensi, ad esempio, alla presenza capillare dei distributori di benzina sul territorio oppure alla presenza di reti di distribuzione dell'energia elettrica – con progressive riduzioni di tensione solo in un senso – adatte a una distribuzione monodirezionale dalle attuali centrali, così come localizzate, agli utilizzatori).

Promozione delle rinnovabili

In Italia, per esempio, l'impiego di rinnovabili non copre neanche il 10% del fabbisogno. Le politiche avviate in merito in questo paese sono essenzialmente fondate su leggi disattese (si è già citato, nel cap. 1, il caso della legge 9 gennaio 1991, n. 10 per l'attuazione del Piano energetico nazionale) e programmi di incentivazione economica caratterizzati da grande discontinuità, confusione e vaghezza, soprattutto se paragonati a quelli di altri paesi europei (si pensi all'iniziativa dei «**10.000 tetti fotovoltaici**» – promossa dal decreto ministeriale del 22 dicembre 2000 – che è stata caratterizzata da finanziamenti a fondo perduto assegnati tramite procedure lente e incapaci di offrire effettive garanzie sulla reale efficienza energetica degli impianti realizzati). Anche l'introduzione dei "**Certificati verdi**" (Decreto Bersani del 1999), titoli emessi dalla GRTN spa (società del ministero dell'Economia e delle Finanze) e oggetto di possibile compravendita tra produttori e importatori di energia da fonte fossile per il raggiungimento di una quota obbligata del 2% di produzione da rinnovabili, non sembra abbia portato ai risultati sperati.

Più promettenti paiono, invece, le novità legate ai **finanziamenti in "conto energia"** per vendere l'energia prodotta con il fotovoltaico, anche con impianti medio-piccoli, alla rete nazionale a una tariffa sensibilmente più alta di quella normale d'acquisto, per aumentare la redditività degli investimenti in questo campo. Tale tipo di finanziamenti è stato introdotto, per recepimento della Direttiva comunitaria 2001/77/CE, attraverso il D.Lgs. 387/2003 e, successivamente (con un anno di ritardo rispetto alle previsioni dello stesso decreto legislativo), attraverso il decreto di attuazione del 28 luglio 2005 (ancora modificato il 6 febbraio 2006): essi hanno portato a risultati molto interessanti in paesi che li hanno già adottati come la Germania, con potenze installate di molto superiori a quelle italiane.

Microgenerazione distribuita

Un altro mezzo molto interessante per lo sviluppo su larga scala delle rinnovabili sembra poi essere la microgenerazione distribuita, perché basata su scelte di singoli individui, o piccoli gruppi di persone motivate e informate, e su investimenti contenuti; perché più flessibile, adattabile allo specifico sito di intervento, con limitato impatto visivo, non bisognosa di complessi sistemi di rete. La generazione distribuita si riferisce – sia nel caso delle rinnovabili che delle non rinnovabili – all'utilizzo di impianti di capacità massima compresa tra i 10 kW e i 50 MW, finalizzati a fornire una specifica utenza ed eventualmente ad alimentare la rete elettrica. Con il termine microgenerazione si fa di norma riferimento a una capacità installata non superiore a 1 MW. La microgenerazione distribuita, cioè essenzialmente la produzione in proprio di energia da parte di privati per i propri usi (con la possibilità di cessione alla rete – magari con finanziamenti in conto energia – per i sopravanzi), sembra adattarsi perfettamente alla produzione da fonti rinnovabili, oltre a essere un mezzo strategico di grande interesse in relazione alla diffusione sul territorio dell'uso di queste fonti, perlomeno in questa difficile fase iniziale e per una politica di medio periodo.

1.1. Energia solare Sulla terra giunge una quantità di energia solare in grado di soddisfare circa 10.000 volte il fabbisogno energetico dell'umanità, anche se, ovviamente, è impossibile lo sfruttamento intensivo di questa fonte data l'ampissima diffusione della radiazione. Le strategie che possono essere impiegate per l'utilizzo della radiazione solare sono: la conversione fotovoltaica, per ottenere energia elettrica, il solare termico ad alta e bassa temperatura, i sistemi solari passivi.

Fotovoltaico

La possibilità di utilizzo del fotovoltaico attraverso grandi impianti (come quello di Serre, vicino a Salerno, che è uno dei più grandi del mondo con i suoi 26.500 metri quadrati di pannelli) è ancora limitata dai rendimenti piuttosto bassi e dai costi ancora abbastanza elevati. Più promettente sembra essere la conversione fotovoltaica con impianti di piccola taglia per singole utenze, settore nel quale la produzione registra continui progressi.

Solare termico ad alta temperatura

L'energia solare può essere convertita in energia elettrica anche in impianti solari termici ad alta temperatura, che trasformano la radiazione solare termica in vapore che serve poi ad azionare turbine collegate ad alternatori. Si usano a tal fine diversi sistemi: campi di specchi orientati che concentrano l'energia solare per riflessione alla sommità di una torre-fornace; rifrattori Fresnel o parabolici lineari (definiti a mangiatoia) che focalizzano la radiazione solare lungo la loro linea di fuoco, dove viene posizionato un tubo con un fluido termovettore; grandi specchi parabolici che seguono l'andamento solare, nel fuoco dei quali vi è un motore che aziona un alternatore.

Microgenerazione con impianti solari, solare termico a bassa temperatura e solare passivo

La microgenerazione con impianti solari è essenzialmente legata all'utilizzo del **fotovoltaico** per singole utenze, anche con possibilità di integrazione sulle coperture e sulle facciate degli edifici: l'argomento verrà approfondito nel cap. 5, par. 4 di questo libro.

Al livello dei singoli edifici, la radiazione solare termica può essere anche utilizzata per il riscaldamento ambientale e dell'acqua sanitaria con **impianti solari termici a bassa temperatura**, sui quali si ritornerà in modo specifico nel cap. 5, par. 3.

Accanto a questi sistemi, normalmente identificati come "**solari attivi**" (anche se la definizione potrebbe non essere adeguata nel caso di alcuni semplici impianti solari termici a bassa temperatura), vi sono altri importantissimi sistemi di utilizzo diretto della radiazione solare termica a piccola scala, quelli "**solari passivi**", ai quali si fa ampio riferimento in questo libro, particolarmente nel cap. 5, par. 1.

1.2. Energia eolica Il vento è una delle più promettenti fonti energetiche rinnovabili; la produzione energetica eolica pur rimanendo su valori assoluti bassi è, infatti, quella con maggiore tasso di crescita mondiale. Le tecnologie per lo sfruttamento dell'energia eolica sono già economicamente competitive se paragonate con quelle per la produzione di energia da fonti fossili.

Aerogeneratori

I sistemi utilizzati per la trasformazione dell'energia eolica in energia meccanica e poi elettrica sono gli aerogeneratori (fig. 2.1). Si tratta di impianti con una durata di vita media di 25 anni, con rendimenti teorici del 60% e reali del 35-40%, che sfruttano però una fonte inesauribile e gratuita, con una tecnologia ormai matura e non inquinante. L'energia prodotta dagli aerogeneratori ha costi confrontabili con quella prodotta nelle centrali a gas naturale a fronte però di un'emissione praticamente nulla di agenti in-

FIGURA 2.1 Schema di funzionamento di un aerogeneratore

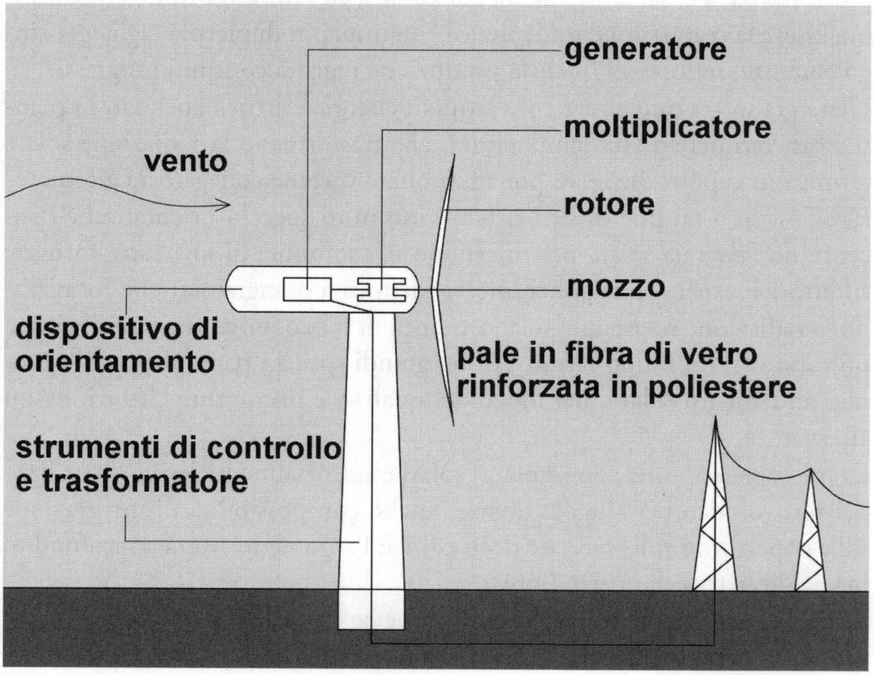

quinanti. Tuttavia l'utilizzo degli aerogeneratori è ovviamente limitato ad alcuni siti idonei: in Italia questi sono localizzati prevalentemente nelle località appenniniche, alpine e insulari. In relazione ai grandi impianti eolici le localizzazioni che sembrano fornire i migliori risultati sono quelle offshore, sul mare.

I problemi legati all'utilizzo di aerogeneratori sono essenzialmente:

- l'**impatto paesaggistico** (un aerogeneratore di taglia media, 300 kW di potenza, ha una torre di 30 metri e un rotore di 30 metri di diametro), fattore culturale che si può comunque pensare di superare con un'attenta progettazione e localizzazione degli impianti e con la loro progressiva diffusione, che comporterà una maggiore abitudine delle persone alla vista di questi elementi inseriti nel paesaggio;
- l'**impatto sonoro**, che tuttavia non è fastidioso per distanze superiori a 300-400 metri e implica soltanto la corretta localizzazione degli aerogeneratori rispetto agli insediamenti abitati;
- l'**incompatibilità con la migrazione di alcune specie di uccelli** (soprattutto rapaci) che sfruttano le correnti d'aria (spesso in corrispondenza di forti correnti d'aria vi sono ingenti flussi migratori): questo problema è il più complesso e può essere risolto solo con un'attenta analisi ecosistemica

del territorio (cfr. cap. 3, par. 1) in modo da individuare siti non idonei all'impianto di aerogeneratori in corrispondenza di corridoi ecologici aerei.

Minieolico e microeolico

La microgenerazione con impianti che sfruttano il vento è legata al **minieolico** (impianti con potenza nominale di norma compresa tra 1 e 20 kW e diametri del rotore fino a 8 metri) e al **microeolico** (con potenza nominale inferiore a 1 kW e diametri del rotore anche inferiori a 1,5 metri). Il settore è oggi in forte espansione grazie allo sviluppo di nuove tecnologie nell'ambito della progettazione di piccole turbine capaci di rendimenti sempre più elevati, anche con velocità di vento molto basse (specie nel caso del microeolico), e con ridotta rumorosità. I sistemi mini e soprattutto microeolici implicano la risoluzione dei problemi di impatto paesaggistico e ambientale che caratterizzano gli impianti di media e grande taglia. Spesso l'uso di questi sistemi viene combinato con quello di pannelli fotovoltaici per la produzione in continuo di energia elettrica, anche in assenza di Sole e di notte.

1.3. Energia idroelettrica In Italia la produzione idroelettrica rappresenta, di gran lunga, quella che offre il maggiore contributo (più del 70%) sul totale dell'energia ricavata da fonti rinnovabili. Le **centrali idroelettriche** trasformano l'energia potenziale posseduta da grandi masse d'acqua, raccolte in appositi bacini a mezzo di dighe o traverse, in energia meccanica e poi elettrica tramite turbine idrauliche collegate a generatori.

Energia dalle maree

Esistono anche sistemi per la produzione di energia che sfruttano le **maree** e si possono attuare in luoghi con forti escursioni tra alta e bassa marea, attraverso la costruzione di dighe. Si tratta però di sistemi con un forte impatto ambientale, che possono causare anche morie di pesci e problemi di allagamento sulle coste, oltre che evidenti disagi per il turismo. Attualmente esistono solo pochi impianti di produzione energetica dalle maree, soprattutto in Canada e in Francia. In Italia l'unico sito idoneo identificato è lo stretto di Messina.

Mini-idro

Per lo sfruttamento dell'energia idroelettrica su piccola scala, non a livello industriale ma per singole utenze, si possono utilizzare piccole turbine (fino ad alcune decine di kW) che possono essere posizionate, a seconda dei casi, sui torrenti di montagna, sui salti d'acqua degli acquedotti (bastano anche pochi metri), sui canali irrigui o di bonifica, sui circuiti di raffreddamento di impianti industriali e su sistemi idrici vari; per il loro funzionamento sono adatte anche portate modeste.

1.4. Energia geotermica Per energia geotermica si intende la produzione di energia che sfrutta il calore contenuto all'interno della terra (e che si dissipa verso la superficie terrestre) presente in enormi quantità e praticamente inesauribile.

Centrali geotermiche

Alcuni sistemi per lo sfruttamento di questo calore sono quelli che utilizzano la pressione esercitata dal vapore contenuto negli **acquiferi geotermici** (*geysers*). Sono presenti centrali geotermiche in Islanda, California e diversi altri paesi; in Italia è presente una centrale in Toscana a Larderello.

Pompe di calore con sonda geotermica Un sistema molto interessante per il riscaldamento domestico e la produzione d'acqua calda sanitaria, che permette risparmio di risorse energetiche non rinnovabili e basse emissioni inquinanti, è la **pompa di calore**. Si tratta di una macchina alimentata da energia elettrica o a gas, con consumi in proporzioni molto ridotte (circa il 30-50%) rispetto a quelli degli impianti di riscaldamento tradizionali, in grado di trasferire calore da una "**sorgente fredda**" a un ambiente più caldo attraverso una sequenza di processi che interessano un fluido che viene fatto scorrere in un idoneo circuito. Questo fluido prima si espande e assorbe calore dalla sorgente fredda, poi viene compresso per aumentare la sua temperatura, poi viene condensato e cede calore al fluido termovettore (aria o acqua) che alimenta il sistema di riscaldamento (generalmente a bassa temperatura, a pavimento, soffitto o parete) e, infine, si espande nuovamente passando attraverso una valvola a espansione, per ricominciare il ciclo. La "sorgente fredda" può essere rappresentata: dall'aria esterna, con problemi di variabilità della temperatura di quest'ultima e, nei climi freddi, di temperature eccessivamente ridotte (con forti limitazioni di rendimento energetico e di convenienza economica del sistema di produzione; anche se può essere utilizzata l'aria interna garantendo però continui ricambi d'aria); dall'acqua, in presenza di falde, fiumi o corsi d'acqua e mare, con il vantaggio di escursioni termiche ridotte soprattutto in presenza di acque sotterranee di falda; infine dal terreno. In questo caso si possono ottenere ottimi risultati perché vi sono limitate escursioni termiche e temperature costanti che aumentano di circa 3 °C ogni 100 metri di profondità e soprattutto perché si possono ridurre le differenze di temperatura tra l'ambiente da riscaldare e la sorgente fredda (con aumento dei rendimenti).

Sonde geotermiche

Occorre che impianti a pompa di calore di questo tipo siano dotati di **sonde geotermiche** che possono essere posizionate o in orizzontale, interessando ampie zone di terreno con scavi di profondità ridotta, o in verticale, con scavi puntuali con profondità di diverse decine di metri. Il problema di questi impianti è che sono piuttosto costosi per la loro installazione e le opere di scavo previste, e quindi i tempi di ammortamento sono piuttosto lunghi; i tempi di rientro dell'investimento si riducono però quando occorra far funzionare le pompe di calore anche a ciclo invertito per il raffrescamento estivo, consentendo risparmio energetico anche durante la stagione calda.

1.5. Biomassa, biocombustibili e biogas L'energia da biomassa è quella che si ottiene con la conversione in calore di combustibili rinnovabili di origine biologica. Il primo di essi è il **legno** (una delle prime fonti energetiche utilizzate dall'uomo) che può però considerarsi rinnovabile a tutti gli effetti solo se il suo utilizzo non comporta deforestazioni incontrollate, basandosi invece su studiati programmi di taglio e rimboschimento che possono, tra l'altro, anche avere effetti molto positivi sul bosco, ringiovanendolo, e contribuendo così all'assorbimento di maggiori quantità di anidride carbonica.

Biocombustibili

I biocombustibili sono rappresentati da oli o alcoli estraibili da specie vegetali, quali la **colza** o la **canna da zucchero**, che costituiscono fonti rinnovabili con studiati cicli di coltivazione. Sono utilizzabili da diversi tipi di motore e comportano emissioni inquinanti inferiori rispetto a quelle dei sistemi basati su combustibili di origini fossili.

Biogas

Il biogas è il gas che si ottiene dalla **fermentazione anaerobica** (in assenza di ossigeno) di materiale organico: **rifiuti organici**, **sostanze vegetali**, **deiezioni animali**. Il biogas è utilizzabile per le applicazioni nelle quali è usato abitualmente il metano ed è poco inquinante. Dai rifiuti si può ottenere energia anche per **termovalorizzazione** con effetti inquinanti piuttosto rilevanti (cfr. cap. 3, par. 3).

Piccoli impianti a biomassa e biogas Possono essere realizzati impianti per ottenere energia da biomassa o biogas per singole utenze. Ne sono un esempio le **caldaie e stufe a pellets**, che utilizzano biomasse legnose tritate, residui di lavorazione del legno, oppure gusci di frutta, sansa di olive, semi di uva, granoturco e altri cereali, con rendimenti sempre più elevati ottenuti con processi di postcombustione che limitano anche le emissioni inquinanti. Altro esempio di microgenerazione sono i **piccoli impianti a biogas** realizzati in corrispondenza di fattorie con allevamenti animali (bovini o maiali).

1.6. Cogenerazione Le trasformazioni energetiche comportano sempre perdite di calore, che causano problemi tecnici, economici e ambientali oltre che spreco di risorse. Se in parte si riesce a recuperare il calore disperso, si possono limitare questi problemi ottenendo inoltre risparmio energetico. A tal fine possono essere impiegati processi di **cogenerazione** ovvero di generazione contemporanea di energia termica ed elettrica in un solo processo di trasformazione energetica.

Teleriscaldamento

Nelle centrali termoelettriche, per esempio, si può produrre, per cogenerazione, acqua calda come sottoprodotto dell'elettricità. Quest'acqua può essere utilizzata direttamente per il riscaldamento degli edifici, con processi di teleriscaldamento che prevedono apposite reti per la distribuzione nei complessi edilizi interessati. Il **teleriscaldamento** è un processo di grande interesse, ma è piuttosto costoso perché prevede tubazioni coibentate di grandi dimensioni (e con problemi di dilatazione) e conseguente esigenza di eseguire complesse opere di interramento. Tuttavia in particolari situazioni esso può comportare rilevanti risparmi energetici.

Microcogenerazione La microcogenerazione può interessare impianti a gas (o biogas) di piccola taglia, per la produzione congiunta di calore ed elettricità, con recupero del calore dei gas di scarico. In alcuni impianti industriali, dove viene richiesta la produzione di grandi quantità di calore per i processi produttivi, si possono realizzare sistemi di recupero del calore per la generazione di energia termica o elettrica (è il caso delle fonderie che usano il calore residuo per la produzione di elettricità).

1.7. Idrogeno L'idrogeno (H) è l'elemento più diffusamente presente in natura anche se in ridottissime quantità allo stato libero; è un gas non nocivo, inodore e incolore, che, per reazione con l'ossigeno presente nell'aria, produce calore dando acqua come prodotto di scarto. Si tratta di un **vettore energetico** perché serve, in sostanza, a veicolare l'energia trasferitagli nel corso dei processi utili a ottenerlo allo stato libero (viene definito anche "memorizzatore" di energia) e deve essere ottenuto da altre fonti: o per **elettrolisi dall'acqua**, processo che comporta però altissimi costi energetici per ottenere la materia prima (che si possono ridurre parzialmente solo in determinate condizioni, per esempio se l'elettrolisi viene effettuata direttamente nelle centrali termoelettriche o nucleari), o per **reforming**, processo che permette di trasformare nell'energia chimica dell'idrogeno l'energia chimica degli idrocarburi: metano, etano, nafta ecc. (il processo comporta però una produzione rilevante di anidride carbonica e, inoltre, l'idrogeno ottenuto è più costoso del combustibile di partenza, per cui non conviene ancora il suo utilizzo in alternativa a esso a fini energetici). Un altro processo impiegato è la **gassificazione del carbone e dei combustibili fossili**, di norma economicamente non competitivo con il reforming. Ottenuto idrogeno puro si può generare poi energia elettrica mediante **celle a combustibile** (trasformatori di energia chimica in energia elettrica), con un processo "pulito" ad alto rendimento. L'impiego dell'idrogeno è possibile anche per il **settore dei trasporti**, ma i rendimenti sono ancora piuttosto bassi e le applicazioni ancora sperimentali (come quella del bus a idrogeno della Iribus, già circolante in Torino dal 2001). Allo stato attuale le tecnologie disponibili per la produzione dell'idrogeno e dall'idrogeno non sono ancora mature per diffuse applicazioni energetiche su larga scala, tuttavia vi sono sviluppi di ricerca promettenti: tra gli studi effettuati si possono ricordare, per esempio, quelli per la **produzione dell'idrogeno in impianti solari termici ad alta temperatura** o, ancora, quelli di **produzione fotobiologica**, attraverso l'impiego di particolari alghe o batteri in grado di generare idrogeno in determinate condizioni utilizzando l'energia solare.

1.8. Gestione energetica e reti di servizio A livello territoriale e urbano la **gestione dell'energia** è un tema di grandissima rilevanza: si pensi ai problemi derivanti dall'impiego di combustibili fossili per i trasporti, alla localizzazione dei centri produttivi e al loro impatto paesaggistico o ambientale (ad esempio delle centrali termoelettriche), o alla rete distributiva e di trasporto e allo stoccaggio (i metanodotti, gli elettrodotti – con i loro effetti inquinanti; cfr. cap. 3, par. 2 – o ancora i condotti per il teleriscaldamento, i depositi di carbone ecc.); all'esigenza di servire e urbanizzare nuovi insediamenti, alla rete di distribuzione capillare dei carburanti e ancora, in relazione alle rinnovabili, alla corretta dislocazione sul territorio degli impianti di grande, media e piccola taglia in funzione delle specifiche caratteristiche di soleggiamento, ventilazione ecc., o alla facile reperibilità, al trasporto e alla presenza di spazi da dedicare alla coltivazione delle biomasse. La gestione dell'energia è quindi un tema fondamentale della moderna **pianificazione sostenibile** (cfr. cap. 2, par. 3) e uno degli aspetti di maggior rilevanza rispetto al controllo dei carichi ambientali derivanti dall'antropizzazione del territorio.

Reti di servizio

Le **reti energetiche e infrastrutturali e di servizio** in genere (idriche, fognarie ecc.) sono organizzate normalmente (quando sono organizzate) per massimizzare la riduzione delle distanze tra i diversi nodi e punti serviti, ai fini della riduzione dei costi; quasi sempre non vengono invece considerate le conseguenze che implicano a livello ambientale, paesaggistico, idrogeologico, ecosistemico. Nella progettazione di un sistema territoriale o urbano è, invece, fondamentale valutare e gestire tutti i "flussi" (di materia ed energia) in entrata e in uscita, e le modalità di distribuzione all'interno del sistema stesso, che può essere paragonato a un ecosistema biologico del quale occorre considerare, ogni volta, possibili scompensi, limiti di carico, vulnerabilità e capacità rigenerativa, anche delle risorse dalle quali dipende e dipenderà.

2. Procedure di VIA e VAS

La valutazione della sostenibilità ambientale delle opere edilizie e infrastrutturali oggi coinvolge il processo di gestione e trasformazione del territorio a diversi livelli. La **Valutazione di impatto ambientale** è lo strumento che effettua la valutazione dei progetti caratterizzati da possibili forti impatti. La **Valutazione ambientale strategica** (Direttiva 2001/42/CE) è lo strumento destinato a innescare la fase di controllo sin dal momento della formazione di piani e programmi.

In questo paragrafo vengono descritti i due strumenti, indicati gli operatori coinvolti e definite le loro relazioni.

2.1. La Valutazione di impatto ambientale (VIA) La Valutazione di impatto ambientale è una procedura atta ad **analizzare le conseguenze sull'ambiente della realizzazione e della fase di esercizio di un'attività di trasformazione territoriale.** Può essere quindi definita come una procedura tecnico-amministrativa per la verifica della compatibilità ambientale di un progetto. È rivolta a **opere di categoria particolare**, con caratteristiche tali, per dimensione e destinazione d'uso, da essere fonte di impatti di diverso tipo: raffinerie, centrali termiche, impianti chimici, autostrade, porti, aeroporti ecc. Lo scopo è l'attuazione di strategie di prevenzione dei possibili danni all'ambiente conseguenti ad attività insediative particolari, piuttosto che di riparazione di danni già avvenuti.

La VIA può essere considerata una **fase del processo decisionale** poiché viene applicata al progetto dell'opera in oggetto **prima della sua definizione esecutiva**, al fine di verificarne la compatibilità ambientale con il sito in cui è prevista la localizzazione. I dati principali dell'opera vengono raccolti da un **Comitato tecnico di valutazione** che analizza i possibili impatti non solo sull'ambiente naturale, ma anche su quello socioeconomico, valutando il rapporto benefici/danni.

Origini normative

La VIA è stata introdotta a livello europeo tramite la **Direttiva 1985/337/CE**. Il **D.P.C.M. 377/88** ha interpretato in Italia tale direttiva europea, individuando solo una parte delle opere previste (quelle dell'*Allegato 1*), da analizzare con procedura di tipo nazionale. Queste sono, in generale (per una maggiore definizione, anche correlata alle dimensioni dell'intervento, si veda il citato decreto): raffinerie di petrolio greggio e impianti di gassificazione e di liquefazione di carbone o di scisti bituminosi; centrali termiche e altri impianti di combustione con potenza termica di almeno 300 MW; centrali nucleari e altri reattori nucleari; impianti destinati esclusivamente allo stoccaggio definitivo o all'eliminazione definitiva dei residui radioattivi; acciaierie; impianti per l'estrazione di amianto e per il trattamento e la trasformazione dell'amianto e dei prodotti contenenti amianto; impianti chimici integrati; tronchi ferroviari per il traffico a grande distanza; aeroporti con piste di atterraggio superiori a 1.500 m di lunghezza; autostrade e strade riservate alla circolazione automobilistica o tratti di esse; strade extraurbane, o tratti di esse, di particolari dimensioni; porti commerciali marittimi e vie navigabili interne; impianti di eliminazione dei rifiuti tossici; impianti destinati a trattenere, regolare o accumulare le acque in modo durevole; elettrodotti aerei esterni; oleodotti e gasdotti; stoccaggio di prodotti chimici e petrolchimici; impianti termoelettrici; impianti per la produzione dell'energia idroelettrica; stoccaggio di prodotti combustibili solidi; impianti destinati al trattamento di combustibili nucleari; attività minerarie per la ricerca, la coltivazione e il trattamento minerallurgico delle sostanze minerali di miniera.

La normativa è stata successivamente integrata con la **dir. 1997/11/CE**.

Sviluppi normativi

In Italia, a seguito dei richiami della Comunità Europea, il **D.P.R. del 12 aprile 1996, *Atto di indirizzo e coordinamento concernente disposizioni in materia di valutazione di impatto ambientale* ha individuato nuove opere** da assoggettare a VIA **dando delega alle Regioni**. Ciascuna Regione è tenuta a disciplinare tale procedura attraverso una specifica legge che definisce i termini di applicazione per le categorie di opere soggette a VIA regionale.

Il successivo **D.P.C.M. 3 settembre 1999 ha modificato e ampliato** la categoria delle opere da assoggettare a VIA previste dal D.P.R. 12 aprile 1996.

Sono, inoltre, assoggettati alla procedura di valutazione di impatto ambientale i progetti di cui all'*Allegato B* che ricadono, anche parzialmente, all'interno di aree naturali protette come definite dalla legge 6 dicembre 1991, n. 394, riferiti a diversi ambiti (si veda l'*Allegato B* del decreto per la completa definizione delle tipologie) e in parte corrispondenti alle categorie di opere elencate nell'*Allegato A* ma con dimensioni e potenzialità produttive con limiti inferiori.

Per i progetti elencati nell'*Allegato B*, che non ricadono in aree naturali protette, l'autorità competente verifica, secondo le modalità di cui all'articolo 10 e sulla base degli elementi indicati nell'*Allegato D*, se le caratteristiche del progetto richiedono lo svolgimento della procedura di valutazione d'impatto ambientale. Questa analisi, affidata alle Regioni, è anche definita ***screening***.

Contenuti minimi

Le informazioni richieste, e fornite dai progettisti attraverso lo **Studio di impatto ambientale** (SIA), devono essere coerenti con il grado di approfondimento progettuale necessario e strettamente attinenti alle caratteristiche specifiche di un determinato tipo di progetto e delle componenti dell'ambiente che possono subire un pregiudizio, anche in relazione alla localizzazione, tenuto conto delle conoscenze e dei metodi di valutazione disponibili.

Secondo il suddetto D.P.R. 12 aprile 1996, lo studio di impatto ambientale deve avere un grado di approfondimento strettamente connesso al livello di progettazione in cui ci si trova a operare e deve contenere comunque almeno le seguenti informazioni:

a) la **descrizione del progetto**, con indicazione dei parametri ubicativi, dimensionali e strutturali, e le finalità dello stesso;

b) la **descrizione dei potenziali effetti sull'ambiente**, anche con riferimento a parametri e standard previsti dalla normativa ambientale, nonché ai piani di utilizzazione del territorio;

c) la rassegna delle **relazioni esistenti fra l'opera proposta e le norme in materia ambientale**, nonché i piani di utilizzazione del territorio;

d) la **descrizione delle misure previste per eliminare o ridurre gli effetti** sfavorevoli sull'ambiente.

Riferimenti legislativi

- Direttiva 1985/337/CE;
- Direttiva 1997/11/CE;
- D.P.C.M. 10 agosto 1988, n. 377: *Regolamento delle procedure di compatibilità ambientale di cui all'art. 6 della Legge 8 luglio 1986, n. 349, recante istituzione del Ministero dell'ambiente e norme in materia di danno ambientale*;
- D.P.C.M. 27 dicembre 1988, successivamente modificato e integrato (per talune categorie di opere) dal D.P.R. 2 settembre 1999, n. 348;
- D.P.R. 12 aprile 1996, recante: *Atto di indirizzo e coordinamento per l'attuazione dell'art. 40, comma 1, della Legge 22 febbraio 1994, n. 146, concernente disposizioni in materia di valutazione d'impatto ambientale*;
- il 27 dicembre 1999 è entrato in vigore il D.P.C.M. 3 settembre 1999;
- Circolare del ministero dell'Ambiente 11 agosto 1989, *Pubblicità degli atti riguardanti la richiesta di pronuncia di compatibilità ambientale di cui all'art. 6 della legge 8 luglio 1986, n. 349; modalità dell'annuncio sui quotidiani*; successivamente integrato dalle Circolari ministeriali del 23 febbraio 1990 e del 21 giugno 1991;
- Circolare del ministero dell'Ambiente 30 marzo 1990, *Assoggettabilità alla procedura di impatto ambientale dei progetti riguardanti i porti di seconda categoria classi II, III, e IV, ed in particolare, i porti turistici. Art. 6, comma 2, della legge 8 luglio 1986, n. 349 e D.P.C.M. 10 agosto 1988, n. 377*;
- D.P.R. 27 aprile 1992, *Regolamentazione delle procedure di compatibilità ambientale e norme tecniche per la redazione degli studi di impatto ambientale e la formulazione del giudizio di compatibilità di cui all'art. 6 della legge 8 luglio 1986, n. 349, per gli elettrodotti aerei esterni*;
- Circolare del ministero dell'Ambiente 1° dicembre 1992, *Assoggettabilità alla procedura di impatto ambientale dei progetti riguardanti le vie rapide di comunicazione. Art. 6, comma 2, della legge 8 luglio 1986, n. 349, e successivi D.P.C.M. attuativi*;
- D.P.R. 18 aprile 1994, *Regolamento recante norme per disciplinare la valutazione dell'impatto ambientale relativa alla prospezione, ricerca e coltivazione di idrocarburi liquidi e gassosi*;
- legge 3 novembre 1994, n. 640, *Ratifica ed esecuzione della convenzione sulla valutazione di impatto ambientale in contesto transfrontaliero*;
- Circolare del ministero dell'Ambiente del 15 febbraio 1996, *Integrazioni delle circolari 11 agosto 1989 e 23 febbraio 1990 concernenti "Pubblicità degli atti riguardanti la richiesta di pronuncia di compatibilità ambientale di cui all'art. 6 della legge 8 luglio 1986, n. 349; modalità di annuncio sui quotidiani"*;

- Circolare del ministero dell'Ambiente 7 ottobre 1996, *Procedure di valutazione di impatto ambientale*;
- Circolare del ministero dell'Ambiente 8 ottobre 1996, *Principi e criteri di massima della valutazione di impatto ambientale*;
- D.P.R. 11 febbraio 1998, *Disposizioni integrative al D.P.C.M. 377/1988 in materia di disciplina delle pronunce di compatibilità ambientale, di cui alla legge 8 luglio 1986, n. 349, art. 6*;
- D.P.R. 3 luglio 1998, *Termini e modalità dello svolgimento delle procedure di valutazione di impatto ambientale per gli interporti di rilevanza nazionale*;
- D.P.C.M. 4 agosto 1999, *Applicazione della procedura di valutazione di impatto ambientale alle dighe di ritenuta*.

2.2. La Valutazione ambientale strategica (VAS) La Valutazione ambientale strategica ha come «obiettivo di garantire un elevato livello di protezione dell'ambiente e di contribuire all'integrazione di considerazioni ambientali all'atto dell'elaborazione e dell'adozione di piani e programmi al fine di promuovere lo sviluppo sostenibile assicurando che, ai sensi della presente direttiva, venga effettuata una valutazione ambientale di determinati piani e programmi che possono avere un impatto significativo sull'ambiente» (art. 1, Direttiva 2001/42/CE).

La questione della sostenibilità nella gestione territoriale è però ancora una materia scarsamente definita sul piano teorico e poche sono le applicazioni pratiche a oggi effettuate.

La valutazione ambientale, di cui alla **Direttiva 2001/42/CE**, viene definita strategica (la direttiva in realtà non fa cenno a tale aggettivo) in quanto:

- si focalizza sull'azione, quindi sull'efficacia del sistema, e sui risultati;
- considera l'esistenza di gruppi di interesse e di risorse progettuali in atto;
- si basa su un'analisi approfondita del territorio;
- è strutturata come iter e non termina con la presentazione del Piano ma prosegue sino a una fase di valutazione ulteriore al termine della fase di attuazione.

La **metodologia** suggerita dalla direttiva (vedi *Attuazione della Direttiva 2001/42/CE* redatta dalla DG Ambiente della Commissione Europea, Lussemburgo 2003) è atta a creare un **documento utile al controllo dell'iter di sviluppo del Piano** che deve fare propri gli aspetti ambientali, parte integrante, quando non fondamentale, delle strategie di pianificazione. Non viene comunque proposta una modalità specifica per la redazione, piuttosto vengono illustrati i contenuti, rimandando specifiche formulazioni in funzione del Piano o programma in oggetto.

La Valutazione ambientale strategica è suddivisa in diverse fasi che si suc-

cedono cronologicamente, suddivise in 3 macrogruppi: la valutazione ex ante, la valutazione intermedia, la valutazione ex post.
La **valutazione ex ante** costituisce il corpus principale della VAS. I contenuti sono analoghi a quelli degli studi cosiddetti di sostenibilità o di compatibilità ambientale previsti da alcune leggi urbanistiche regionali per la valutazione dei piani.
La valutazione ex ante è costituita da: Rapporto ambientale, consultazioni, valutazione del Rapporto e degli esiti delle consultazioni, messa a disposizione delle decisioni prese in seguito alla valutazione.
Rapporto ambientale: i contenuti sono sintetizzati nell'*Allegato 1* della direttiva. Costituisce il corpus principale della valutazione. In questa parte si delinea lo stato dell'ambiente del territorio oggetto di pianificazione e si analizzano gli obiettivi e le azioni previsti dal Piano, confrontandoli con gli obiettivi di tutela ambientale universalmente riconosciuti, limitatamente a quelli pertinenti con il caso specifico.
Consultazioni: è la fase in cui i rappresentanti dei gruppi di interesse (le amministrazioni subordinate e sovraordinate, ma anche gli ordini professionali ecc.) propongono osservazioni allo strumento pianificatorio, anche in relazione agli orientamenti in materia di tutela ambientale.
Valutazione del Rapporto e degli esiti delle consultazioni: è la fase conseguente alle consultazioni, in cui i progettisti del Piano valutano come interagire sul Piano stesso a fronte degli esiti della fase analitica.
Messa a disposizione delle decisioni: il Piano, una volta portato alla sua forma definitiva, deve essere pubblicato e diffuso, affinché tutta la comunità possa venire a conoscenza dei contenuti.
È evidente dalla precedente suddivisione in argomenti come la VAS sia intimamente connessa allo sviluppo del Piano.

VAS come processo

La **valutazione intermedia** ha luogo durante l'attuazione del Piano in oggetto; attraverso il **monitoraggio degli indicatori** proposti nella valutazione ex ante (all'interno del Rapporto ambientale), è possibile verificare l'efficacia delle azioni proposte ed eventualmente apportare modifiche al Piano e alle successive azioni da porre in atto.
La **valutazione ex post** è volta a **riassumere gli esiti dell'attuazione del Piano**, al termine della sua validità e al termine dell'attuazione delle azioni ivi previste. Serve a reindirizzare le successive attività di pianificazione. È opportuno ipotizzare e strutturare, durante le fasi di valutazione ex ante e intermedia, una modalità di valutazione ex post da applicare al termine dell'attuazione del Piano.

Multidisciplinarità e transdisciplinarità

La redazione della VAS implica la capacità di interrelare dati di diversa natura e provenienti da diversi strumenti di pianificazione e di descrizione del territorio. È necessario saper fare un'opera di previsione e di sintesi, incrociando i dati di analisi (urbanistici, ambientali ecc.) con quelli di intervento (a scala territoriale ma anche edilizia). È quindi opportuno affrontare tale strumento tramite la formazione di un **gruppo multidisciplinare**, formato da esperti del settore ambientale (biologi, geologi ecc.) e da un coordinatore in grado di saper fare tale opera di interrelazione (transdisciplinare) seguendo i principi della sostenibilità ambientale.

2.3. Caso studio. La Valutazione ambientale strategica del Piano territoriale di coordinamento provinciale della Provincia di Savona La Valutazione ambientale strategica del Piano territoriale di coordinamento (PTC) della Provincia di Savona è stata sviluppata dallo scrivente in seguito a una convenzione stipulata con il DiPArC (Dipartimento di progettazione e costruzione dell'architettura, facoltà di Architettura di Genova) in seguito a contatti con il progettista del suddetto PTC (l'arch. Antonio Schizzi, responsabile tecnico del servizio Pianificazione territoriale della Provincia di Savona).
Alla redazione della VAS hanno collaborato: Andrea Giachetta (coautore del presente testo) per la parte relativa alle linee guida; Alessandra Bozzano (dott.ssa in Scienze ambientali) per la parte relativa alle relazioni di incidenza degli interventi in area SIC, ai sensi del D.G.R. 8 giugno 2001, n. 646.
La VAS è stata sviluppata come ulteriore definizione dello **"studio di sostenibilità" del Piano** – ai sensi della vigente legge urbanistica regionale **L.R. 36/1997** – al fine di portare lo stesso dal livello di adozione a quello di approvazione definitiva, in seguito alle osservazioni degli enti interessati.
Da sottolineare che pur essendo stata sviluppata a Piano già formato, con qualche limite quindi di retroazione, il particolare livello di pianificazione e la sua specifica struttura, basata sulla definizione di azioni-obiettivo (le indicazioni di Piano, suddivise per Progetti integrati, ovvero insiemi tematici di previsioni e indicazioni) da definire meglio nel corso delle fasi future di attuazione, hanno permesso comunque di realizzare un documento i cui contenuti possano essere trasferiti proficuamente alle fasi successive, con un beneficio dal punto di vista del controllo degli effetti sull'ambiente.
Sebbene i contenuti dello studio di sostenibilità ai sensi della L.R. 36/1997 siano analoghi a quelli previsti dalla Direttiva 2001/42/CE sulla VAS, la differenza sostanziale consta nell'attività di accompagnamento durante la fase di attuazione, tipica della VAS. La Provincia in fase di elaborazione del proprio PTC deve quindi, oltre a provvedere alla valutazione preventiva (valutazione ex ante) della sostenibilità degli effetti prodotti dal Piano, prevedere le modalità del monitoraggio dell'attuazione del Piano (valutazione in itinere) per apportare eventuali modifiche o aggiornamenti. Alla formazione del Piano devono concorrere le forze sociali, imprenditoriali e di tutti i soggetti interessati, fin dalla definizione degli obiettivi strategici e di sviluppo (fig. 2.2).

FIGURA 2.2 L'iter del processo del PTC e l'interazione con la VAS

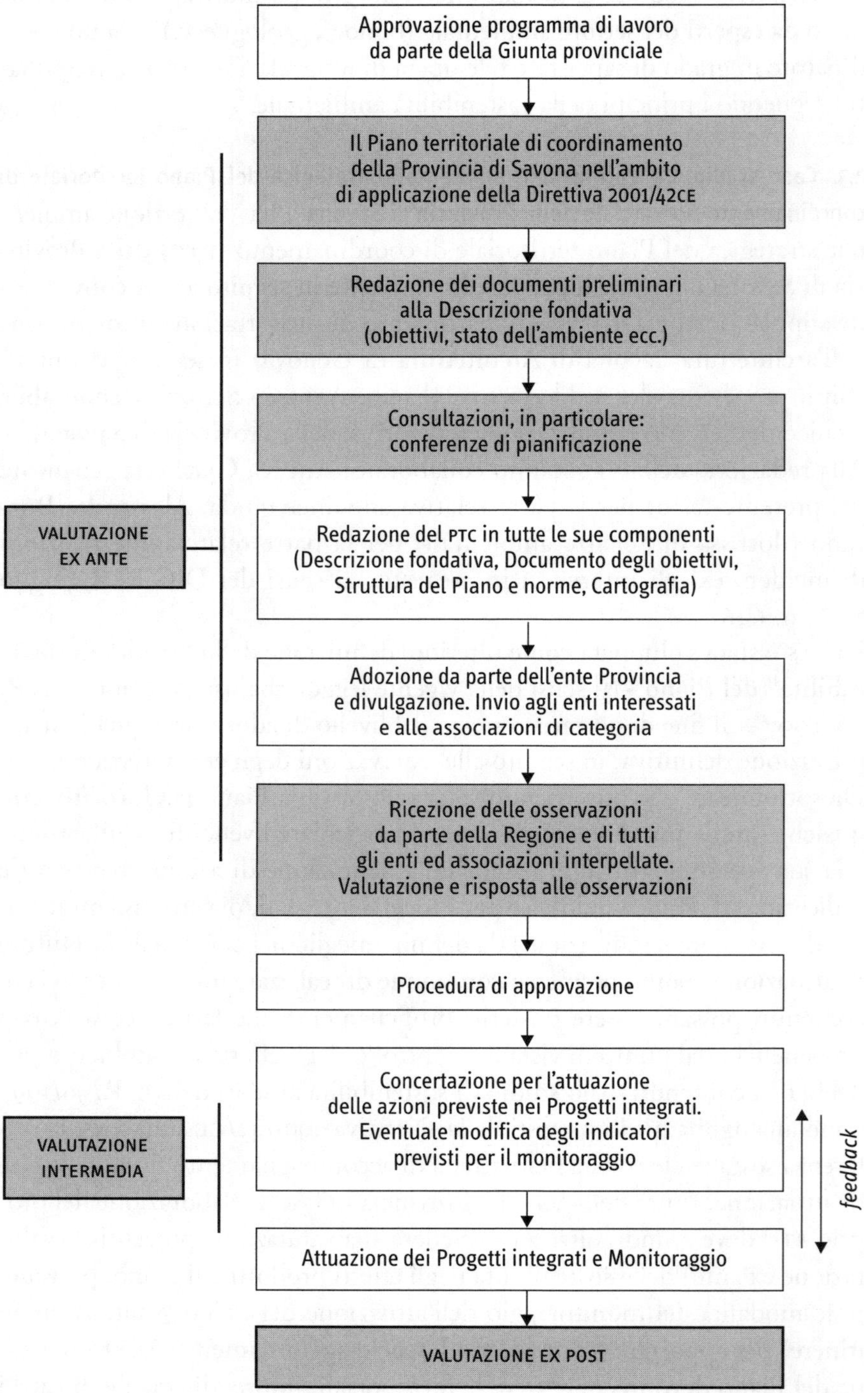

Il processo di valutazione, contenuto nei primi capitoli del documento, ha permesso di effettuare le **verifiche di coerenza interna ed esterna** rispetto agli **obiettivi di protezione ambientale**, ovvero della rispondenza tra obiettivi e azioni previste e tra queste e gli obiettivi generali di tutela dell'ambiente.

Processo di valutazione

Pur avendo effettuato un numero esiguo di retroazioni sul Piano – in termini di indicazioni di sostenibilità – la VAS ha probabilmente reso più chiare le relazioni tra le indicazioni di Piano e gli obiettivi di tutela ambientale generali. Principio fondamentale condiviso da progettista del Piano e autore della VAS è che la protezione ambientale non deve essere attuata solo attraverso norme impositive e vincolistiche (i divieti) ma deve essere integrata con **orientamenti per una fruizione di tipo attivo**, cioè che gli **effetti di tutela** possono essere raggiunti solo con la condivisione degli obiettivi da parte dei diversi gruppi di interesse, inclusi i semplici cittadini.

I Progetti integrati sono i seguenti:

Temi del PTC

PI 1 Progetto integrato per la connessione logistica della Valbormida con la piattaforma dei porti di Savona e Vado e riorganizzazione del comparto energetico;

PI 2 Progetto per l'integrazione del porto con le città di Savona, Vado Ligure, le Albissole e Bergeggi. Mobilità e infrastrutturazione del corridoio costiero. Riqualificazione del litorale e del fronte mare nel savonese. Innovazione del sistema turistico a Savona e nel levante savonese;

PI 3 Progetto integrato per l'innovazione dell'offerta turistica costiera e integrazione con l'entroterra. Città turistica del Finalese. Alassio e Baie del Sole. La riorganizzazione insediativa della piana di Albenga. Le infrastrutture per la mobilità ed i trasporti;

PI 4 Progetto integrato per la costruzione della città delle Bormide;

PI 5 Progetti integrati per l'innovazione rurale, il patrimonio culturale, l'accoglienza e la fruizione, la nuova imprenditorialità. I sistemi ambientali e le nuove aree protette provinciali. La produzione di energia da biomasse.

I **contenuti della** VAS sono stati così suddivisi in: Parte A – Introduzione; Parte B – Rapporto ambientale (obiettivi del Piano, aspetti dello stato dell'ambiente e probabile evoluzione, caratteristiche ambientali delle aree interessate, modalità di osservazione degli obiettivi di protezione ambientale, valutazione delle alternative/relazione di incidenza, effetti e mitigazioni e allegati – edilizia sostenibile, turismo sostenibile, spazi aperti, infrastrutture viarie, individuazione degli indicatori, sintesi; Parte C – Consultazioni.

Capitoli della VAS

Per ogni Progetto integrato sono state realizzate delle **carte tematiche di analisi** al fine di individuare le interazioni e i possibili impatti con le criticità ambientali paesaggistiche e idrogeologiche del territorio su cui le azioni insistono: tavole di assetto ambientale, tavole di assetto idrogeologico, tavole di assetto paesistico. La sovrapposizione tra indicazioni di Piano e il quadro delle valenze e delle criticità individuato nelle tavole di analisi ha permesso la verifica e la valutazione della sostenibilità delle azioni stesse. Parte delle indicazioni di sostenibilità sono state fatte proprie dal Piano che le ha parificate alle altre azioni previste. Ulteriori indicazioni sono allegate al documento di VAS e accompagneranno la fase attuativa con un valore di orientamento.

3. Progettazione sostenibile a scala territoriale: legislazione urbanistica e ambiente

Pianificazione e ambiente

Tra la fine degli anni settanta e l'inizio degli anni ottanta, in alcune regioni italiane vengono promulgate alcune **norme regionali**, a integrazione della **legge urbanistica nazionale 1150 del 1942**, che hanno come finalità la salvaguardia e la valorizzazione delle componenti ambientali del territorio. In particolar modo comincia a svilupparsi l'idea che la progettazione urbanistica debba fondarsi anche sulla conoscenza degli aspetti fisici del territorio: fino ad allora i Piani urbanistici erano infatti prevalentemente zonizzazioni "bidimensionali" che sembravano, salvo rare eccezioni, non tenere in alcun conto gli aspetti morfologici, orografici, naturalistici e paesaggistici delle aree di intervento.
L'Emilia Romagna già nel 1978 si dota di una propria legge urbanistica, la legge regionale 47/1978, che indica tra le finalità del Piano regolatore generale la tutela dei valori naturalistici del territorio; questa legge è seguita da altre disposizioni normative (come la L.R. 36/1988 e la L.R. 6/1995) che meglio specificano gli ambiti di riferimento, i contenuti e il ruolo dei differenti strumenti di pianificazione, alle diverse scale territoriali, anche in funzione della salvaguardia del sistema ambientale.
Con la L.R. 56/1980, la Puglia introduce il Piano urbanistico territoriale tematico del paesaggio e dei beni ambientali (PUTT/PBA), Piano paesaggistico che si attua fuori dai centri urbani. Il Veneto si dota invece di un Piano regionale per l'ambiente (risanamento dell'atmosfera e delle acque, riduzione e smaltimento dei rifiuti) con la L.R. 33/1985, mentre la L.R. 61/1985 della stessa Regione rappresenta un'innovazione rilevante in relazione all'importanza attribuita ai contenuti paesaggistici della progettazione territoriale.

Legge "Galasso"

Nella seconda metà degli anni ottanta, con l'entrata in vigore della legge "Galasso", 431 del 1985, si attua una revisione legislativa in materia di previsione paesistica. Tra le prime Regioni che applicano sul loro territorio provvedimenti legati alla legge "Galasso", dando importanza agli aspetti geologici, geomorfologici e vegetazionali, vi sono la Liguria e le Marche, poi l'Abruzzo, il Veneto, l'Emilia Romagna, la Valle d'Aosta e la Calabria.

Leggi urbanistiche regionali

È soprattutto negli anni novanta, però, che si verifica una profonda innovazione legislativa tesa a incorporare il tema della tutela ambientale nella progettazione urbanistica. Tale innovazione si attua attraverso una serie di

leggi regionali che sostituiscono la legge urbanistica nazionale del 1942 e prendono in considerazione il tema della **sostenibilità ambientale**.
La L.R. 5/1995 della Regione Toscana è la prima a introdurre il concetto di "sostenibilità ambientale" a guida delle scelte di Piano. Questa legge indica, infatti, come sua finalità (già all'art. 1) lo sviluppo sostenibile del territorio. In particolare vengono previste procedure preventive per la valutazione degli effetti prodotti sull'ambiente e le sue risorse (specie quelle non riproducibili) dalle azioni di trasformazione territoriale. Il D.G.R. 1541/1998, sempre della Regione Toscana, specifica, nel dettaglio, come effettuare la valutazione degli effetti prodotti sull'ambiente dall'attuazione dei Piani comunali, imponendo, inoltre, la programmazione di specifiche misure di riduzione, compensazione e valutazione economica degli eventuali effetti negativi sulle risorse naturali.
La L.R. 31/1997 della Regione Umbria affronta i temi urbanistici e ambientali con una particolare attenzione ai temi della partecipazione alle scelte pianificatorie.
Tra le altre normative da ricordare: la L.R. 23/1999 della Basilicata, che ha come finalità la sostenibilità, da raggiungere attraverso la comparazione delle scelte pianificatorie insediative, con le caratteristiche dei sistemi naturalistico-ambientali; la L.R. 11/1998 della Valle D'Aosta e la L.R 36/1997 della Regione Liguria.
Di seguito si intende approfondire l'analisi degli aspetti ambientali di quest'ultima legge regionale sia perché rappresenta un caso significativo in tema di pianificazione sostenibile, sia perché gli autori di questo libro sono stati coinvolti, con la Provincia di Savona, nelle istruttorie dei Piani urbanistici comunali, in merito agli aspetti di sostenibilità ambientale, e nella redazione della Valutazione ambientale strategica (VAS) del Piano territoriale di coordinamento provinciale. Rimandando per la VAS a quanto già esposto in questo libro (cap. 2, par. 2), si intende qui soffermarsi sugli aspetti ambientali relativi alla legge urbanistica regionale della Liguria n. 36 del 1997, in particolare per quanto concerne la formazione dei Piani urbanistici comunali (PUC).

Legge urbanistica regionale ligure

La **L.R. 36/1997 della Liguria**, dà ampio spazio ai temi della sostenibilità ambientale, considerata come discriminante fondamentale a guida delle scelte progettuali dei piani regionali, provinciali e comunali, oltre che degli strumenti attuativi come i Progetti urbanistici operativi (PUO).
Nell'art. 2, al comma 1, il testo della legge riporta: «la pianificazione territoriale si fonda sul principio della chiara e motivata esplicitazione delle proprie determinazioni. A tal fine le scelte sono elaborate sulla base della conoscenza, sistematicamente acquisita, dei caratteri fisici, morfologici e ambientali del territorio, delle risorse, dei valori e dei vincoli territoriali [...] e sono definite sia attraverso la comparazione dei valori degli interessi

coinvolti, sia sulla base del principio generale della **sostenibilità ambientale dello sviluppo**».

Dopo aver chiarito che tra le finalità della pianificazione territoriale vi sono anche la qualificazione ambientale e il riassetto ambientale (art. 2, comma 2), e che la pianificazione si ispira anche al principio del minimo consumo delle risorse territoriali e paesistico-ambientali disponibili, con particolare riguardo a quelle irriproducibili (art. 2, comma 3), la legge stabilisce chiaramente, nel comma 4 dell'art. 11, che le previsioni di trasformazione territoriale (ai diversi livelli: regionale, provinciale e comunale) devono essere supportate da uno "**studio di sostenibilità ambientale**" contenente indicazioni circa: le alternative considerate, la sostenibilità delle previsioni stesse in relazione alla loro giustificazione e alla sensibilità ambientale delle aree interessate, i potenziali impatti residuali delle azioni esercitate e le loro mitigazioni, l'esito della verifica ambientale operata.

Concentrando l'analisi del testo di legge ai soli **Piani urbanistici comunali** (PUC), che sono quelli che maggiormente incidono sul territorio e che, finora, hanno mostrato maggiori difficoltà ad adeguarsi ai dettami normativi, la L.R. 36/1997 mostra come operare, in merito alla salvaguardia e alla valorizzazione ambientale, nelle tre fasi previste nell'ambito del processo pianificatorio: la **Descrizione fondativa** (la fase di analisi preliminare del territorio oggetto di intervento), il **Documento degli obiettivi** (nel quale l'Amministrazione comunale e i progettisti definiscono quali sono gli obiettivi che intendono raggiungere con il progetto di Piano) e la **Struttura di Piano** (il vero e proprio progetto di Piano).

Descrizione fondativa

Secondo la legge, la Descrizione fondativa deve essere costituita da analisi conoscitive riferite anche «ai principali fattori che costituiscono gli **ecosistemi ambientali locali** e che ne determinano la vulnerabilità ed il limite di riproducibilità» (L.R. 36/1997, art. 25, comma 2, lettera a), «alle prestazioni dei vari tipi di insediamento, delle reti di urbanizzazione, dei servizi e al complessivo rispettivo grado di **equilibrio ecologico-territoriale**» (ivi, art. 25, comma 2, lettera d). Inoltre, sempre nella Descrizione fondativa, occorre predisporre analisi e sintesi interpretative – delle analisi svolte – al fine di «valutare il grado di **stabilità ambientale** e la **suscettività alle trasformazioni**» (ivi, art. 25, comma 3, lettera b) e di «valutare le opportunità di natura economico-sociale rapportate all'uso delle risorse territoriali ed alle prospettive di loro trasformazione» (ivi, art. 25, comma 3, lettera *c*).

Documento degli obiettivi

Il Documento degli obiettivi, invece, deve definire gli obiettivi specifici che il Piano intende assumere relativamente alle diverse componenti dell'assetto territoriale (e quindi anche quella ambientale), in coerenza con la Descrizione fondativa, anche per quanto riguarda le analisi ambientali richieste.

Struttura di Piano

La Struttura di Piano, infine, deve includere lo «**studio di sostenibilità ambientale**» (ivi, art. 27, comma 2), con i contenuti ai quali si è già fatto rife-

rimento, definendo il peso dei fabbisogni, qualitativi e quantitativi, di opere infrastrutturali, tecnologiche e di servizi pubblici compatibilmente con il grado di sostenibilità ambientale del territorio comunale.
Gli strumenti attuativi del progetto di Piano, i PUO sopraccitati, devono, infine, anch'essi contenere lo studio di sostenibilità ambientale.

Organizzazione del lavoro pianificatorio

Per considerare i dettami in campo ambientale della L.R. 36/1997 della Liguria dovrebbero essere coinvolti, nell'**équipe di progettazione** di ogni Piano comunale, oltre alle figure degli architetti, degli ingegneri, dei geologi e degli agronomi che già operano in campo urbanistico, anche quelle di esperti di progettazione sostenibile e di scienze ambientali, paesaggisti, tecnici specializzati con competenze adeguate per trattare i temi dei rifiuti, dell'inquinamento, dell'energia, delle reti di servizio (stradali, fognarie, idriche, elettriche ecc.) con incidenza rilevante sul territorio.
I professionisti che si occuperanno in modo specifico degli aspetti ambientali saranno chiamati, di volta in volta, a organizzare il loro lavoro in funzione delle specifiche caratteristiche locali, delle politiche territoriali che l'amministrazione locale intende attuare, nonché delle risorse economiche e documentarie messe a disposizione da quest'ultima (ad oggi, normalmente, piuttosto esigue). Tuttavia, di massima, il lavoro da svolgere sarà impostato come di seguito brevemente indicato, per le diverse fasi del progetto del Piano.

Indagini ambientali preliminari

Tra i possibili temi di indagine che devono essere affrontati nell'ambito della **Descrizione fondativa** si possono individuare almeno i seguenti:

- **assetto ecosistemico locale**, lo studio del quale deve essere volto a individuare possibili emergenze, situazioni critiche, particolarità che dovranno essere considerate all'atto della definizione degli obiettivi e delle scelte di Piano e messe in relazione con queste ultime al fine di valutare possibili interferenze delle azioni previste con la specifica realtà territoriale (per esempio: individuazione di nuovi insediamenti in aree ad alta valenza naturalistica);
- **inquinamento**, lo studio del quale dovrà considerare i diversi aspetti ed effetti dell'inquinamento atmosferico, elettromagnetico, acustico, delle acque e del suolo, sia in relazione alla situazione dello stato di fatto sia considerando le ipotesi di progetto (per la possibile creazione di nuove emissioni inquinanti che possono essere generate, per esempio, dall'individuazione di nuovi insediamenti produttivi, o per la localizzazione di nuovi insediamenti – ad esempio residenziali – in zone dove è già presente un forte inquinamento);
- **rifiuti**, per i quali si dovranno evidenziare pregi e difetti del sistema di gestione in essere e apportarvi eventuali correzioni per far fronte alle previsioni di Piano (il dimensionamento del Piano in termini di nuovi abitanti insediabili dovrebbe sempre andare di pari passo: con una stima del nuovo possibile "carico ambientale" rappresentato dai rifiuti che i nuovi abitanti

previsti produrranno e con l'individuazione di idonee politiche da mettere in atto per risolvere ogni problema connesso, facendo particolare riferimento alle aree turistiche soggette a fluttuazioni di presenze talora notevoli e spesso non accompagnate da una flessibilità del servizio di raccolta e smaltimento);

- **reti di servizio**, di adduzione elettrica, idrica e fognaria e di depurazione, che devono garantire il pieno soddisfacimento dei bisogni della popolazione sia in relazione alla situazione in essere, sia in relazione al progetto di Piano (non ha alcun senso, e può avere effetti rilevanti sull'assetto ambientale, la previsione di nuovi insediamenti residenziali, industriali ecc. in corrispondenza di aree che non possono essere adeguatamente servite dalle reti di urbanizzazione; si pensi al sovraccarico della rete di depurazione in area costiera che può avere immediati effetti sulla qualità delle acque di balneazione);
- **energia**, studiando i possibili sistemi per un uso razionale dell'energia e il potenziamento dello sfruttamento delle risorse rinnovabili (si pensi alla possibilità di individuare, per i nuovi insediamenti previsti, siti idonei anche sotto il profilo dell'esposizione solare, sui quali risulti possibile applicare strategie di guadagno solare).

Nei diversi paragrafi del capitolo 3 di questo libro vengono approfonditi tutti questi temi di indagine, spiegando come affrontare gli studi relativi alle analisi ambientali e bioclimatiche di un sito.

Per ciascuno dei temi individuati si potranno realizzare: relazioni esplicative e fotografiche; schede descrittive, schemi, diagrammi; una o più carte tematiche in scale che consentano rappresentazioni confrontabili tra loro e con gli altri documenti di Piano. La "sovrapposizione" di questi elaborati con quelli relativi agli aspetti geomorfologici, idrogeologici e vegetazionali fornirà un **quadro di sintesi ambientale** indispensabile guida alla definizione degli Obiettivi di Piano.

Definizione degli obiettivi ambientali

Sulla base delle analisi svolte nella Descrizione fondativa – e particolarmente del quadro di sintesi predisposto – nel **Documento degli obiettivi** si dovranno indicare, oltre a quelli di carattere più generale, anche obiettivi relativi, in modo specifico, all'assetto ambientale, riferiti, per esempio, ai seguenti temi:

- **valorizzazione di particolari emergenze naturalistiche**, che risultano in stato di abbandono e degrado, attraverso migliori forme di tutela e realizzazione di idonei collegamenti (ridisegno della rete sentieristica, piste ciclabili ecc.);
- **tutela di habitat e corridoi ecologici**, prestando grande attenzione alla viabilità e alla realizzazione di nuovi tipi di insediamento nonché alle loro specifiche destinazioni d'uso;
- **riduzioni delle fonti inquinanti**, per esempio attraverso la riduzione delle esigenze di mobilità automobilistica o il posizionamento di barriere al

rumore naturali e artificiali o, ancora, la predisposizione di fasce di rispetto per gli elettrodotti ecc.;

- **incentivazione all'uso di fonti energetiche rinnovabili**, da attuarsi, per esempio, attraverso la promozione di forme di climatizzazione naturale degli edifici;
- **localizzazione di aree adatte alla raccolta e smaltimento dei rifiuti** (isole ecologiche, stazioni ecologiche ecc.).

Le informazioni sull'assetto ambientale fornite dalla Descrizione fondativa devono però soprattutto essere messe a sistema con quelle di carattere insediativo, geologico, vegetazionale, per arrivare a una definizione di **obiettivi generali di Piano compatibili con l'assetto ambientale** e che facilitino scelte operative sostenibili dal territorio.

Così le azioni pianificatorie legate in generale al comparto turistico potranno, per esempio, essere indirizzate fortemente verso uno sviluppo del "**turismo sostenibile**" (cfr. cap. 2, par. 5); oppure la realizzazione di nuovi insediamenti potrà essere accompagnata da prescrizioni di Piano che comprendano misure di incentivazione per l'utilizzo di **energie rinnovabili**, quali ad esempio: agevolazioni riferite agli indici di fabbricabilità per gli edifici che facciano uso di appropriate soluzioni di guadagno solare per il riscaldamento (o a tecnologie bioclimatiche in genere), oppure agevolazioni relative al computo delle volumetrie realizzabili, distinguendo i volumi eventualmente destinati alla captazione solare (serre solari, muri Trombe-Michel ecc.; cfr. cap. 5, par. 1) o all'iperisolamento (per soluzioni tipo *passiv-haus*) – considerati come volumi tecnici – da quelli effettivamente abitabili. Nelle aree ove venissero rilevate effettive condizioni di esposizione, orientamento, clivometria, assenza di ombreggiamento adatte all'uso di strategie solari bisognerà, inoltre, prestare particolare attenzione alla realizzazione di **norme paesistiche** adatte all'inserimento controllato nel territorio di edifici che possono presentare caratteristiche tecnico-formali particolari rispetto all'edilizia corrente (specie in riferimento all'uso di solare termico o fotovoltaico).

La pianificazione della **viabilità** dovrà essere volta al soddisfacimento delle esigenze sociali ed economiche di spostamento e trasporto, senza trascurare però gli enormi impatti paesaggistici e naturalistici (interferenza con corridoi ecologici, inquinamento atmosferico ecc.) legati a questo specifico ambito progettuale; le previsioni di Piano relative al **comparto sociale** potranno trovare significativi riscontri in ambito ambientale, attraverso la partecipazione alla gestione del territorio, le opportunità di lavoro legate all'utilizzo di fonti energetiche rinnovabili, alla tutela delle aree naturali ecc.

Se il processo logico di formazione del Piano (raccolta dati per la Descrizione fondativa, sulla base dei quali individuare gli obiettivi da perseguire con il progetto di Piano) è stato condotto in maniera corretta, sarà facile impostare lo "studio di sostenibilità ambientale" della **struttura di Piano**.

FIGURA 2.3 **Schema dello studio di sostenibilità ambientale**

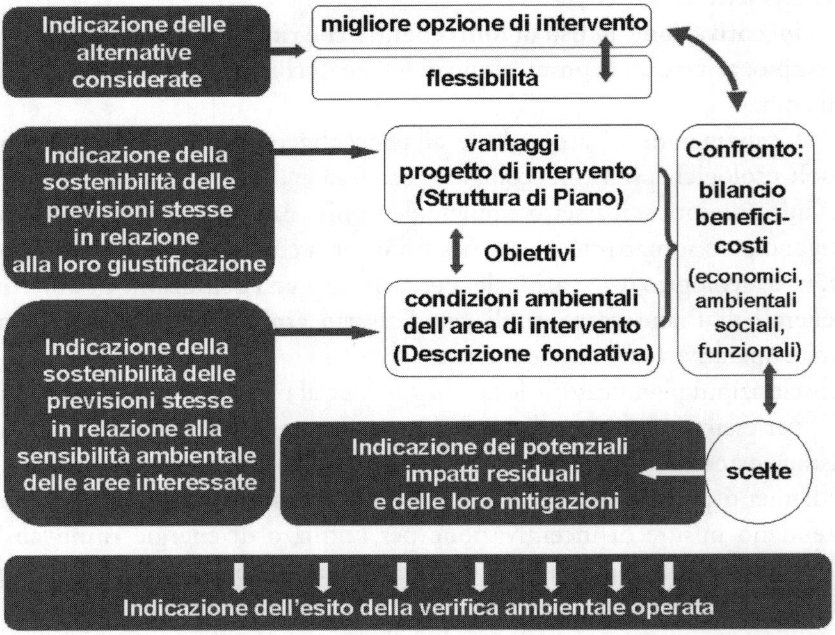

Studio di sostenibilità ambientale

Il processo di verifica della sostenibilità delle scelte di Piano, normato nel comma 4 dell'articolo 11 della L.R. 36/1997, prevede:

- l'**indicazione delle alternative considerate**, per stabilire, di volta in volta, in funzione delle specifiche caratteristiche dell'area interessata e attraverso un confronto costi-benefici (intendendosi ovviamente anche quelli di ordine ambientale), la migliore opzione di intervento possibile, valutando nel contempo possibilità di sviluppo differenti da quella poi prescelta, nel caso si verifichino rilevanti cambiamenti dell'assetto territoriale;
- l'**indicazione della sostenibilità delle previsioni in relazione alla loro giustificazione**, facendo riferimento in modo specifico al tipo di opere che si intendono realizzare sul territorio;
- l'**indicazione della sostenibilità delle previsioni in relazione alla sensibilità ambientale delle aree interessate**, facendo in questo caso riferimento soprattutto alle specifiche caratteristiche naturalistiche dei siti dove si prevedono trasformazioni rilevanti;
- l'**indicazione dei potenziali impatti residuali e delle loro mitigazioni**, possibile grazie al confronto dei due precedenti punti (cfr. fig. 2.3).

Difficoltà applicative delle nuove norme

Molte delle nuove norme urbanistiche, come la L.R. 36/1997 della Liguria, che hanno introdotto il concetto di "sostenibilità" quale criterio per un'equilibrata progettazione del territorio, non sono riuscite, all'atto pratico, a produrre una svolta sostanziale nell'approccio corrente alla progettazione urbanistica, che almeno sotto il profilo della sostenibilità è spesso rimasto di tipo tradizionale, trascurando gli aspetti ambientali o trattandoli come mero corollario a scelte progettuali derivanti da tutt'altro tipo di obiettivi. Questo ha comportato uno scollamento tra atti pianificatori – che, se anche non rispondenti alle indicazioni di carattere ambientale, sono stati comunque approvati, praticamente in deroga alle nuove leggi (spesso solo per opportunità politica) – e apparato di controllo, e di conseguenza ha generato – dedotta troppo facilmente l'inapplicabilità dei nuovi criteri – la sfiducia nelle innovazioni normative, con il rischio di una negativa inversione di tendenza nello sviluppo sostenibile del territorio.

Affrontare questi temi spiegando come è possibile operare adeguate indagini e proposte operative in linea con i dettami normativi in campo ambientale è allora utile anche a permettere di considerare nei giusti termini – senza eccessiva paura e falsi miti – i diversi aspetti della pianificazione sostenibile, che è indispensabile per un equilibrato e durevole sviluppo del territorio.

4. Processi partecipati nella progettazione sostenibile: Agenda 21 e Contratti di quartiere

Nell'**ecosistema città**, se da una parte l'**uomo** sembra essere diventato la **principale presenza biotica** (se non l'unica, comunque quella di riferimento nella determinazione delle condizioni di habitat opportune), dall'altra si è persa ormai la consuetudine, propria e naturale di quando si viveva in piccole comunità, al coinvolgimento nelle vicende di sviluppo e trasformazione del proprio spazio abitativo, a causa di una sempre più crescente delega ai rappresentanti, politici ma anche tecnici, designati alla risoluzione di tutti i problemi che affliggono la struttura sempre più complessa della nostra società. Parallelamente, e contraddittoriamente, vige una certa sfiducia di fondo nella capacità di tali delegati di sapere effettivamente sciogliere i nodi che via via si incontrano, nel rispetto della volontà popolare. «Lo sviluppo di processi partecipativi, dei processi di autorganizzazione sociale, dell'associazionismo, è una risposta alla crisi del ruolo storico dei partiti di massa nell'aggregazione della domanda sociale, alla crisi della rappresentanza, dello Stato-nazione e all'emergenza del nuovo ruolo dei sistemi locali e sopranazionali» (Magnaghi, 2002).

Sviluppo sostenibile e partecipazione

L'introduzione del concetto di **sviluppo sostenibile** ha però richiamato in causa i valori legati al **coinvolgimento del cittadino** nella gestione del proprio spazio, tema fondamentale nella lotta politica degli anni sessanta-settanta, che oggi ha invece assunto valori diversi. Tale concetto infatti può essere caricato sia di significati legati alla sfera tecnico-economica, sia a quella sociale. Le esperienze condotte sinora in merito alla gestione dell'ambiente, nel senso più ampio del termine, hanno dimostrato come non si possa fare a meno dell'intervento diretto del cittadino, essendo questo una delle principali componenti del sistema. Lo sviluppo sostenibile è una necessità, ma è anche una scelta che dobbiamo fare tutti insieme, consapevolmente. La **partecipazione** diventa allora lo **strumento necessario** a riattivare il senso di appartenenza a un luogo, a un gruppo sociale, a un ecosistema.

Le forme possibili di partecipazione del cittadino ai programmi e progetti di trasformazione territoriale sono innumerevoli e possono avere oggetti molto diversi. In questo capitolo si illustrano due importanti strumenti di gestione del territorio che vedono l'atto partecipativo come elemento fondante del processo: "**Agenda 21 locale**" e i "**Contratti di quartiere**". Vengono poi riportati due casi studio, uno di progettazione partecipata con i bambini delle scuole dell'obbligo, l'altro relativo a un progetto finanziato nell'ambito dei Contratti di quartiere II.

4.1. Agenda 21 locale Agenda 21 è un **documento di intenti e obiettivi** programmatici (40 capitoli) sull'**ambiente**, l'**economia** e la **società**, sottoscritto da 178 paesi alla **Conferenza delle Nazioni Unite su Ambiente e Sviluppo di Rio de Janeiro** (1992). Il nome fa riferimento alla volontà di programmare nel tempo le attività (agenda) e al fatto che tali attività di sviluppo sostenibile avvengono nel XXI secolo. È importante notare che il capitolo 28 del documento individua il ruolo decisivo delle comunità locali nelle politiche di sviluppo sostenibile.

A livello mondiale sono state avviate diverse iniziative per promuovere Agenda 21, anche se il **Vertice di Johannesburg** (2002) non è stata l'occasione che si sperava per verificare gli esiti dei progetti avviati.

Agenda 21 locale: nascita e sviluppo

In Europa le tappe principali sono: ***Carta di Aalborg delle città europee per uno sviluppo durevole e sostenibile*** (1994); V ***Programma d'Azione Ambientale 2000*** ("Verso uno Sviluppo Sostenibile").

In Italia le tappe principali sono le seguenti.

Nel 1993 con Delibera del CIPE (Comitato interministeriale per la programmazione economica) il governo italiano ha istituito il "**Piano per lo sviluppo sostenibile**" in attuazione dell'Agenda 21.

Nel **1996** il ministero dell'Ambiente avvia due progetti di coordinamento: "**Gruppo di lavoro sulle città sostenibili**"; "**Città sostenibile delle bambine e dei bambini**".

Nel **1999** a Ferrara è stato costituito il **Coordinamento nazionale Agende 21 locali** – fondi del ministero dell'Ambiente – oggi affiancato da ANPA (Associazione nazionale di prevenzione ambientale).

Individuazione di scenari

L'Agenda 21 locale (A21L) è un **processo di individuazione di uno scenario di sviluppo** di medio-lungo periodo e delle sue modalità di attuazione, attraverso **attività che coinvolgono rappresentanti di gruppi di interesse locali** (cittadini, professionisti, imprenditori ecc.), sulla base di conoscenze

analitiche fornite da un **Rapporto sullo stato dell'ambiente** e sulle **condizioni socioeconomiche** contestuali.
Lo **strumento** attraverso il quale le attività di **partecipazione** e **concertazione** vengono svolte viene chiamato "**forum**". Definito lo scenario, grazie a un forum permanente, i rappresentanti dei gruppi di interesse coinvolti, interagendo, individuano le azioni in grado di realizzare gli obiettivi condivisi e i soggetti in grado di svilupparle. I **principi** dello **sviluppo sostenibile** devono fare da sfondo a tale attività di programmazione, a prescindere dall'ambito tematico di cui si sta trattando, accompagnando gli obiettivi di sviluppo economico con un **Piano di azione ambientale**. Vanno, infine, previsti degli **indicatori** in grado di **monitorare la fase di attuazione**, al fine di poter verificare l'efficacia delle azioni proposte e le ricadute sullo stato dell'ambiente.

4.2. Contratti di quartiere I Contratti di quartiere sono stati istituiti con il decreto del ministero dei Lavori pubblici del 22 ottobre 1997 ***Programma di finanziamento per operazioni di recupero urbano a beneficio di quartieri segnati da diffuso degrado edilizio e ambientale, in contesti di scarsa coesione sociale e disagio abitativo.***
Questo programma è finalizzato a finanziare opere di riqualificazione in quartieri che abbiano una condizione di **diffuso degrado**, **carenze nei servizi**, **deficienze** nelle **dotazioni di verde e di infrastrutture**, una situazione di **insufficiente coesione sociale** e di **marcato disagio abitativo**, presenza di impianti a rischio. Infine è possibile il finanziamento di opere negli ambiti colpiti da pubblica calamità.
Il **primo bando** ha avuto come esito, nel giugno del **1998**, la presentazione di 112 domande da parte dei **Comuni**, 77 di queste risultate idonee, con finanziamenti di entità da 3 a 20 miliardi di lire italiane.
Il **secondo finanziamento** (D.M. 27 dicembre 2001, n. 2522 e D.M. 30 dicembre **2002**) è stato attuato attraverso le **Regioni** che hanno sviluppato i singoli bandi rivolti ai Comuni.
In generale i Contratti di quartiere hanno come **finalità** il **rinnovo dei caratteri edilizi** e il **miglioramento** del **contesto edilizio** e **urbano** attraverso soluzioni che permettano il **risparmio nell'uso delle risorse naturali** disponibili, con particolare riferimento al **risparmio dei consumi energetici**. Finalità
Ciò si concretizza mediante il miglioramento della dotazione dei servizi, del verde pubblico e delle infrastrutture, la ricomposizione del tessuto abitativo e la revisione del sistema della mobilità locale.
Oltre alle opere di riqualificazione "fisica" del quartiere il bando prevede anche la necessità di **stimolare l'integrazione sociale**, mediante la promozione di nuovi servizi alla persona e alla famiglia, e l'occupazione, mediante l'inserimento di nuove funzioni e nuove attività.
Ogni **Regione** ha sviluppato delle **linee guida** che indicassero le **tematiche**

ambientali e sociali da sviluppare nelle proposte. Ciò ha portato a un diverso grado di approfondimento degli specifici temi in funzione delle priorità indicate.

Partecipazione dell'utenza

Tale programma di finanziamento prevede la partecipazione dell'utenza al processo di individuazione delle soluzioni di intervento, in particolare per quanto riguarda gli aspetti di incremento della coesione sociale, dell'organizzazione degli spazi pubblici e della dotazione di servizi. Tale attività partecipativa, evidentemente, può avere diverso sviluppo e peso nelle diverse proposte, anche in funzione delle indicazioni presenti nelle linee guida. Gli incontri di progettazione partecipata possono avere esiti molto variabili poiché i cittadini a cui interessa essere coinvolti in genere non hanno alcuna preparazione sulle tematiche da affrontare o, altrettanto frequentemente, sono presenti non tanto come rappresentanti di se stessi o della comunità, quanto di parti politiche che cercano consensi o si oppongono al progetto in funzione di posizioni dipendenti da fattori non del tutto pertinenti con le questioni che vengono affrontate. I coordinatori degli incontri, in questi casi, devono saper condurre fermamente le discussioni, pena l'inutilità del confronto (per una più esauriente trattazione sulla questione dei ruoli e delle motivazioni negli incontri di partecipazione si veda, ad esempio, Magliocco, 2006).

Caso studio 1

4.3. Casi studio *Il Laboratorio di progettazione partecipata del Comune di San Bartolomeo al Mare (Imperia), anni 2001-04* Nell'autunno 2001 è stata stipulata una convenzione triennale tra il **Comune di San Bartolomeo al Mare e il DiPArC** (Dipartimento di progettazione e costruzione dell'architettura, facoltà di Architettura di Genova) rappresentato dal gruppo di ricerca dei proff. Rossana Raiteri e Fausto Novi (responsabile operativo lo scrivente e con la collaborazione di Paola Catrambone, Chiara Piccazzo, Antonella Serafino), per consulenze relative ai contenuti del **Laboratorio di progettazione partecipata**, con i bambini delle scuole elementari e medie, e relative ad analisi tecnico-ambientali su edifici da riqualificare di proprietà comunale.

Il laboratorio, coordinato dall'arch. Natalia Ardoino – professionista locale con una formazione specifica e con esperienze già condotte precedentemente – verteva principalmente sulla **progettazione di spazi pubblici** da riorganizzare, con **strutture e vegetazione** da disporre non solo secondo canoni estetici ma anche seguendo i principi della **progettazione bioclimatica.**

Il **primo laboratorio**, anno 2001-02, ha visto i ricercatori coinvolti nello **studio bioclimatico per la progettazione di aree verdi** antistanti un **insediamento** PEEP appena realizzato.

Il **secondo laboratorio**, anno 2002-03, ha avuto come tema di progettazione l'**organizzazione dello spazio aperto antistante l'edificio adibito a**

scuola media, in funzione delle possibili soluzioni di riqualificazione delle facciate dell'edificio stesso, interessato da una ristrutturazione a fini di adeguamento antisismico e, a quella data, ancora da terminare.
Il **terzo laboratorio**, anno 2003-04, si è focalizzato sul tema del **verde urbano quale fattore di regolazione chimica e bioclimatica dell'ambiente.**

Finalità

La finalità del laboratorio, trattandosi di attività con i bambini, non era solo l'individuazione di soluzioni progettuali condivise per l'organizzazione degli spazi verdi e per giochi, quanto piuttosto la realizzazione di un'esperienza didattica di tipo attivo, in cui l'apprendimento e la comprensione di determinati fenomeni passasse attraverso un processo cognitivo evoluto e complesso, pur nei limiti dati dall'età dei partecipanti. Si trattava inoltre di sviluppare un'**esperienza educativa**, con l'ambizione che i bambini diventassero tramite di principi e valori legati alla qualità ambientale.
La principale difficoltà era **semplificare la comunicazione senza ridurre il contenuto scientifico** della stessa, proponendo gli argomenti di studio preliminare in maniera da non fare apparire gli incontri come delle lezioni ma come uno scambio di opinioni con finalità specifiche.

Temi affrontati

Partendo dal concetto che ogni luogo è un sistema in cui interagiscono diversi fattori e che esistono risorse anche quando il sito sembra "vuoto" – il Sole, le condizioni climatiche, il terreno ecc. –, si è cercato di **relazionare l'esperienza personale dei bambini agli strumenti di analisi-progetto**, ad esempio facendo loro leggere una pianta della città in funzione dei loro luoghi di riferimento (la casa, la scuola, gli spazi gioco ecc.).
Sono poi state condotte **esperienze-gioco** di **analisi-rilievo-verifica-previsione** per illustrare alcune modalità di lettura del sito attraverso il loro diretto intervento. I bambini hanno rilevato la **morfologia** degli spazi, hanno verificato, tramite degli anemometri-girandola, le differenze di velocità e direzione dei **flussi d'aria** (immagine a colori, foto 9), hanno confrontato il **percorso apparente del Sole** con le condizioni reali di irraggiamento (tramite rudimentali "orizzontimetri", cioè clinometri artigianali utili a rendere graficamente lo skyline rispetto ad alcuni punti caratteristici, trasferendolo su diagramma solare cilindrico; cfr. cap. 3, par. 4).
I bambini hanno poi affrontato la conoscenza della **vegetazione locale**: l'agronomo del Comune ha spiegato le diverse caratteristiche ed esigenze delle piante in relazione a terreno e clima, mentre i ricercatori hanno illustrato le qualità degli alberi: avere o meno le foglie in inverno, fare un'ombra densa o rada, essere in grado di deviare i flussi d'aria ecc. Ciò ha portato a **selezionare la vegetazione** in funzione delle possibili funzioni bioclimatiche (frangivento, ombreggiatura), dell'integrazione con gli elementi di arredo (sedute, strutture gioco), delle funzioni estetico-percettive (colore, altezza, presenza di fiori/frutti).
Sono state proposte e discusse **tipologie di pavimentazioni** e, insieme ai

bambini, è stata decisa la **posizione delle alberature** principali, con diversi ruoli: proteggere dal vento, dal Sole, produrre fiori, produrre frutti ecc.
Sono stati focalizzati i desideri dei bambini e, insieme a loro, trasformati in disegni di progetto: zone di sosta, aree gioco (labirinto, pista per la bici ecc.), fontane ecc.
Importante era fare **proposte realizzabili** e far capire ai bambini che solo alcune sarebbero state messe in opera e che comunque il loro "progetto" sarebbe stato modificato per renderlo eseguibile, pur conservandone i caratteri principali.
L'**esperienza** condotta nel primo laboratorio è **stata premiata** nell'ambito del progetto "**Le città sostenibili delle bambine e dei bambini**" con l'iscrizione nel **Registro delle Buone pratiche per le iniziative volte a migliorare l'ambiente urbano con e per i bambini.**

Caso studio 2

Il progetto dei Contratti di quartiere II di Piazzale Moroni, Savona Il Comune di Savona, in collaborazione con ARTE Savona (ex IACP), nell'ambito del bando regionale dei **Contratti di quartiere** II, ha presentato un progetto di riqualificazione delle **aree residenziali** dell'insediamento detto di "**Piazzale Moroni**" (progetto preliminare delle parti residenziali: Andrea Giachetta; coordinamento: Dedalo srl), costituito da un cospicuo numero di edifici in linea che rappresenta una delle prime esperienze di edilizia sociale a Savona nel dopoguerra. In sede di valutazione ministeriale il progetto è stato ritenuto completamente finanziabile. L'area, subito a nord del tratto di ferrovia che costeggia il centro urbano, è circondata da lotti a destinazione produttiva e artigianale, in parte in via di trasformazione, anch'essi compresi nel più ampio programma presentato per il bando dei Contratti di quartiere II.
L'area residenziale di Piazzale Moroni è **caratterizzata** da **diversi problemi**:

- **assenza di organizzazione del tessuto urbano**, con gli edifici circondati dalle strade veicolari senza spazi di pertinenza, senza gerarchizzazioni funzionali, senza soluzioni che li pongano in relazione uno con l'altro;
- **indifferenza della localizzazione degli edifici relativamente alle condizioni climatiche**, con problemi di ridotto irraggiamento solare e potenziamento di correnti d'aria negli spazi esterni a causa dell'orografia del territorio retrostante e delle modalità insediative;
- **bassa qualità tecnologica**, con problemi di isolamento termico, conseguentemente di dispersione del calore in inverno, di surriscaldamento estivo, di formazione di condense e muffe a causa dei ponti termici (cfr. fig. 2.4).

Anche dal punto visto **sociale** i **problemi** sono **molteplici. È** riscontrabile un'**alta percentuale di anziani**, spesso soli e con **problemi di autosufficienza**, e di **famiglie di immigrati stranieri** con **problemi economici** e **di inte-**

FIGURA 2.4 Immagini del quartiere

grazione sociale, con un **tasso di disoccupazione** superiore alla media. La percentuale di ultrasessantacinquenni è di circa un terzo, con tutti i problemi connessi alla deambulazione tipici delle persone in età avanzata e aggravati dalla mancanza di percorsi pedonali dedicati.

Con il progetto preliminare – livello progettuale richiesto dal bando – relativo all'area residenziale di Piazzale Moroni si è inteso **rinnovare i caratteri edilizi e incrementare la funzionalità e la vivibilità del contesto edilizio e urbano**, con azioni fortemente integrate tra loro comprendenti spazi chiusi e aperti. Il **processo di partecipazione degli utenti**, condotto tramite incontri pubblici coordinati da un professionista (in un processo in cui è stato importante distinguere le opinioni strettamente dipendenti dalla storia personale dei presenti e quelle invece più correlate alle comuni problematiche locali) ha dato conferma ai progettisti della possibilità e dell'opportunità di sviluppare alcune proposte.

Le azioni individuate sono tese a: Azioni proposte

- **riorganizzare le aree esterne e i percorsi**, sia carrabili che pedonali, al fine di rendere più sicuri gli spazi aperti e ridurre il passaggio delle auto e dell'autobus nei percorsi più stretti e vicini agli edifici;
- **incrementare le dotazioni di verde** pubblico e attribuire alcune zone a verde privato per piccola orticoltura (immagine a colori, foto 10);
- incrementare la presenza della **vegetazione** come elemento in grado di

collaborare al **controllo dei livelli di inquinamento acustico e dell'aria** e a **ridurre gli effetti** di incanalamento **delle correnti d'aria**;

- **migliorare la gestione dei rifiuti** tramite una migliore disposizione dei punti di raccolta;
- **eliminare i rivestimenti in cemento-amianto** ancora esistenti su molte facciate nord;
- **ridurre i consumi energetici** per il riscaldamento tramite sistemi di isolamento a cappotto e sistemi solari passivi, prestando comunque attenzione al problema del surriscaldamento estivo e della manutenibilità;
- **recuperare**, dove possibile, **le acque piovane** per impiegarle per l'irrigazione del verde e il lavaggio delle auto.

La progettazione integrata

L'approccio progettuale adottato è fondato sulla convinzione che la **riqualificazione** dei quartieri residenziali vada **affrontata in maniera integrata**, ponendo in relazione le problematiche legate agli spazi aperti con quelle legate alle prestazioni degli edifici. Va inoltre ricordato che l'utenza è una componente fondamentale del contesto (fisico e culturale) e che il suo coinvolgimento è importante per la buona riuscita dell'operazione, che non si conclude con la chiusura del cantiere ma prosegue nelle attività quotidiane del vivere sia lo spazio privato che lo spazio urbano.

5. Turismo sostenibile

Il turismo è, oggi, una delle attività economiche più importanti a livello mondiale e costituisce un'indubbia risorsa di primaria importanza per il nostro paese. Oltre che un'importante fonte di benessere e sviluppo sociale, il turismo rappresenta però, vista l'entità e la natura del fenomeno, anche un rilevante fattore che agisce sull'ambiente fisico, culturale e sociale delle aree di interesse, trasformando queste ultime, attraverso un processo che spesso porta alla loro stereotipizzazione, banalizzazione, se non addirittura alla perdita del loro valore ambientale e, conseguentemente, della loro capacità attrattiva turistica.

Per la sua capacità di incidere a diversi livelli, oltre che per la sua diffusione capillare sul territorio, l'**impatto del turismo sull'ambiente** è difficile da riconoscere subito, stimare con attendibilità, controllare con efficacia.

Normalmente, anche se con esiti molto diversi a seconda delle differenti situazioni, la popolazione, il territorio e i servizi locali di un'area di interesse turistico vengono considerati, dall'industria del settore, come semplici oggetti di consumo; si registrano, così, fenomeni, più o meno eclatanti, di aggressione dell'ambiente sociale, culturale, antropizzato e naturale: dalla mercificazione delle tradizioni locali fino al turismo sessuale; dall'aggressione delle emergenze artistiche, architettoniche, paesaggistiche e naturalistiche fino all'invasione fisica incontrollata del territorio, che avviene attraverso la realizzazione di strutture ricettive e di servizio, come quelle che – negli anni settanta e ottanta – hanno rovinato le coste dell'Europa del Sud.

Soprattutto a partire dagli anni novanta, a fronte dei problemi rilevati, grazie all'opera di sensibilizzazione di diverse associazioni ambientaliste e di pari passo con lo sviluppo di un più generale interesse per i temi ambientali da parte della società occidentale, si è registrata, tuttavia, una crescente attenzione nei confronti di forme più sostenibili di gestione del fenomeno turistico, capaci di contrapporsi a un modello, finora dominante, fondato solo sul raggiungimento del massimo profitto.

Concetto di "turismo sostenibile"

Il concetto di "turismo sostenibile" si è, così, imposto all'attenzione di turisti, tour operator (come la tedesca TUI), associazioni che si interessano di turismo e ambiente (in Italia, per esempio, il Touring club e Legambiente), trovando forme di **riconoscimento istituzionale**, che hanno progressivamente definito il suo specifico ambito di interesse e i suoi principi di base, contribuendo alla loro diffusione.

Già nel 1978, l'OMT (Organizzazione mondiale del turismo), riconoscendo il problema dell'impatto ambientale del turismo, costituì uno specifico Comitato ambientale; il concetto di "turismo sostenibile" si sviluppa però solo dopo la definizione più generale di "sviluppo sostenibile" data nel Rapporto Brundtland del 1987 (cfr. cap. 1). In base al Rapporto Brundtland, l'OMT, nel 1988, definisce il "turismo sostenibile" con la seguente dichiarazione: «lo sviluppo sostenibile del turismo va incontro ai bisogni dei turisti e delle aree ospitanti attuali e allo stesso tempo protegge e migliora le opportunità per il futuro. Esso deve essere il principio guida per una gestione delle risorse tale che i bisogni economici, sociali ed estetici possano essere soddisfatti e contemporaneamente possano essere preservati l'integrità culturale, gli equilibri fondamentali della natura, la biodiversità e il sostegno al miglioramento della qualità della vita» (Galli, Notarianni, 2002, p. 22). Nel 1990, Anno europeo del turismo, vengono avviate alcune riflessioni sulle politiche di sviluppo turistico che convergono, nel 1991, nel Primo Piano d'azione a favore del turismo, adottato con decisione del Consiglio Europeo, il 13 luglio 1992 (GUN L231 del 13 agosto 1992). Nell'ambito di questo Piano si conferma la necessità di promuovere un "turismo rispettoso dell'ambiente". Dopo il Vertice di Rio de Janeiro, del 1992 (cfr. cap. 1), il World Tourism and Travel Council, l'OMT e l'Earth Council producono l'**Agenda 21 per l'Industria del turismo**, documento che riprende le linee guida di Rio riadattandole allo sviluppo del turismo. Negli stessi anni anche il Trattato di Maastricht amplia le competenze della Comunità Europea in materia di energia, protezione civile e turismo e la Commissione Europea presenta il *V Programma d'azione per l'Ambiente*, che individua, tra i cinque settori-obiettivo ai quali dedicare particolare attenzione, il turismo.

Conferenza di Lanzarote

La tappa più importante in relazione alla definizione del concetto di "turismo sostenibile" viene però raggiunta nell'aprile 1995; al termine della **Prima conferenza mondiale sul Turismo sostenibile**, a Lanzarote nelle Canarie, viene infatti redatta la ***Carta del Turismo Sostenibile.*** In essa si afferma che lo sviluppo turistico deve basarsi sul criterio della sostenibilità, sia dal punto di vista sociale (soprattutto nei riguardi delle comunità locali), sia dal punto di vista ecologico, assicurando un'evoluzione accettabile per quanto riguarda l'influenza delle attività turistiche sulle risorse naturalistiche, sulla biodiversità e sulla capacità di assorbimento dell'impatto e dei residui prodotti.

A tal fine vanno in particolar modo considerati, come strumenti utili alla tutela dell'ambiente fisico e sociale: la partecipazione attiva di tutti gli attori coinvolti nella gestione dei processi turistici, la cooperazione a livello internazionale sui temi del turismo, l'attenzione per gli effetti ambientali dei trasporti turistici e l'uso di energie rinnovabili. La *Carta di Lanzarote* ha notevolmente contribuito alla diffusione della conoscenza del tema del "turismo sostenibile", che ha trovato sedi di confronto e discussione in incontri come la Conferenza internazionale sul Turismo sostenibile di Rimini, svoltasi nel giugno 2001, che ha posto l'accento sulle iniziative volontarie volte a definire marchi di qualità e sistemi di certificazione.

I principi del documento di Lanzarote sono stati anche alla base della definizione di approcci più specifici al tema come quelli che riguardano il **turismo responsabile**, che approfondisce gli aspetti sociali del turismo sostenibile, e l'**ecoturismo**, relativo alle attività turistiche sostenibili fondate sul contatto diretto con l'ambiente naturale, l'osservazione dei suoi fenomeni, della fauna e della flora (l'ecoturismo ha trovato un'importante forma di riconoscimento nel fatto che le Nazioni Unite hanno proclamato il 2002 Anno internazionale dell'ecoturismo).

Associazioni impegnate nel turismo sostenibile

Diverse associazioni hanno lavorato per rendere effettivamente operanti, nell'ambito delle sviluppo turistico, le indicazioni dei documenti d'intesa internazionale sul tema. A livello mondiale le più importanti sono: Eco-Trans, associazione formata da diversi partner per lo sviluppo del turismo sostenibile in Europa; Green Globe, associazione specializzata nella gestione e sensibilizzazione ambientale in campo turistico; l'International Conservation Fund, organizzazione internazionale con sede negli Stati Uniti che si occupa dei problemi di tutela ambientale; l'OMT; il WWF, la FEE (Foundation for Environmental Education in Europe). In Italia, invece, le associazioni più importanti, che si sono dedicate a questo tipo di attività, sono: Legambiente; il Touring club italiano; il CTS (Centro turistico studentesco giovanile); ACTA (Associazione cultura turismo ambiente).

Politiche di sviluppo

La politica più comunemente adottata per sviluppare iniziative volte a rendere realmente operative le indicazioni dei documenti di riferimento sul

turismo sostenibile è, ad oggi, quella delle "**certificazioni ambientali**", che vengono conferite, prevalentemente sotto forma di "**marchi ecologici**".
Il metodo della certificazione si basa essenzialmente sulla definizione di sistemi di **indicatori**, elaborati spesso dalle stesse associazioni in base alle specifiche condizioni delle aree e delle situazioni di intervento, che permettano di valutare, nell'ambito del sistema considerato, le condizioni in atto, la consistenza delle azioni intraprese per lo sviluppo turistico sostenibile e gli effetti di tali azioni.

Indicatori ambientali del turismo sostenibile

Esistono diversi tipi di indicatori che servono, per esempio, per valutare le situazioni di rischio ambientale oppure le condizioni dell'industria turistica o, ancora, gli sforzi di gestione legati alla ricettività. Secondo l'OMT (OMT/WTO, 1996), gli indicatori fondamentali per un turismo sostenibile devono riguardare: la protezione della destinazione, la pressione sulla destinazione, l'intensità d'uso, l'impatto sociale, il controllo sullo sviluppo, la gestione dei rifiuti, i processi di pianificazione, l'ecosistema critico (dato dal numero di specie rare o in via d'estinzione in una determinata area), la soddisfazione della clientela e dei residenti, il contributo del turismo all'economia locale. In realtà, in ogni situazione e contesto particolare si possono definire specifici indicatori.
I sistemi a **check-list** si configurano, essenzialmente, come serie di indicazioni non cogenti attraverso le quali perseguire uno sviluppo turistico sostenibile. A volte tali sistemi possono tradursi, indirettamente, anche in misure normative; è il caso del **Decreto regionale a sostegno dei marchi di qualità**, relativo all'Emilia Romagna e firmato nel corso del Convegno di Riccione sugli Ecolabel, del novembre 2001. Tale decreto riconosce un titolo di priorità nel sostegno economico dei progetti, come i marchi di qualità, che considerano la qualità ambientale come fattore determinante nello sviluppo turistico.
Inoltre, per alcuni tipi di strutture turistiche particolari (piste da sci, impianti di risalita, porti turistici, villaggi turistici e alberghi situati fuori dalle zone urbane, terreni da campeggio e caravanning di carattere permanente, parchi tematici), l'*Allegato II* della Direttiva comunitaria 97/11/CE prevede una VIA (Valutazione di impatto ambientale; cfr. cap. 2, par. 2), secondo le modalità stabilite dagli Stati membri. Benché la VIA venga considerata una tecnica efficace per determinare la sostenibilità di un progetto, anche in ambito turistico, essa interviene comunque solo quando questo stesso progetto è già stato definito. Per una valutazione globale degli impatti del turismo in una determinata area pare allora più indicata la VAS (Valutazione ambientale strategica; cfr. cap. 2, par. 2), che si applica in fase di programmazione preliminare e considera problemi su scala geografica più ampia; tale procedura è però al momento metodologicamente ancora poco sviluppata e in una fase sperimentale, soprattutto in relazione ai progetti per il turismo. La definizione e normazione di strategie di intervento per il turi-

smo sostenibile a scala territoriale si può anche attuare in sede di **pianificazione urbanistica**: un esempio interessante da questo punto di vista è costituito dalla VAS che accompagna il Piano territoriale di coordinamento della Provincia di Savona, costituendo una delle prime applicazioni della 2001/42/CE alla pianificazione territoriale in Italia. Nell'ambito di questa VAS vengono fornite linee guida, da utilizzare soprattutto nella formazione dei Piani urbanistici comunali, su temi che vengono ritenuti di particolare interesse e, tra essi, sul turismo sostenibile: a questo proposito la VAS suggerisce come progettare e gestire aree a valenza turistica e strutture ricettive con criteri improntati alla sostenibilità ambientale.

Esperienze di turismo sostenibile

In questi ultimi anni sono state sviluppate in tutto il mondo **esperienze di turismo sostenibile** molto diverse fra loro per gli specifici obiettivi considerati di volta in volta, per la complessità del fenomeno turistico, per l'eterogeneità dei problemi riscontrati e degli attori coinvolti, per le differenze di ordine ecologico, economico, sociale, culturale delle aree di interesse.

Di seguito si riportano brevemente alcune significative esperienze di "turismo sostenibile" avviate soprattutto in Italia.

5.1. Strutture ricettive sostenibili: ecoalberghi In Italia sono state avviate, in questi ultimi anni, diverse iniziative per la creazione di **ecoalberghi**, strutture ricettive gestite in modo da ridurre al minimo il loro impatto sull'ambiente – anche in termini di consumo delle risorse energetiche, controllo delle emissioni inquinanti, dei trasporti e dei rifiuti – contribuendo, allo stesso tempo, alla valorizzazione della cultura e delle emergenze naturali locali. Per certificare la sostenibilità delle strutture ricettive sono stati creati diversi marchi ecologici: gli "Alberghi consigliati da Legambiente", gli "Alberghi Verdi del CTS", "Valigia Blu", "Green Key", "Ecotel", "Cavallucci Marini", "Qualità ecologica" ecc.

L'interesse del settore alberghiero verso l'ottenimento di questo tipo di certificazioni è determinato anche dall'attenzione che i turisti mostrano sempre più per il rispetto ambientale delle zone che scelgono per le loro vacanze; la possibilità di acquisizione di nuova clientela sensibile ai problemi ambientali si accoppia con la grande potenzialità del settore ricettivo di diffondere, presso un vasto pubblico, consapevolezza e attenzione nei confronti di questi stessi problemi.

Alberghi consigliati da Legambiente

Tra i diversi marchi per alberghi ecologici, un'iniziativa di particolare rilievo è quella degli "**Alberghi consigliati da Legambiente**". Nel 1997 l'amministrazione comunale, l'Associazione albergatori di Riccione e Legambiente hanno avviato un progetto denominato "Alberghi consigliati per l'impegno in difesa dell'ambiente". Gli alberghi che hanno aderito (ad oggi, oltre che in Emilia Romagna, anche in Toscana, nelle Marche, in Abruzzo, in Campania e in Calabria) hanno dovuto assicurare il rispetto di un "**decalogo**" stabilito – nell'ambito dell'iniziativa – da Legambiente, che si è occupata anche di effettuare verifiche periodiche per assicurare, nel tempo, il rispetto dei parametri indicati. In tutte le strutture ricettive coinvolte sono stati affissi la targa di riconoscimento del marchio ecologico, le locandine per illustrare ai clienti gli impegni assunti dai gestori della struttura, gli adesivi per sensibilizzare l'utenza a collaborare. Nel "decalogo" sono richiamate una serie di regole da seguire in relazione ai seguenti temi: riduzione, riuso e riciclaggio dei rifiuti; contenimento dei consumi idrici (anche mediante l'installazione di acceleratori di flusso e di sistemi a tempo per docce e rubinetti, oltre che di vaschette a due pulsanti per i water); risparmio energetico (anche attraverso la riduzione della biancheria destinata al lavaggio, visto che gli utenti sono chiamati a richiedere esplicitamente il cambio della biancheria solo quando effettivamente necessario); collaborazione nella tutela del territorio e dell'ambiente circostante; promozione di una alimentazione più sana; valorizzazione della tradizione gastronomica locale; incentivazione del trasporto collettivo e/o di basso impatto; impegno contro l'inquinamento acustico; promozione e valorizzazione dei beni culturali e ambientali dell'area; coinvolgimento dei turisti.

5.2. Ricettività extralberghiera Alcuni tipi di strutture extralberghiere hanno dimostrato, in contesti d'alto pregio naturalistico, una migliore capacità d'integrazione con il contesto rispetto alle più tradizionali strutture alberghiere. Per questo motivo diversi progetti, promossi da associazioni come l'AIAB (Associazione italiana per l'agricoltura biologica) o da diverse Comunità montane, hanno cercato di incentivare forme di turismo rurale fondate essenzialmente sull'**agriturismo**, che, per sua natura, si basa fortemente sull'integrazione stretta con l'ambiente in cui si inserisce.

Bed & Breakfast

Il WWF-Italia ha, poi, sviluppato, tra il febbraio 2000 e il marzo 2001, un progetto volto a promuovere e facilitare, invece, lo sviluppo di Bed & Breakfast in alcune zone di particolare valore ambientale, come i Parchi del Pollino, dell'Aspromonte, del Cilento e l'area del Gennargentu. Il progetto aveva come obiettivo quello di ottenere, vista la fragilità ambientale delle zone interessate, un loro sviluppo turistico diffuso ma in forme poco impattanti. L'azione principale svolta è stata quella di creare una rete informativa tra i possibili operatori locali oltre che con soggetti che altrove avevano già diffusamente impiegato Bed & Breakfast come forma di ricezione turistica.

Campeggi

Anche le **attività di ricettività all'aria aperta** si prestano, nelle aree a valenza ambientale, a un inserimento compatibile con il rispetto delle risorse naturali, ma se non gestite correttamente, possono invece, pur non comportando la realizzazione di grandi volumi costruiti, essere particolarmente impattanti, in termini di accessibilità, smaltimento dei rifiuti e delle sostanze inquinanti, comportamento degli operatori e degli ospiti. La Commissione Europea, tramite alcune associazioni come ACTA e la Fondazione per l'Ambiente del lago di Costanza, ha sviluppato, nel 2000, nell'ambito del "Programma Life", il "Progetto Ecocamping", che prevede lo sviluppo di una strategia di gestione ecologica integrata in alcuni campeggi sul lago di Costanza e sul lago Maggiore.

5.3. Turismo sostenibile in aree a valenza turistica: aree protette Le aree protette sono sia sistemi di risorse ambientali da rispettare e proteggere, sia mete turistiche di grande importanza; esse rappresentano dunque zone privilegiate per l'attivazione di iniziative per lo sviluppo di forme di turismo sostenibile.
Per questo motivo la Federazione Europarc, con il sostegno della Commissione Europea DGXI, nell'ambito di un programma "Life-Ambiente" e conformemente a quanto previsto dalla *Carta di Lanzarote*, ha elaborato la ***Carta europea del Turismo sostenibile nelle aree protette***, che attraverso l'identificazione dei problemi delle zone interessate, la valutazione delle loro risorse, l'individuazione di obiettivi strategici e la selezione di particolari indicatori per il monitoraggio delle azioni intraprese intende promuovere politiche di gestione sostenibile del turismo all'interno delle aree considerate. L'Italia è uno dei paesi europei più ricchi di specie floristiche e faunistiche e presenta molti ambienti naturali tutelati.
Tra i vari progetti avviati in questo paese per la gestione sostenibile delle aree protette, si può, per esempio, ricordare "**La Compagnia dei Parchi**". Si tratta di un marchio, nato nel 1999, con cui Legambiente organizza e promuove l'ospitalità nelle aree protette italiane in senso sostenibile.

5.4. Località costiere e turismo d'entroterra Le zone costiere in Italia, che costituiscono, insieme alle città d'arte e alle aree protette, la meta privilegiata degli spostamenti interni e degli stranieri nel nostro paese, sono state, nei decenni passati, oggetto di un'espansione incontrollata di insediamenti ricettivi e residenziali per seconde case, con effetti dannosi per i territori interessati, direttamente, attraverso l'impatto delle costruzioni realizzate, indirettamente, attraverso un afflusso massiccio di turisti che non è stato, in genere, adeguatamente supportato da misure idonee a controllare le sue ricadute ambientali in termini di qualità della balneazione, pulizia delle spiagge, gestione del problema dei rifiuti e delle acque reflue, rispetto della flora e della fauna marine, traffico e inquinamento.
Dalla fine degli anni ottanta, con la contemporanea saturazione edilizia delle aree costiere, si è cominciata a sviluppare un'attenzione nuova nei confronti della gestione dell'afflusso turistico in queste zone che si è espressa attraverso misure volte a stimolare azioni di salvaguardia dell'ambiente e a certificare l'efficacia di queste stesse azioni nelle località che hanno applicato politiche sostenibili; sono così nati diversi sistemi di valutazione di qualità e marchi ecologici più o meno riconosciuti e diffusi. Tra questi

marchi ecologici uno dei più importanti è quello delle **Bandiere Blu**, istituito già nel 1987, Anno europeo dell'ambiente, e curato nei vari paesi europei dalla FEE.

Bandiere Blu

Le Bandiere Blu vengono assegnate sia alle spiagge (per la qualità delle acque, della costa, dei servizi, delle misure di sicurezza e delle iniziative di educazione ambientale intraprese), sia agli approdi turistici (per la qualità dell'approdo, per i servizi, le misure di sicurezza e le iniziative di educazione ambientale e informazione intraprese).

Bandiere Arancioni

Partendo dall'idea delle Bandiere Blu, ma con un'attenzione rivolta invece che alle aree costiere a quelle dell'entroterra, il Touring club italiano sta, in questi anni, promuovendo l'iniziativa delle **Bandiere Arancioni**. Questo marchio di qualità ha lo scopo di valorizzare e tutelare le risorse paesaggistiche, culturali, sociali e ambientali delle aree dell'entroterra, rendendo queste ultime maggiormente visibili e promuovendo un loro sviluppo turistico, in senso sostenibile, capace di integrare l'offerta delle aree costiere.

L'iniziativa delle Bandiere Arancioni è nata da una proposta del Comune di Sassello, che si trova in Liguria. In questa Regione, negli ultimi anni, sono state sviluppate diverse iniziative volte allo sviluppo sostenibile del turismo e miranti all'integrazione dell'offerta turistica costiera con quella dell'entroterra, nel tentativo di ottenere un maggiore equilibrio ambientale, insediativo, sociale, economico e delle strutture ricettive su tutto il territorio. Tra esse si possono ricordare: il "**Premio Laigueglia per la comunicazione ambientale**", che riconosce e valorizza le azioni di comunicazione più efficaci riguardanti i temi della tutela e della promozione dell'ambiente; il Piano di sviluppo locale denominato "**Comprensorio turistico dello sport e del benessere**", avviato da alcuni comuni della Provincia di Savona e volto a creare le condizioni di sviluppo economico, sociale e ambientale di un comprensorio turistico che possa offrire una vasta gamma di prodotti e servizi da mettere in relazione tra loro, all'interno di un contesto naturale privilegiato che integra aree costiere e d'entroterra; il "**Progetto Ecozero**".

"Progetto Ecozero"

Questo progetto è stato sviluppato dalla Regione Liguria, con la collaborazione della società Datasiel e dell'ARPAL (Agenzia regionale per la protezione dell'ambiente ligure), per la consultazione in rete dei dati ambientali e la progettazione sostenibile del territorio. "Ecozero" riguarda le Aree obiettivo 2 della Regione (24% della superficie territoriale, 50% della popolazione) ed è nato nell'ambito della programmazione economica (1997-99) riferita a tali aree, indicate, a livello comunitario, come zone in fase di riconversione. Tra le varie sezioni di cui si compone il progetto, una riguarda in modo specifico il turismo ecocompatibile; i dati e le informazioni riferiti a questa sezione servono a predisporre un quadro di insieme delle attività necessarie, alle diverse amministrazioni pubbliche, per gestire uno sviluppo turistico sostenibile. A questo scopo viene definito un sistema di indici e indicatori che considera sia le misure fisiche dei parametri ambientali (parzialmente fornite dalla banca dati di "Ecozero"), sia le percezioni di residenti e turisti rispetto a diversi fattori: aria, mare e costa, risorse idriche, natura e paesaggio, patrimonio culturale, ambiente urbano, industria, agricoltura, rifiuti.

Per ciascuno di questi fattori sono stati individuati diversi indici e, per la valutazione di tali indici, almeno un **indicatore fisico**, un **indicatore della percezione dei residenti**, un **indicatore della percezione dei turisti** (ad esempio, per il fattore aria, gli indicatori fisici sono i parametri rilevati dalle centraline, gli indicatori di percezione sono la qualità dell'aria e il livello del rumore così come percepiti dai turisti e dai residenti in base a quanto rilevato con appositi questionari). Per ciascun indicatore sono suggeriti due valori soglia (che possono essere modificati in funzione delle specifiche condizioni dell'area interessata) che consentono di valutare se le misure degli indicatori sono buone, sufficienti o scarse e, così, di stilare un giudizio complessivo di sostenibilità turistica.

5.5. Insediamento per vacanze a Neusiedler See L'ultimo caso qui considerato è l'**insediamento turistico Inselwelt Jois**, realizzato tra il 1995 e il 2001 su progetto dell'architetto Georg Wolfgang Reinberg a Neusiedler See presso Burgenland in Austria (immagini a colori, foto 6 e 7). Si tratta di una struttura ricettiva particolarmente interessante, anche in relazione alle soluzioni architettoniche adottate (Reinberg, 2002). L'area di progetto è situata su un bacino portuale artificiale degli anni settanta, che oggi, grazie a un'equilibrata presenza di piante acquatiche, è caratterizzato da un'acqua di particolare qualità e costituisce un importante sito di riproduzione della fauna ittica.

Su tale area già dal 1978 era stata espressa l'intenzione di realizzare una struttura ricettiva che si è però concretizzata solo nel 2001 con il progetto dell'insediamento di Reinberg, costituito da 70 alloggi, da 40 a 111 mq, un piccolo ristorante e un club velico. L'insediamento è stato realizzato in gran parte su quattro isolotti artificiali che ospitano piccoli edifici singoli e separati l'uno dall'altro, realizzati con struttura leggera, rivestimento ligneo e copertura metallica, con affaccio sullo specchio d'acqua.

Le soluzioni adottate dal progettista sono tutte mirate al rispetto e all'utilizzo consapevole delle risorse ambientali. Per esempio, è stato effettuato uno studio della ventilazione sul lago in modo che essa, che costituisce un elemento importante per la qualità dell'acqua, non subisse cambiamenti rilevanti dopo la realizzazione dell'insediamento turistico; sempre per mantenere la qualità dell'acqua, sono state adottate soluzioni di risistemazione delle zone riparie con legno e ghiaione, per minimizzare il sollevamento dei fanghi; sono state adottate misure per contenere i tempi di cantiere ed evitare impatti acustici dannosi per la fauna locale, scegliendo elementi

quasi totalmente prefabbricati e montabili a secco; sono state impiegate strategie passive di sfruttamento della radiazione solare diretta e collettori solari termici, sistemi per la protezione dal surriscaldamento estivo e la ventilazione naturale.
Gli alloggi, a un piano, affacciano prevalentemente sul lato sud, dove sono presenti ampie vetrate, mentre gli altri lati sono chiusi, isolati e con rivestimento in legno di larice non trattato.
Una grande copertura aggettante a sud funziona come frangisole; al di sotto di tale copertura è presente uno spazio per la circolazione dell'aria, così come nella parte di attacco a terra dell'edificio. L'unico elemento massiccio della struttura è la piastra in calcestruzzo che costituisce il solaio dell'edificio e serve come massa d'accumulo termico.

6. Il paesaggio: tutela e progetto
di *Silvia Soppa*

La definizione del termine

In materia di **paesaggio** si rende opportuna la definizione del termine in quanto fondamentale per capire che cosa si intenda e quali sono i contenuti che gli appartengono. Il paesaggio è stato, nel tempo, plurinterpretato e ha avuto un'estensione di significato tale che è stato necessario ricorrere a una interpretazione "istituzionale" quale è quella della *Convenzione europea del paesaggio*: da «una costellazione abbastanza caratteristica, solidale e unitaria di ecosistemi» (Giacomini, 1983, p. 96), il termine è stato arricchito via via della componente culturale delle indagini, giungendo a designare «una determinata parte di territorio, così come è percepita dalle popolazioni, il cui carattere deriva dall'azione di fattori naturali e/o umani e dalle loro interrelazioni», diventando «componente essenziale del contesto di vita delle popolazioni, espressione della diversità del loro comune patrimonio culturale e naturale e fondamento della loro identità» (*Convenzione europea del paesaggio*, Firenze, 20 ottobre 2000). Secondo i principi della Convenzione assumono un ruolo di fondamentale importanza i contenuti e gli indirizzi della pianificazione paesistica, a cui compete l'individuazione di valori paesistici, anche in ambiti degradati, l'individuazione di misure di incentivazione e sostegno, l'incoraggiamento della concertazione e partecipazione nei processi di pianificazione.
La stessa interpretazione del **concetto costituzionale** di paesaggio (art. 9 Cost.) ha subito una lunga evoluzione attraverso la legislazione ordinaria in materia: legge 1089/1939 – 1497/1939 – 431/1985 poi T.U. 490/1999; legge 341/1991 (aree protette); D.Lgs. 22 gennaio 2004, n. 42 – *Codice dei beni culturali e del paesaggio* –, che fa seguito all'Accordo Stato-Regioni, 19 aprile 2001, in cui lo Stato italiano nell'ottica di applicare alle sue politiche i principi affermati dalla Convenzione europea ha concordato le forme di

attività tra ministero per i Beni e le Attività culturali e le Regioni in materia di paesaggio.

La **definizione di paesaggio fornita dal Codice** (art. 131), anche se deriva dalle indicazioni della Convenzione europea, non vi aderisce completamente; essa si limita a dare l'accezione di paesaggio a parti omogenee del territorio derivanti dalla interrelazione tra natura e azione dell'uomo – il paesaggio come *unicum* di manufatto e natura e come bene culturale –, mentre nella Convenzione europea viene chiarito che **tutto il territorio** deve essere tutelato per le proprie caratteristiche peculiari.

La competenza paesistica

Le elaborazioni metodologiche, approfondite nel corso degli anni, sono la risposta all'esigenza pratica di indagare sulla **competenza paesistica**, il cui attributo originale sembra riguardare soprattutto la funzione dell'abitare. La scala "ravvicinata" del paesaggio, coincidente con la "scala dello sguardo", ha a disposizione molti criteri interpretativi mutuati dall'indagine sulla comprensione dei criteri estetici o dalle letture dei comportamenti in ambiente urbano a fondamento di un sistema progettuale (Lynch, 1964); invece alla scala macro, del paesaggio geografico che influisce sui modelli di comportamento e sul senso di identità, mancano strumenti consolidati d'indagine che siano di supporto per un'azione di pianificazione (Castelnovi, 2001). Una tappa significativa del percorso metodologico è stata l'apporto dato dal concetto di **unità di paesaggio**, «un ambito caratterizzato da specifici sistemi di relazioni ecologiche, percettive, storiche, culturali e funzionali tra componenti eterogenee, che gli conferiscono un'immagine ed un'identità distinte e riconoscibili» (Gambino, 2003, p. 10), una "unità di significazione complessa", quindi, individuabile sul territorio, rappresentativa della sua cultura e identità, capace di assumere importanza in una prospettiva progettuale e gestionale in quanto unità di riferimento, dotata di connessioni significative e leggibili.

L'utilità di leggere il territorio attraverso la categoria "paesaggio" permette di re-impostare la pianificazione e la progettazione delle strategie di conservazione, valorizzazione, riqualificazione attraverso prospettive innovative e feconde: significa, prioritariamente, il riconoscimento e l'applicazione dell'approccio olistico in alternativa alla considerazione settoriale delle diverse dimensioni di conoscenza di una stessa realtà (Mazzino, Ghersi, 2002); significa porre attenzione, oltre alla componente naturale, a quella "antropico-culturale" (socioculturale-testimoniale; storico-architettonica) e a quella "percettiva" (formale, visuale-semiologica-estetica); significa considerare le cause e gli effetti della destrutturazione e semplificazione spaziale del paesaggio contemporaneo, non solo attraverso le dinamiche evolutive e i potenziali di rigenerazione degli ecosistemi, ma anche attraverso l'incidenza sui gradi di permanenza storica, sui caratteri fisionomici e sui valori percettivi; significa porre una nuova attenzione allo "spessore" dei paesaggi che, in ambiti anche molto ristretti, accumulano una quantità di informazioni su una serie di pratiche territoriali che oggi, anche per conferire forza a concetti quali "biodiversità", "sostenibilità", "sviluppo locale", costituiscono un'importante testimonianza a cui attingere per intervenire con conoscenza e coerenza (Paolinelli, 2004).

La nuova centralità del paesaggio

L'attenzione rivolta al paesaggio e l'impulso innovativo rispetto ai contenuti della disciplina nascono in conseguenza dell'erosione del patrimonio territoriale che ha caratterizzato il Novecento; il secolo appena passato è stato teatro di profonde trasformazioni che in poco tempo si sono estese su vaste porzioni di territorio, si sono contraddistinte dall'essere spesso irreversibili e rispetto alle quali la possibilità di evoluzione verso nuove forme di equilibrio risultano fortemente ridotte: i fenomeni di incremento della quantità di spazi utilizzati per urbanizzazioni e infrastrutturazione; di diffusione delle "frange urbane" e, parimenti, di involuzione dei paesaggi agrosilvopastorali che si accompagnano a ineludibili mutamenti socioeconomici; di dominio delle funzioni economiche rispetto all'organizzazione spaziale, di dissoluzione dello "spazio aperto", di determinismo del vincolo sono l'esito di politiche che non hanno tenuto conto delle tendenze innovative, in materia di paesaggio, di rilevanza internazionale e della lezione della storia e della cultura dei singoli luoghi (Magnaghi, 2000). L'avvicinamento alla dimensione locale permette di ricentrare il discorso sull'identità del territorio attraverso la "lettura paesistica", anche in una chiave non ancora correntemente praticata dall'indagine urbanistica e territoriale, attraverso analisi e proposizioni progettuali che considerano il *genius loci* centrale nello sviluppo di possibili modalità di prevenzione, riduzione e riorientamento dei soprascritti fenomeni. La "conoscenza profonda" dei processi di trasformazione dei luoghi diventa supporto nell'impostare nuove organizzazioni richieste dal mutare dei tempi e dei modi di vita, nella consapevolezza che se il paesaggio vive e muta di continuo, ogni trasformazione deve rispondere a criteri di **compatibilità e sostenibilità**, con la morfologia e l'assetto dei luoghi, con la storia che ha determinato quell'aspetto e con le evoluzioni ipotizzabili, soprattutto in rapporto alla vita e al lavoro degli uomini che in quegli stessi luoghi vivono e vivranno (Zoppi, 2003). La stessa Convenzione europea pone in evidenza la volontà di legare il paesaggio agli abitanti, alla "percezione" (art. 1) del valore che essi hanno verso il loro "ambiente di vita" e stimola, in risposta ai fenomeni di frammentazione e polverizzazione che hanno investito il paesaggio contemporaneo, la ricerca di riappropriazione degli spazi, di costruzione di nuovi contesti e di condivisione di valori e bisogni, attribuendo alla **progettualità paesistica** una strutturale e intrinseca connotazione di **progetto partecipato** (Pizziolo, 2003).

7. La sostenibilità della pianificazione urbanistica in relazione alle criticità e alle emergenze geologiche del territorio

di *Marcello Brancucci*

Negli ultimi anni la pianificazione urbanistica a scala comunale è stata caratterizzata sempre più frequentemente da un approccio multidisciplinare: l'urbanista, il geologo, il naturalista, il forestale, il pedologo, l'agronomo, l'ingegnere idraulico, l'avvocato ecc. contribuiscono, ciascuno per le proprie competenze, alla redazione di un "progetto" che dovrebbe racchiudere in sé le linee guida per lo sviluppo sociale ed economico di una comunità in equilibrio con il territorio e l'ambiente sui quali è insediata.

Il precedente approccio, che si limitava, generalmente, al mero progetto di "spazi" sui quali programmare nuovi insediamenti o l'ampliamento di tessuti urbani preesistenti, è stato progressivamente abbandonato. Il Piano urbanistico comunale è diventato un vero e proprio strumento di "governo del territorio", nel senso più ampio del termine, allorché è stato supportato da nuovi elementi di conoscenza e valutazione relativi alla conservazione, fruizione e valorizzazione dell'ambiente naturale (aria, suolo, sottosuolo, risorse idriche).

Vulnerabilità del territorio

La storia dell'espansione edilizia degli ultimi sessanta anni è costellata di esempi negativi di urbanizzazioni attuate senza la minima verifica preliminare dei caratteri salienti del territorio (criticità da mitigare ed emergenze da salvaguardare) e delle ripercussioni sull'ambiente delle politiche di sviluppo urbano.

La semplice osservazione di realtà territoriali come quella della costa ligure consente di capire come lo sviluppo dei centri abitati abbia modificato e spesso obliterato i caratteri morfologici e idrogeologici originali creando forti scompensi ambientali e paesaggistici. La costruzione di edifici in aree di pertinenza fluviale o inondabili, la cancellazione del reticolo idrografico secondario, la riduzione delle sezioni idrauliche dei corsi d'acqua principali, con tombinature e attraversamenti, l'abbandono di vaste aree agricole/forestali collinari e montane sono tutti elementi che hanno aumentato esponenzialmente il grado di pericolosità e vulnerabilità del territorio.

Le conseguenze di tale "aggressione" non si sono fatte attendere: frane, alluvioni, perdita di suolo fertile per erosione e inquinamento coinvolgono, in maniera sempre più frequente e con maggiore intensità, il nostro territorio causando danni incalcolabili sia economico-sociali sia in termini di perdita di vite umane.

Tali affermazioni però non devono essere intese come un anacronistico e utopistico messaggio di "fondamentalismo ambientale"; non si può tornare indietro, non è pensabile oggi, nell'attuale quadro economico e sociale, poter ricucire lo strappo esistente tra le nostre città e l'ambiente, ma è anche vero che la conoscenza delle problematiche e peculiarità territoriali consente, quantomeno, di programmare interventi sul territorio coerenti con il mantenimento degli equilibri ambientali o volti alla mitigazione dei rischi.

Politica di sviluppo sostenibile

Negli ultimi decenni è maturata, seppur a seguito delle diverse ondate emozionali suscitate da disastri ambientali ed ecologici, una nuova politica di sviluppo sostenibile, volta cioè alla mitigazione dei rischi ambientali e alla verifica delle conseguenze sul territorio delle scelte urbanistiche.

Verso la fine degli anni ottanta la **difesa del suolo**, intesa proprio come mitigazione del rischio idrogeologico, sismico, vulcanico e di prevenzione dei danni ambientali entrò a far parte del "governo del territorio" con l'emanazione della legge 18 maggio 1989, n. 183 *Norme per il riassetto organizzativo funzionale della difesa del suolo* istituendo i **Piani di bacino**.

Individuato nei "bacini idrografici" l'ambito territoriale di riferimento, l'obiettivo è quello di assicurare la difesa del suolo, il risanamento delle acque, la fruizione e la gestione del patrimonio idrico per gli usi di razionale sviluppo economico e sociale, nonché la tutela degli aspetti ambientali a esso connessi.

Tali finalità sono attuate attraverso un articolato normativo che impone crescenti limitazioni e prescrizioni alla fruizione e al cambio di destinazione d'uso del suolo, del sottosuolo in funzione del crescente grado di pericolosità idrogeologica e idraulica riscontrato nei diversi ambiti territoriali.

Risulta evidente il carattere interdisciplinare e sovraordinato dei Piani di bacino, che costituiscono il principale quadro di riferimento per tutti gli interventi sul territorio.

Da quanto detto sinora appare evidente che nella pianificazione urbanistica a scala comunale la **conoscenza delle criticità geologiche, idrauliche e sismiche** costituisce il punto di partenza del processo cognitivo che, passando per l'individuazione delle vocazioni del territorio, conduce alla formazione di uno strumento tecnico-normativo finalizzato al perseguimento delle scelte urbanistiche e socioeconomiche sostenibili con l'ambiente e il territorio (approccio metodologico fondante la legge urbanistica Regione Liguria del 4 settembre 1997, n. 36).

Il compito del geologo

In questo ambito il compito del **geologo** è pertanto quello di saper "leggere" il territorio per poi trasferire le conoscenze acquisite in elaborati grafici di sintesi (cartografie, relazioni) che possano fornire all'urbanista una efficace fotografia del territorio suddiviso per ambiti omogenei per crescente pericolosità/vulnerabilità idrogeologica, idraulica e sismica e per conseguente decrescente fruibilità e suscettività alle trasformazioni.

Tale contributo non deve però limitarsi a una mera analisi delle problematiche e delle criticità del territorio comunale volta esclusivamente all'indi-

viduazione di una serie di vincoli territoriali, spesso collocati *a posteriori* o comunque non coordinati con le scelte di tipo prettamente urbanistico.
Al contrario, data l'accresciuta sensibilità dei cittadini e delle amministrazioni pubbliche all'attuazione di una politica territoriale volta all'eliminazione o mitigazione del rischio idrogeologico, idraulico e sismico è necessario che tali studi costituiscano un reale momento decisionale interdisciplinare volto alla definizione di scelte urbanistiche e di gestione territoriale nel rispetto delle limitazioni derivanti dalle caratteristiche geomorfologiche, di pericolosità geologica e idraulica, di salvaguardia degli acquiferi e di valorizzazione delle emergenze geologiche e vegetazionali.
Il geologo dovrà pertanto redigere uno strumento tecnico-normativo che, in continuo aggiornamento, possa monitorare lo "stato di salute" del territorio e fornire puntuali indicazioni sia sugli eventuali interventi per la riduzione dei rischi ambientali sia sulla compatibilità delle ipotesi di trasformazione urbanistica con la reale suscettività del territorio a subirle senza che siano compromessi i suoi delicati equilibri.
Nel dettaglio gli elaborati geologici di base a corredo dei Piani urbanistici comunali constano in una serie di **cartografie di inquadramento territoriale** (**carta geologica**, **carta geomorfologica**, **carta idrogeologica**, **carta dei geositi**) accompagnate da una relazione tecnica illustrativa.
Per **geositi** si intendono quegli elementi fisici del territorio o singolarità del paesaggio – espressione e testimonianza dei processi che hanno formato o modellato il nostro pianeta e, quindi, in grado di fornire un contributo indispensabile alla comprensione della storia geologica di una certa area o regione – che costituiscono valenze di eccezionale importanza per quanto concerne gli aspetti scientifici, ma che manifestano anche attributi di richiamo per la loro componente paesaggistica, culturale, didattica, ricreativa, socioeconomica e possono associarsi, in taluni casi, a beni di carattere storico, naturalistico, architettonico ecc.
Partendo dalla conoscenza dei diversi aspetti del territorio sono successivamente realizzate delle **cartografie di sintesi** (carta della pericolosità idrogeologica e idraulica, carta della pericolosità sismica locale, carta della suscettività d'uso del territorio) a cui sono correlate le Norme geologiche di attuazione. Tali studi devono necessariamente raccordarsi con gli strumenti di pianificazione sovraordinata, quali il Piano delle attività estrattive, il Piano territoriale di coordinamento paesistico, il Piano territoriale di coordinamento della costa, il Piano territoriale di coordinamento della Provincia, i Piani di bacino e con le normative di settore vigenti (normativa sismica, vincolo idrogeologico ecc.).

Cartografia geologica per la pianificazione comunale

Nella tab. 2.1 sono riportati e descritti gli elaborati grafici che costituiscono il livello minimo di approfondimento degli studi geologici a corredo della pianificazione urbanistica a livello comunale.

TABELLA 2.1 Studi geologici per la pianificazione urbanistica comunale

Titolo	Descrizione
Cartografia di inquadramento	
Carta geologica	Sono rappresentate graficamente le diverse tipologie di rocce costituenti il sottosuolo delle coperture detritiche con spessori maggiori di 3 m. Sono inoltre approfonditi gli aspetti stratigrafici e tettonici (contatti, giaciture di strato, lineazioni, faglie, sovrascorrimenti) per le loro implicazioni sulla stabilità dei versanti e sulla risposta sismica locale.
Carta geomorfologica	Sono rappresentate tutte le principali forme caratterizzanti il paesaggio nonché i fenomeni e i processi legati alla dinamica dei versanti, delle acque di scorrimento superficiale, del ghiaccio e della neve, del vento e dei fenomeni carsici. In particolare è sempre posta grande attenzione alla individuazione dei processi di versante relativamente ai fenomeni gravitativi (frane attive, quiescenti, stabilizzate artificialmente, relitte) ed erosivi (erosione incanalata, areale, diffusa ecc.). Sono presenti inoltre informazioni sia sullo stato di conservazione delle rocce in affioramento o sullo spessore e la tipologia delle coperture detritiche e/o alluvionali sia sulle forme di origine prevalentemente antropica che hanno apportato significative modificazioni sull'assetto morfologico naturale (copertura urbana compatta, cave, discariche, miniere, grandi riporti e riempimenti artificiali).
Carta idrogeologica	Sono riportati il tipo (permeabilità per porosità, fratturazione/fessurazione, carsismo) e il grado di permeabilità (permeabile, semipermeabile, impermeabile) dei terreni e delle rocce. Altri elementi di conoscenza sono la localizzazione dei pozzi e delle sorgenti pubbliche e private, le aree di impregnazione idrica e a forte contrasto di permeabilità, per le aree di pianura il livello della falda freatica e in genere lo stato di manutenzione dei corsi d'acqua.
Carta pedologica	Soprattutto nei comuni di pianura dove sono presenti significative porzioni di territorio a uso agricolo, la redazione della carta pedologica a scala comunale consente di acquisire preziose informazioni sulla qualità e la distribuzione delle diverse tipologie di suolo nei diversi paesaggi.
Carta dei geotopi	Consiste nell'individuazione dei principali **geositi** del territorio comunale. Conoscere e divulgare le emergenze geologiche e geomorfologiche consente di evitare che una poco accorta politica di sviluppo e di occupazione del suolo possa in qualche modo compromettere la loro integrità o ancor più causarne una completa distruzione. Inoltre è possibile progettare la realizzazione di percorsi turistici che possano valorizzare la singola emergenza ma più nel complesso l'intero ambito comunale integrando tali siti nella già ampia rete di percorsi naturalistici e storico-culturali.
Cartografia di sintesi	
Carta pericolosità idrogeologica e idraulica	Deriva dalla sintesi ragionata di tutte le principali problematiche a carattere geologico, geomorfologico, idrogeologico e idraulico desumibili dall'analisi della cartografia di inquadramento. Suddivide il territorio comunale in aree omogenee a crescente grado di pericolosità/vulnerabilità riferita a specifici fattori limitanti: instabilità dei versanti (aree in frana, aree in erosione, aree interessate da valanghe ecc.), vulnerabilità idrogeologica (aree ad alta vulnerabilità degli acquiferi, aree interessate da carsismo, aree con emergenze idriche ecc.), problematiche connesse con la presenza di terreni a scadenti caratteristiche geotecniche (aree paludose, torbose, aree con elevate disomogeneità tessiturali verticali ed orizzontali ecc.), aree esondabili.

TABELLA 2.1 (*segue*)

Titolo	Descrizione
Carta della pericolosità sismica locale	È redatta riportando la perimetrazione areale di situazioni geologico-geomorfologiche tali da determinare effetti sismici locali. Ad esempio: • zone caratterizzate da movimenti franosi attivi; • zone con terreni di fondazioni particolarmente scadenti; • zone di cresta rocciosa e/o cocuzzolo: appuntite, arrotondate; • zone di contatto stratigrafico e/o tettonico tra litotipi con caratteristiche fisico-meccaniche molto diverse ecc. (scenari di pericolosità sismica locale tratti dall'*Allegato 5 dei Criteri attuativi* L.R. 12/2005 per il governo del territorio della Regione Lombardia).
Carta dei vincoli geologici	Si tratta di evidenziare in cartografia tutte quelle porzioni di territorio sulle quali normative e Piani di settore in vigore limitano o condizionano l'uso del territorio. Ci si riferisce ad esempio ai Piani di bacino, Vincolo idrogeologico, Piani delle attività estrattive, Piani della costa, Piani territoriali di coordinamento provinciale.
Carta della suscettività d'uso del territorio	Si elabora a partire dalla carta della pericolosità idrogeologica e idraulica, dalla carta pericolosità sismica locale e dalla carta dei vincoli geologici. Il territorio viene suddiviso pertanto in zone omogenee caratterizzate da crescenti limitazioni d'uso del territorio all'aumentare della loro pericolosità/vulnerabilità idrogeologica e sismica. A questa cartografia sono correlate le Norme geologiche di attuazione, che forniscono prescrizioni per gli interventi urbanistici, indicazioni in merito a studi e indagini a corredo dei progetti, o ancora segnalano la necessità di eseguire opere di risanamento idrogeologico o di monitoraggio di dissesti in atto. Il territorio viene pertanto suddiviso in aree per le quali l'utilizzo a scopi edificatori o per la modifica della destinazione d'uso varia da "non limitato" fino a "interdetto".

8. Strumenti di tutela e strategie di gestione dei territori ad alta naturalità
di *Paolo Genta*

La necessità e la rilevanza della pianificazione ai fini di una efficace gestione dei territori ad alta naturalità, in un contesto più generale di "infrastrutturazione ecologica del territorio", trovano da tempo riscontro in un ampio quadro di orientamenti, dichiarazioni d'intenti e impegni sottoscritti a livello internazionale, a partire dalla Conferenza di Stoccolma (1972) fino alle Conferenze di Rio de Janeiro, Caracas (1992) e Johannesburg (2002).

Politica europea di tutela ambientale

La politica dell'Unione Europea in materia di tutela della natura fu avviata nel 1971 con l'adesione all'accordo internazionale sulla protezione delle zone umide di importanza internazionale, la Convenzione di Ramsar. Successivamente furono presi ulteriori provvedimenti legislativi in favore della conservazione di specie animali (Direttiva "Uccelli" del 1979, Convenzione di Berna del 1982, Convenzione di Bonn del 1982) e degli ambienti naturali (Convenzione di Barcellona del 1986, Convenzione sulla Biodiversità del 1992).

La **Direttiva "Habitat"** per la conservazione degli habitat naturali e seminaturali nonché della flora e della fauna selvatiche (emanata nel 1992) ha definito la **Rete europea "Natura 2000"**: l'insieme delle ZSC (Zone speciali di conservazione designate dalla Commissione Europea sulla base dei proposti siti di importanza comunitaria individuati dagli Stati membri) e delle ZPS (Zone di protezione speciale, ai sensi della **Direttiva "Uccelli"**), con lo scopo di mantenere in uno stato di conservazione soddisfacente gli habitat e le specie di interesse comunitario, elencati nelle suddette direttive, da attuarsi attraverso piani di gestione e adottando le misure più idonee per evitare in tali aree il degrado degli habitat e la perturbazione delle specie per cui le singole zone sono state designate.

La caratteristica di questo strumento consiste nel prevedere una conservazione "dinamica" e mirata per habitat e specie, con l'opportunità – e la necessità – di coniugare le finalità di conservazione della natura con quelle dello sviluppo economico.

Fortemente connessa ai temi della pianificazione sostenibile è la strategia di tutela del paesaggio che, con la ***Convenzione europea del paesaggio*** (Firenze, anno 2000), riconosce la qualità e la diversità dei paesaggi europei (in particolare di quelli italiani che, nel corso dei millenni, hanno assunto forti connotazioni di carattere culturale). Il concetto di "paesaggio" assume quindi una valenza fondamentale, non è più valutato in termini esclusivamente percettivi, ma è considerato come sintesi delle caratteristiche e dei valori fisici, biologici, storici e culturali del territorio. Cresce quindi la consapevolezza delle responsabilità che ogni soggetto ha verso il paesaggio, la sua tutela e la sua gestione, che non sono in contrasto con lo sviluppo economico ma favoriscono lo sviluppo sostenibile e il coinvolgimento sociale.

Politica ambientale italiana

A livello nazionale, l'integrazione del fattore ambientale in tutte le politiche di settore ha assunto particolare rilevanza nel sistema delle Regioni e degli enti locali. Negli ultimi anni, a seguito delle previsioni della legge quadro nazionale sulle aree protette (legge 394/1991) è iniziato un percorso di ricerca scientifica, analisi e pianificazione (a vari livelli territoriali) per la costituzione di una "rete ecologica" di specie e habitat che possa garantire continuità spaziali e funzionali per gli ecosistemi in ambiti territoriali di larga scala.

Accanto a tali riferimenti va ricordato quanto previsto dalla **legge quadro sulle aree protette** per la pianificazione delle aree protette (parchi nazionali e aree protette regionali). In tal senso il Piano del parco e il Piano pluriennale socioeconomico costituiscono gli strumenti di attuazione delle finalità di tali aree, individuate e istituite per la tutela, la conservazione e la valorizzazione di particolari ecosistemi, paesaggi, processi naturali, specie animali e vegetali.

Ai fini della gestione della Rete ecologica "Natura 2000", il D.P.R. 8 settembre 1997, n. 357 (regolamento recante attuazione della Direttiva 92/43/CEE "Habitat") e s.m.i stabiliscono che nella pianificazione e programmazione territoriale si deve tenere conto della valenza naturalistico-

ambientale dei Siti di importanza comunitaria, dettando disposizioni sulla valutazione di incidenza e sulle misure di conservazione degli habitat e delle specie di interesse comunitario, anche attraverso appropriati piani di gestione, specifici o integrati ad altri piani settoriali.
Tali indicazioni debbono pertanto trovare riferimento nei diversi strumenti di pianificazione generale e settoriale ai vari livelli (regionale, provinciale e comunale) secondo criteri di efficacia e dinamicità, poiché i sistemi ecologici rappresentano per propria natura processi in continua evoluzione nel tempo e nello spazio.

Strategie di gestione integrata

Le strategie generali di conservazione del patrimonio naturale debbono trovare riferimento nell'integrazione di politiche che sappiano cogliere e valorizzare la complessità dei territori a elevata naturalità. La necessità di una **strategia integrata** per la gestione dei territori a elevata naturalità trova riscontro nella considerazione che un'efficace "manutenzione" del territorio non potrebbe essere perseguita senza l'attivazione di dinamiche economiche e sociali connesse da un lato alle attività tradizionali, dall'altro alle più opportune forme di fruizione sociale delle risorse.
Una seconda condizione di praticabilità della suddetta strategia riguarda i **tempi**. Molte delle azioni di gestione degli ecosistemi richiedono tempi medi o lunghi per dare risultati consistenti, mentre le esigenze delle comunità locali hanno spesso carattere di urgenza o comunque devono trovare soddisfazione in tempi relativamente brevi. Una efficace strategia di gestione dovrebbe quindi saper conciliare le esigenze di breve termine con i tempi più lunghi richiesti dai sistemi naturali.
Le strategie di gestione relative alle risorse naturali dovrebbero mirare alla tutela dei valori naturalistici, paesaggistici e ambientali, alla conservazione attiva, alla riqualificazione e alla valorizzazione degli ecosistemi.

Frammentazione ambientale e reti ecologiche

La distruzione e la frammentazione degli ambienti naturali per cause antropiche figurano tra i fattori principali che, a livello globale, portano all'estinzione di popolazioni e specie, con conseguenze spesso irreversibili sugli ecosistemi. Con la frammentazione gli habitat, oltre a essere in parte distrutti, si riducono in superficie e subiscono l'isolamento rispetto ad altri frammenti limitrofi, impoverendosi qualitativamente a causa degli impatti con i fattori di pressione antropica circostanti. Le strategie di risposta degli organismi biologici a questi processi sono estremamente differenti, in ragione delle proprie diverse caratteristiche ecoetologiche: alcuni risultano estremamente sensibili alla riduzione di superficie del loro habitat (ad esempio i grandi predatori – con ampi *home range* – o le specie strettamente legate ad habitat non marginali); altre, con difficoltà di dispersione attraverso ambienti non idonei, possono invece risultare sensibili all'isolamento.
Per una efficace pianificazione della rete ecologica occorre quindi mirare al mantenimento o al recupero della **connettività** a scala di paesaggio e all'in-

dividuazione di specifici ambiti: *corridors* (corridoi ecologici) e *stepping-stones* ("isole ecosistemiche") che costituiscano veri e propri "ponti ecologici" tra aree di alto valore naturalistico (*core areas*). Tale strategia di conservazione si intende quindi mirata a popolazioni, biocenosi, ecosistemi.
Un primo livello di analisi, definibile come strutturale, permette di ottenere informazioni sulla struttura e configurazione del paesaggio e sull'entità della frammentazione ambientale. Un ulteriore livello di approfondimento può valutare la funzionalità ecologica delle unità ecosistemiche nel mosaico ambientale, soprattutto su alcuni processi ecologici fondamentali come la dispersione. Poiché in tal caso l'analisi risulta complessa, in funzione dell'individuazione di un numero di reti ecologiche corrispondente ciascuna alle esigenze ecoetologiche di ogni specie sensibile, è necessaria la ricerca di idonei indicatori di funzionalità ecologica a livello di quelle specie (le cosiddette *specie target*) che, particolarmente sensibili ai processi di frammentazione, possono permettere di valutarne gli effetti. Tali specie costituiscono un primo obiettivo di riferimento in grado di rappresentare lo status di un sistema ecologico complesso, difficilmente indagabile in modo analitico in tempi brevi, e possono fornire informazioni generali e sintetiche sull'entità della frammentazione di contesti specifici.
Tali specie, scelte per ogni tipologia ecosistemica sulla base di una *check-list* locale che tenga in considerazione gli aspetti conservazionistico, biogeografico e di vulnerabilità ecologica, dovrebbero rappresentare un largo seguito di specie ecologicamente affini ed essere ancora relativamente diffuse, così da individuarne abbondanze e distribuzioni locali (*pattern*). Un approccio funzionale di questo tipo, pur rischiando una lettura semplificata e semplicistica dei fenomeni ecologici, può comunque permettere di adottare le prime strategie di conservazione in contesti di crisi per i quali è necessario intervenire con urgenza. Inoltre le azioni di conservazione proposte per queste specie, più vulnerabili alla frammentazione ambientale, possono riflettersi positivamente sulle altre specie nonché su intere comunità ed ecosistemi, grazie al loro ruolo di "specie ombrello".
La definizione della rete ecologica richiede il riconoscimento delle tipologie ecosistemiche esistenti e la scelta, fra esse, di quelle per le quali risulta prioritario ottenere una interconnessione o un potenziamento. A seguito delle analisi valutative operate, sarà quindi possibile individuare gli habitat particolarmente meritevoli di specifiche misure di gestione, considerando il quadro complessivo dell'ecomosaico individuato nei diversi sistemi ambientali, integrato da elementi conoscitivi relativi agli indicatori (biotici e abiotici) e alle condizioni di criticità (attuali o potenziali). In tale ambito va comunque considerata la necessità di garantire buone connessioni ecologiche tra le aree naturali protette (nazionali regionali, provinciali, SIC e ZPS) presenti sul territorio.

In questo capitolo

- Viene evidenziata la necessità di pianificare lo sviluppo territoriale attraverso l'uso di strumenti per il controllo di aspetti quali l'inquinamento, i carichi ambientali, le risorse naturali ed energetiche.
- Vengono approfonditi i temi relativi all'uso di fonti energetiche esauribili e rinnovabili, delineando possibili strategie di gestione per lo sviluppo sostenibile.
- Vengono presentati gli strumenti della VIA e della VAS come indispensabili riferimenti per la progettazione territoriale e urbana.
- Viene fornito un quadro sintetico sulla normativa urbanistica, in merito ai temi della sostenibilità, con particolare riferimento alla L.R. 36/1997 della Liguria.
- Vengono analizzati i processi partecipati di Agenda 21 e dei Contratti di quartiere.
- Viene affrontato il tema dello sviluppo di politiche per il turismo sostenibile, analizzando anche alcune esperienze significative.
- Si approfondiscono, infine, attraverso contributi specialistici, alcuni temi di grande rilevanza in rapporto alla progettazione sostenibile a grande scala.

Riferimenti bibliografici e siti Internet

ALBERTI M., SOLERA G., TETSI V. (1994), *La città sostenibile, analisi, scenari, proposte per un ecologia urbana in Europa*, Franco Angeli, Milano.

ALLEN G. (2002), *Valutare la qualità ambientale dell'architettura*, in "L'Architettura Naturale", 14, pp. 24-5.

BALLETTI F., SOPPA S. (2005), *Paesaggio in evoluzione. Identificazione, interpretazione, progetto*, Franco Angeli, Milano.

BASSO F. (1995), *La difesa del suolo e tutela dell'ambiente*, Pitagora Editrice, Bologna.

BEATO F. (2000), *Parchi e società: turismo sostenibile e sistemi locali*, Liguori, Napoli.

BENEDINI M., GISOTTI G. (1990), *Il dissesto idrogeologico, cause, effetti e interventi a difesa del suolo*, Carocci, Roma.

BETTINI V. (2000), *La VIA strategica. L'impatto ambientale. Tecniche e metodi*, CUEN, Napoli.

BETTINI V., CANTER L. W., ORTOLANO L. (2000), *Ecologia dell'impatto ambientale*, UTET, Torino.

BETTINI V., FALQUI E., ALBERTI M. (1984), *Bilancio di impatto ambientale*, CLUP, Milano.

BRANCUCCI G., BURLANDO M. (2001), *La salvaguardia del patrimonio geologico: scelta strategica per il territorio. L'esperienza della Liguria*, Franco Angeli, Milano.

CANOVA L. (a cura di) (1998), *Turismo e sviluppo sostenibile: progettare il cambiamento*, ACTA, Milano.

CASTELNOVI P. (2001), *Relazione introduttiva. Società locali e senso del paesaggio*, Seminario del 26 settembre 2001, materiali didattici della Scuola di Specializzazione in Storia, Analisi e Valutazione dei Beni architettonici e ambientali, Politecnico di Torino.

CATERINA G., FIORE V. (2005), *La manutenzione edilizia e urbana. Linee guida e prassi operativa*, Sistemi Editoriali, Roma.

CHITOTTI O., CITI C., VILLA A. (1999), *Turismo sostenibile dalla teoria alla pratica*, Edicom Edizioni, Monfalcone.

CICERCHIA A. (2000), *Pianificazione strategica e ambiente*, Franco Angeli, Milano.

CLEMENTI A. (a cura di) (2002), *Interpretazioni di paesaggio*, Meltemi, Roma.

CONSIGLIO D'EUROPA (2000), *Convenzione europea del paesaggio*, Congresso dei poteri locali e regionali d'Europa, Firenze.

COOP ARIET (1987), *La valutazione di impatto ambientale*, Gangemi Editore, Roma

COPIT (2004), *Energia e fonti rinnovabili*, COPIT-ministero dell'Istruzione, dell'Università e della Ricerca, Stampa 3, Roma.

DI MARCO S., SOLINAS M. (2001), *Albergo Verde. A Few Advice to Help the Environment even on Holiday*, CTS-ANPA-Provincia di Torino, Torino.

ECMT (1998), *Strategic Environmental Assessment in the Transport Sector*, OECD, Paris.

FUSCO-GIRARD L., NIJKAMP P. (1997), *Le valutazioni per lo sviluppo sostenibile della città e del territorio*, Franco Angeli, Milano.

GALLI P., NOTARIANNI M. (2002), *La sfida dell'ecoturismo*, De Agostini, Novara.

GALLO C. (a cura di) (2001), *Progettazione sostenibile. Tre casi studio: Taranto, Livorno, San Ferdinando di Puglia. Rapporto sulla legislazione e pianificazione regionale a carattere ambientale*, ENEA, Roma.

GAMBINO R. (2003), *Progetto e conservazione del paesaggio*, in "Ri-Vista, Ricerche per la progettazione del paesaggio", 1, 0, luglio-dicembre 2003, Firenze University Press, Firenze (numero online: www.unifi.it/ri-viste/).

GAUZIN MÜLLER D. (2001), *L'architecture écologique*, Le Moniteur, Paris.

GIACHETTA A. (2003), *Turismo sostenibile: principi ed esperienze di gestione e progettazione dell'ambiente turistico*, in Raiteri (2003).

ID. (2004), *I problemi della pianificazione territoriale sostenibile. Un caso studio: la Legge Regionale Ligure 36/97*, in M. Sala (a cura di), *I percorsi della progettazione per la sostenibilità ambientale: un confronto sull'evoluzione della ricerca e della didattica del settore nelle università italiane*, Atti Convegno nazionale ABITA, Firenze 20 e 21 ottobre 2004, Alinea Editrice, Firenze, pp. 310-3.

GIACOMINI V. (1983), *La rivoluzione tolemaica*, La Scuola, Brescia.

HERZOG T. (ed.) (1996), *Solar Energy in Architecture and Urban Planning*, Prestel, Munich.

HETHERINGTON A., MACINTYRE G. (1991), *Sustainable Tourism Development: Guidelines for Local Planners*, OMT/WTO, Madrid.

HUNTER C., GRENN H. (1995), *Tourism and Environment, a Sustainable Relationship?*, Routledge, London-New York.

LABELLA A. (ed.) (2004), *Georg W. Reinberg: Solar Architecture*, Librìa, Melfi.

LANGÈ S. (1999), *Soggetti Storia Paesaggio*, Mursia, Milano.

LEE N., GEORGE C. (2000), *Environmental Assessment in Developing and Transitional Countries*, John Wiley & Sons, New York.

LYNCH K. (1964), *L'immagine della città*, Marsilio, Padova.

MAGLIOCCO A. (2005), *Un progetto di riqualificazione urbana sostenibile: il quartiere di piazzale Moroni a Savona*, in "Ecological Urban Architecture", Alinea Editrice, Firenze, pp. 102-11.

ID. (2006), *Il processo partecipativo: ruolo e motivazioni*, atti del Seminario Internazionale di Studi "La Partecipazione Organica. Metodologie progettuali, tecnologia ed esperienze nelle trasformazioni dell'abitare", Reggio Calabria 30-31 marzo 2006, aula magna della facoltà di Architettura, a cura della sede locale di ABITA-Architettura Bioecologica e Innovazione Tecnologica per l'Ambiente, Falzea Editore, Reggio Calabria.

MAGNAGHI A. (2000), *Il progetto locale*, Bollati Boringhieri, Torino.

ID. (2002), *Prospettive emergenti dalla situazione italiana*, Associazione Rete Nuovo Municipio, in http://www.nuovomunicipio.org.

MANNA C. (a cura di) (2005), *Rapporto* ENEA – *Le fonti rinnovabili 2005. Lo sviluppo delle rinnovabili in Italia tra necessità e opportunità*, ENEA, Roma.

MAZZINO F., GHERSI A. (2002), *Per un'analisi del paesaggio. Metodo conoscitivo, analitico e valutativo delle operazioni di progettazione e di gestione*, Gangemi Editore, Roma.

OMT/WTO (1996), *What Tourism Managers Need to Know. A Pratical Guide to the Development and Use of Indicators of Sustainable Tourism*, OMT/WTO, Madrid.

ORDINE DEI GEOLOGI DELLA REGIONE LIGURIA (2006), *Proposta di schema di direttiva per l'elaborazione degli studi geologici supporto della formazione degli strumenti urbanistici ex L.R. 36/97 e L.R. 19/02*, modificato da M. Brancucci.

PALAZZETTI M., PALLANTE M. (1997), *L'uso razionale dell'energia: teoria e pratica del negawattora*, Bollati Boringhieri, Torino.

PAOLINELLI G. (2004), *Oltre le reti ecologiche*, in "Quaderni della Ri-Vista", 1, 1, gennaio-aprile 2004, Firenze University Press, Firenze, pp. 122-5.

PARTIDARIO M. R., CLARK R. (2000), *Perspectives on Strategic Environmental Assessment*, CRC press, Danvers.

PASSARO A. (a cura di) (2005), *Attrezzature temporanee ecocompatibili per il turismo nelle aree costiere*, Luciano Editore, Napoli.

PIZZIOLO G. (2003), *Paesaggi governati e Paesaggi partecipati. Dal Piano urbanistico/paesistico, al processo di costruzione partecipato e sostenibile dell'Ambiente di Vita*, in AA.VV., *Documento sull'applicazione della Convenzione europea del paesaggio*, inedito.

PIZZONIA A., PIZZONIA V. (2006), *La geologia nella pianificazione urbanistica*, Falzea Editore, Reggio Calabria.

RAGAZZONI A. (1996), *La valutazione multicriteriale nella pianificazione rurale*, Pitagora Editrice, Bologna.

RAITERI R. (a cura di) (1996), *Progettare la residenza: tendenze innovative*, Maggioli Editore, Rimini.

ID. (a cura di) (2003), *Trasformazioni dell'ambiente costruito*, Gangemi Editore, Roma.

REGIONE LOMBARDIA TERRITORIO E URBANISTICA (2006), *Criteri attuativi L.r. 12/05 per il governo del territorio: componente geologica, idrogeologica e sismica del Piano di Governo del Territorio*.

REINBERG G. W. (2002), *Case sull'acqua, insediamento turistico sul Neusiedler See*, in "L'Architettura Naturale", 14, pp. 8-18.

RUANO M. (1999), *Ecourbanismo*, GG, Barcellona.

SANCASSANI W., SENTIMENTI L., LEMBO G., FARA K. (2004), *Agenda 21 Locale in Italia 2004 – Partecipazione e Progetti per lo sviluppo sostenibile*, Focus Lab, Modena.

SCANDURRA E. (1995), *L'ambiente dell'uomo: verso il progetto della città sostenibile*, Etaslibri, Milano.

SCHIMDT DI FRIEDBERG P., MALCEVSCHI S. (1998), *Guida pratica agli studi di impatto ambientale*, Il Sole24ore, Milano.

SOLINAS M. (1999), *Manuale pratico di ecologia in albergo*, pubblicazione a cura del CTS, Roma.

TACCHI E. M. (a cura di) (2004), *Sostenibilità ambientale e partecipazione. Modelli applicativi ed esperienze di Agenda 21 Locale in Italia*, Franco Angeli, Milano.

THERIVEL R. (1992), *Strategic Environmental Assessment*, Earthscan, London.

TURRI E. (1998), *Il paesaggio come teatro*, Marsilio, Padova.

ZOPPI M. (2003), *Paesaggio: evoluzione di un concetto*, in "Ri-Vista, Ricerche per la progettazione del paesaggio", 1, 0, luglio-dicembre 2003, Firenze University Press, Firenze (numero online: www.unifi.it/ri-viste/).

www.actanet.it (sito web ACTA)
www.compagniadeiparchi.com (sito web Compagnia dei Parchi-Legambiente)
www.comprensoriodelbenessere.it (portale Comprensorio turistico dello Sport e del Benessere)
www.confcommercio.it (sito web con riferimenti a Confturismo)
www.conservation.org (sito web International Conservation Fund)
www.cts.it (sito web CTS)
www.eco-tip.org (sito web Tourism and Environment in Europe)
www.ecotourism.org (sito web The International Ecotourism Society)
www.ecotrans.org (sito web Eco-Trans)
www.ecoturismo-italia.it (sito web Ecoturismo Italia)
www.enel.it (sito web ENEL)
www.energialab.it (portale Energialab di Labelab srl.)
www.greenglobe.org (sito web Green Globe)
www.greenpeace.it (sito web Greenpeace Italia)
www.green-travel.com (sito web The Green Travel)
www.lanuovaecologia.it (sito web di La nuova ecologia – quotidiano di Legambiente)
www.legambienteturismo.it (sito web Legambiente: sezione turismo)
www.liguriainrete.it (sito web con riferimenti al progetto "ecozero")
www.panda.org (sito web World Wild Fund For Nature)
www.planeta.com (portale americano sul turismo sostenibile)
www.solidea.org (sito web Associazione italiana turismo responsabile)
www.telefonoblu.org (sito web con informazioni su Valigia Blu)
www.uncem.it/gems/regolamentolaigueglia2004.doc (informazioni sul Premio Laigueglia edizione 2004)
www.wwf.it (sito web WWF-Italia)

3
Analisi ambientali/bioclimatiche di un sito e progetto sostenibile

Strumento indispensabile per l'elaborazione del progetto sostenibile, qualunque sia la sua scala di riferimento (territoriale, urbana, edilizia), è l'**analisi ambientale/bioclimatica del sito di intervento**; essa deve affiancarsi alle altre indagini che vengono compiute sul contesto di riferimento, a seconda dei casi, dai diversi punti di vista: paesaggistico, morfologico, geologico, vegetazionale, insediativo, storico, tipologico, sociale, infrastrutturale, economico ecc.

L'analisi ambientale/bioclimatica del sito di intervento è l'imprescindibile base della sostenibilità di qualunque intervento sul territorio: infatti ogni scelta progettuale, volta al corretto inserimento di un insediamento umano o di una singola costruzione in un determinato contesto e al controllo climatico naturale di spazi aperti e confinati, deve ovviamente poggiare su sicuri riferimenti circa le specifiche caratteristiche ambientali e microclimatiche di quello stesso contesto ed essere rigorosamente verificata rispetto a esse. È evidente, per esempio, la necessità di effettuare analisi sul regime pluviometrico di una determinata area territoriale per valutare l'effettiva utilità e convenienza di soluzioni di recupero idrico; oppure, ancora, è chiaro che, prima di proporre l'uso di sistemi solari passivi in edilizia, è indispensabile verificare tempi ed effettive condizioni di esposizione alla radiazione solare invernale delle aree o delle costruzioni interessate. Inoltre, come si è visto (cap. 2, parr. 2 e 3), gli strumenti per la pianificazione sostenibile (dalla VAS alle leggi urbanistiche regionali) prescrivono, di norma, una fase di analisi ambientali a guida delle scelte progettuali per il governo del territorio e ai fini della verifica di sostenibilità di queste ultime.

Se il progetto sostenibile non si fonda su un'attenta analisi ambientale e bioclimatica del contesto di intervento, il risultato progettuale non solo può essere insoddisfacente, perché non in grado di considerare correttamente tutti i fattori in gioco, ma rischia addirittura di essere controproducente in relazione alla diffusione su larga scala dei principi del progetto sostenibile. L'importazione acritica, in area mediterranea, di tecnologie solari passive elaborate in paesi nordeuropei, ad esempio, ha spesso prodotto evidenti problemi di surriscaldamento estivo degli edifici sui quali venivano utilizzate, facendo inoltre una pessima pubblicità a quelle stesse tecnologie presso l'opinione pubblica. Ancora, il proliferare di **vincoli ambientali**, spesso esito di una scarsa volontà di approfondimento delle indagini che servirebbero a definire con precisione le caratteristiche delle aree da salvaguardare, ha configurato, in Italia, un'inefficace politica di gestione territoriale che ha prodotto confusione e sovrapposizioni spesso incoerenti degli strumenti normativi e dei piani di settore che regolano la tutela ambientale, bloccando ogni iniziativa di **protezione attiva** e favorendo, invece, la pratica dell'escamotage, del cavillo di legge, dell'intervento in emergenza, per superare ogni ostacolo burocratico e intervenire anche in aree ad alta valenza naturalistica con grave danno per l'ambiente e la collettività.

Diversi livelli d'analisi

L'analisi ambientale/bioclimatica di un sito di intervento può essere condotta a diversi livelli, in funzione:

- del tipo di progetto, della sua scala (urbanistica, edilizia ecc.), delle sue dimensioni, delle destinazioni d'uso previste;
- del tipo di committenza, pubblica o privata, e delle risorse economiche a disposizione;
- del tipo di contesto, costiero, montano, cittadino, delle sue specificità ambientali e dei vincoli presenti;
- del livello di approfondimento progettuale richiesto (studio di fattibilità, progetto preliminare, definitivo, esecutivo).

Alcuni elementi di analisi possono, a seconda dei casi, passare in secondo piano o essere del tutto esclusi: per realizzare un piccolo edificio residenziale non si potranno effettuare tutte le campagne di rilevamento (sul regime dei venti, ad esempio) che è possibile condurre su aree più ampie o per progetti di maggiori dimensioni (aeroporti ecc.).

Competenze coinvolte

Anche le competenze coinvolte – architetti, paesaggisti, fisici tecnici, ingegneri, naturalisti, biologi, geologi, forestali, agronomi, meteorologi, chimici ecc. – saranno diverse a seconda dei casi; anche se è comunque necessario che, a qualunque scala di intervento, il progetto sostenibile sia multidisciplinare ed è quindi indispensabile saper impostare un metodo di **lavoro interdisciplinare** che poco spazio ha ancora nella nostra cultura progettuale.

Strumenti di indagine

Gli strumenti di indagine utilizzati saranno, poi, differenti a seconda del diverso grado di approfondimento analitico richiesto: potranno essere molto precisi, sofisticati e costosi o, al contrario, approssimativi ma economici e di facile impiego.

Tempi

Infine i tempi richiesti potranno essere molto variabili, soprattutto in relazione all'esigenza di eseguire, nel sito di intervento, specifiche campagne di rilevamento (regime di vento, inquinamento ambientale, assetto ecosistemico ecc.) quando non sia possibile avvalersi di un repertorio di dati esistente ed esaustivo.

FIGURA 3.1 **Possibile organizzazione delle analisi ambientali/bioclimatiche**

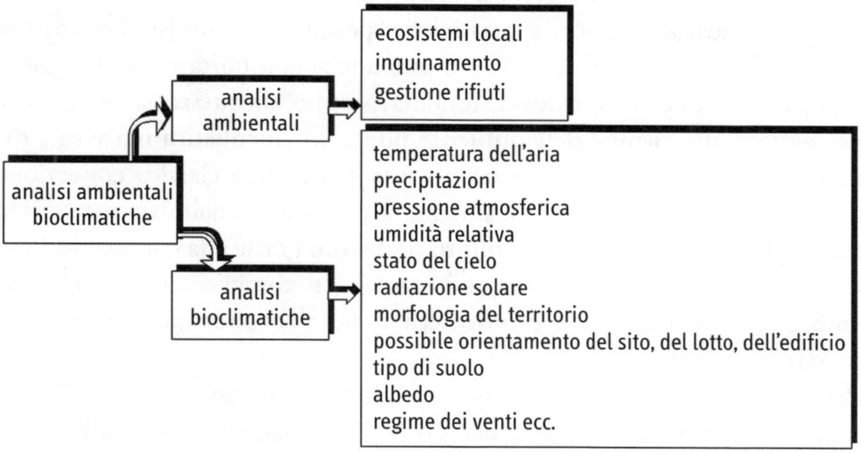

Quanto sopra evidenzia l'importanza delle analisi ambientali e bioclimatiche e, contemporaneamente, la difficoltà di stabilire criteri univoci, validi in tutte le circostanze, per condurre queste stesse analisi; tuttavia, nei paragrafi che seguono, si forniscono alcune indicazioni di massima in relazione ai diversi tipi di indagine che possono essere compiuti prima di poter realizzare un progetto sostenibile; sarà cura del progettista (o, meglio, del gruppo di progettazione) approfondirle in relazione agli aspetti che maggiormente riguardano lo specifico intervento del quale si occupa, di volta in volta, e l'area nel quale esso si inserisce.

1. Analisi degli ecosistemi locali

Uno dei principali obiettivi della **pianificazione sostenibile** è permettere uno sviluppo territoriale capace di rispondere alle esigenze dell'uomo, garantendo, allo stesso tempo, la salvaguardia dell'**assetto ecosistemico locale**, dell'insieme di relazioni che legano fra loro le differenti specie di esseri viventi e gli esseri viventi di una stessa specie nel contesto ambientale di riferimento. A tale fine, soprattutto in ambito extraurbano, è necessario considerare questo "insieme di relazioni" come una caratteristica essenziale dell'area di intervento e, soprattutto, come una vera e propria variabile di progetto, un **elemento guida delle scelte di intervento**, che permetta la valutazione preventiva dei possibili effetti di queste ultime, la definizione di idonee strategie per la pronta mitigazione e compensazione di questi stessi effetti, la valorizzazione e la tutela di tutte le risorse ambientali in gioco.
Occorre cioè che l'**analisi degli aspetti ecosistemici** serva a informare, da subito, l'azione pianificatoria e non sia solo utile per far fronte – *a posterio-*

ri – ai possibili "disastri" ambientali prodotti da approcci progettuali del tutto miopi rispetto al contesto naturalistico di riferimento.

Progettare attraverso la conoscenza delle specifiche caratteristiche ecosistemiche relative all'area di intervento può anche comportare una maggiore capacità d'azione sul territorio, fondata proprio su questa conoscenza, e permettere una **visione dell'ambiente non solo vincolistica ma viva e dinamica**, secondo un modello basato non tanto sulla classica concezione dell'ambiente da tutelare staticamente, a prescindere dallo stato in cui si trova, piuttosto su una serie di indirizzi, definiti grazie alla conoscenza specifica delle relazioni ecosistemiche in atto, volti a migliorare le condizioni ambientali parallelamente e intrinsecamente all'evoluzione economica e sociale del territorio.

Complessità degli studi ecosistemici

Per poter considerare in modo appropriato le caratteristiche dell'ambiente naturale sul quale si interviene occorrono, però, specifici **studi sull'assetto ecosistemico**, che ovviamente avranno un diverso "taglio" a seconda del tipo di previsioni pianificatorie e dell'ambito territoriale considerato (urbano, extraurbano, costiero, montano ecc.), della sua ampiezza e delle sue valenze. Tali studi possono essere molto complessi, per cui è necessario calibrare bene la loro portata in ogni specifico caso.

Per definizione, l'**ecosistema** è «un'unità funzionale entro la quale interazioni e iterazioni tra l'ambiente fisico e quello biologico determinano caratteristiche distinguibili» (Farina, 2001, p. 633). Questa definizione è adatta a descrivere insiemi di organismi viventi (*autotrofi*, che producono sostanze nutritive a partire da materiali inorganici, ed *eterotrofi*, che assumono sostanze organiche da altri organismi) – inseriti in uno specifico ambiente con proprie caratteristiche fisico-climatiche, determinati cicli di materiali e flussi d'energia – molto diversi tra loro per dimensioni e complessità (nel *Dizionario multimediale di ecologia*, Fais *et al.*, 2005, p. 61, come esempi di ecosistemi vengono riportati i seguenti: «laghi, fiumi, centri abitati, stagni, oceani, navi spaziali o l'ecosistema globale»).

Per questo motivo l'analisi, l'identificazione, la delimitazione degli ecosistemi locali e l'acquisizione di tutti gli altri elementi utili alla loro conoscenza (che – come si è affermato – deve essere alla base della pianificazione territoriale) comportano operazioni molto complesse, che di volta in volta richiedono:

- una precisa definizione di specifici obiettivi, per poter essere configurate alla giusta scala e nella giusta prospettiva;
- la conoscenza delle componenti biotiche e abiotiche del territorio ritenute più significative a seconda delle diverse circostanze;
- l'identificazione dei principali flussi di materia ed energia, dei corsi d'acqua, dei corridoi ecologici, delle vie di trasmissione degli inquinanti e delle zone di particolare interesse ecologico (umide, a elevata biodiversità,

di riproduzione, di svernamento, di rifugio, di alimentazione delle specie locali ecc.).

Si tratta di un **lavoro di interpretazione e messa in relazione di informazioni** differenti che richiede specifiche competenze (di naturalisti, biologi, agronomi, geologi, chimici ecc.) e, normalmente, tempi molto lunghi; inoltre, data la dinamicità dei sistemi ambientali – basati sull'interazione continua di esseri viventi –, il loro studio richiede grande flessibilità interpretativa, continua capacità di aggiornamento e capacità di rappresentazioni dinamiche.

Se, all'atto della pianificazione di un determinato territorio, occorresse, di volta in volta, impostare da capo un'analisi dei sistemi ambientali e degli ecosistemi locali, occorrerebbero enormi risorse umane ed economiche e tempi troppo lunghi: per fortuna – salvo il caso di interventi di forte impatto e/o in aree di elevatissimo pregio naturalistico, che richiedono approfonditi e specifici studi di dettaglio – **i pianificatori possono rivolgersi a una serie di strumenti conoscitivi già esistenti**, di norma con un proprio apparato cartografico, che però, normalmente, non sono conosciuti né utilizzati a dovere da urbanisti, architetti e ingegneri che si occupano del governo del territorio.

Strumenti conoscitivi di riferimento

Questi strumenti conoscitivi sono stati elaborati, in questi ultimi anni, soprattutto a scala nazionale, regionale e provinciale, per la tutela degli ambienti naturali del nostro paese o per la giurisdizione in materia di caccia, pesca e attività sportive all'aria aperta. Tra i più importanti si possono ricordare quelli relativi: all'istituzione dei parchi, delle aree protette, dei Siti di interesse comunitario e delle Zone di protezione speciale, le Carte per la tutela della biodiversità, i Piani che regolano l'attività di caccia, pesca e la fruizione di aree ad alta naturalità per attività quali quelle escursionistiche, di arrampicata, sci ecc.

1.1. Parchi e aree protette La politica delle aree protette si sviluppa fortemente in Italia soprattutto a partire dal 1991, con la legge quadro n. 394. Prima di quell'anno in Italia esistevano solo cinque **parchi nazionali** (Gran Paradiso, Abruzzo, Stelvio, Circeo e quello della Calabria frammentato tra Sila e Aspromonte); dopo più di un decennio dall'applicazione della legge fortemente voluta da diverse associazioni ambientaliste e promossa in ambito scientifico e accademico – nel nostro paese i parchi nazionali si sono più che quintuplicati e un'ampia porzione del territorio (il 10,9% secondo il *Rapporto Annuale di Legambiente 2006*; il 16,5% se si considerano anche i siti di Rete "Natura 2000", sempre secondo lo stesso Rapporto) risulta tutelata proprio grazie alla loro istituzione oltre che a quella delle **riserve naturali e marine** e, soprattutto, delle **aree protette regionali e provinciali**.

La formazione di queste ultime è stata resa possibile grazie all'acquisizione di competenze, in materia di gestione ambientale, da parte degli enti locali.

Con il decreto legislativo 267/2000, *Testo unico delle leggi sull'ordinamento degli Enti Locali*, sono stati infatti conferiti alle Province compiti in materia di tutela e valorizzazione dell'ambiente: è stato così possibile, per queste amministrazioni, sviluppare autonomamente sistemi di aree protette provinciali a integrazione di quelle di riconosciuta valenza regionale o nazionale. Gli enti incaricati della formazione e gestione di parchi, riserve e aree protette hanno elaborato una serie di studi naturalistici a corredo dei piani di tutela di queste aree, di facile acquisizione presso questi stessi enti (talora persino "scaricabili" via Internet dai loro siti web). Questi studi – normalmente accompagnati da uno specifico repertorio cartografico, da schedature sulle principali specie faunistiche e vegetazionali presenti e sugli aspetti climatici, morfologici e idrografici di maggior rilevanza in relazione alla creazione degli habitat più idonei a quelle specie – possono essere molto utili per impostare analisi ecosistemiche di carattere locale nell'ambito di operazioni di pianificazione. Di particolare importanza sono, a questo proposito, gli strumenti conoscitivi messi a punto per la gestione delle aree protette provinciali, perché queste ultime possono interessare zone particolarmente estese, anche antropizzate, soggette, di norma, a un regime vincolistico meno "pesante" – rispetto a quello delle aree sotto tutela regionale e nazionale – e quindi sono più spesso direttamente interessate da interventi di pianificazione urbanistica.
Una progettazione sostenibile del territorio non può non considerare le indagini ambientali a corredo dei succitati strumenti anche quando essa non interessi direttamente parchi, riserve ed aree protette; infatti le azioni esercitate al contorno di queste zone ad alta naturalità possono avere pesanti ricadute sulla salute degli ambienti più specificatamente oggetto di tutela.

Reti ecologiche e corridoi ecologici

1.2. Reti ecologiche, SIC e ZPS Le più recenti esperienze di tutela ambientale pongono in discussione il **concetto di zonizzazione**, secondo il quale si sono identificate e circoscritte le sole aree ad alta naturalità in parchi, riserve e aree protette, con l'indubbio merito di aver limitato interventi diretti di antropizzazione in queste zone ma rischiando di accentuare i processi di **frammentazione e specializzazione funzionale del territorio**. La zonizzazione ambientale va quindi integrata nell'ambito delle cosiddette **reti ecologiche**, l'istituzione delle quali si basa non solo sulla salvaguardia di habitat naturali di elevato pregio ma anche sulla conservazione delle connessioni fra loro esistenti, affinché l'ambiente non venga "ghettizzato" e rinchiuso in specifiche zone da preservare, al contorno delle quali si possano però attuare fenomeni di antropizzazione che rendano impossibili proficui e vitali scambi interno-esterno.
La formazione e tutela delle reti ecologiche rappresenta una fra le più recenti e importanti proposte per far fronte al problema della tutela del pae-

saggio e della biodiversità. Sono elementi di queste reti: le **aree ad alta naturalità**, biotopi (unità dell'ambiente fisico dove si svolge la vita di una popolazione di organismi o di un'associazione biologica), insieme di biotopi, habitat naturali e seminaturali, ecosistemi di terra e di mare che possono essere già soggetti a regime di protezione (parchi, riserve, aree protette); le **zone cuscinetto** che si trovano intorno alle aree ad alta naturalità e che, come si è detto, devono essere oggetto di una particolare attenzione in ambito pianificatorio; i **corridoi ecologici**. Questi ultimi sono strutture lineari del paesaggio, di varie forme e dimensioni, che garantiscono relazioni dinamiche tra gli ecosistemi, permettendo il collegamento tra aree ad alta naturalità, la mobilità delle specie e l'interscambio genetico all'interno di una stessa specie: ottimi corridoi ecologici possono essere i corsi d'acqua, le aree forestali, gli incolti e, in determinate condizioni, anche i pascoli e le aree agricole. Chiaramente, nell'ambito della pianificazione territoriale è molto importante preservare questi corridoi ecologici, prestando una particolare attenzione nella realizzazione di: sistemi di insediamento (specie se di tipo diffuso), autostrade, ferrovie, viabilità ordinaria, persino recinzioni di terreni agricoli (importanti studi sui corridoi ecologici sono stati svolti già a partire dagli anni sessanta con MacKaye; per quanto riguarda l'Italia si possono ricordare: gli studi per il progetto europeo *Life ECOnet*, condotto da Emilia Romagna e Abruzzo di concerto con regioni inglesi e olandesi, o quelli per la costruzione della rete ecologica nel Piano regolatore di Roma; D'Eusebio, 2006).

Tutela della biodiversità

Sul concetto di "rete ecologica" è basata l'istituzione dei **Siti di interesse comunitario** (SIC). La Direttiva europea "Habitat" 92/43/CE, sulla «conservazione degli habitat naturali e seminaturali e della flora e della fauna selvatiche», ha previsto l'istituzione di una serie di siti da proteggere denominati o classificati di importanza comunitaria (i SIC) che, insieme alle **Zone di protezione speciale** (ZPS), definite a seguito della Direttiva "Uccelli" 79/409/CE, vanno a formare una **Rete ecologica** comunitaria denominata "**Natura 2000**", a cui applicare le necessarie misure per il mantenimento ed, eventualmente, il ripristino degli habitat naturali, al fine di salvaguardarne la **biodiversità**. Quest'ultima, definita anche diversità biologica, rappresenta la varietà e diversità di specie che si è formata in un determinato ambiente, oltre che la ricchezza genetica all'interno delle diverse specie presenti, quella dei tipi di habitat riconosciuti e delle comunità che interagiscono tra loro; essa esprime la complessità strutturale di un ambiente, può essere utilizzata come strumento di monitoraggio e gestione del territorio ed è un elemento da tutelare per il mantenimento delle relazioni ecosistemiche locali. La biodiversità può essere considerata una risorsa rinnovabile, è un fondamentale capitale della terra ed è da tutelare per evitare la prematura scomparsa di specie animali o vegetali. Essa è fortemente influenzata dall'antropizzazione del territorio e quindi è aspetto da considerare con particolare attenzione nell'ambito di ogni intervento pianificatorio.

Valutazione di incidenza

L'Italia, come gli altri Stati membri, ha dato attuazione alla 92/43/CE, con il D.P.R. 357/1997, poi modificato a seguito di successivi provvedimenti, dando alle Regioni il compito di proporre SIC, per salvaguardare ambienti, specie o ecosistemi di valore scientifico e naturalistico, e rilevando (art. 5 del D.P.R. 357/1997) la necessità di redigere apposita **valutazione di incidenza** per evidenziare gli effetti dei piani territoriali che interessano i SIC. Le diverse Regioni italiane hanno provveduto a individuare e mappare tali SIC, sottoponendoli poi al giudizio del ministero dell'Ambiente e della Commissione Europea per la loro convalida; hanno provveduto poi a dotarsi di specifiche norme per la tutela di questi siti. Per esempio la Regione Liguria con il D.G.R. 646/2001 *Misure di salvaguardia per i proposti Siti di Importanza Comunitaria (pSIC) e Zone di Protezione Speciale (ZPS) liguri* e con il successivo D.G.R. 328/2006 ha stabilito che gli interventi pianificatori (piani urbanistici, piani territoriali e piani di settore) che interessano aree ricadenti in SIC o ZPS devono essere corredati da una **relazione di incidenza** (i cui contenuti sono in allegato ai succitati decreti) che dimostri il possibile impatto degli interventi stessi e le misure per la loro mitigazione e compatibilizzazione ambientale e che deve essere sottoposta a specifica valutazione di incidenza da parte dei competenti uffici regionali.

Per l'identificazione della Rete "Natura 2000", le diverse Regioni hanno elaborato una serie di indagini ambientali, cartografie e schedature che normalmente riportano dati sulle caratteristiche e sui tipi di habitat presenti nei SIC individuati, sulle specie presenti (stanziali o migratorie, mammiferi, anfibi e rettili, pesci, invertebrati, piante), sulle relazioni tra diversi SIC ecc.

Anche tutte queste informazioni, che sono in certi casi direttamente reperibili persino sui siti web delle diverse Regioni, costituiscono un'utile base di partenza per approfonditi studi locali a corredo di interventi pianificatori.

1.3. Carte per la tutela della biodiversità e carte dei Piani di settore Diverse Province e Regioni, parallelamente agli studi effettuati per la realizzazione della Rete "Natura 2000", hanno messo a punto o stanno elaborando sistemi informativi territoriali e/o cartografie specificatamente rivolte alla conoscenza del territorio dal punto di vista naturalistico, faunistico e vegetazionale, al fine della tutela della sua biodiversità: tra gli esempi più interessanti si possono ricordare il sistema WebGIS della Provincia autonoma di Bolzano, il sistema "RENATO" della Regione Toscana, la *Carta bionaturalistica della Regione Liguria*.

La **Provincia autonoma di Bolzano** ha messo a punto un sistema **WebGIS**, composto da cartografie consultabili in rete, organizzato in diverse sezioni. La sezione "EcoBrowser" è studiata appositamente per affrontare gli studi di Valutazione di impatto ambientale (VIA; cfr. cap. 2, par. 2); la relativa cartografia contiene informazioni su aspetti quali: stato delle acque e delle sorgenti, uso del suolo, parchi naturali, biotopi, zone umide, monumenti naturali, siti della Rete "Natura 2000". La consultazione di questa documentazione è di sicuro interesse per la pianificazione del territorio.

WebGIS della Provincia di Bolzano

Per organizzare e sviluppare la conoscenza delle specie animali e vegetali, oltre che degli habitat naturali di maggior interesse, la **Regione Toscana** ha avviato invece il **progetto "RENATO"** (Repertorio naturalistico toscano). Si tratta di un sistema informativo territoriale composto anche da documenti cartografici che permette la consultazione di liste di specie, habitat e fitocenosi (complessi di piante che crescono in ben determinati ambienti fisico-chimici, con influenze reciproche tra i diversi individui) di interesse conservazionistico per la Toscana. Attraverso il sistema è possibile effettuare ricerche sulla presenza degli elementi di attenzione in determinati ambiti territoriali e visualizzare le segnalazioni presenti sul territorio, è altresì possibile effettuare ricerche sulle fonti bibliografiche che hanno consentito di segnalare la presenza degli elementi di attenzione.

Progetto "RENATO" della Toscana

La ***Carta bionaturalistica della Regione Liguria*** è un supporto informativo rivolto agli urbanisti chiamati a redigere una documentazione tecnica di analisi conforme alle indicazioni della legge urbanistica regionale 36/1997, in relazione alle analisi sugli ecosistemi locali (cfr. cap. 2, par. 3).

Carta bionaturalistica della Liguria

Le informazioni contenute nella Carta bionaturalistica, relative ai beni naturali più importanti, nonché agli elementi geomorfologici coinvolti nell'ecologia del paesaggio, sono finalizzate alla determinazione e all'ubicazione delle emergenze bionaturalistiche, con indicazione puntuale dei riferimenti legislativi e delle caratteristiche di distribuzione biogeografica. Tra le informazioni che la carta riporta si possono ricordare le seguenti: aree ecotonali (spazi intermedi tra ecosistemi limitrofi), che favoriscono l'innalzamento del livello di biodiversità; aree naturali ben conservate con buoni livelli qualitativi di biodiversità; aree con elementi morfologici che favoriscono l'innalzamento del livello di biodiversità generale e l'eventuale insediamento di specie stenoecie (non facilmente adattabili al cambiamento delle condizioni ambientali e, quindi, inserite in nicchie molto ristrette); zone nelle quali è possibile il ripristino di ambienti naturali di pregio, scomparsi o degradati; aree interessate dalla legge regionale sulla fauna minore (L.R. 4/1992); corpi idrici con buona qualità delle acque e discreto livello di biodiversità; grotte e cavità importanti per la conservazione di specie rare (tutelate dalla L.R. 14/1990); localizzazione delle principali specie animali e vegetali, in particolare quelle elencate nell'*Allegato II* della Direttiva 92/43/CEE, siti SIC ecc. La Carta bionaturalistica (scala di riferimento

1:10.000) viene fornita sia su supporto cartaceo sia informatico (con file di diverse estensioni) e presentata attraverso schede tecniche descrittive.

Piani di settore

Molte altre sono le informazioni di carattere naturalistico, utili alla pianificazione territoriale, reperibili presso Regioni e Province. Specie queste ultime hanno sviluppato una serie di **Piani di settore**, accompagnati da relative cartografie, come i Piani faunistico-venatori, i Piani ittici, i Piani per la tutela, la valorizzazione e l'incremento della rete sentieristica ed escursionistica, o dei percorsi ciclabili, per la gestione delle pareti di roccia per l'arrampicata (dato il loro valore come sito di riproduzione di alcune specie di uccelli e, contemporaneamente, la loro attrattiva sportiva), per la gestione degli impianti sciistici, per la tutela dei litorali ecc.

Si tratta di strumenti di governo territoriale che, anche quando inerenti temi non specificatamente oggetto di pianificazione urbanistica, offrono un repertorio informativo molto ricco proprio a fini pianificatori. Per esempio i Piani faunistico-venatori, che servono a normare l'attività di caccia sul territorio, possono fornire utili informazioni relative alle rotte delle specie migratorie o alle zone di riproduzione, svernamento e rifugio di alcune specie animali (poiché di norma definiscono specifiche aree di tutela e di rispetto).

Analisi puntuali

1.4. Le analisi pianificatorie puntuali sull'assetto ecosistemico Le **analisi di carattere locale**, quelle specifiche per l'area oggetto di pianificazione, rilevate le emergenze ecosistemiche e naturalistiche più significative, in base alla consultazione di strumenti conoscitivi già esistenti, come quelli ai quali si è fatto sopra cenno, possono approfondire la conoscenza di tali emergenze con sopralluoghi, riferimenti bibliografici, indagini di maggiore dettaglio per costruire nuove e più approfondite relazioni scritte e fotografiche, cartografie, schedature ecc.

Lo scopo principale delle analisi di approfondimento locale è quello di valutare, nell'ambito degli interventi pianificatori, i possibili fattori di vulnerabilità degli ecosistemi locali e i fattori (soprattutto antropici) che ne limitano la riproducibilità.

Vulnerabilità ecosistemica

La vulnerabilità ecosistemica dipende per esempio:

- dal livello di biodiversità e dallo stadio di evoluzione rispetto al climax (assetto stabile) degli ecosistemi interessati;
- dalla capacità di resistenza/resilienza (differenti attitudini di un sistema ecologico rispetto a disturbi esterni, rispettivamente comportanti capacità di non mutare o di rigenerazione) e dalla rarità, dall'endemismo (circoscrizione a un'area geografica limitata), dall'interesse naturalistico ed economico delle specie presenti;
- dal diverso ruolo dei componenti gli ecosistemi nella catena trofica (alimentare) e rispetto ai flussi di materia ed energia ecc.

Riproducibilità degli ecosistemi

Tra i fattori antropici che limitano, invece, la riproducibilità degli ecosistemi si possono, per esempio, ricordare:

- la suddivisione, l'isolamento, la distruzione di habitat naturali, l'interruzione dei corridoi ecologici, l'introduzione di specie non indigene (causa di inquinamento genetico);
- lo sfruttamento improprio di risorse naturali, l'alterazione del ciclo delle acque, l'erosione del suolo, l'immissione nell'ambiente di sostanze inquinanti ecc.

Tutte queste azioni, che possono essere collegate a interventi di pianificazione non sufficientemente studiati in relazione ai loro possibili impatti ambientali, possono produrre:

- alterazione e riduzione delle zone umide (paludi, acquitrini, torbe, bacini, bassi fondali marini, sia naturali che artificiali, sia stabili che temporanei, sia con acqua corrente che stagnante, molto importanti sotto il profilo naturalistico), della biodiversità e dei caratteri genetici delle specie;
- impedimento alle migrazioni, interruzioni in relazione al normale passaggio da siti di rifugio, svernamento, alimentazione delle specie locali;
- riduzione della capacità di produrre cibo e fibre;
- l'estinzione delle specie.

FIGURA 3.2 Stralcio di una carta di sovrapposizione delle analisi ecosistemiche con le previsioni di un Piano urbanistico comunale, per valutare possibili interferenze e misure di mitigazione (analisi ambientali effettuate da Magliocco e Bronzin nell'ambito degli studi di sostenibilità per un PUC)

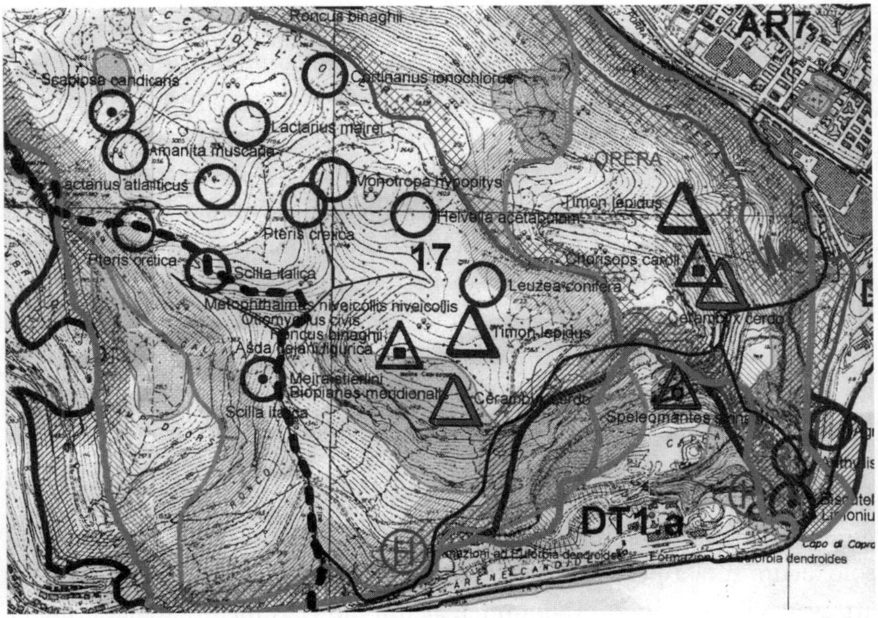

Sintesi interpretative

Tutte le informazioni ricavate con l'ausilio degli strumenti ai quali si è fatto riferimento, cartografate e poi messe a sistema con quelle di carattere vegetazionale, geomorfologico e insediativo e con quelle relative ai carichi ambientali, permettono **sintesi interpretative** utili, a fini pianificatori, per valutare il grado di sensibilità ambientale e la suscettività alle trasformazioni del territorio in analisi.
Le sintesi proposte possono esprimersi su carte che evidenziano: aree di pregio ambientale meritevoli di conservazione e valorizzazione, aree in degrado da riqualificare, aree con margini di ricettività ambientale capaci di sostenere determinate trasformazioni.
La stabilità ambientale si configura così come rapporto equilibrato tra esigenze sociali e disponibilità di risorse naturali, fondamento dello sviluppo sostenibile del territorio.

2. Analisi dell'inquinamento

Inquinamento e pianificazione territoriale

Aspetto di grande rilevanza nella pianificazione urbana è l'inquinamento, prodotto dalle attività già in essere sul territorio e, potenzialmente, dalle nuove previste proprio in sede pianificatoria. Esso rappresenta una forma di **carico ambientale** in grado di incidere profondamente sull'assetto ecosistemico locale, sul costruito e sulla salute dell'uomo e deve dunque essere considerato sia nell'ambito delle analisi che occorre svolgere per una progettazione che risponda ai principi della sostenibilità dello sviluppo, sia tra i fattori che bisogna tener presenti per la verifica della sostenibilità stessa delle scelte operate.
Nonostante ciò, e a dispetto dei continui allarmi ambientali che hanno indotto le amministrazioni delle grandi città ad attuare provvedimenti d'emergenza (purtroppo quasi sempre solo d'emergenza, quali, ad esempio, la limitazione del traffico veicolare in certi quartieri o periodi dell'anno), non esistono ancora metodi codificati per affrontare il problema dell'inquinamento in ambito progettuale e i pochi strumenti messi a punto (si pensi ai Piani di zonizzazione acustica) sono spesso predisposti come mero adempimento burocratico e utilizzati in modo poco consapevole e inefficace.
È invece compito di tutti coloro che sono impegnati a elaborare strategie di governo e di progettazione del territorio considerare il problema dell'inquinamento definendo opportune indagini che portino a **misure preventive**, strutturate ed efficaci.
In questa sede non si può ovviamente approfondire nel dettaglio questo argomento, per la sua complessità e vastità; ci si limita pertanto ad affrontare solo alcuni suoi aspetti specifici cercando di delineare, per ciascuno di essi, attraverso la loro sintetica disamina, alcuni indirizzi metodologici utili per affrontare il problema in ambito progettuale.

2.1. Inquinamento atmosferico L'inquinamento atmosferico è prevalentemente causato dai processi di combustione per alcune lavorazioni industriali e soprattutto per la produzione di energia per i trasporti, le attività produttive e di servizio, la climatizzazione degli edifici.

Fonti dell'inquinamento atmosferico

Tra i **principali responsabili delle emissioni inquinanti** in ambito urbano vi sono:

- il **traffico veicolare**, che produce soprattutto ossidi di azoto (NO_x), benzene (C_6H_6), composti organici volatili (VOC), monossido di carbonio (CO), idrocarburi policiclici aromatici (IPA), polveri PM_{10} e piombo;
- il **riscaldamento** degli edifici con sistemi impiantistici tradizionali, che producono soprattutto biossido di carbonio (CO_2) e polveri PM_{10};
- il **condizionamento estivo** degli edifici e l'uso di **spray** che possono produrre clorofluoroidrocarburi;
- i **processi industriali** di combustione di carbone, oli, legno, rifiuti e quelli produttivi in genere, **estrattivi e agricoli**, che producono soprattutto polveri PM_{10}, biossido di carbonio (CO_2) e tutta una serie di inquinanti relativi alla specificità dei processi stessi, per esempio: i derivati dello zolfo (anidride solforica, SO_3, e solforosa, SO_2) che derivano dalla raffinazione del petrolio e dalla lavorazione di rame e piombo; i fluoruri che derivano dalla produzione di alluminio, acciaio, vetro e di alcuni fertilizzanti; il cloruro di vinile che deriva dalla produzione di PVC;
- la **combinazione e reazione tra inquinanti primari**, che producono inquinanti come l'ozono (O_3) attraverso reazioni fotochimiche tra NO_x e VOC.

Effetti dell'inquinamento atmosferico

Gli **effetti degli inquinanti** così prodotti possono essere di diversa natura, più o meno gravi, e interessano sia l'ambiente fisico che la salute degli esseri viventi; per fare solo alcuni esempi:

- l'ozono (O_3) e gli ossidi di azoto (NO_x) possono produrre seri danni relativi alla crescita delle piante e, per uomo e animali, irritazioni alle vie respiratorie e al sistema immunitario;
- il benzene (C_6H_6), i composti organici volatili (VOC), gli idrocarburi policiclici aromatici (IPA) possono portare a diverse patologie e sono cancerogeni;
- il piombo è responsabile del saturnismo, malattia dovuta proprio a intossicazione acuta e cronica da parte di questo elemento;
- il biossido di carbonio (CO_2) è responsabile dell'effetto serra che comporta l'innalzamento delle temperature sulla Terra con conseguenze molto gravi per l'ambiente;
- i clorofluoroidrocarburi sono responsabili dell'assottigliamento della fascia di ozono della stratosfera e dunque della maggiore esposizione alle radiazioni solari più nocive che possono causare irritazioni e cancro della pelle;
- le polveri PM_{10} possono influenzare la crescita delle piante e produrre, nell'uomo e negli animali, seri danni e cancro alle vie respiratorie;

- il monossido di carbonio (CO) è altamente tossico perché riduce la capacità del sangue di trasportare ossigeno ai tessuti;
- i derivati dello zolfo sono responsabili delle piogge acide, possono avere effetti di corrosione dei materiali e comportare degrado degli edifici, sono responsabili di malattie cardiache e dell'apparato respiratorio;
- i fluoruri possono danneggiare le piante e anche gli animali, che entrano a contatto con essi, possono subire conseguenze (fenomeni di claudicazione);
- il cloruro di vinile è cancerogeno e può produrre malformazioni.

Analisi sull'inquinamento atmosferico

Nell'ambito della progettazione territoriale, l'analisi sull'inquinamento atmosferico dovrà essere calibrata in modo specifico in funzione del contesto di riferimento, di massima dovrà comunque contenere:

- dati quali/quantitativi relativi agli inquinanti presenti in atmosfera, rilevati in punti strategici del territorio considerato; normalmente questi dati si possono ottenere facendo riferimento a enti quali le **Agenzie regionali per la protezione (e prevenzione) dell'ambiente**, che di norma svolgono periodiche campagne di rilevazione e monitoraggio; altra possibile fonte di informazione sono i **Piani regionali di risanamento e tutela della qualità dell'aria** redatti da alcune Regioni con riferimento alla Direttiva 96/62/CE, e ai successivi decreti italiani a recepimento di tale Direttiva (il decreto legislativo 4 agosto 1999, n. 351; il decreto legislativo aprile 2002, n. 60 e le successive modifiche e integrazioni, nonché le relative norme delle Regioni stesse);
- informazioni circa la localizzazione (anche attraverso specifiche carte tematiche) delle fonti maggiormente inquinanti (strade di intenso traffico veicolare, centri industriali, cave, depositi di materiale che possono produrre polveri nocive ecc.);
- analisi e schemi relativi al regime dei venti (per valutare la distribuzione degli inquinanti) e alla localizzazione delle zone verdi presenti, nonché valutazioni sulla possibilità di espansione di tali zone;
- analisi per identificare aree idonee per l'applicazione di fonti energetiche rinnovabili e la climatizzazione naturale degli edifici (per esempio analisi sulla esposizione solare e bioclimatiche in genere; cfr. cap. 3, par. 4);
- studi sulla ripetibilità di esperienze già avviate sul territorio o in contesti con analoghe caratteristiche e analisi sui possibili effetti derivanti dalla realizzazione degli obiettivi di sviluppo territoriale che i piani urbanistici si propongono, con riferimenti a casi analoghi e alla letteratura specialistica (in relazione alla costruzione di nuove strade, centri produttivi, grandi complessi edilizi ecc.).

Strategie pianificatorie

Le analisi svolte servono per poter approntare idonee strategie pianificatorie, tra le quali si possono ricordare:

- l'**aumento delle zone verdi** per la rigenerazione e il filtraggio dell'aria e la diminuzione delle concentrazioni di smog (cfr. cap. 4, par. 1);

- la **riduzione della necessità di mobilità** (che si può, per esempio, raggiungere con soluzioni di multifunzionalità del territorio che riducono la necessità di spostamenti casa-ufficio; cfr. cap. 2), l'**incentivazione del trasporto pubblico**, la realizzazione di **piste ciclabili** e **zone pedonali**;
- l'incentivazione all'**uso di fonti energetiche rinnovabili** e non inquinanti e di forme di **climatizzazione naturale degli edifici** (attraverso incentivi volumetrici, sconti sugli oneri ecc.);
- la **collocazione delle aree produttive** con particolare riguardo ad aspetti quali il **regime dei venti**, per ridurre le possibilità di trasporto degli inquinanti;
- la **riduzione della produzione di polveri** attraverso il controllo delle cave, dei depositi di materiale, dei cantieri.

Tra gli esempi di interventi di pianificazione urbana che hanno posto particolare attenzione al problema dell'inquinamento si può ricordare il progetto per la **riqualificazione urbana dell'area del Gas-Kerameikos** ad Atene (1996) di Nikos Fintikakis, che ha proposto, oltre a un diffuso uso di energia solare, soluzioni per la riduzione dell'inquinamento atmosferico, derivante soprattutto dal traffico veicolare, attraverso la realizzazione di fasce alberate e l'ottimizzazione della ventilazione da ottenersi attraverso la formazione del reticolo stradale studiata anche in funzione delle direzioni dei venti dominanti (Herzog, 1996, p. 172).

2.2. Inquinamento elettromagnetico Le **onde elettromagnetiche** si originano per la presenza di cariche elettriche in movimento e si propagano anche nel vuoto, generando un **campo elettrico**, misurato in volt per metro (V/m), e un **campo magnetico**, misurato in microtesla (μT). Esistono diverse fonti (la Terra e il Sole stessi) che producono onde elettromagnetiche caratterizzate da determinate frequenze, misurate in hertz (Hz). Le radiazioni elettromagnetiche, definite non ionizzanti, di frequenza inferiore a quella della radiazione infrarossa, da 0 Hz a 300 GHz, sono responsabili di quello che viene definito **inquinamento elettromagnetico** o **elettrosmog**. Tali radiazioni possono essere suddivise in due principali gruppi:

Elettrosmog

- **radiazioni a frequenze estremamente basse**, ELF, da 0 Hz a 300 Hz, prodotte, per esempio, dagli elettrodotti per il trasporto della corrente elettrica;
- **radiofrequenze**, RF, da 300 Hz a 300 GHz, prodotte, per esempio, dai ripetitori radio e dai cellulari.

A partire dagli anni sessanta, quando tra gli operai che lavoravano in alcune stazioni di trasformazione russe si registrarono diverse patologie, è stata avviata una serie di studi per valutare l'**incidenza delle onde elettromagnetiche sulla salute umana**. Gli esiti di questi studi, condotti con sperimentazioni in vitro o su volontari e animali o, ancora, sulla base di indagini statistiche sull'incidenza di alcune patologie in aree interessate da fonti di onde elettromagnetiche, sono stati spesso contrastanti e non hanno portato a risultati indiscutibili, certi e chiari; persino l'**Organizzazione mondiale della sanità** (OMS) si è espressa in modo contraddittorio sul problema, talora minimizzandolo, talora raccomandando, invece, misure di tutela per la popolazione.

Effetti dell'elettrosmog

Tra i possibili **effetti derivanti da esposizione prolungata ai campi** ELF vengono annoverati: disturbi a carico del sistema nervoso e cardiaco, cefalea, insonnia, affaticamento e, perfino, rischi di influenza genetica e di maggiore incidenza di tumori e di leucemia infantile.

Tra i **rischi di esposizione a onde non ionizzanti a maggiore frequenza** vi sono: quelli collegati al surriscaldamento dei tessuti, con particolare riferimento al cristallino oculare e ai testicoli, oltre ad alterazioni del sistema immunitario, difetti alla nascita, induzione di forme tumorali.

Pur permanendo una grande incertezza a proposito della reale incidenza delle onde elettromagnetiche non ionizzanti sullo sviluppo delle patologie sopra indicate ed essendo, in ogni caso, il **rischio relativo** (rapporto tra il rischio di una persona esposta e quello di una non esposta ai campi elettromagnetici) di contrarre gravi malattie sempre piuttosto basso, è evidente che è comunque necessario, rispetto al problema, un alto livello di attenzione, che ha trovato riscontro nelle normative emanate in merito anche in Italia, sia a livello nazionale che regionale.

Indicazioni normative e misure pianificatorie

Attualmente il principale riferimento normativo in materia è rappresentato dalla **legge quadro 22 febbraio 2001, n. 36** sulla protezione dalle esposizioni a campi elettrici, magnetici ed elettromagnetici.

Due decreti del presidente del Consiglio dei ministri, entrambi emanati l'8 luglio 2003, definiscono l'ambito di attuazione della legge e riguardano i campi generati dagli elettrodotti e dagli impianti di teleradiocomunicazione, fissando: limiti di esposizione, valori di attenzione, criteri per la protezione della popolazione, tecniche di misurazione e di determinazione dei livelli di esposizione e, per quanto concerne gli **elettrodotti**, criteri per la determinazione delle **fasce di rispetto**, cioè di quelle distanze di sicurezza da tenere dai conduttori.

Il campo magnetico, infatti, a differenza di quello elettrico, è difficilmente schermabile e diminuisce soltanto allontanandosi dalle linee elettriche o attraverso costose soluzioni di interramento delle stesse, normalmente praticate nei centri urbani: per questo motivo, al fine di garantire livelli accettabili di radiazione elettromagnetica occorre allontanarsi di una certa distanza (che appunto determina la fascia di rispetto) dall'elettrodotto. Questa distanza dipende dalle **tensioni di esercizio delle linee elettriche** che, normalmente, sono:

- 380 kV, per le linee ad altissima tensione che servono per il trasporto su grandi distanze;

- 220 kV, 132 kV, per le linee ad alta tensione utili alla distribuzione locale;
- 15 kV, per le linee a media tensione che portano l'elettricità a industrie e grandi complessi edilizi;
- 220 V, 380 V, per le linee a bassa tensione utilizzate per le singole abitazioni.

Le linee ad alta e ad altissima tensione possono essere di diverso tipo: a terna singola (con tre cavi conduttori) o a terna doppia (con sei conduttori) o, ancora, a terna doppia ottimizzata (dove la radiazione elettromagnetica è ridotta perché il campo generato dai primi tre conduttori è in contrapposizione con il campo generato dagli altri tre).

Il decreto del 2003, a differenza del precedente in materia, del 23 aprile 1992, non fissa però valori per le fasce di rispetto demandando questo compito all'APAT (Agenzia per la protezione dell'ambiente e per i servizi tecnici), che attualmente non ha ancora indicato la misura di tali fasce.

Nell'ambito della pianificazione territoriale, al fine di garantire sicurezza rispetto all'inquinamento elettromagnetico prodotto dagli elettrodotti, i cui tracciati hanno una grande incidenza sul territorio, sarebbe invece opportuno poter determinare, e rappresentare cartograficamente intorno agli elettrodotti (indicati anche sulle Carte tecniche regionali alla scala 1:10.000), idonee fasce di rispetto, in modo tale da evitare la previsione di nuovi insediamenti in esse o perlomeno per sottomettere gli interventi che vi ricadono ad accurati controlli sui livelli di radiazione effettivamente presenti. Tali controlli, di norma, sono svolti dalle **Agenzie regionali per la protezione (e prevenzione) dell'ambiente**.

Per poter comunque cartografare tali fasce di rispetto si può far riferimento a quanto definito dall'ITACA (Istituto per la trasparenza, l'aggiornamento e la certificazione degli appalti), nell'ambito del **Protocollo** ITACA (cfr. cap. 5, par. 11), dove vengono indicati (nella scheda del relativo requisito; cap. 5, par. 11) i seguenti valori corrispondenti a un livello standard:

- campo magnetico compreso tra 0,2 μT e 3 μT, campo elettrico pari a 5 kV/m;
- fasce di 10 metri per una linea di 150 kV, di 18 metri per una linea di 220 kV, di 28 metri per una linea di 380 kV (valori corrispondenti a quelli del D.P.C.M. del 23 aprile 1992 ormai abrogato, salvo il fatto che in tale decreto in luogo di una linea a 150 kV se ne considera una a 132 kV).

Nel Protocollo ITACA sono altresì definiti altri valori di campo e altre fasce di rispetto più cautelativi, che sarebbe preferibile considerare, in luogo dei primi, nell'ambito di una progettazione che intenda allinearsi con i principi dello sviluppo sostenibile:

- campo magnetico minore di 0,2 μT, campo elettrico minore di 5 kV/m;
- fasce di 70 metri per una linea di 150 kV, di 100 metri per una linea di 220 kV, di 150 metri per una linea di 380 kV.

Tali valori sono più vicini a quelli fissati nel **decreto della giunta regionale del Veneto 1526/2000**. Qui si prevedono:

- per tensioni di esercizio di 132 kV, distanze rispettivamente di 50, 70, 40 metri in presenza di terna singola, doppia terna non ottimizzata e doppia terna ottimizzata;
- per tensioni di esercizio di 220 kV, distanze rispettivamente di 70, 80, 40 metri in presenza di terna singola, doppia terna non ottimizzata e doppia terna ottimizzata;
- per tensioni di esercizio di 380 kV, distanze rispettivamente di 100, 150, 70 metri in presenza di terna singola, doppia terna non ottimizzata e doppia terna ottimizzata.

Nel lavoro di pianificazione, dopo aver individuato cartograficamente le fasce di rispetto, in opportuna scala, sulle tavole di Piano si dovranno stabilire adeguate **norme urbanistiche** che prevedano in tali fasce l'inedificabilità o la possibilità edificatoria solo a determinate condizioni.

Radiofrequenze e misure pianificatorie

Per quanto riguarda invece il problema dell'**inquinamento da radiofrequenze** (RF), i **ripetitori radiotelevisivi** sono situati in genere in punti elevati del territorio perché coprono vasti bacini d'utenza e la loro posizione isolata non crea normalmente problemi di salute all'uomo; tuttavia in vicinanza di tali ripetitori l'intensità del campo elettrico al suolo può raggiungere valori nell'ordine delle decine di V/m e causare gravi danni alla salute.

Le **stazioni radio base**, SRB, per la telefonia cellulare creano invece maggiori preoccupazioni per la loro diffusione capillare nei centri abitati: se, al suolo, i valori di campo che si registrano sono modesti, il campo aumenta decisamente quando ci si avvicina all'altezza alla quale vengono poste le SRB, normalmente sulla copertura degli edifici, per cui, in un raggio di alcune decine di metri, sarebbe necessario che non vi fossero altre costruzioni perché, soprattutto i loro piani alti, potrebbero essere interessati da campi molto elevati.

Si tratta di una tematica ancora poco approfondita a livello pianificatorio, che occorrerà però analizzare con sempre maggior impegno negli anni a venire: un riferimento può essere quello dei **Piani di settore**, come quelli liguri di Organizzazione del sistema delle teleradiocomunicazioni dei quali si stanno dotando diverse amministrazioni comunali. Iniziativa significativa è, poi, quella dell'ARPAV (Agenzia regionale per la prevenzione e protezione ambientale del Veneto) che ha predisposto una ***Carta sulle stazioni radiobase attive nel Veneto*** (consultabile anche via Internet: www.arpa.veneto.it).

L'inquinamento elettromagnetico può, infine, divenire di tipo indoor, quando riconducibile alla presenza di apparecchiature elettroniche e a impianti elettrici domestici (cfr. cap. 6, par. 3).

2.3. Inquinamento acustico Il rumore, soprattutto in ambito urbano, è un problema rilevante e complesso da risolvere, che può determinare danni alla salute dell'uomo, quali disturbi del sonno, uditivi, cardiovascolari e del sistema nervoso.

Controllo dell'inquinamento acustico

Anche rispetto all'inquinamento acustico la pianificazione urbanistica può impostare significative **azioni di controllo** volte, per esempio:

- a una corretta collocazione delle destinazioni d'uso del territorio verificando se è compatibile o meno la vicinanza di aree funzionalmente differenti (per esempio produttive e residenziali);
- a una politica di riduzione delle necessità di spostamento veicolare;
- a un controllo relativo alle principali linee di traffico (correlandosi in maniera sinergica con i relativi Piani di settore, come il Piano urbano del traffico);
- alla dislocazione di fasce di rispetto o di barriere acustiche naturali (con i limiti di queste ultime; cfr. cap. 4, par. 1) o artificiali e all'imposizione di norme sulle loro caratteristiche specifiche tecnico-funzionali ma anche relative all'inserimento paesaggistico (in modo che la loro realizzazione, quando necessaria, sia pianificata e controllata e non volta a sanare situazioni critiche in una logica di emergenza che non lascia alcuno spazio per il rispetto del contesto di intervento);
- alla definizione di specifiche norme sull'uso di pavimentazioni stradali fonoassorbenti.

Zonizzazione acustica

Proprio in relazione al possibile ruolo della pianificazione per la risoluzione del problema dell'inquinamento acustico, nell'ambito del quadro normativo in materia, il primo atto per la conoscenza del territorio è la **Zonizzazione acustica comunale** (legge quadro 26 ottobre 1995, n. 447 e successive modifiche e integrazioni). Essa comporta la suddivisione del territorio in sei classi con livelli sonori massimi diurni e notturni (aree particolarmente protette, 50 dB diurni-40 dB notturni; aree prevalentemente residenziali, 55-45; aree di tipo misto, 60-50; aree di intensa attività umana, 65-55; aree prevalentemente industriali, 70-60; aree esclusivamente industriali, 70-70).

Nel caso in cui i livelli sonori limite non vengano rispettati in alcune zone del territorio, l'amministrazione comunale dovrà realizzare un **Piano di risanamento acustico**.

Nell'ambito della progettazione urbanistica occorre considerare i suddetti strumenti (quando esistenti, altrimenti occorre produrli contestualmente alla stesura dei Piani urbanistici) come fondamentali documenti di analisi territoriale che permettano di definire un quadro della situazione e degli eventuali problemi, rispetto ai quali individuare scelte di sviluppo compatibili e volte a risolvere le criticità in atto. Spesso lo strumento della Zonizzazione acustica è servito solo per fotografare acriticamente la situazione vigente nei Comuni, che pure hanno provveduto al suo disegno: il suo impiego nell'ambito della pianificazione urbana (con l'eventuale modifica della Zonizzazione stessa in funzione del nuovo assetto territoriale previsto) sembra invece rappresentare una delle possibili risorse progettuali per lo sviluppo sostenibile del territorio.

Disturbi alle specie animali

In contesti naturalistici, il rumore può generare disturbo per le specie animali presenti e avere effetti molto negativi sull'assetto ecosistemico generale. Per questo motivo, quando siano previsti interventi che generano rumore, occorrerà, sulla base delle analisi sugli ecosistemi locali (cfr. cap. 3, par. 1), approntare tutte le necessarie misure di compatibilizzazione per limitare gli effetti dell'inquinamento acustico: per esempio si potranno imporre limitazioni sui tempi di durata delle opere di cantiere e/o sui periodi dell'anno in cui si svolgono i lavori, in funzione delle specifiche esigenze della fauna locale (periodi migratori, riproduttivi ecc.).

2.4. Inquinamento delle acque e del suolo Nell'ambito della formazione degli strumenti pianificatori per il governo del territorio sono importanti analisi anche rivolte ad altri tipi di inquinamento, come quello delle acque e del suolo. A tal proposito, nell'ambito dei piani urbanistici sarà, per esempio, necessario prevedere analisi e idonee indicazioni cartografiche:

- sulle reti fognarie e di depurazione esistenti, sui problemi a esse legati e sulle reali potenzialità di adeguamento a nuove esigenze insediative;
- sull'inquinamento dei bacini idrografici (da scarichi industriali, da percolazione di inquinanti di discarica, di fertilizzanti o altro, da dilavamento di superfici contaminate) e delle acqua di balneazione, nelle località di mare o di lago, prevedendo la possibilità di risanamento;
- sulla possibilità di applicare sul territorio forme di riciclo e trattamento delle acque grigie e nere (cfr. cap. 4, par. 3);
- sulla presenza di asbesto o gas radon in corrispondenza dei siti dove si prevedono nuovi insediamenti edilizi.

Radon

Il radon, in particolare, è un gas inerte che si forma per disintegrazione del radio, producendo il fenomeno della radioattività indotta, e che può migrare e diffondersi attraverso il suolo e i materiali edilizi. Poiché l'interno degli edifici è, di norma, in depressione rispetto all'esterno è facile che, nelle zone dov'è presente un'alta concentrazione del gas (in Italia soprattutto in alcune regioni del centro), esso venga aspirato negli spazi abitati. Tra le misure di bonifica – da prevedere anche nelle norme urbanistiche dei territori interessati dal problema – si possono ricordare: la realizzazione di sistemi di ventilazione e la stesura di particolari materiali impermeabili, soprattutto in corrispondenza dell'attacco a terra degli edifici.

3. Analisi relative alla gestione dei rifiuti

Gestione rifiuti e pianificazione territoriale

Nell'ambito della pianificazione territoriale e urbana, la **gestione dei rifiuti** rappresenta uno degli aspetti di maggior rilevanza, per garantire la sostenibilità delle scelte di sviluppo operate, anche se molti tecnici impegnati nel campo dell'urbanistica stentano ancora a riconoscere l'importanza degli aspetti legati a questo specifico campo della progettazione. Non considerare il problema dei rifiuti come un vero e proprio problema progettuale (di competenza anche di urbanisti, architetti e ingegneri) può, infatti, produrre una contraddizione tra le politiche di sviluppo della città e del territorio e le misure attuate per il recupero e lo smaltimento dei rifiuti stessi e questi ultimi, che potrebbero diventare – almeno in parte – nuove risorse, possono costituire, invece, uno dei più impattanti **carichi ambientali** con effetti molto negativi – sia di breve che di lungo periodo – sul contesto naturale e il paesaggio. Se nella progettazione dell'assetto territoriale e urbano non vengono attuate o integrate idonee misure di gestione dei rifiuti, si possono produrre: nell'immediato, problemi di degrado visivo, olfattivo, funzionale, con grave danno per l'immagine delle aree e città interessate e riduzione della loro vivibilità e dell'eventuale valenza e attrattività turistica; nel tempo, problemi di inquinamento atmosferico, del suolo, delle falde, delle acque, con conseguenze rilevanti sull'assetto ecosistemico locale e la salute dell'uomo.

Aspetti del problema dei rifiuti

Il problema della gestione dei rifiuti è tuttavia molto complesso da affrontare in sede di pianificazione urbanistica perché comporta: la collaborazione di amministratori, progettisti, tecnici, centri specializzati, imprese che attuano la raccolta e il riciclo; la partecipazione attiva degli utenti e la loro sensibilizzazione; il coinvolgimento e la responsabilizzazione dei gestori delle attività produttive e commerciali, degli enti e delle associazioni che operano sul territorio. Inoltre, la gestione dei rifiuti deve essere capace di un elevato livello di **flessibilità** per adeguarsi: agli aumenti di carico demografico (derivanti anche dalle scelte urbanistiche); alla disponibilità di aree (per l'insediamento di isole ecologiche, stazioni ecologiche, centri di trattamento del rifiuto ecc.) e risorse economiche; al continuo mutare dei sistemi e delle tecnologie a disposizione per la raccolta, il riutilizzo e il riciclo del rifiuto; alla variabilità stagionale delle presenze in aree turistiche.

Bisogna poi considerare che la direzione degli sforzi intrapresi a livello legislativo per affrontare il problema dei rifiuti – sia in ambito comunitario, che a scala nazionale e locale – non è mai universalmente condivisa: questo comporta la necessità di trovare ampi spazi per la concertazione al fine di identificare le scelte migliori, le opportune sedi decisionali e i mezzi per rendere concrete le decisioni operate. Le norme stesse sono, anche per questo, spesso mal applicate, quando non del tutto disattese.

Dimensioni del problema

Il problema ha però dimensioni notevolissime, secondo il *Rapporto rifiuti 2005* elaborato dall'APAT (Agenzia per la protezione dell'ambiente e per i servizi tecnici), nell'ambito della convenzione con l'ONR (Osservatorio nazionale sui rifiuti), in Italia, nel 2004, sono stati prodotti più di 31 milioni di tonnellate di rifiuti urbani (corrispondenti a oltre 530 chilogrammi ad abitante) e più di 100 milioni di tonnellate di rifiuti speciali (di origine industriale, ospedaliera ecc.). Questa enorme quantità di rifiuti, in costante crescita nelle società ad alto sviluppo tecnologico, veniva ed è tuttora conferita in gran parte in **discariche** che, anche se più efficienti e regolamentate che in passato (quando non abusive), comportano comunque – e comporteranno nei secoli a venire – degrado delle aree sulle quali insistono, dispersioni di inquinanti nel terreno e nell'aria, con notevoli danni e costi ambientali.

Normative sui rifiuti

Per fortuna, soprattutto a partire dagli anni novanta (anche a seguito della diffusione del concetto di "sviluppo sostenibile"), l'**Unione Europea**, identificando nei rifiuti uno dei maggiori problemi per l'ambiente, ha portato avanti una politica volta soprattutto alla diminuzione della produzione dei rifiuti, alla promozione del riciclo, alla limitazione del ricorso alla discarica, all'identificazione di specifiche regole per le discariche stesse, gli inceneritori, lo smaltimento delle diverse categorie di rifiuti speciali. Tale politica si è attuata soprattutto attraverso l'emanazione di direttive che, pur con una certa difficoltà, problemi di ritardo e talora di interpretazione, sono state recepite dalle normative nazionali (l'Austria, la Danimarca e la Germania sono tra i paesi che più velocemente hanno risposto alle direttive europee dotandosi di efficienti sistemi di gestione dei rifiuti).

In Italia, ad oggi, sono state emanate diverse leggi in materia di rifiuti (talora con aspetti in contraddizione tra loro): storicamente il provvedimento più significativo è il decreto legislativo 5 febbraio 1997, n. 22, il cosiddetto **Decreto "Ronchi"** dal nome dell'allora ministro dell'Ambiente. Questo decreto regolamenta, per la prima volta in modo sistematico, la materia della gestione rifiuti nel nostro paese, incentivando le politiche di riciclaggio e utilizzo a fini energetici del rifiuto, stabilendo quote di raccolta differenziata da raggiungersi nel corso degli anni (il 35% entro il 2003; raggiunto a oggi solo in alcune zone del Nord-Italia, mentre nel Sud-Italia la percentuale si attesta ancora su valori di poco superiori all'8%), responsabilizzando le comunità locali, prevedendo il passaggio dalla tassa dei rifiuti solidi urbani (la TARSU) alla **tariffa** (quest'ultima valuta, per la determinazione degli oneri, non solo le superfici occupate ma anche il numero di occupanti e il tipo di attività svolta e permette di considerare l'effettiva quantità di rifiuti indifferenziati; essa non ha trovato però la diffusione sperata).

Piani di gestione rifiuti

Il decreto 22/1997 e le sue successive modifiche e integrazioni hanno determinato una struttura di gestione che si attua attraverso Piani regionali e provinciali. I **Piani regionali**, redatti dalle diverse Regioni con differente approccio e livello di approfondimento, dettano indirizzi generali, sulla base dei quali le **Province** determinano linee concrete d'azione per la gestione dei rifiuti sul territorio, per la programmazione e l'organizzazione dello smaltimento, il controllo sulle attività di intermediazione e commercio dei rifiuti stessi, l'accertamento di eventuali violazioni. I **Comuni** devono poi stabilire, in appositi **regolamenti**, disposizioni tali da assicurare il rispetto dei Piani provinciali.

Coordinamento con gli strumenti urbanistici

I diversi **strumenti urbanistici per la pianificazione del territorio** (a scala regionale, provinciale e comunale), con i relativi programmi e progetti attuativi, dovrebbero a loro volta coordinare i loro indirizzi con quelli dei suddetti regolamenti e Piani di gestione dei rifiuti, al fine di evitare di promuovere previsioni in contrasto con essi, supportandone, invece, le scelte operative e localizzative (relative, per esempio, al posizionamento delle **stazioni ecologiche** per il conferimento di rifiuti ingombranti e lo smistamento dei rifiuti da riciclare), al fine di garantire un'azione sinergica e sostenibile di sviluppo territoriale.

Strategie di gestione

I Piani dei rifiuti, in linea con le vigenti normative, hanno delineato diverse **strategie di gestione** che, in questa sede, è impossibile analizzare nel dettaglio; tali strategie possono essere fondamentalmente ricondotte a tre diversi approcci: la riduzione, il riciclaggio, l'utilizzo a fini energetici del rifiuto.

Riduzione del rifiuto

La riduzione del rifiuto è considerata tra le più efficaci strategie da adottarsi per far fronte al problema: consiste nel limitare i rifiuti già in fase di produzione dei beni di consumo, elaborando processi di fabbricazione e trasporto delle merci tali da limitare al massimo i futuri scarti. È però molto difficile impiegare su larga scala questa strategia (anche se alcune esperienze sono state portate avanti con successo, per esempio nella provincia di Ebersberg in Baviera), anche perché essa richiede un ampio coinvolgimento sia dei produttori, sia delle strutture commerciali e della grande distribuzione: possono essere efficaci politiche fondate sulla responsabilizzazione diretta e onerosa di questi stessi soggetti e riguardanti soprattutto i **rifiuti da imballaggio** (con il cambiamento dei tipi di imballaggio, per ridurne peso e volume, e con tecniche di riuso). Nell'attuazione di queste politiche è marginale il ruolo che può essere svolto dagli strumenti di pianificazione territoriale anche se la concertazione degli obiettivi di sviluppo tra i diversi soggetti operanti nell'area di intervento – che riveste un ruolo fondamentale nella progettazione urbanistica – può rappresentare un ambito privilegiato per definire accordi tra pubbliche amministrazioni e imprese private, anche in merito alla gestione e riduzione dei rifiuti.

Riciclaggio dei rifiuti

Il riciclaggio dei rifiuti è una strategia che sta trovando anche in Italia una diffusione sempre crescente (anche se minore delle aspettative dei legislatori); essa presenta diversi vantaggi:

- permette una **minore necessità di conferimento in discarica** di molte categorie di rifiuto (vetro, carta, cartone, contenitori di plastica – PET, PE, PVC –, alluminio, rifiuti verdi – nel caso del **compostaggio** per la produzione di fertilizzante –, di certi scarti di produzione, si pensi al riutilizzo degli scarti di lavorazione del legno; oggi sono allo studio anche tecniche di riciclaggio di materiali prima non riciclabili come i contenitori in tetrapak; cfr. anche cap. 7, par. 3);

- comporta un **risparmio di materie prime e risorse anche energetiche** per la fabbricazione di nuovi prodotti (il riciclo della carta, per esempio, implica oltre a un minor abbattimento di alberi anche un ridotto impiego di acqua; la produzione di alluminio riciclato implica un risparmio di bauxite e una riduzione dell'energia necessaria a quasi 1/30 di quella utilizzata nei normali processi di estrazione e lavorazione della materia prima).

Il progetto di un Piano urbanistico, per farsi carico di incentivare la raccolta differenziata, dovrà innanzitutto prevedere specifiche **analisi sull'attuale sistema di raccolta** del territorio considerato, cercando di evidenziare le zone scoperte dal servizio. Un sistema può essere quello di localizzare cartograficamente la presenza dei diversi punti di raccolta differenziata già esistenti e segnare, entro un raggio stabilito, l'area che si ritiene sia servita da ogni punto. Per determinare il raggio di competenza dei diversi punti di raccolta occorrerà tener conto della specifica realtà territoriale (centro, periferia, territorio extraurbano), del tipo di destinazioni d'uso prevalenti (residenziali, commerciali, produttive ecc.), nonché di eventuali disposizioni sulla riduzione degli oneri tariffari per utenti a determinate distanze dai punti di raccolta stessi. Sarà così possibile evidenziare la presenza di zone sul territorio non sufficientemente coperte dal servizio di raccolta differenziata (dove cioè i punti di raccolta sono così distanti dagli edifici da determinare problemi di conferimento da parte degli utenti). Per permettere la copertura del servizio, nelle aree dove esso è stato giudicato carente, potrà essere incentivato il posizionamento di nuovi e organizzati centri di raccolta differenziata, isole ecologiche, da parte sia della pubblica amministrazione, sia delle imprese che gestiscono il servizio di raccolta, sia, ancora, da parte dei privati, per esempio stabilendo accordi in merito nell'ambito delle convenzioni dei permessi di costruire. Nelle aree agricole potrà essere incentivato, con gli stessi sistemi, l'impiego del compostaggio.

Isole ecologiche

Potranno poi, soprattutto nell'ambito di nuovi insediamenti edilizi previsti, essere individuate dai Piani, come condizioni necessarie alla realizzazione degli insediamenti stessi, specifiche regole per le nuove **isole ecologiche**; queste ultime da progettarsi non solo in funzione di una loro buona accessibilità ma anche con protezioni atte alla schermatura alla vista e agli agenti atmosferici, per migliorarne l'aspetto estetico e l'inserimento paesaggistico e limitare i problemi dovuti ai cattivi odori (che si hanno per esempio con il surriscaldamento estivo) e alla penetrazione di acqua piovana, che potrebbe, per esempio, rendere inutilizzabile la carta riciclata (immagine a colori, foto 8).

Per quanto riguarda il riciclo dei rifiuti, oggi vengono messi a punto sempre nuovi sistemi, che è necessario che i pianificatori conoscano per poterne promuovere l'utilizzo nei loro progetti; per esempio, esistono:

- **stazioni ecologiche a scomparsa**, dove i contenitori dei rifiuti sono in appositi spazi ricavati nel sottosuolo, normalmente su una pedana che viene sollevata meccanicamente solo all'atto del carico dei rifiuti sui mezzi di trasporto dedicati; all'esterno sono presenti solo piccoli raccoglitori, delle dimensioni dei cestini da rifiuto, che scaricano nei contenitori sottostanti;
- **stazioni ecologiche completamente automatiche**, con stazioni fuori terra e sottoterra (in alcuni casi anche con contenitori che possono ruotare a seconda del tipo di rifiuto conferito e un solo raccoglitore esterno), che permettono il riconoscimento dell'utente, che usa una particolare tessera magnetica, e un controllo qualitativo e quantitativo del rifiuto che deposita, in modo da poter calibrare la tariffa in funzione della percentuale di rifiuto riciclabile e indifferenziato;
- **stazioni ecologiche mobili semiautomatiche**, che prevedono, di norma, la presenza di un operatore e che stazionano periodicamente in aree stabilite dove gli utenti vanno a conferire i loro rifiuti differenziati.

Infine bisogna ricordare che diversi Comuni effettuano la **raccolta porta a porta** di particolari tipologie di rifiuto (per esempio la carta, proprio per impedire l'esposizione dei bidoni di raccolta agli agenti atmosferici): il sistema viene attuato, soprattutto nei piccoli centri urbani, tramite l'impiego di sacchetti di diverso colore da lasciare fuori dalla porta di casa o in appositi spazi condominiali; esso permette una raccolta capillare e un controllo sulla qualità del rifiuto ma implica la disponibilità di molta manodopera.

Energia dai rifiuti

L'**utilizzo a fini energetici del rifiuto** si basa, oggi, prevalentemente sull'impiego di **termovalorizzatori**, che ricevono rifiuti selezionati (in base al loro potere calorifico e alla bassa percentuale d'acqua contenuta) e, grazie ai processi termici per il loro incenerimento, producono energia elettrica. Diverse associazioni ambientaliste sollevano dubbi, in gran parte condivisibili, sull'uso di questo sistema di trattamento dei rifiuti, perché gli impianti adottati, seppure più controllati che in passato, comportano comunque l'emissione di sostanze inquinanti (diossine, furani ecc.), dannose per l'ambiente e la salute dell'uomo (perché cancerogene); prevedono comunque il conferimento in discariche speciali (e più costose) dei residui della combustione, che rappresentano quasi il 30% dei rifiuti all'origine e sono tossici; richiedono elevatissimi investimenti per essere realizzati a fronte di rendimenti ancora piuttosto modesti (il risparmio di energia che si ottiene con il riciclo è quasi per tutti i rifiuti – salvo che per le plastiche che hanno elevato potere calorifico – altrettanto pagante in termini energetici); presuppongono un larghissimo impiego di rifiuti per poter funzionare a pieno regime (e non essere del tutto diseconomici) e questo impone scelte dei Piani di gestione dei rifiuti che vanno a discapito di strategie che sembrano ad oggi migliori, quali il recupero e il riciclo del rifiuto. Per l'utilizzo a fini energetici del rifiuto sembra dunque essere più promettente e meno impattante la produzione di biogas, ottenuto dalla fermentazione di rifiuti a base organica.

4. Analisi bioclimatiche

Confort termico

Uno dei principali compiti di coloro che progettano edifici e spazi aperti è garantire il confort termico degli utenti: questo significa assicurare loro (poste buone condizioni di salute, sufficiente nutrimento e normale "pesantezza" dell'abbigliamento che indossano) una costante sensazione di benessere, nelle diverse stagioni, in relazione all'ambiente termico che abiteranno, limitando al massimo quelle misure – quali la sudorazione o la tensione e il tremito muscolare – che l'organismo umano adotta naturalmente per compensare eventuali disavanzi nel bilancio tra perdite e guadagni termici rispetto alle condizioni al suo esterno.

I parametri che caratterizzano un ambiente dal punto di vista termico sono: la **temperatura dell'aria**, che è il più immediato sistema di controllo delle condizioni ambientali perché più della metà del calore corporeo è disperso per convezione nell'ambiente; la **temperatura media radiante**, che dipende dalla temperatura delle superfici che costituiscono l'ambiente considerato; la **velocità dell'aria**, che influenza le perdite di calore dal corpo per convezione; e l'**umidità relativa dell'aria**, che è determinante soprattutto in relazione ai processi di evaporazione dal corpo umano. Tutti questi parametri non possono essere studiati in modo a sé stante: in condizioni di elevata temperatura, per esempio, un'umidità relativa elevata (70-90%) provoca problemi di confort di norma molto maggiori di quelli riscontrabili con medesime temperature e aria più secca.

Diagrammi di confort

Mettendo in relazione i parametri dai quali dipende un ambiente dal punto di vista termico, alcuni autori hanno costruito **diagrammi di confort**, riferiti a specifiche località geografiche (per esempio la zona temperata degli USA nel caso del diagramma bioclimatico di Olgyay, 1962, trad. it. p. 44), che permettono di identificare graficamente, per determinati tipi di attività (solitamente di intensità moderata), le condizioni ambientali che risultano soddisfacenti per la maggior parte degli utenti. Tali diagrammi possono essere utili al progettista perché gli permettono di stabilire precisi obiettivi da raggiungere in relazione al governo dei parametri dai quali dipende il confort termico: nel diagramma Milne-Givoni (Colombo, Landabaso, Sevilla, 1996, p. 32) sono indicate graficamente alcune strategie da seguire al di fuori delle condizioni di confort, dal riscaldamento con sistemi convenzionali, fino a quello solare attivo e passivo, dall'uso di masse d'accumulo per il raffrescamento radiativo alla ventilazione, fino all'impiego di condizionatori.

Confort termico e progetto bioclimatico

Compito del progettista – quantomeno secondo un approccio sostenibile e bioclimatico – non è, però, solo quello di garantire il confort termico degli utenti ma anche quello di ottenere questo risultato con il minor impiego possibile di energia non rinnovabile e nel rispetto dell'ambiente. Il progettista stesso dovrebbe quindi, a tal fine, disegnare edifici e spazi aperti che siano in grado di stabilire un'**interfaccia tra il microclima locale e l'ambiente termico oggetto di progettazione**. Così facendo egli potrà minimizzare la necessità di apporti impiantistici tradizionali (che implicano rilevanti consumi energetici e causano inquinamento), utilizzando, per il raggiungimento di opportune condizioni di confort termico, risorse, quali il Sole o il vento (per il riscaldamento e il raffrescamento), naturalmente presenti nel sito di intervento. Presupposto alla progettazione sarà quindi un'attenta **conoscenza delle caratteristiche climatiche locali.**

Fattori determinanti il microclima

Tra i **fattori che determinano il microclima locale** (e che occorre conoscere per impostare correttamente il progetto) si possono ricordare i seguenti:

- temperatura dell'aria;
- precipitazioni;
- pressione atmosferica;
- umidità relativa;
- stato del cielo;
- radiazione solare;
- morfologia del territorio;
- orientamento;
- tipo di suolo e albedo;
- regime dei venti.

Dati meteorologici

L'analisi di questi fattori deve avvalersi, in molti casi, di **dati meteorologici** che vengono registrati e studiati da diversi enti, pubblici e privati, ai quali ogni progettista dovrebbe rivolgersi per ottenere informazioni indispensabili al proprio lavoro. Attualmente i dati meteorologici vengono raccolti ed elaborati soprattutto dalle Regioni, anche attraverso le Agenzie regionali per la protezione (e prevenzione) dell'ambiente (ARPA), e dal Servizio meteorologico dell'aeronautica militare, oltre che da alcuni aeroporti e centri di ricerca (CNR, SMI, Università ecc.); alcune norme UNI, come la 10.349, riportano inoltre dati che possono rappresentare un utile riferimento. In merito ai rilevamenti meteorologici bisogna tuttavia riconoscere che la situazione italiana resta molto confusa mancando, a differenza che in altri paesi, un efficiente coordinamento e controllo centrale.

Temperatura dell'aria

4.1. Temperatura dell'aria, precipitazioni, pressione atmosferica, umidità relativa, stato del cielo La temperatura dell'aria dipende da altri fattori meteorologici e da fattori topografici: varia, infatti, a seconda dell'altitudine e

della latitudine del sito di intervento. L'aria non riceve riscaldamento direttamente dai raggi solari ma per conduzione e convezione dalla superficie terrestre, di conseguenza la sua temperatura è, di norma, minima prima dell'alba e raggiunge un valore massimo verso le due del pomeriggio; con una decrescita che ha un andamento più lento della crescita.
Per studiare la temperatura dell'aria servono dati di lungo periodo: temperature medie massime (medie delle temperature massime); temperature medie minime, temperature medie, temperature estreme, giornaliere, mensili, stagionali. Lo studio della temperatura dell'aria nel corso dell'anno può servire, ad esempio, per identificare i periodi in cui è conveniente adottare strategie di riscaldamento o raffrescamento passivo.

Precipitazioni

Le precipitazioni possono essere allo stato liquido (pioggia, rugiada) e solido (neve, grandine, brina). Vengono rilevate con pluviometri che ne misurano quantità e frequenza: la quantità si valuta calcolando lo spessore (solitamente in millimetri) dello strato d'acqua su una superficie piana non assorbente, in assenza di evaporazione; la frequenza si calcola in giorni di pioggia con precipitazioni superiori a un determinato limite fissato. Lo studio delle precipitazioni non è solo utile per descrivere la situazione microclimatica locale ma anche in relazione alla possibilità di recupero e sfruttamento dell'acqua piovana (cfr. cap. 4, par. 3).

Pressione atmosferica

La pressione atmosferica è poco avvertita dagli esseri umani ma è di fondamentale importanza perché determina gli spostamenti di masse d'aria (dalle zone ad alta pressione verso le zone a bassa pressione) e influenza conseguentemente il regime dei venti.

Umidità relativa

L'umidità relativa esprime il rapporto percentuale tra l'umidità assoluta – quantità di vapor acqueo contenuto in un metro cubo d'aria in un dato istante e punto dell'atmosfera – e quantità massima che potrebbe esservi alla stessa temperatura in condizioni di saturazione; è quindi evidente il suo legame con la temperatura dell'aria, sia perché il cambiamento di temperatura implica un cambiamento del livello di umidità sia perché umidificando si può ottenere raffrescamento. Il controllo dell'umidità, in relazione alla temperatura, è molto importante per il raggiungimento di condizioni di confort termico. Nei nostri climi, in generale, occorre, ai fini del benessere termico delle persone, che i livelli di umidità relativa siano compresi tra il 30% e il 70% d'estate e il 30% e il 55% d'inverno.

Stato del cielo

Lo stato del cielo rappresenta la quantità di cielo coperto da nubi ed è importante per lo studio del riscaldamento solare e dell'illuminazione naturale, oltre a influenzare la temperatura dell'aria (per esempio, con cielo prevalentemente sereno si hanno solitamente maggiori escursioni termiche giornaliere e stagionali). Lo stato del cielo viene rilevato a vista e misurato in ottavi o decimi di cielo o, ancora, in percentuale di cielo coperto. Normalmente si considerano giorni sereni quelli con un livello di copertura inferiore a 3/10, giorni coperti quelli con un livello di copertura maggiore di 7/10.

4.2. Radiazione solare La radiazione solare è il flusso di energia emesso dal Sole, che irradia a una distanza di circa 150 milioni di chilometri dalla terra, la quale riceve circa 2 miliardesimi dell'energia emessa. Per la grande distanza Terra-Sole i raggi solari possono essere considerati paralleli e questo è un elemento di grande rilevanza per gli studi sul soleggiamento e, pertanto, da considerare sia nelle rappresentazioni grafiche dell'incidenza dei raggi solari su un edificio o un'area aperta oggetto di intervento sia nelle simulazioni su modello. All'esterno dell'atmosfera il valore medio di irraggiamento è 1.366 W/mq. Circa il 68% di questa radiazione raggiunge la superficie terrestre, con l'eliminazione parziale delle sue componenti più nocive, anche se l'assottigliamento della fascia di ozono della stratosfera (del quale è, almeno in parte, responsabile l'inquinamento atmosferico, cfr. cap. 3, par. 2) sta limitando questo indispensabile effetto schermante. La radiazione solare può essere diretta o diffusa: la prima è più importante in relazione al riscaldamento solare passivo degli edifici, all'impiego di solare termico (per il riscaldamento o la produzione di acqua calda), alla trasformazione in energia elettrica con sistemi fotovoltaici; la seconda in relazione all'illuminazione naturale degli spazi costruiti. La quantità totale di radiazione solare che raggiunge la superficie terrestre dipende dalla latitudine, dall'altezza sul livello del mare, dalla stagione, dall'ora e varia a seconda dello stato del cielo.

Il **livello di soleggiamento** può essere assoluto o teorico. Il soleggiamento assoluto è valutato con l'eliografo e misura il tempo in cui effettivamente i raggi solari raggiungono un determinato punto sulla superficie terrestre; il soleggiamento teorico è il soleggiamento intercorrente tra l'alba e il tramonto alla latitudine del luogo su un orizzonte piano e senza ostacoli.

Per studiare il soleggiamento ai fini dello sfruttamento della radiazione solare (per il riscaldamento degli edifici o dell'acqua sanitaria o per la produzione di energia elettrica o, ancora, per il raggiungimento di idonee condizioni di confort negli spazi aperti) si considera il movimento apparente del Sole così come percepito nel sito di intervento (fig. 3.3).

Diagrammi solari

Allo scopo di studiare il movimento del Sole si possono impiegare i diagrammi solari, che permettono di descrivere il moto apparente del Sole nei vari mesi dell'anno e di far comprendere, di conseguenza, in funzione degli ostacoli artificiali e naturali intorno all'edificio analizzato, per quanto tempo e in che modo quest'ultimo sarà effettivamente esposto al Sole. I diagrammi solari, se usati in combinazione con altri strumenti, permettono anche di effettuare altre importanti valutazioni sull'irraggiamento solare.

Esistono due tipi di diagramma solare, il **diagramma cilindrico** e il **diagramma polare**: il primo rappresenta la proiezione sul piano verticale del

FIGURA 3.3 Movimento apparente del Sole

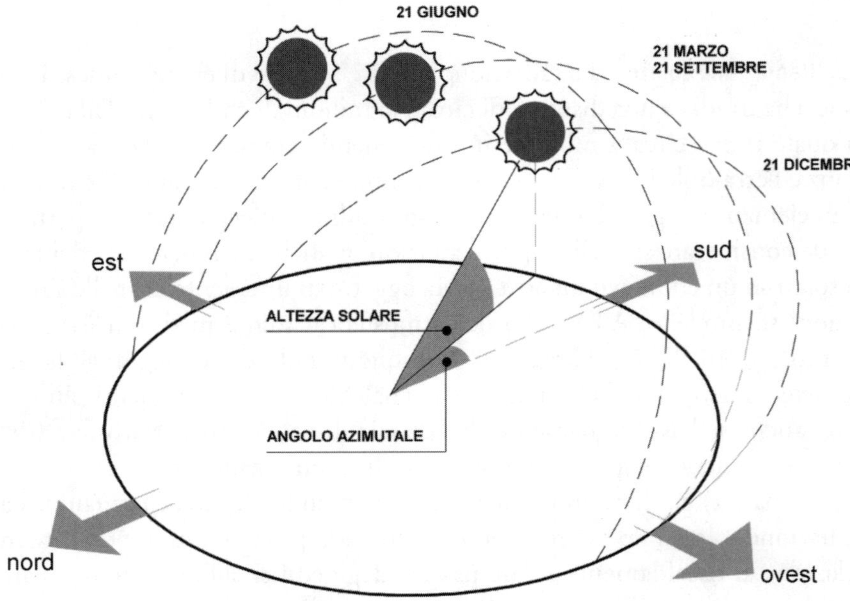

percorso del Sole come è visto da un determinato punto della Terra; il secondo rappresenta invece la proiezione sul piano orizzontale dello stesso percorso solare. Di fatto non vi sono particolari differenze concettuali tra loro, anche se, di norma, è più immediata la comprensione e l'uso di diagrammi solari cilindrici. Poiché i diagrammi solari rappresentano le varie posizioni del percorso solare, per disegnarli è necessario definire tali posizioni. A questo scopo si utilizzano l'altezza e l'azimut geografici del Sole (fig. 3.3), che vengono riportati sui diagrammi solari stessi. Gli angoli relativi alle altezze solari vengono rappresentati sulle righe orizzontali dei diagrammi cilindrici e sui cerchi concentrici di quelli polari; gli angoli azimutali sono invece rappresentati dalle linee verticali dei diagrammi cilindrici e dalle linee radiali di quelli polari (fig. 3.4).

Una volta rilevati l'azimut e l'altezza solari, per le diverse latitudini, nelle diverse ore del giorno, si può tracciare il percorso del Sole in quel giorno. Di norma per ogni latitudine vengono rappresentate, nei diagrammi solari, le linee dei percorsi solari relative al ventunesimo giorno di ogni mese (tali linee coincidono per i mesi di gennaio e novembre, di febbraio e ottobre, di marzo e settembre, di aprile e agosto, di maggio e luglio); vengono poi collegate con curve tratteggiate le diverse ore del giorno, su ciascun percorso solare (fig. 3.5).

La manualistica (per esempio Benedetti, 1994, pp. 44-53) fornisce i dia-

FIGURA 3.4 Diagrammi solari cilindrico e polare

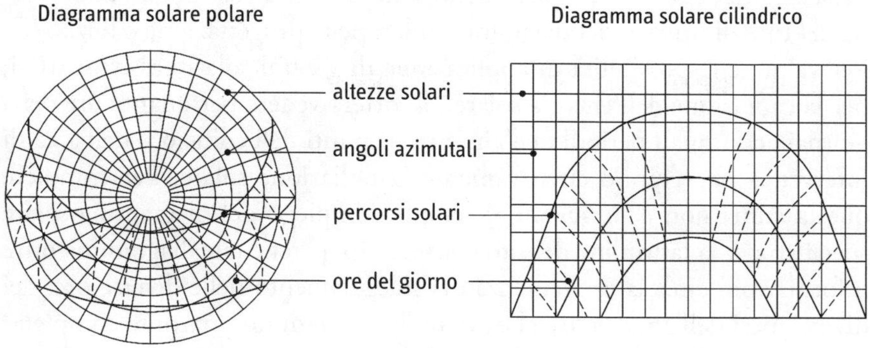

FIGURA 3.5 Diagramma solare cilindrico per 44LN

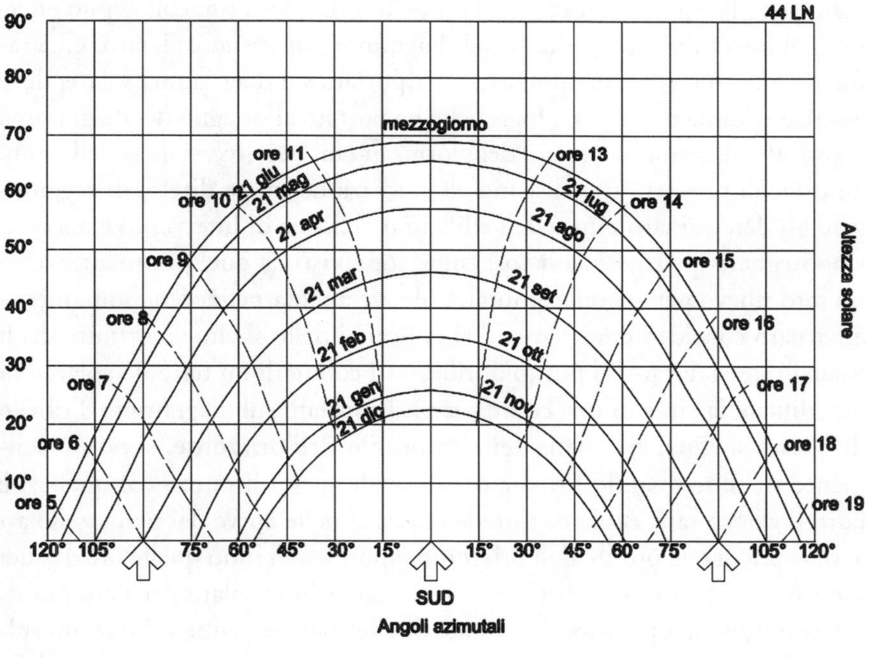

grammi cilindrici e polari per le diverse latitudini poiché, chiaramente, il percorso apparente del Sole varia conformemente a esse. Occorre precisare che in tali diagrammi sono indicate le ore solari, con il Sole esattamente a sud, a mezzogiorno, quindi non quelle legali: in realtà nel corso dell'anno (anche senza considerare l'ora legale) vi sono sempre modesti sfasamenti temporali (nell'ordine al massimo di 15 minuti) tra le ore 12 terrestri e la posizione del Sole esattamente verso il Sud geografico, dovute al variare dell'orbita terrestre e alla variazione della velocità della terra in funzione della distanza dal Sole; tali sfasamenti sono del tutto trascurabili in funzione del tipo di utilizzo dei diagrammi solari nella progettazione edilizia.

Profilo dell'orizzonte

Per valutare le possibilità di applicazione di sistemi solari passivi e attivi, per la captazione dell'energia solare, occorrerà vedere per quante ore della giornata e in quali periodi dell'anno i vari punti dell'edificio o dell'area di intervento riceveranno effettivamente la radiazione solare. Per compiere questa stima non è sufficiente il semplice impiego del diagramma solare specifico per la latitudine del sito considerato, perché tale diagramma offre informazioni circa la provenienza del soleggiamento nelle diverse ore, dei diversi mesi dell'anno solo nel caso, molto raro, di un orizzonte completamente libero. In realtà davanti agli edifici o alle aree aperte oggetto di studio sono normalmente presenti ostacoli fisici, artificiali (ad esempio altri edifici) o naturali (montagne, colline, piante ecc.), che schermano l'irraggiamento. Per poter considerare la presenza di questi ostacoli si può effettuare il loro rilievo e riportarlo sul diagramma solare considerato. Chiaramente questo rilievo, per poter essere riportato sul diagramma solare, deve essere eseguito con la stessa logica che ha portato al disegno del diagramma stesso. Per determinare le ore del giorno in cui, nei diversi mesi dell'anno, gli ostacoli presenti impediscono alla radiazione solare diretta di raggiungere un determinato punto dell'edificio o dell'area di intervento è necessario disegnare questi ostacoli così come sono visti da quel punto attraverso un loro rilievo per angoli azimutali e altezze angolari che viene solitamente effettuato considerando elementi significativi dello skyline costituito dagli ostacoli stessi davanti al punto di rilievo (il colmo di un tetto, lo spigolo di un edificio, la cima di una collina ecc.). Riportato sul diagramma il rilievo di questo skyline, che viene definito **profilo dell'orizzonte**, si potrà facilmente stabilire quando (in che ora di quale mese) il punto dal quale si è fatto il rilievo sarà assolato: tutte le porzioni delle curve dei percorsi solari al di sopra di tale profilo dell'orizzonte rappresenteranno quelle ore di quei mesi nei quali il punto di rilievo riceve radiazione solare per l'assenza di ostacoli. Questa operazione consente di effettuare le prime valutazioni sulle possibilità di applicazione di tecniche di captazione passiva o attiva della radiazione solare: per esempio se la linea del profilo dell'orizzonte fosse particolarmente alta sul diagramma solare in modo da escludere la possibilità di irraggiamento del punto di rilievo per gran parte dell'anno, difficilmente sarà giustificabile la realizzazione di sistemi di captazione solare in quel punto. Occorre precisare che nel rilievo del profilo dell'orizzonte vengono solitamente indicati a tratteggio gli ostacoli rappresentati da piante a foglia caduca o da altri elementi non permanenti. Per il rilievo del profilo dell'orizzonte si possono utilizzare diversi strumenti: uno di essi, di facile e veloce impiego, è il **clinometro** (fig. 3.6).

FIGURA 3.6 Profilo dell'orizzonte riportato su diagramma solare cilindrico e, a destra, clinometro

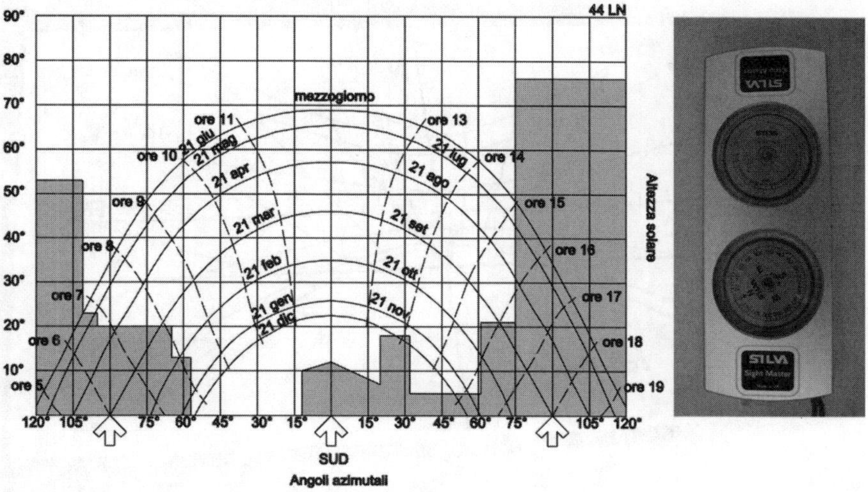

Maschere di ombreggiamento

Utilizzando lo stesso principio con il quale si sono disegnati gli ostacoli lontani rispetto al soleggiamento di un punto dell'edificio o dell'area oggetto di progettazione, si possono disegnare anche gli ostacoli "vicini" rappresentati dai frangisole che si intendono progettare in quel punto per evitare problemi di surriscaldamento/abbagliamento in quell'edificio o area. Diversi autori (già Olgyay, 1962, trad. it. pp. 139-48) hanno predisposto un repertorio di quelle che vengono definite **maschere di ombreggiamento**, che possono essere sovrapposte anch'esse al diagramma solare, come e con il profilo dell'orizzonte, per poter valutare l'efficacia delle diverse soluzioni di schermatura nei differenti contesti di intervento.

Calcolatori della radiazione solare

I diagrammi solari possono servire anche per calcolare la quantità di radiazione solare incidente su una superficie diversamente esposta e inclinata. A tal fine si utilizzano, insieme a essi, altri strumenti, forniti anch'essi dalla manualistica (Benedetti, 1994, pp. 69-72), chiamati **calcolatori della radiazione solare.**

Tra gli altri strumenti per il controllo dell'irraggiamento solare, in funzione dei possibili ostacoli che possono schermarlo nei diversi momenti dell'anno, si può ricordare, poi, la **meridiana orizzontale** (fig. 3.7).

Meridiana orizzontale

Questo strumento si usa dopo aver realizzato un modello di studio del sito/edificio di progetto, con un intorno sufficientemente grande e una definizione opportunamente dettagliata per poter considerare tutte le possibili fonti di ombreggiamento (sia gli ostacoli lontani che i frangisole di progetto). La meridiana orizzontale è costituita da una sorta di diagramma con curve corrispondenti, per ogni mese dell'anno, a un determinato giorno e

FIGURA 3.7 Meridiana orizzontale

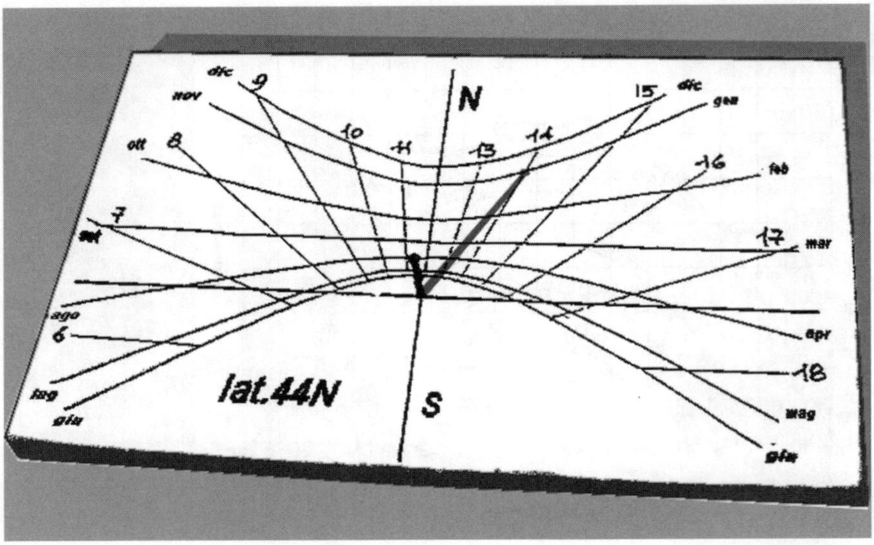

rette corrispondenti alle diverse ore del giorno. La manualistica (per esempio Moore, 1985, pp. 222-4) fornisce, per le differenti latitudini, diagrammi specifici con diverso disegno. Questi diagrammi devono essere fissati su supporto rigido, in modo che si possa posizionare sopra di essi, in un punto dato, uno "gnomone", elemento verticale di data lunghezza (che fisicamente può essere costituito da uno spillo, un chiodo, un cartoncino ecc.). Lo strumento così realizzato deve essere posto e fissato su una parte perfettamente in piano del modello di studio, facendo corrispondere l'orientamento geografico del modello stesso con quello segnato sul diagramma della meridiana. Esponendo il modello all'irraggiamento solare (in una qualunque giornata dell'anno purché soleggiata) e inclinandone il piano di base in ogni direzione, l'ombra proiettata dallo gnomone si muoverà sul diagramma della meridiana. Se lo strumento è stato realizzato correttamente, quando l'ombra della punta dello gnomone "toccherà", sul disegno del diagramma, una determinata ora di un dato giorno rappresentativo di uno dei mesi dell'anno, vorrà dire che l'inclinazione con la quale i raggi solari arrivano sul modello di studio corrisponde a quella che essi avrebbero su un piano orizzontale, alla latitudine di progetto, in quella data ora di quel giorno dell'anno. Questo permette di effettuare, in brevissimo tempo, una serie di test su modello che potrebbero altrimenti essere realizzati solo esponendo il modello stesso all'irraggiamento solare della latitudine del sito di progetto, per un intero anno (ovviamente in un luogo con orizzonte perfettamente libero). I test con la meridiana permettono, invece, in poco

tempo, di formarsi un'idea precisa dell'effettivo soleggiamento dell'edificio/sito di intervento in tutto l'arco dell'anno: è inoltre possibile, anche nel corso dello svolgimento dei test, correggere il modello (inserire alberature, spostare finestre ecc.).
Praticamente, nel caso della meridiana orizzontale, il Sole viene utilizzato, rispetto al modello di studio, solo come fonte luminosa; tuttavia, invece di muovere quest'ultima intorno al modello si muove il modello stesso. L'utilizzo del Sole come fonte luminosa è del tutto appropriato rispetto alle finalità dell'indagine anche se richiede l'impiego della meridiana per la lettura della posizione della fonte di luce rispetto al modello; se si utilizzassero lampade con luce artificiale, anche con la possibilità di spostarle intorno al modello (lasciando fisso quest'ultimo), esse non sarebbero caratterizzate però (salvo l'uso di particolari accorgimenti; ivi, pp. 173 e 257) da un fascio di luce a raggi paralleli, cosa di fondamentale importanza per studiare l'irraggiamento solare: la presenza di raggi non paralleli può infatti falsare molto la lettura delle ombre sul modello.

Cieli artificiali e software

Poiché lo studio dell'irraggiamento solare è fondamentalmente un problema geometrico di semplice comprensione e relativamente facile risoluzione, strumenti anche poco complessi, come quelli fino a ora visti, sono, in generale, del tutto idonei, attendibili e di sufficiente precisione per guidare la progettazione edilizia nel corretto impiego di sistemi solari attivi e passivi per il guadagno energetico. Per indagini più sofisticate esistono tuttavia laboratori attrezzati con **cieli artificiali** per sperimentazioni su modello (un cielo artificiale è stato realizzato a Torino dal CERSIL, Centro di ricerca e sperimentazione illuminotecnica, in collaborazione con il Politecnico).
Oggi le indagini sull'irraggiamento solare, specie per quanto riguarda lo studio di aree vaste (con significativi elementi morfologici che può essere troppo impegnativo realizzare su plastico) possono essere inoltre facilmente svolte attraverso **modellazioni tridimensionali ottenute con software** CAD o di tipo analogo che sono, normalmente, dotati di sistemi di "renderizzazione" che permettono di impostare la posizione della fonte di luce naturale a seconda delle differenti latitudini e dei diversi mesi, giorni e ore dell'anno (fig. 3.8).
Gli strumenti fin qui analizzati servono per lo studio della radiazione solare diretta, utile per progettare sistemi solari attivi e passivi per il suo sfruttamento a fini energetici. Per affrontare il problema dell'illuminazione naturale degli spazi confinati è invece più utile lo studio della radiazione solare diffusa, che si attua attraverso altri strumenti tra i quali, per esempio, i **modelli di cielo**.

Modelli di cielo CIE

Negli ultimi decenni sono stati elaborati, soprattutto negli istituti di ricerca americani, canadesi e nord-europei, vari modelli di cielo per lo studio dell'illuminazione naturale. Tra essi uno dei più utilizzati nelle valutazioni

FIGURA 3.8 Studi sul soleggiamento nell'ambito della progettazione, a sinistra, di un insediamento eco-sostenibile (Giachetta, Magliocco, Bronzin con Aresca, Denegri, Cassinelli), a destra, di un quartiere urbano (Giachetta, Magliocco, Bronzin con Cioncoloni, Dettoni e Lavalle)

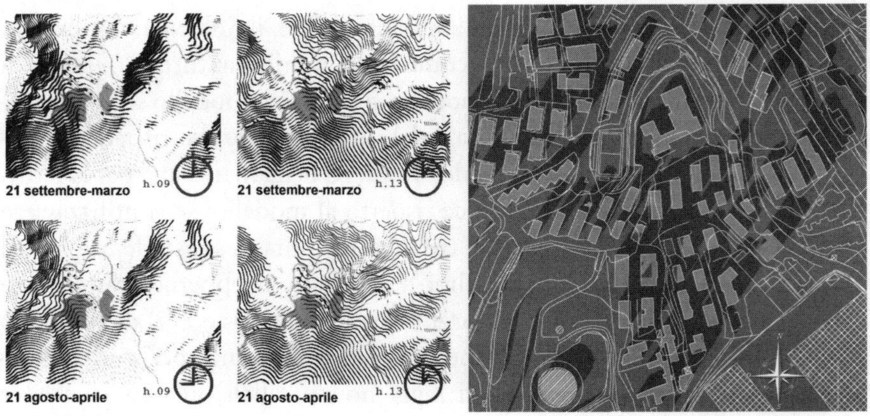

di progetto è il **modello di cielo standard uniformemente coperto** elaborato dal CIE (Commission internationale de l'éclairage). Secondo tale modello la luminosità del cielo è considerata variabile e crescente in funzione dell'altezza sul piano dell'orizzonte. L'uso del modello visto, che si è rivelato molto adatto nel Nord-Europa, non è sempre corretto nei paesi dell'area mediterranea, come l'Italia. Alle nostre latitudini infatti può essere utile integrare tale modello con il **modello di cielo standard sereno** elaborato sempre dal CIE e nel quale la luminosità del cielo è maggiore nella direzione del Sole. Entrambi i modelli sono rappresentabili graficamente come traduzione di una funzione matematica.
Per lo studio dell'illuminazione naturale sono inoltre disponibili specifici software come *Radiance*.

Morfologia del territorio

4.3. Morfologia del territorio, orientamento, tipo di suolo e albedo Le componenti principali che costituiscono la morfologia di un territorio sono l'altitudine, la presenza di rilievi, la clivometria, l'orientamento dei pendii; nella progettazione bioclimatica tali componenti hanno una grande importanza, infatti: l'**altitudine** è in grado di influenzare notevolmente la temperatura dell'aria che varia approssimativamente di 1 °C ogni 200 metri di dislivello (con variazioni più significative nella stagione estiva); i **rilievi** determinano il regime dei venti e la presenza di ombre portate (con conseguenze sul soleggiamento); la **clivometria**, cioè la pendenza media del terreno rispetto all'orizzontale, può comportare ombre portate più o meno ampie; l'**orientamento dei pendii** può influire in modo decisivo sul soleggiamento e sulla temperatura dell'aria (rappresentano situazioni favorevoli quelle dei versanti esposti a sud con clivometria pari circa alla latitudine del luogo).

Orientamento degli edifici

Altro fattore di grande importanza è l'orientamento degli edifici. Alle nostre latitudini, il lato di una costruzione maggiormente soleggiato nella stagione invernale e che maggiormente si presta, per esempio, all'applicazione di sistemi solari passivi (cfr. cap. 5, par. 1) per il riscaldamento termico è quello sud. Nel corso dell'inverno infatti il prospetto rivolto a meridione riceve – in funzione dell'inclinazione dei raggi – una radiazione solare pari a circa tre volte quella relativa a qualsiasi altro lato e di maggiore rilievo anche rispetto alla radiazione che investe la copertura. D'estate, invece, questo prospetto riceve meno radiazione rispetto alla copertura e alle pareti est e ovest con una maggiore possibilità di protezione e schermatura dal surriscaldamento. Per quanto riguarda i lati orientale ed occidentale dell'edificio, essi ricevono un'uguale quantità di radiazione diretta, ma, nell'arco della giornata, il prospetto ovest acquista generalmente più calore di quello est a causa di una più alta temperatura dell'aria durante il pomeriggio. In linea di massima sarà quindi preferibile l'orientamento dell'edificio secondo l'asse longitudinale est-ovest, con sviluppo dei fronti nord e sud. Questa soluzione consente uno sfruttamento massimo degli apporti solari invernali sul fronte sud, nella stagione in cui il Sole è basso sull'orizzonte, una buona difesa dalla radiazione estiva con schermature orizzontali a sud e una minima esposizione a ovest, direzione nella quale è più facile che si verifichino fenomeni di surriscaldamento. Una disposizione dell'edificio di questo tipo deve essere accompagnata da un'opportuna distribuzione interna dei vari locali. Nell'edilizia residenziale, ad esempio, sarà preferibile concentrare a sud gli ambienti nei quali si vive maggiormente (la sala da pranzo, le stanze pluriuso, il soggiorno, le camere e, a seconda dei casi, la cucina); gli altri ambienti, come i ripostigli, i bagni, gli spazi di servizio in genere, i corpi scala, potranno essere disposti lungo il fronte nord dell'edificio a esercitare un'efficace funzione di tampone termico.

Tipo di suolo e albedo

Anche il tipo di suolo che caratterizza l'intorno dell'edificio o lo spazio aperto oggetto di progettazione riveste una grande importanza. Normalmente i terreni dove prevalgono sabbia e ghiaia determinano temperature più elevate e minore umidità dei terreni argillosi. Le superfici erbose, in particolare, possono creare, d'estate, un abbassamento delle temperature grazie ai fenomeni di evapotraspirazione delle piante (cfr. cap. 4, par. 1). Ogni tipo di suolo o vegetazione, così come ogni superficie presente in un ambiente costruito, ha, poi, in funzione del suo colore e materiale, un proprio valore di **albedo**, ovvero è più o meno capace di riflettere/assorbire la radiazione solare, con evidenti effetti sul riscaldamento e l'illuminazione degli edifici. Non a caso, nei climi caldi, sono tradizionalmente realizzati edifici con colori chiari e riflettenti.

4.4. Regime dei venti Il vento è caratterizzato da tre parametri: la **velocità** (misurata con anemometri o anemografi), la **direzione** (misurata con anemoscopi) e la **frequenza**. Per descrivere il regime dei venti in una determinata zona esistono diversi tipi di "**rosa dei venti**", particolari schemi grafici che mettono in relazione questi tre parametri.

Lo **studio del regime dei venti nel sito di progetto** è di grande importanza perché il controllo della ventilazione nelle aree aperte e negli edifici – attraverso una configurazione appropriata degli elementi costruiti e naturali che li compongono – permette: l'eliminazione/limitazione di fastidiose e fredde correnti invernali (nel caso degli edifici, limitando i consumi per il riscaldamento), il raffrescamento estivo (nel caso degli edifici, riducendo la necessità di ricorrere a condizionatori), l'umidificazione o, a seconda dei casi, la deumidificazione dell'aria, l'eliminazione di sostanze inquinanti e il miglioramento della qualità dell'aria.

Tuttavia, se il controllo dell'irraggiamento solare a fini progettuali si può – come mostrato – effettuare con strumenti semplici e risultati attendibili, il controllo del regime dei venti può essere, a seconda dei casi, molto difficile, perché dipendente da numerosi fattori, quali: la combinazione differente di velocità, frequenza, direzione, temperatura, umidità delle correnti d'aria; le condizioni climatiche della zona di interesse; le specifiche condizioni morfologiche del sito e del suo intorno; la presenza o meno di ostacoli naturali e artificiali e le specifiche caratteristiche di questi ultimi; la presenza di vegetazione, corsi o specchi d'acqua e fontane; la variazione dei fattori determinanti le caratteristiche delle correnti d'aria e degli effetti di queste ultime a diverse altezze dal suolo; le caratteristiche specifiche di quanto progettato.

Di conseguenza, per l'analisi del regime dei venti, occorrono, di norma:

- **campagne di rilevamento specifiche di media/lunga durata**, da effettuarsi con periodiche misurazioni dirette nell'area di progetto e da confrontare con i dati reperiti presso le più vicine stazioni meteorologiche;
- **simulazioni economicamente onerose e calcoli complessi** (comunque non sempre del tutto attendibili), riguardanti la situazione del sito prima e dopo la realizzazione del progetto. Tali simulazioni possono essere eseguite con l'ausilio della galleria del vento.

Galleria del vento

Tra i diversi studi che possono essere eseguiti in galleria del vento (per esempio, sulla dinamica delle strutture, sul trasporto di sostanze attraverso il vento, sull'aerodinamica dei mezzi di trasporto ecc.) ve ne sono anche alcuni specificatamente rivolti all'analisi del regime dei venti per valutare i suoi effetti sugli edifici e sugli spazi aperti, con finalità di controllo microclimatico e ambientale. Tali studi sono normalmente svolti in specifiche **gallerie del vento ambientali**. In questo tipo di galleria del vento è possibile ricreare i flussi d'aria (così come dedotti dalle campagne di rilevamento) in scala adeguata e verificare gli effetti dei fenomeni ventilativi su un mo-

FIGURA 3.9 Test in galleria del vento effettuato dall'architetto Catrambone, nell'ambito di una ricerca del Dipartimento di progettazione e costruzione dell'architettura della facoltà di Architettura di Genova, presso il Dipartimento di meccanica del Politecnico di Milano

dello che riproduce l'area oggetto di studio in scala adeguata e che può essere posto su una base ruotante per poter verificare, nel corso di diverse prove, gli effetti di correnti d'aria con differente provenienza. All'interno della galleria del vento occorre innanzitutto riprodurre il profilo del flusso d'aria con l'ausilio di elementi che permettano di ricreare la rugosità della superficie terrestre (vengono a tal fine utilizzati cubetti di legno posti, nella galleria, tra i ventilatori e il modello di studio, o particolari deviatori posti sui ventilatori stessi). Per visualizzare il movimento dei flussi d'aria in galleria si ricorre all'uso di fluidi e/o gas visibili; si possono inoltre utilizzare sonde posizionate in punti strategici del modello di studio che registrano i dati relativi alla pressione esercitata dal vento così come riprodotto (le differenze di pressione sono utili anche a comprendere come si generano nuovi flussi). Le indicazioni così fornite vengono rilevate ed elaborate per renderle "leggibili", anche attraverso l'uso di software specifici (fig. 3.9).

Metodi semplificati

Le indagini in galleria del vento sono, di norma, molto costose e si possono eseguire solo in casi specifici, per interventi di particolare rilevanza o dove il controllo del regime dei venti sia determinante (grandi insediamenti, aeroporti ecc.).

Nel caso in cui non si possano effettuare specifiche campagne di rilevamento né si possa procedere a uno studio in galleria del vento, è comunque possibile, pur accettando un certo grado di approssimazione e incertezza dei risultati (soprattutto dal punto di vista quantitativo), effettuare analisi sul regime dei venti con metodi di più immediata e semplice applicazione. Per esempio, non disponendo di risorse e tempi adeguati per effettuare campagne di rilevamento specifiche, relative al regime dei venti nel sito di progetto, si possono considerare i dati della più vicina stazione meteorologica di rilevamento o dell'aeroporto più prossimo al sito o, ancora, di database regionali, ove eventualmente presenti, e procedere a effettuare alcune ipotesi sulle possibili variazioni di detti dati in rapporto alle specifiche condizioni morfologiche locali; può essere utile a questo proposito cercare conferme attraverso interviste alla popolazione.
In situazioni particolari, per esempio nelle zone costiere, lungo i fianchi delle valli montane e lungo i fiumi, vi sono poi situazioni di ventilazione standard che possono essere prese come riferimento. Nelle zone costiere, di norma, per la differente temperatura tra terra e mare, si generano particolari brezze mare-terra al pomeriggio e terra-mare di sera, fino al mattino. Lungo i fianchi delle valli montane si generano, in virtù delle differenti temperature tra sommità dei pendii e fondovalle, venti di pendio, che salgono lungo i fianchi delle valli di giorno e scendono di notte; le valli incanalano poi i flussi ventosi lungo il loro tracciato. Lungo i fiumi, normalmente, si generano correnti d'aria che seguono l'andamento del fiume stesso.

Strategie di controllo del vento

Una volta ipotizzato il regime dei venti nel sito di intervento, a fini progettuali possono essere impiegati gli schemi d'assetto insediativo e quelli per la realizzazione di frangivento e incanalatori di vento, forniti dalla manualistica di settore (per esempio Grosso, 1997).
È altresì possibile effettuare sperimentazioni su modello usando ventilatori e, come visualizzatori, palline di polistirolo o altri materiali volatili. Quest'ultimo tipo di sperimentazione non offre alcuna garanzia sull'attendibilità dei risultati; può tuttavia fornire alcuni utili spunti di riflessione per il progettista: per esempio possono essere messe in evidenza possibili criticità (presenza di moti vorticosi, turbolenze, assenza di protezioni ecc.) che difficilmente potrebbero essere altrimenti individuate (fig. 3.10).
Gli studi sul regime dei venti permettono di individuare strategie progettuali per governare i flussi ventosi. La progettazione di frangivento costituisce, per esempio, una delle prime forme di controllo della ventilazione nelle aree aperte; essi possono essere sia artificiali (in muratura, legno, pannelli, reti e griglie metalliche – immagine a colori, foto 11 – ecc.), sia vegetali (cfr. cap. 4, par. 1); il loro scopo può essere non solo quello di opporsi al passaggio del vento ma anche quello di incanalarlo o deviarlo per sfruttarne, ad esempio, gli effetti di raffrescamento. Anche la creazione di corsi o

FIGURA 3.10 Studi su modello relativi alla ventilazione nell'area circostante un edificio di Genova

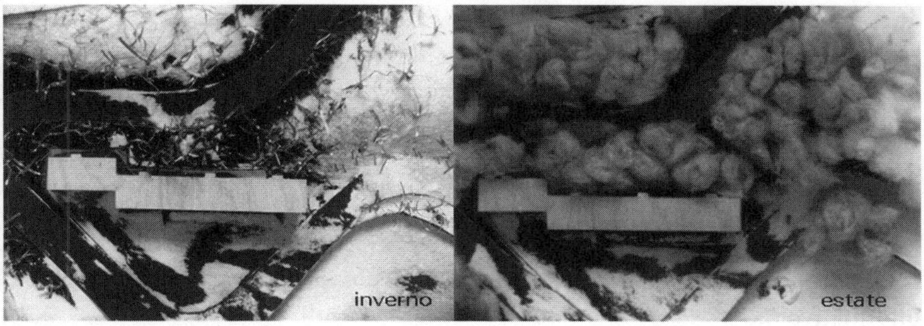

specchi d'acqua e fontane (cfr. cap. 4, par. 3), o di zone verdi (cfr. cap. 4, par. 1), può essere utile per umidificare e purificare i flussi ventosi e il disegno del tessuto urbano (attraverso un'adeguata distribuzione di lotti edificabili e non, assi viari, zone a parco) è elemento fondamentale nel controllo del regime dei venti.
Per quanto concerne la ventilazione degli spazi confinati, questo argomento sarà approfondito in una specifica sezione di questo libro (cap. 5, par. 7).

In questo capitolo

- Si spiega perché l'analisi delle caratteristiche ambientali e microclimatiche del sito diventa momento fondamentale per la formazione di un progetto sostenibile.

- Viene spiegata l'importanza dell'analisi degli ecosistemi locali in ambito pianificatorio, facendo cenno ai possibili strumenti conoscitivi utili per facilitare tale analisi.

- Dopo aver chiarito l'importanza dello studio dell'inquinamento, nell'ambito dell'attività di progettazione, vengono messi in luce alcuni possibili indirizzi metodologici utili per affrontare il problema.

- Si affronta il tema della gestione dei rifiuti, mettendo in evidenza i principali problemi imputabili a questo tipo di carico ambientale e presentando diverse strategie di intervento.

- Dopo aver chiarito il concetto di confort termico, vengono delineate le principali modalità di analisi delle caratteristiche del luogo per il progetto bioclimatico, con particolare riferimento all'irraggiamento solare e al regime dei venti.

Riferimenti bibliografici e siti Internet

AA.VV. (1983), *Architettura bioclimatica*, De Luca editore, Roma.

ACHARD P., GICQUEL R. (1986), *European Passive Solar Handbook: Basic Principles and Concepts for Passive Solar Architecture*, Commission of the European Communities, Bruxelles.

AMBIENTE ITALIA (2006), *Il riciclo ecoefficiente: potenzialità ambientali, economiche ed energetiche*, Edizioni Ambiente, Milano.

ARPAV (2001a), *A proposito di Raccolta differenziata*, opuscolo informativo ARPAV.

ID. (2001b), *Onde in chiaro: a proposito di inquinamento elettromagnetico*, opuscolo informativo ARPAV.

BARRIE E. (1993), *Using Natural Light and Air Flow*, in "The Architects' Journal", 17, pp. 55-8.

BENEDETTI C. (1994), *Manuale di architettura bioclimatica*, Maggioli Editore, Rimini.

BIANCHI D., ZANCHINI E. (a cura di) (2006), *Rapporto Annuale di Legambiente 2006*, Edizioni Ambiente, Milano.

BOLOGNA G. (2005), *Manuale di sostenibilità*, Edizioni Ambiente, Milano.

BUTERA F. M. (1995), *Architettura e ambiente: manuale per il controllo della qualità termica, luminosa e acustica degli edifici*, Etaslibri, Milano.

CAGLIERIS G., SACCHI A. (1991), *Fisica tecnica: il benessere ambientale negli aspetti illuminotecnico, acustico, microclimatico*, UTET, Torino.

CALDERARO V. (1981), *Architettura solare passiva: manuale di progettazione*, Edizioni Kappa, Roma.

ID. (1995), *Progettazione bioclimatica degli edifici*, in "Energia e materie prime", 17, pp. 6-9.

COCCHI A. (a cura di) (1990), *Barriere antirumore: per una migliore qualità della vita*, BE-MA, Milano.

COCH ROURA E., SERRA FLORENSA R. (1994), *El disseny energètic a l'arquitectura*, UPC, Barcellona.

COLAIANNI V. G. (2000), *Il benessere e la sicurezza negli edifici*, Franco Angeli, Milano.

COLOMBO R., LANDABASO A., SEVILLA A. (1996), *Manuel de conception: architecture solaire passive pour la région méditerranéenne*, Centre commun de recherche Commission européenne et Direction générale de l'énergie, Bruxelles.

DALL'Ò G., MESSAGGI P. L., SILLI F. (1979), *Ingegneria solare: guida alla progettazione dei sistemi solari nell'edilizia*, CLUP, Milano.

DESSY P. (1994), *Ventilazione seguendo il vento*, in "Modulo", 198, pp. 86-7.

D'EUSEBIO L. (2006), *La rete ecologica: strumento di gestione della qualità dell'ambiente urbano*, in "L'architetto Italiano", 12, pp. 56-8.

FACONTI D., PIARDI S. (a cura di) (1998), *La qualità ambientale degli edifici*, Maggioli Editore, Rimini.

FAIS D., MAXIMOV V., MORICI G., NASELLI FLORES L. (2005), *Dizionario multimediale di ecologia*, Sellerio, Palermo.

FARINA A. (2001), *Ecologia del paesaggio: principi, metodi e applicazioni*, UTET, Torino.

GOULDING J. R., LEWIS J. O., STEEMERS T. P. (1992a), *Energy Conscious Design a Primer for Architects*, Commission of the European Communities, Bruxelles.

IDD. (1992b), *Energy in Architecture: the European Passive Solar Handbook*, Commission of the European Communities, Dublin.

GROSSO M. (1997), *Il raffrescamento passivo degli edifici*, Maggioli Editore, Rimini.

GUIDA E. (a cura di) (1994), *Progetto industriale e controllo degli scarti: ricerche e sperimentazioni sull'imballaggio primario*, Giannini & Figli, Napoli.

HERZOG T. (ed.) (1996), *Solar Energy in Architecture and Urban Planning*, Prestel, Munich.

KENNY P., LEWIS J. O. (1996), *Tools and Techniques for the Design and Evaluation of Energy Efficient Buildings*, UCD-OPET for the European Commission, Dublin.

LEWIS J. O., MCNICHOLL A. (1994), *Daylighting in Buildings*, The European Commission Directorate-General for Energy (DGXVII), Bruxelles.

LUCARELLI M. T., TERRANOVA F. (1994), *La qualità ambientale*, CISU, Roma.

MAROCCO M., ORLANDI F. (2000), *Qualità del comfort ambientale*, Dedalo, Roma.

MAZRIA E. (1990), *Sistemi solari passivi: soluzioni per una migliore qualità ambientale degli edifici*, Franco Muzio Editore, Padova.

MOORE F. (1985), *Concepts and Practice of Architectural Daylighting*, Van Nostrand Reinhold Company, New York.

OLGYAY V. (1962), *Design with Climate*, Princeton University, Princeton (trad. it. *Progettare con il clima: un approccio bioclimatico al regionalismo architettonico*, Franco Muzio Editore, Padova 1990).

PALAZZO D. (1997), *Sulle spalle dei giganti. Le matrici della pianificazione ambientale negli Stati Uniti*, Franco Angeli, Milano.

PANDOLFI S. (1997), *Cassonetti e no: il problema dei rifiuti secondo la teoria degli spazi confinati*, Gangemi Editore, Roma.

PASINI A. (2006), *Kyoto e dintorni: i cambiamenti climatici come problema globale*, Franco Angeli, Milano.

PECCHIO F. (2001), *Onde elettromagnetiche da campi elettrici: difficile equilibrio tra opinione pubblica e ricerca*, in "Inquinamento: tecnologie, ambiente, uomo – organo ufficiale AICA", 25, pp. 26-7.

ROGORA A. (1993a), *Il progetto illuminato*, in "Modulo", 191, pp. 394-400.

ID. (1993b), *Indirizzare la luce*, in "Modulo", 194, pp. 774-80.

ID. (1993c), *Progettare la luce*, in "Modulo", 192, pp. 516-23.

RUZZENENTI M. (2004), *L'Italia sotto i rifiuti*, Jaca Book, Milano.

SALA M., CECCHERINI NELLI L. (1992), *Tecnologie solari*, Alinea Editrice, Firenze.

SALA M., TORRICELLI M. C., SECCHI S. (1995), *La luce del giorno, tecnologie e strumenti per la progettazione*, Alinea Editrice, Firenze.

SCANDURRA E. (1995), *L'ambiente dell'uomo. Verso il progetto della città sostenibile*, Etaslibri, Milano.

SCANLAN J. (2005), *On Garbage*, Reaktion Books, London (trad. it. *Spazzatura: le cose (e le idee) che scartiamo*, Donzelli, Roma 2006).

SCHIBEL K. L., ZAMBONI S. (2005), *Le città contro l'effetto serra: cento buoni esempi da imitare*, Edizioni Ambiente, Milano.

SERRA FLORENSA R., COCH ROURA H. (1991), *El disseny energétic a l'arquitectura. Quaderns d'arquitectes*, UPC, Barcellona.

www.apat.it (sito web dell'Agenzia per la Protezione dell'Ambiente e per i servizi Tecnici)
www.arpa.veneto.it (sito web dell'Agenzia Regionale per la Prevenzione e Protezione Ambientale del Veneto)
www.cartografia.regione.liguria.it (sito che offre informazioni sulla carta bionaturalistica della Regione Liguria)
www.conai.org (sito web del Consorzio Nazionale Imballaggi)
www.greenpeace.org (sito web di Greenpeace)
www.lifeeconet.com (sito del Progetto europeo "Life ECOnet")
www.osservatorionazionalerifiuti.it (sito web dell'ONR)
www.parks.it (sito riportante pubblicazioni della Federparchi)
www.provincia.bz.it (sito della Provincia autonoma di Bolzano)
www.rete.toscana.it (sito riportante notizie sul progetto "RENATO" della Regione Toscana)

4
Elementi naturali nel controllo delle condizioni climatiche di un sito

Parlando di elementi naturali in relazione alla storia dell'edificazione dei propri "rifugi" da parte dell'essere umano – in certo qual modo gli edifici sono ancora questo per noi – è naturale osservare, come prima considerazione, quanto sia cambiato il ruolo del "luogo" come sito di edificazione, con tutte le sue caratteristiche climatiche e le sue connotazioni biotiche, geologiche ecc., rispetto alla soddisfazione di certi requisiti ritenuti, di volta in volta, irrinunciabili.

Progresso tecnologico e distacco dal concetto di "luogo"

Il **progresso tecnologico** – prima con la cosiddetta "rivoluzione industriale" iniziata alla fine del XVIII secolo, oggi con quella che viene chiamata "era mediatica" – ha **profondamente cambiato** la modalità di concezione dell'**edificio**, rendendolo sempre più indipendente, nelle sue caratteristiche, dal luogo in cui si trova in termini di dialogo e di rapporto simbiotico (clima, contesto culturale, contesto tecnologico, disponibilità di risorse ecc.).
L'**elemento naturale**, un tempo **risorsa**, è diventato semplice (e non necessario) contorno. Le tracce della materia direttamente asportata dal sito (il legname dagli alberi, la roccia dalla montagna, l'argilla dal terreno ecc.), un tempo visibili sui manufatti e in grado di contraddistinguerli come appartenenti a quel luogo specifico, sono state sempre più stemperate dall'atto della **trasformazione** della **produzione industriale**; la materia trasfigura, assume connotazioni tali da non permettere più l'individuazione della sua fonte, della sua origine.

Scelta del sito: significati e motivazioni

Analogamente, la scelta del sito, in un determinato contesto regionale, ha perso sempre più importanza, o meglio **ha assunto diversi significati** ed è, progressivamente, derivata da diverse motivazioni. La vicinanza di una fonte d'acqua, la buona esposizione ai raggi del Sole, la protezione dai venti invernali, la presenza di un prato o di un bosco utile all'economia rurale locale, la disponibilità di materia lapidea per costruire hanno assunto sempre minore importanza col crescere del sistema della viabilità e delle tecnologie per il trasporto.
Si è arrivati, a un dato punto, a una certa indifferenza. Hanno prevalso, in un certo senso, i motivi "rituali" e nuove convenienze localizzative: se un

tempo si lanciavano in mare gli idoli di legno per poi vedere dove si sarebbero arenati per individuare il luogo fortunato indicato dagli dei (antica usanza scandinava), oggi si sceglie il sito per il **prestigio** che il luogo può avere, mettendo in conto la futura necessità di spostarsi al mutare dei favori dei media o dei gruppi di interesse (nuove "divinità" a cui si viene assoggettati) per una certa località, o per comodità, cioè la **vicinanza a nodi nevralgici** del sistema della mobilità (autostrade, aeroporti).
Ma è proprio così e solo così? Ovviamente no.

Persistenza degli elementi vegetali nell'ambiente antropico

L'uomo ha continuato e continua a voler conservare nel proprio spazio vitale, anche il più artificiale, elementi e oggetti che gli ricordano l'ambiente naturale. I motivi possono essere diversi, in gran parte di matrice culturale e psicologica, ed esulano dagli obiettivi di questo libro, per cui tratteremo principalmente di ciò che gli elementi naturali sono in grado di fare in termini di modifica del microclima. Si può però fare cenno al fatto che oggi si stanno reintegrando gli elementi naturali – visibili come tali – nel progetto di architettura, non più come conseguenza di una disponibilità locale di risorse, quanto piuttosto con un'intenzionalità espressiva, evocativa, per il potere che possiedono di creare una dissonanza nel contesto artificiale; come si potrebbe altrimenti interpretare il tronco posto all'ingresso della Kunsthal a Rotterdam, progettato da OMA (Rem Koolhas) e completato nel 1992? O gli alberi lasciati all'interno della casa sospesa progettata da Anne Lacaton e Jean Philippe Vassal, a Lège, Cap Ferret, Francia, nel 1998?

Elementi naturali e microclima

Ovviamente gli elementi naturali, materia morta o vivente che siano, possiedono delle capacità – in relazione alle loro caratteristiche chimiche e fisiche e in relazione alle loro attività metaboliche (per quelli vivi) – di interazione col contesto. Vediamo in sintesi, prima di passare alla trattazione specifica dei paragrafi seguenti di questo capitolo (che vedono come oggetto di indagine l'uso della vegetazione e dell'acqua) e a quella del cap. 6 sui materiali, quale possa essere **il ruolo di certi elementi nella definizione del microclima.**
Uno dei materiali primari per la costruzione degli edifici sul nostro pianeta è il **legno**. Oggi il legno ha assunto connotazioni particolari fornitegli dalle lavorazioni e dai trattamenti industriali. Nella sua versione di materiale naturale, quindi non trattato in alcun modo, rispetto alla sua interazione con il microclima si può dire che la sua peculiarità è la capacità di **assorbire e cedere umidità** continuamente, a causa della sua natura fibrosa e capillare. Questo lo rende particolarmente apprezzato dai sostenitori della "casa che respira" (bioarchitetti *in primis*) che sostengono che una casa (un edificio in generale) in grado, per i materiali di cui è costituita, di interagire con le condizioni termoigrometriche è una casa più sana perché questa interazione mitiga i picchi alti e bassi dei valori di umidità e temperatura.

La pietra nella regolazione microclimatica

In relazione al parametro della temperatura avremo bisogno di impiegare altro genere di materiali naturali: i **materiali lapidei**.
La pietra è un materiale con una buona attitudine alla conduzione del calore, con conduttività termica λ in W/(mK) molto variabile, con valori mediamente da 0,4 a 2,5 in relazione al tipo di pietra. Poiché, come materiale da costruzione, viene (veniva...) utilizzato in alti spessori, a causa della sua massa e della sua buona capacità termica (cfr. cap. 5, par. 14) – con valori variabili mediamente tra 0,8-1,3 KJ/(Kg °C) – è in grado di accumulare calore se sottoposto a irraggiamento (ovviamente anche se riceve calore per conduzione) ed è quindi in grado di partecipare al controllo microclimatico di uno spazio confinato, trasferendo lentamente il calore dall'interno verso l'esterno o viceversa, e cedendo il calore accumulato in funzione delle differenze di temperatura tra gli spazi che separa (cfr. cap. 5 nelle parti relative, in particolare, ai sistemi solari passivi).
Esistono altri materiali con analoghe caratteristiche; naturali: la **terra cruda**, il **laterizio** (consideriamolo tale, visto che l'argilla subisce sostanzialmente solo un trattamento termico); artificiali: il **calcestruzzo**.
I materiali legno e pietra (e anche il laterizio) vengono ancora usati (la pietra però quasi solo come rivestimento), ma subiscono dei trattamenti, soprattutto di tipo protettivo, che non li rendono più visibili nella loro "naturalità" e che a volte addirittura inibiscono queste loro caratteristiche di interazione col microclima. È difficile quindi dire se il desiderio di certi architetti "ecologisti" di usare questi materiali "a vista" sia più un'esigenza espressiva o prestazionale.

Acqua e vegetazione nel controllo microclimatico

Veniamo quindi ai due elementi di cui si tratterà più estesamente nei paragrafi seguenti: la **vegetazione** e l'**acqua**.
La progressiva antropizzazione del territorio in cui viviamo ha portato a una progressiva **estraniazione** dell'elemento **vegetale**, fino a una netta separazione tra territorio insediato e territorio naturalistico; l'elemento vegetale è rimasto nello spazio antropizzato – la città, il quartiere, lo spazio abitativo e lavorativo – unicamente come elemento a **connotazione estetica**. In realtà tale elemento è caricato di un potere evocativo che dovrebbe suscitare maggiore interesse; il territorio naturale, oggi tutelato anche per le sue caratteristiche di biodiversità, come si è visto nel cap. 3, è rimasto un elemento di attrazione per l'uomo, che gli riconosce un **valore "rigenerativo"** del proprio equilibrio psicofisico, anche nei casi in cui ha ritenuto maggiormente interessante allontanarsi per vivere nel contesto urbano. In realtà gli elementi vegetali, per propria natura, svolgono un ruolo fondamentale per la vita dell'uomo, tanto che si potrebbe parlare di un'azione simbiotica, attraverso l'attività della trasformazione dell'anidride carbonica in nutrimento (per sé) e in ossigeno (per noi), in maniera quindi complementare alla nostra attività metabolica di assorbimento di ossigeno ed emissione di anidride carbonica.

Le piante filtrano l'aria

Si è poi scoperto (un caso, tra i più noti, è l'esperienza della NASA, condotta nel centro spaziale J. C. Stennis a partire dal 1980, e da **B. C. Wolverton** e il Plants for Clean Air Council) che le **piante operano un'azione di filtraggio** nei confronti di diversi **composti gassosi tossici**, scomponendoli e quindi abbassandone la concentrazione nell'aria. L'abitudine di tenere piante in casa è diventata così un'**azione "sanitaria"** (anche se le quattro piante che abbiamo nel nostro soggiorno non sono certo sufficienti a rendere salubre l'aria della nostra casa!) di cui il mercato delle piante tropicali da appartamento ha subito approfittato (pubblicizzando l'azione di filtraggio di piante già oggetto di commercio da tempo).

Abbassamento della temperatura dovuto all'evapotraspirazione

È anche vero che, attraverso l'azione di **evapotraspirazione**, gli elementi vegetali sono in grado di **modificare l'umidità relativa** di un luogo e, di conseguenza, la **temperatura dell'aria**, che tende ad abbassarsi per effetto del passaggio di stato, da liquido a gassoso, dell'acqua assorbita dal terreno ed emessa dalle foglie. Di ciò si tratterà nel par. 1 di questo capitolo.

Abbassamento della temperatura tramite nebulizzazione di acqua

Sempre sulla base dei **fenomeni evaporativi** si basa l'impiego di **cascate e specchi d'acqua** per l'intervento locale su umidità relativa e temperatura dell'aria: caso ormai famoso è quello dell'**Esposizione internazionale di Siviglia**, del 1992 (Rispa, Alonso de los Rios, 1992), in cui, per combattere il clima torrido, sulla maggior parte dell'area furono installati elementi di ombreggiamento e **dispositivi di nebulizzazione** dell'acqua, progettati come installazioni.

L'uso di questi elementi possiede quindi potenzialità di notevole interesse, la cui esplorazione è stata sinora principalmente oggetto – soprattutto nelle sue connotazioni formali – della progettazione del paesaggio (trascurando i limitati impieghi domestici), ma che attraverso l'ottica bioclimatica sta portando a una nuova considerazione degli elementi naturali nel progetto di architettura.

1. La vegetazione nel controllo microclimatico e ambientale

Le piante possono giocare un ruolo fondamentale nella creazione di condizioni di confort ambientale sia negli spazi aperti sia in quelli confinati: la progettazione del verde, oltre a essere in grado di qualificare il territorio offrendo spazi di svago per la collettività, è pertanto uno dei principali aspetti dell'approccio bioclimatico e sostenibile in urbanistica e in architettura.

Al corretto impiego del verde si possono attribuire un ruolo dominante nella composizione del paesaggio costruito e una sempre maggiormente riconosciuta importanza nel dibattito sull'architettura contemporanea ma, allo stesso tempo, anche una serie di funzioni di controllo inerenti: il microclima urbano, l'irraggiamento solare degli spazi aperti e degli edifici, la velocità e la direzione delle correnti d'aria, la riduzione dell'inquinamento

atmosferico e acustico, la qualità delle acque, la protezione del suolo, la conservazione della vita animale.
Inoltre un'appropriata gestione del verde urbano può fornire biomassa a fini alimentari ed energetici e la vegetazione può offrire benefici psicologici per gli utenti (identificazione del proprio ambiente, situazioni di confort visivo, privacy ecc.).

1.1. Controllo del microclima urbano I processi di **evapotraspirazione** delle piante (dovuti alla fotosintesi e comportanti l'immissione di vapor acqueo in atmosfera con assorbimento di calore), uniti alla caratteristica delle piante stesse di creare zone riparate dai raggi solari, permettono agli spazi verdi di giocare, in determinate condizioni, un ruolo fondamentale nella moderazione del **microclima urbano** soprattutto in estate e, conseguentemente, nella limitazione delle concentrazioni di inquinanti. La consistente presenza di piante può contribuire a modificare sensibilmente il livello di **umidità** e, normalmente, in presenza di masse vegetali si registrano, d'estate, abbassamenti localizzati della **temperatura dell'aria** anche di diversi gradi.

Limitazione della concentrazione di inquinanti

In condizioni di assenza di vento, in città, si determinano (per effetto delle differenze di pressione) correnti d'aria dalla zona più fresca, quella periferica, verso quella più calda, il centro (dove sono maggiormente concentrati materiali che accumulano calore, attività che lo producono, impianti e

FIGURA 4.1 Schema relativo all'influenza del verde sul microclima e sulla concentrazione di inquinanti in ambito urbano

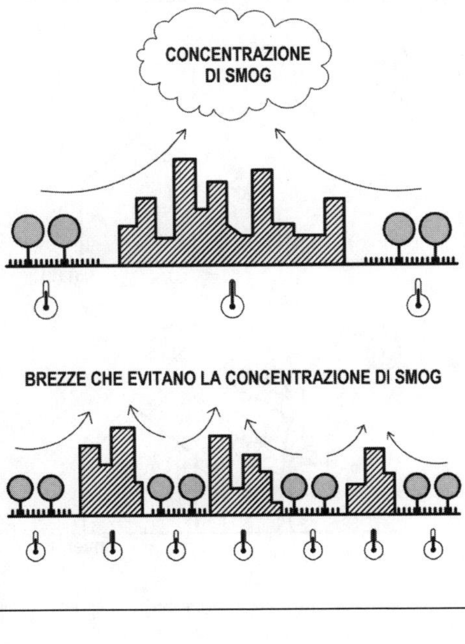

traffico veicolare), causando lo spostamento degli inquinanti atmosferici verso il centro stesso e creando, qui, una **cappa di smog.**
La presenza di **aree urbane verdi** permette continui cambiamenti di temperatura tra il tessuto più densamente costruito (normalmente a temperatura maggiore) e quello più naturale; ciò determina la formazione di una serie di brezze (che si muovono dal verde alle zone edificate) che **limitano il surriscaldamento delle città e i problemi di concentrazione di smog** (fig. 4.1).

Controllo stagionale della radiazione solare

1.2. Controllo dell'irraggiamento solare La vegetazione a foglia caduca può esercitare un'importante azione di controllo stagionale della radiazione solare, permettendo di ottenere **ombreggiamento** estivo sia degli edifici sia degli spazi aperti, senza però impedire d'inverno la penetrazione dei raggi solari (fig. 4.2).
La capacità di fare ombra, da parte degli alberi, dipende da diversi fattori: innanzitutto dal loro **portamento** (espanso, ovoidale, arrotondato, conico ecc.). Le diverse specie vegetali sono caratterizzate poi da differenti **coefficienti di ombreggiamento** estivo e invernale, che dipendono da fattori quali il fogliame e il portamento stesso. Il coefficiente di ombreggiamento di una specie vegetale esprime la percentuale di trasmissione dei raggi solari: più è alto, maggiore è la radiazione trasmessa. Dal punto di vista della progettazione bioclimatica sono migliori le specie con basso coefficiente di ombreggiamento estivo e alto invernale: tra esse alcune specie di acero, il faggio, la farnia, l'ippocastano (Scudo, Ochoa De La Torre, 2003, schede).

FIGURA 4.2 Schema relativo all'effetto frangisole della vegetazione a foglia caduca

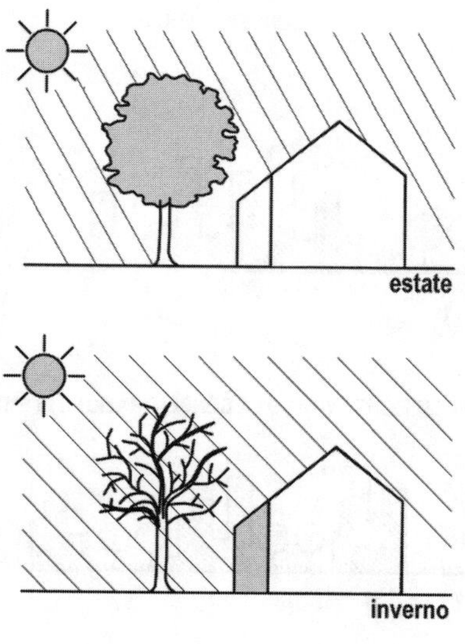

Ciclo di fogliazione/defogliazione

Altro elemento molto importante è il ciclo di fogliazione/defogliazione delle piante. Per fornire buone prestazioni di controllo dell'irraggiamento solare sono ideali specie con un ciclo di fogliazione/defogliazione in fase con la domanda di raffrescamento/riscaldamento. Di norma le specie autoctone hanno questa caratteristica. È pertanto necessario conoscere in modo approfondito le specie presenti localmente in modo da poterle utilizzare correttamente per la realizzazione di efficaci sistemi frangisole; in linea di massima conviene comunque scegliere specie a stagione vegetativa breve nei climi freddi e a stagione vegetativa lunga nei climi caldi.

Fattore di accrescimento

Altro aspetto da considerare è il fattore di accrescimento delle piante. Perché il sistema del verde possa entrare a regime, nel progetto bioclimatico, occorre aspettare che le piante crescano oppure piantare esemplari già cresciuti. Visto però che l'utilizzo di questi ultimi è di norma piuttosto oneroso (per i costi delle piante stesse e dei trasporti), si possono utilizzare soluzioni fondate sul contemporaneo impiego di specie definitive a crescita lenta e specie provvisorie a crescita rapida o, al posto di queste ultime, leggeri brise-soleil artificiali (tende, reti ecc.) montati su strutture provvisorie, da eliminare quando i frangisole naturali avranno raggiunto le previste dimensioni.

Rampicanti e involucri bioecologici

Ovviamente anche le **piante rampicanti** possono esercitare le stesse funzioni di frangisole degli alberi; anzi, nel loro caso si può prevedere la realizzazione di superfici orizzontali coperte e persino verticali, in aderenza alle facciate edilizie da schermare, per proteggerle dal surriscaldamento estivo. Nel caso di piante a foglia caduca si può ottenere una variabilità non solo delle prestazioni microclimatiche dell'edificio ma anche delle sue connotazioni estetico-formali con un cambiamento continuo dei colori di facciata.

Poiché la possibilità di utilizzare rampicanti, per il controllo termoigrometrico delle facciate, è limitata in presenza di superfici di involucro di grandi dimensioni e di edifici di altezze molto elevate, visto che la copertura di ciascuna pianta può avere estensioni relativamente ridotte, in recenti sperimentazioni – soprattutto relative alla Corea e al Giappone (Tae-Han Kim, 2006, p. 209) – si stanno mettendo a punto specifiche soluzioni con aiuole sospese o veri e propri **involucri bioecologici**. Si tratta di soluzioni con pannelli prefabbricati che ospitano la coltivazione di diverse specie. In Giappone ne esistono alcuni realizzati con un sistema di stuoie vegetali in muschio di torba, fissate a un supporto in acciaio inox forato che, a sua volta, va ad alloggiarsi in facciata creando anche uno strato di ventilazione tra parete verde e involucro edilizio. Gli effetti che si possono ottenere, in termini di riduzione del carico termico sugli edifici, sono notevoli (a Seul sono stati monitorati abbassamenti di temperatura fino a 17 °C; ivi, p. 214); tuttavia occorrono diversi mesi per far entrare a regime il sistema e permangono problemi di irrigazione.

Un edificio molto singolare, realizzato a Montpellier, è l'***Immeuble qui pousse*** di Edouard François (immagine a colori, foto 12). L'edificio deve il suo nome al fatto che l'involucro, realizzato in elementi in calcestruzzo con un paramento di pietre ingabbiato in reti di acciaio (del tipo di quelle dei muri di sostegno), è studiato al fine di farvi crescere direttamente la vegetazione, nel giro di alcuni anni. Negli interstizi tra una pietra e l'altra è stata infatti inserita terra con un sistema di irrigazione automatico. La concimazione della terra e la semina di specie vegetali, con impianto radicale non aggressivo, sono avvenute, con i pannelli già in opera, grazie a *climbers* che si sono arrampicati sulle facciate.
Anche le **coperture verdi** hanno un'importanza rilevante nel controllo microclimatico (ad esse è dedicato il par. 2 di questo capitolo).

1.3. Controllo della velocità e della direzione delle correnti d'aria La vegetazione può contribuire in maniera determinante al controllo dei flussi di vento, diminuendone la velocità o deviandone il percorso.
Dopo aver eseguito le necessarie indagini sulle correnti d'aria nel sito di intervento (cfr. cap. 3, par. 4), si possono disporre barriere frangivento formate da alberi al fine di:
- **limitare l'accesso dei freddi venti invernali** sia negli spazi aperti che sugli edifici (con la conseguente riduzione dei fenomeni convettivi che possono produrre la dissipazione del calore dagli edifici);
- **incrementare l'accesso delle brezze refrigeranti estive** alle aree aperte e sugli edifici; in questo caso si può immaginare anche di indirizzare le correnti d'aria su specchi d'acqua o fontane al fine di potenziarne l'azione raffrescante.

Gli effetti della vegetazione sul vento sono difficili da valutare ma si possono utilizzare a modello le indicazioni fornite, soprattutto sotto forma di **schemi grafici**, da diverse pubblicazioni sul tema (ad esempio, Marocco, Orlandi, 2000). Questi schemi (un esempio è riportato in fig. 4.3), realizzati per i diversi tipi di portamento delle alberature impiegabili, forniscono le distanze dalle barriere vegetali alle quali si registrano gli effetti più rilevanti in termini di riduzione della velocità del vento (e quindi le distanze alle quali porre tali barriere dal sito o edificio da proteggere); queste distanze sono calcolate, di norma, in "altezze della barriera considerata".

Effetto frangivento "morbido" delle piante

La vegetazione è particolarmente indicata nel controllo delle correnti d'aria per il suo **effetto frangivento "morbido"**, che limita i possibili problemi di turbolenza sulle parti terminali della barriera e alla sua sommità e non crea – cosa che avviene invece per le barriere artificiali, come le murature – possibili problemi alle aree limitrofe non protette, derivanti dal completo dirottamento delle correnti d'aria verso di esse. Le barriere vegetali, infatti, non si oppongono rigidamente al passaggio del vento, ma svolgono un'azione di "filtraggio" che ne limita gli effetti più fastidiosi. In linea di massi-

FIGURA 4.3 Schema tipo sugli effetti di riduzione della velocità del vento da parte di una barriera vegetale (Vi = velocità del vento prima di incontrare la barriera; Vo = velocità del vento dopo la barriera)

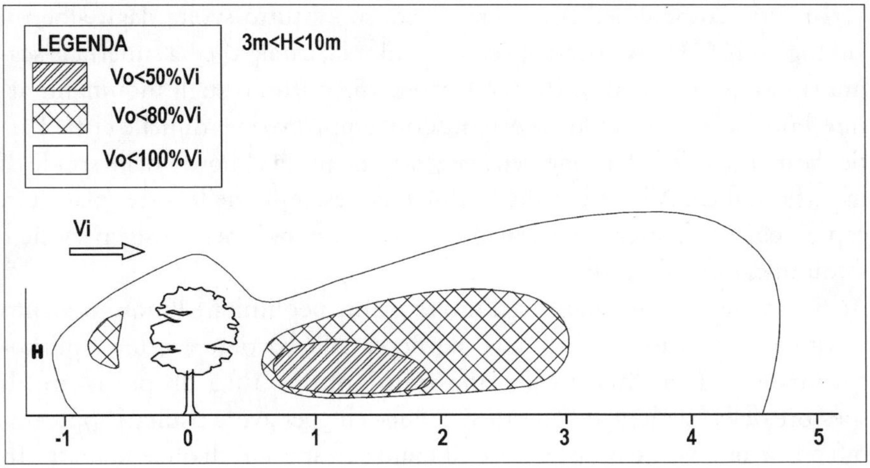

ma, per la realizzazione di barriere frangivento, la soluzione migliore è quella di impiegare barriere di media permeabilità che possono essere ottenute con associazioni vegetali realizzate con filari di alberi alti con arbusti interposti. La maggior efficienza si ha quando il vento è perpendicolare alla barriera.

Frangivento in clima mediterraneo

Di norma, nei **climi mediterranei**:

- **in inverno**, occorrono protezioni dalle correnti d'aria fredda, con direzione prevalente da nord, nord-est, nord-ovest; queste protezioni (quando disposte a nord del sito o dell'edificio da proteggere) possono essere realizzate con specie sempreverdi (perché non impediscono il soleggiamento);
- **in estate**, per incanalare le brezze refrigeranti verso il sito o l'edificio da raffrescare, è conveniente impiegare specie vegetali a elevata evapotraspirazione.

Il controllo dei flussi di vento invernali ed estivi che interessano gli edifici contribuisce a una riduzione dei consumi energetici perché riduce le infiltrazioni d'aria in inverno (e la necessità di farvi fronte con un maggiore impiego degli impianti termici) e aumenta la presenza di flussi refrigeranti in estate (riducendo la necessità di utilizzare impianti di condizionamento).

Controllo dell'inquinamento atmosferico

1.4. Controllo dell'inquinamento atmosferico e acustico Le piante possono avere, specie in ambito urbano, un'importantissima funzione di controllo dell'**inquinamento atmosferico**, per la loro capacità di: assorbire sostanze inquinanti; filtrare particolato solido; fissare batteri dell'aria; indicare la

presenza di inquinanti; produrre ossigeno per fotosintesi, riducendo l'emissione di biossido di carbonio.
L'azione della vegetazione si esercita anche attraverso il **fissaggio delle polveri nocive** sospese nell'atmosfera, opera soprattutto svolta dagli alberi il cui fogliame si muove poco al vento (paulonia, catalpa) e ha superficie scabra (ippocastano, olmo). Perché l'azione di controllo sugli inquinanti atmosferici sia apprezzabile occorre inserire ampi spazi verdi nelle città. Particolarmente utile è l'azione della vegetazione posta al bordo delle strade di intenso traffico. All'interno degli edifici, per esempio nelle serre solari (cfr. cap. 5, par. 1), la presenza di piante può servire, poi, per l'ossigenazione e l'umidificazione dell'aria.

Controllo dell'inquinamento acustico

Anche se spesso viene suggerito l'uso di piante per limitare l'**inquinamento acustico**, la riduzione del rumore permessa dalle barriere vegetali è piuttosto modesta. In media si calcolano riduzioni di 0,1-0,2 db per metro di spessore della barriera; da questo si deduce che per avere risultati apprezzabili occorrono vere e proprie fasce alberate con spessori di oltre 50 metri. In molte situazioni può essere quindi più efficace l'uso di barriere artificiali. Tuttavia le barriere vegetali possono avere un importante effetto psicologico, schermando alla vista – con elementi naturali di aspetto piacevole – la fonte di rumore (per esempio una strada) e svolgendo un ruolo attivo di arricchimento del paesaggio sonoro, attraverso le specie animali che ospitano e per il loro muoversi al vento.

Acqua e suolo

1.5. Qualità delle acque, protezione del suolo, conservazione della vita animale, produzione di biomassa Alcuni tipi di piante esercitano un'importante azione di **purificazione delle acque superficiali**; in determinate condizioni possono essere utilizzate specie vegetali per la depurazione delle acque reflue attraverso processi di **fitodepurazione** (cfr. cap. 4, par. 3).
Con la sua struttura radicale, la vegetazione svolge poi un'importante azione di **protezione del suolo** dall'erosione superficiale. Ampi spazi a verde in contesti cittadini garantiscono inoltre la **permeabilità del terreno** necessaria alla corretta ricarica delle falde e utile per limitare possibili problemi di esondazione (cfr. cap. 4, par. 3).

Ecosistema urbano e produzione di biomassa

Ancora, la presenza della vegetazione è indispensabile per lo **sviluppo della vita animale** anche in contesti cittadini ed è quindi un elemento in grado di arricchire la qualità degli **ecosistemi urbani**; in determinate condizioni i parchi cittadini, i viali alberati e le fasce verdi che bordano l'alveo dei fiumi possono costituire una vera e propria rete ecologica (cfr. cap. 3, par. 1), con corridoi atti al passaggio o alla sopravvivenza di specie animali anche in contesti fortemente antropizzati.
Le piante possono produrre **biomassa**, utilizzabile per il compostaggio, in processi atti a produrre energia o, ancora, come materia prima. Attente po-

litiche di potatura delle alberature urbane potrebbero rendere disponibili enormi quantità di legname utili, per esempio, a fini energetici.

Il verde urbano, poi, può divenire anche un sistema di **produzione alimentare**. In alcune città (tra le quali Lione e Nîmes) sono stati realizzati parchi urbani con ampie zone destinate a orti: efficaci, anche da un punto di vista sociale, potrebbero essere politiche di manutenzione del verde urbano fondate sull'attribuzione (con affitti modesti) di lotti di verde pubblico da coltivare a soggetti interessati (pensionati, scuole, associazioni ecc.), con la garanzia di un presidio continuo e di un coinvolgimento attivo di parte della popolazione alla tutela dei comuni beni ambientali e una riduzione dei costi pubblici.

1.6. Scelta delle specie vegetali Per progettare il verde in funzione delle esigenze di progetto e delle specifiche condizioni microclimatiche e ambientali locali è di primaria importanza la scelta delle specie vegetali, che si potrà effettuare solo dopo aver considerato tutte le "prestazioni" che è necessario che le piante da impiegare offrano e tutte le esigenze delle piante stesse in relazione al tipo di terreno vegetale e alla loro corretta irrigazione, fertilizzazione, potatura.

Database per la progettazione

Alcune pubblicazioni (Scudo, Ochoa De La Torre, 2003) riportano schede specifiche a questo scopo che possono rivelarsi particolarmente utili per i progettisti; sono inoltre in fase di studio specifici **database** per la progettazione eco-compatibile che permettono di fare ricerche sulle diverse specie di piante utilizzabili, in funzione delle loro caratteristiche ed esigenze ecologiche e delle prestazioni che possono fornire, corredati da ricchi repertori fotografici che permettono di valutare anche gli aspetti estetico-formali: tra essi si ricorda quello in studio presso il Dipartimento di scienze e tecniche per i processi di insediamento del Politecnico di Torino e il Dipartimento di biologia vegetale dell'Università di Torino (Marino, Montacchini, 2006, p. 267). Un limite alla diffusione di questi database è rappresentato dal fatto che essi si riferiscono, di norma, solo alle specie vegetali più diffuse nell'area di studio nella quale sono stati realizzati.

2. Coperture "verdi" per il controllo climatico naturale

Una soluzione tecnologica che integra materiali vegetali vivi con gli usuali materiali edilizi, atta a controllare il microclima dei nostri spazi aperti e di quelli confinati, è quella della "copertura verde". Si tratta di una soluzione di **verde pensile** per la **realizzazione delle coperture**, piane o inclinate, degli edifici in cui il manto della copertura stessa è costituito da una coltre erbosa di entità variabile.

Coperture vegetali tradizionali

L'uso delle zolle erbose su supporto torboso, per la realizzazione delle coperture degli edifici, è molto antico ed è stato impiegato, secondo modalità tradizionali "vernacolari", sino a pochi decenni fa in maniera abbastanza estesa, in alcune regioni del Nord-Europa, quali ad esempio la Danimarca e l'Islanda. Si tratta di una tecnica diversa da quella, impiegata nelle aree citate e in aree geografiche limitrofe, del **tetto di paglia** (tuttora usato in ambito rurale), nella quale il manto è costituito da vegetazione morta, ovvero da fasci di paglia, di spessore di circa 40 cm, la cui azione duplice di protezione dall'acqua e dal freddo invernale è dovuta alla struttura tubolare dei fili di paglia e dalla stratificazione (immagine a colori, foto 13).

Nella **copertura verde tradizionale** la parte di vegetale vivo è variabile in funzione del clima, dell'esposizione solare e di quella ai venti, mentre la parte di supporto (al disopra della struttura e del tavolato ligneo tipico di questi edifici) e di protezione vera e propria è costituita dal terreno fortemente torboso, che per spessore e fibrosità è in grado in parte di repellere l'acqua di pioggia e in parte assorbirla ritardando il passaggio all'interno (immagine a colori, foto 14).

Estraneità culturale

Ma la riproposizione, oggi, delle coperture verdi nella nostra architettura prevede livelli prestazionali di tutt'altra entità e una perfetta impermeabilità all'acqua.

La prima osservazione da fare, prima di analizzarne le caratteristiche e le specifiche funzioni, è che dal punto di vista formale la copertura verde risulta essere un elemento culturalmente estraneo in molte zone europee e in particolare nell'area mediterranea. Nella nostra cultura costruttiva domina, per i manti di copertura, il **laterizio**, nelle sue diverse forme, seguito dalla **pietra a lastre** per certe aree montane e per buona parte della Liguria (con le lastre di ardesia). La copertura verde va quindi considerata, nella nostra cultura, una s**oluzione tecnologica contemporanea** e non una ripresa di tecnologie tradizionali, e vedremo nelle prossime righe come le modalità realizzative lo dimostrino chiaramente.

Caratteristiche fisiche

Ultimamente le soluzioni di copertura verde vengono impiegate, nel nostro ambito culturale, soprattutto per realizzare zone attrezzate a giardino sulle strutture ospitanti box interrati. Questa scelta, in genere fatta solo su criteri estetici, ha invece ripercussioni importanti sulla qualità ambientale locale. La copertura verde ha infatti diverse connotazioni che la rendono interessante a una applicazione più frequente, estesa a edifici di diversa tipologia e destinazione d'uso:

- il terriccio impiegato per alimentare e trattenere le piante è di tipo organico, quindi è molto poroso, contiene molta aria, quindi ha una **trasmittanza** piuttosto bassa (conduttività con valori intorno a 0,15 W/mK), pur non essendo un vero e proprio isolante termico; avendo però anche una buona massa risulta più adatto alla protezione dal carico termico estivo di un isolante termico a bassa densità a causa di un valore di **capacità termica** più alto (per le definizioni di trasmittanza e capacità termica, cfr. cap. 5, par. 14);

- la soprastante vegetazione ha un valore di **albedo** medio, per cui è piuttosto confortevole nei momenti di forte irraggiamento solare senza costituire né un elemento di accumulo né di riflessione;
- la vegetazione per effetto dell'**evapotraspirazione** riduce la temperatura dell'aria;
- in funzione dello spessore la copertura verde agisce come un efficace sistema di **isolamento acustico** e agisce efficacemente anche esternamente come superficie fonoassorbente;
- la vegetazione può ospitare **insetti e piccoli animali**, contribuendo alla biodiversità.

Numerosi sono ormai i casi di applicazione nell'architettura contemporanea, in edifici sia di piccola che di grande dimensione, con motivazioni ambientali-ideologiche (come negli edifici degli ecovillaggi) o estetico-funzionali (immagini a colori, foto 15 e 16).

Risparmio energetico

L'efficacia di tale soluzione di copertura – che definirei "sistema di isolamento attivo", in quanto non opera solo per contenimento del calore ma, come si è detto, anche attraverso l'effetto di ombreggiamento e di evaporazione dell'acqua – è stata, ad esempio, testata attraverso un progetto della Rete di punti energia della Provincia di Cremona (Cammi, Rugginenti, 2002) prendendo come riferimento le caratteristiche del tetto verde di una nota azienda. Gli autori hanno sviluppato un **modello matematico** per descrivere il comportamento termodinamico di un tetto verde in **regime non stazionario**.

I risultati ottenuti con la simulazione, in termini di **risparmio energetico**, hanno portato ai valori (i migliori tra le varie soluzioni testate) seguenti: gennaio 18,88%, luglio 36,87%, settembre 31,83%.

È evidente come tale soluzione sia particolarmente efficace nel ridurre i carichi termici estivi; abbinata a una efficace soluzione di isolamento termico convenzionale porterebbe a valori di risparmio energetico molto alti anche in situazione invernale.

Altre caratteristiche interessanti

La copertura verde, grazie alla presenza della vegetazione e dello strato di terriccio, ha inoltre altre caratteristiche di interesse (dipendenti dallo spessore del substrato e dal tipo di vegetazione):

- è in grado di ridurre il tasso di CO_2 nell'aria grazie all'azione della fotosintesi delle piante, liberando ossigeno;
- è in grado di trattenere polveri sospese nell'aria, in maniera variabile in funzione delle caratteristiche delle piante utilizzate, riducendone quindi la presenza;
- in caso di forti piogge riduce il carico temporaneo sulla rete di smaltimento delle acque bianche, attraverso il trattenimento di parte dell'acqua meteorica;

Stratificazione di una copertura verde

In generale, per una realizzazione a "regola d'arte" una copertura verde necessita di diversi strati, ognuno con una specifica funzione, tali da rendere questa soluzione efficace e durevole (cfr. fig. 4.4). Non si tratta quindi di

FIGURA 4.4 Stratificazione funzionale di un tetto verde

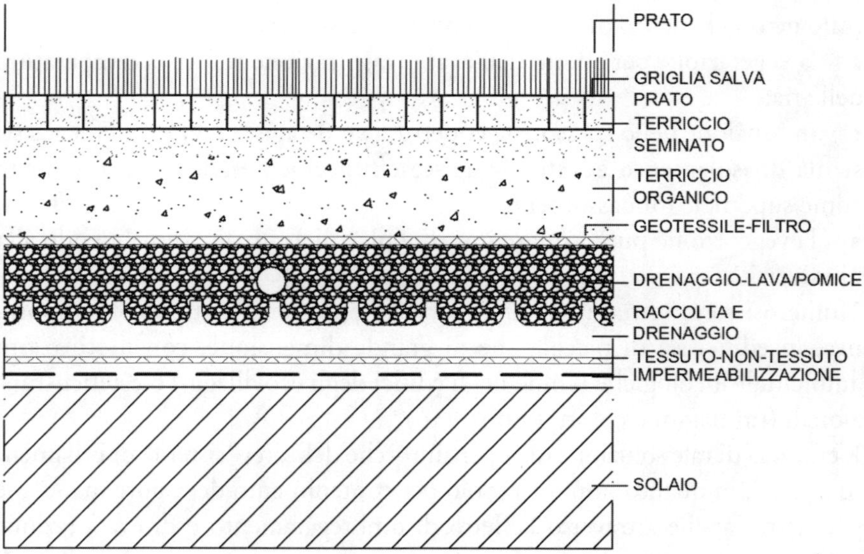

buttare della terra su una guaina impermeabilizzante, con i rischi connessi di punzonamento dovuto alla presenza di pietre o di perforazione per azione delle radici delle piante; spesso l'opposizione all'applicazione di tale soluzione si basa sull'ignoranza delle modalità applicative corrette.
A partire dall'elemento strutturale di solaio della copertura, troveremo quindi almeno i seguenti **strati**:
- strato di pendenza;
- impermeabilizzazione;
- elemento di protezione della guaina impermeabilizzante (in genere tessuto-non-tessuto permeabile all'acqua ma in grado di trattenere particelle solide anche molto piccole);
- terriccio organico;
- specie erbacee ma soprattutto *sedum*.

Una soluzione di tetto verde con **alte performance** vede però la presenza di strati ulteriori, atti a permettere una buona vivibilità dei vani sottostanti, pertanto si consiglia la seguente stratificazione:
- barriera al vapore (quando necessaria);
- isolamento termico;
- strato di separazione;
- strato di pendenza;
- impermeabilizzazione;
- elemento di protezione della guaina impermeabilizzante, di drenaggio

1 Rolf Disch, Heliotrop, Friburgo, Germania, 1994; l'edificio-macchina, che può ruotare per captare in continuo la radiazione solare, è un concentrato di tecnologie atte a limitare i consumi energetici da fonti fossili.

2 Jourda & Perraudin, Edificio dimostrativo, Quartiere dell'IGA, Stoccarda, Germania, 1993; l'edificio si compone di tre unità abitative a schiera, presenta un'ampia serra solare a sud per il guadagno termico passivo ed un sistema indipendente di copertura-frangisole ad ombrello.

3 HHS Architekten, Edificio dimostrativo, Quartiere dell'IGA, Stoccarda, Germania, 1993; l'edificio si compone di tre unità abitative a schiera; per la sua realizzazione sono stati impiegati sistemi solari attivi e passivi; in particolare, sulla grande serra solare a sud, sono presenti brise-soleil con ologrammi integrati nella vetrata, in grado di filtrare i raggi solari in funzione dell'angolo di incidenza.

4 Edifici del Quartiere di Viikki, Helsinki, Finlandia, 1999-2010 (previsto completamento); il progetto per la realizzazione del quartiere (Masterplan: Riitta Jalkanen) è fondato sul controllo dell'inquinamento, la gestione dei rifiuti, l'uso di sistemi solari e strategie bioclimatiche, l'impiego di materiali atossici, la salvaguardia della biodiversità.

5 Villaggio di Ecolonia, Alphen-aan den Rijn, Olanda, 1989-1993; in questo villaggio, realizzato con tecnologie bioclimatiche ed eco-compatibili (Masterplan: Lucien Kroll), è previsto anche il recupero delle acque piovane che alimentano un piccolo lago posto al centro dell'insediamento.

6 Georg Wolfgang Reinberg, Insediamento turistico Inselwelt Jois, Neusiedler See, Austria, 1995-2001; gli edifici sono stati realizzati su quattro isolotti di un bacino portuale artificiale degli anni '70, che, nel tempo, ha assunto caratteristiche di pregio ecosistemico; l'intervento è un esempio di riuscita integrazione del costruito con il contesto naturalistico e paesaggistico.

7 Georg Wolfgang Reinberg, Insediamento turistico Inselwelt Jois, Neusiedler See, Austria, 1995-2001; gli edifici, realizzati con strutture leggere ed elementi quasi totalmente prefabbricati e montabili a secco (per ridurre l'impatto di cantiere), sono caratterizzati dall'impiego di soluzioni solari attive e passive.

8 Domus Arkitekter A/S, Isola ecologica, Insediamento di Hedebygade, Copenaghen, Danimarca; l'insediamento è stato oggetto di un ampio intervento di riqualificazione sostenibile (coordinato dalla SBS, Urban Renewal Company e da Ole Michael Jensen, con la partecipazione di numerosi studi di progettazione; 1996-2002).

9 Laboratorio di Progettazione partecipata, S. Bartolomeo al Mare (Imperia), 2001; un'immagine dei bambini al lavoro.

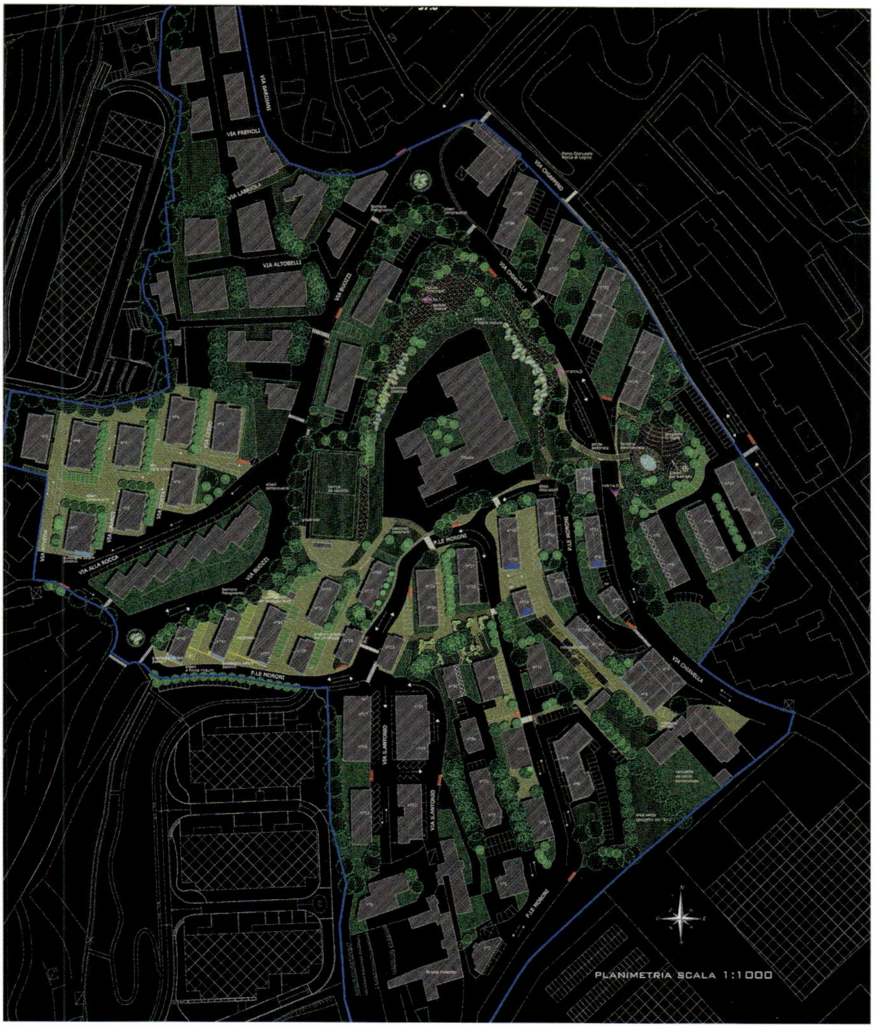

10 Andrea Giachetta e altri, Progetto finanziato per il Contratto di Quartiere di Piazzale Moroni, Savona; un estratto della tavola che illustra la futura disposizione del verde e dei percorsi.

11 Cepezed, Padiglione espositivo, Hoek Van Holland, Olanda, 1994; l'edificio è in una zona dove sono presenti forti correnti ventose che hanno determinato le scelte progettuali relative alla morfologia e ai materiali di involucro della costruzione; l'ingresso (a destra nella foto) è protetto da una griglia metallica frangivento.

12 Edouard François, "Immeuble qui pousse", Montpellier, Francia, 1999-2000; l'edificio (qui in una foto realizzata poco dopo la sua costruzione) ha un involucro nel cui paramento di pietre, ingabbiato in reti di acciaio, sono stati inseriti un apposito sistema di irrigazione e terra, poi concimata e seminata da *climbers*, per far crescere specie vegetali in facciata.

13 Danimarca: un tetto in paglia in una casa nella campagna danese.

14 Islanda: una casa di legno con tetto di torba inerbito.

15 Mecanoo Architekten, Biblioteca universitaria di Delft, Olanda, 1998; la copertura è costituita da un ampio tetto verde.

16 Danimarca: un tetto verde in una casa dell'ecovillaggio di Torup.

17 Impianto di fitodepurazione in serra, Kolding, Danimarca, 1994; uno degli elementi del sistema di distribuzione dell'acqua depurata nel giardino; qui in parte essa viene utilizzata per l'irrigazione, in parte serve a costituire piccoli laghetti.

18 Impianto di fitodepurazione in serra, Kolding, Danimarca, 1994; l'impianto, realizzato nell'ambito di un intervento di recupero urbano, serve 250 utenti e tratta circa 11.000 mc di acque reflue all'anno; la depurazione avviene in verticale, con percolazione dell'acqua dall'alto in diverse vasche di trattamento.

19 Georg Wolfgang Reinberg, Uffici BIOTOP, Weidling, Austria, 2002; l'edificio presenta, sulla facciata sud, una serra solare che – d'inverno – contribuisce al riscaldamento termico e – d'estate – capta dal basso l'aria fresca che lambisce la superficie del lago oltre che aria proveniente da condotti sotterranei e la smaltisce verso l'alto con un sistema di raffrescamento passivo ad effetto camino.

20 Georg Wolfgang Reinberg, Uffici BIOTOP, Weidling, Austria, 2002; l'edificio, oltre ai sistemi solari passivi, presenta: sistemi solari attivi, integrazione impiantistica realizzata con impianto a biomassa che sfrutta gli scarti della produzione aziendale e della manutenzione del verde, sistemi di recupero idrico.

21 Mecanoo, Edificio dimostrativo, Quartiere dell'IGA, Stoccarda, Germania, 1993; la facciata sud dell'edificio presenta sistemi solari passivi a serra (realizzati in corrispondenza del vano scala) e a guadagno diretto.

22 Giachetta, Magliocco, Bronzin (con Dettoni e Lavalle) + Dedalo + GESI, Progetto definitivo di recupero edilizio con tecnologie solari passive, Savona, 2005; nel render di progetto sono rappresentate: sulla destra del prospetto sud, le chiusure a serra dei balconi esistenti, sulla sinistra, i muri solari tipo Trombe-Michel impostati su nuova struttura in legno lamellare e dotati di frangisole fissi.

23 Hanne Marcussen, Jens Peter Storgård, Insediamento residenziale di Skotteparken, Egebjerggård – Ballerup, Danimarca, 1992; l'insediamento eco-compatibile si compone di 100 alloggi dotati di sistemi solari passivi e attivi; in primo piano una delle serre solari realizzate.

24 Georg Wolfgang Reinberg, Edificio per abitazioni, Gleisdorf, Austria, 1996-98; vista dall'interno di una delle serre solari presenti per il riscaldamento passivo degli spazi abitati; si notino in basso i sistemi di apertura regolabili per l'ingresso dell'aria.

25 Georg Wolfgang Reinberg, Edificio per abitazioni, Gleisdorf, Austria, 1996-98; l'edificio è inserito in un intervento di tre complessi residenziali e per uffici che sfruttano sistemi solari passivi e attivi (sia solari termici sia fotovoltaici); nella foto, la serra solare della facciata sud; si notino, in basso, le bocchette per l'ingresso dell'aria.

26 Insediamento di Hedebygade, Copenaghen, Danimarca, 1996-2002; nella foto: dietro ai balconi dell'edificio riqualificato dallo studio di architettura Plan 1 A/S, con sistemi fotovoltaici integrati al parapetto, si può vedere un sistema solare passivo del tipo muro Trombe-Michel ad irraggiamento.

27 Georg Wolfgang Reinberg, Edificio residenziale, Hofjägerstrasse, Vienna, Austria, 1999-2001; le sedici unità abitative sono riscaldate da sistemi solari passivi a serra; davanti alle serre corre una fascia di collettori solari termici che assicurano il fabbisogno energetico per l'acqua sanitaria e, parzialmente, il riscaldamento ambientale con radiatori a bassa temperatura.

28 Insediamento di Hedebygade, Copenaghen, Danimarca, 1996-2002; nella foto: dettaglio di facciata di un edificio, riqualificato su progetto dello studio di architettura Møllers Tegnestue, con inserimento di un impianto fotovoltaico in silicio policristallino.

29 SBS Urban Renewal Company + Ole Michael Jensen (coordinamento), Riqualificazione sostenibile dell'insediamento di Hedebygade, Copenaghen, Danimarca, 1996-2002; nell'ambito della riqualificazione dei complessi edilizi si è fatto largo impiego di sistemi fotovoltaici integrati alle facciate.

30 Insediamento di Hedebygade, Copenaghen, Danimarca, 1996-2002; nella foto: dettaglio di facciata di un edificio, riqualificato su progetto dell'Arkitektgruppen København, con inserimento di un impianto fotovoltaico in silicio monocristallino.

31 Georg Wolfgang Reinberg, Uffici della Sonnenkraft, St. Veit/Glan, 2001-2002; l'edificio, sede di un'industria specializzata nella produzione di impianti solari, integra soluzioni solari passive e attive; in particolare è presente un impianto fotovoltaico di 192 mq e 20 kWp.

32 Foster Associates, Nimes, Francia, 1993; il sistema di frangisole della Mediateca *Carré d'Art*.

33 Un sistema di frangisole a palette orientabili in legno.

34 Jean Nouvel, Parigi, Francia, 1987; l'*Institute du Monde Arabe.*

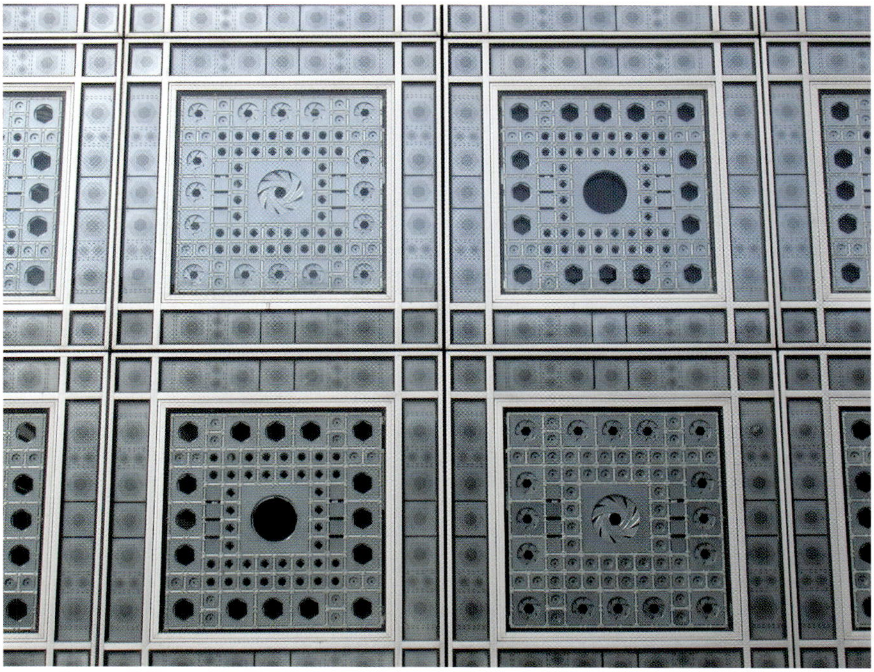

35 Jean Nouvel, Parigi, Francia, 1987; il sistema di frangisole a diaframmi fotosensibili dell'*Institute du Monde Arabe*, evidente evocazione delle *musciarabia* arabe.

36 Insediamento di Hedebygade, Copenaghen, Danimarca, 1996-2002; nella foto: sistema a specchio per la riflessione della luce naturale che permette la penetrazione dei raggi solari in un cavedio presente all'interno dell'edificio; progetto dell'architetto Peter Holst.

37 Edificio dimostrativo, Quartiere dell'IGA, Stoccarda, Germania, 1993; all'interno dell'edificio è presente un atrio nel quale funziona un sistema a camino solare per il raffrescamento passivo, l'aria proveniente dal vano scale e dalle bucature che affacciano sull'atrio stesso viene smaltita alla sua sommità dove si riscalda per effetto serra.

38 Lundgaard & Tranberg, Riqualificazione sostenibile di un edificio residenziale a Vesterbro, Copenaghen, Danimarca, 1992; nel retrofit energetico-funzionale dell'edificio sono stati impiegati sistemi solari passivi in facciata (serre solari) e sistemi solari termici per il riscaldamento dell'acqua sanitaria in copertura (86 metri quadrati di pannelli con un serbatoio di 3200 litri).

39 Lundgaard & Tranberg, Riqualificazione sostenibile di un edificio residenziale a Vesterbro, Copenaghen, Danimarca, 1992; la realizzazione delle serre solari sul prospetto sud, oltre a permettere il guadagno termico passivo, ha consentito di rinnovare profondamente la funzionalità degli alloggi e l'immagine di facciata.

40 Herzog & De Meuron, Riqualificazione e ampliamento degli uffici dell'agenzia della SUVA, Basilea, Svizzera, 1993; il nuovo involucro dell'edificio, realizzato con fasce vetrate, costituisce una seconda pelle che modifica profondamente l'aspetto dell'edificio e le sue prestazioni in relazione al controllo luminoso, termico e acustico.

41 Herzog & De Meuron, Riqualificazione e ampliamento degli uffici dell'agenzia della SUVA, Basilea, Svizzera, 1993; nell'immagine di dettaglio sono visibili le fasce vetrate che costituiscono il nuovo involucro ed i sistemi automatizzati per regolarne l'apertura in funzione delle esigenze di controllo microclimatico e luminoso.

42 Thomas Herzog, Ostello a Windberg, Germania, 1991 (foto di Peter Bonfig fornita dallo studio di Thomas Herzog); le parti fisse dell'involucro a sud ospitano sistemi di isolante traslucido (TIM).

43 Thomas Herzog, Ostello a Windberg, Germania, 1991 (foto di Peter Bonfig fornita dallo studio di Thomas Herzog); la facciata est; verso sud sono evidenti i sistemi solari passivi a guadagno diretto.

44 Azienda TOTEM, designer Paolo Cogliati, libreria HU; sistema componibile: modulo "H" altezza cm 35, larghezza cm 39, profondità cm 40; modulo "U", altezza cm 35, larghezza cm 39, profondità cm 40; ripiani, profondità cm 40, lunghezze disponibili cm 160, cm 120, cm 80.

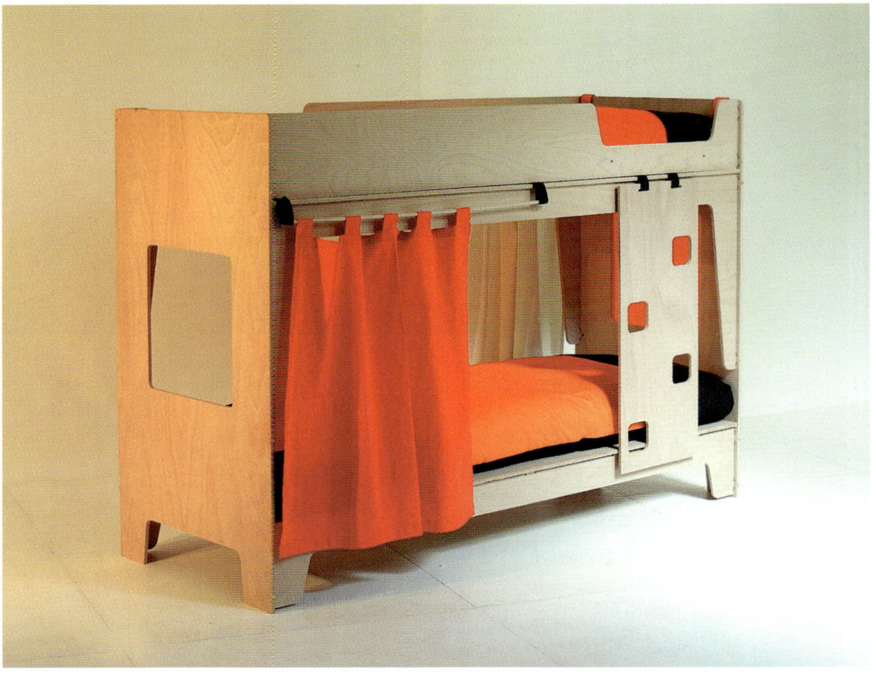

45 Azienda TOTEM, designer Paolo Cogliati, "L8" letto a castello; altezza cm 140, larghezza cm 80, lunghezza cm 200.

46 Azienda Chenna, materiale Chylon (HDPE+LDPE+legno); seduta e schienale delle sedia Shakira.

47 Azienda Chenna, materiale Chylon (HDPE+LDPE+legno); doga DOK per la realizzazione di arredi per esterni.

48 Azienda All Paper Recycling Inc., materiale ShetkaSTONE (carta riciclata+resine); lavorazione a stampo e resistenza all'umidità per la realizzazione di piano per lavandini.

49 Azienda All Paper Recycling Inc., materiale ShetkaSTONE (carta riciclata+resine); produzione di piani per la realizzazione di tavoli.

50 Capellini Design&Consulting, designer Marco Capellini; cucina di cartone.

51 Capellini Design&Consulting, designer Marco Capellini; MEETING blu, poltrona realizzata al 100% in carta e cartone riciclato.

52 Capellini Design&Consulting, designer Marco Capellini; CASSETTIERA BABY, cassettiera per bambini realizzata al 99% in carta e cartone riciclati.

53 Capellini Design&Consulting, designer Marco Capellini; PUZZLE, libreria modulare realizzata al 100% in cartone riciclato.

ed eventualmente costituzione di piccola riserva d'acqua per le piante soprastanti (elemento rigido sagomato, ad esempio in polistirolo espanso a celle chiuse);

- elemento di filtraggio, tessuto-non-tessuto permeabile all'acqua ma in grado di trattenere particelle solide anche molto piccole;
- terriccio organico (contenente a volte una struttura fibrosa, di origine vegetale, atta a costituire un migliore supporto alla vegetazione viva nelle coperture inclinate o in quelle prevegetate);
- specie erbacee ma soprattutto *sedum*.

Evidentemente è possibile combinare gli strati funzionali in elementi complessi multifunzione o utilizzare prodotti monofunzione; le diverse aziende produttrici di sistemi di tetto verde propongono soluzioni specifiche differenziate in funzione delle diverse situazioni progettuali.

Elementi per la definizione del progetto

Quella sopra descritta può essere considerata come una stratificazione funzionale standard; in realtà le scelte da operare per l'individuazione della corretta soluzione di copertura verde dipendono da alcuni **elementi contestuali** relativi all'edificio e al luogo in cui questo si trova:

- destinazione d'uso (calpestabilità e frequenza d'uso);
- immagine architettonica (della vegetazione e di eventuali altri elementi integrati);
- risorse destinabili alla manutenzione ordinaria e straordinaria (rada, frequente, con automatismi);
- pendenza della copertura;
- tipo di supporto e resistenza ai carichi;
- altre caratteristiche della copertura (bordi, presenza di camini, frequenza degli scarichi delle acque piovane ecc.);
- caratteristiche del sistema di isolamento termico e di impermeabilizzazione previsti;
- caratteristiche climatiche, in particolare:

a) piovosità stagionale;
b) temperature medie stagionali, minime e massime;
c) direzione e velocità del vento stagionale;
d) esposizione all'irraggiamento solare.

A partire da questi elementi di base è possibile procedere alla determinazione delle caratteristiche della copertura verde individuando la corretta stratigrafia e il tipo di vegetazione.

Tipologie di copertura verde

È possibile suddividere la soluzione di copertura verde in tipologie determinate dall'intensità dello strato vegetale e conseguentemente dallo spessore minimo necessario del substrato di terriccio:

- **verde estensivo**, costituito da uno strato di terriccio di circa 8-10 cm e specie vegetali di tipo erbaceo con buona capacità di autopropagazione e rigenerazione, caratterizzato da basso peso, scarsa necessità di manutenzione, bassa calpestabilità, ridotta selezione delle essenze impiegabili;

- **verde intensivo leggero**, costituito da uno strato di terriccio di almeno 15 cm di spessore, una buona varietà di specie vegetali utilizzabili (erbacee, tappezzanti), una calpestabilità anche frequente purché coadiuvata da sistemi di protezione, necessitando però di maggiori cure manutentive (irrigazione e concimazione); il peso probabile (in stato di saturazione d'acqua) è ancora compatibile con i normali carichi di esercizio previsti generalmente nell'edilizia civile (200-250 kg/mq);
- **verde intensivo pesante**, con spessore del terriccio a partire da 20 cm in su, con carichi di esercizio, in stato di saturazione d'acqua, sensibilmente superiori a quelli normalmente previsti nell'edilizia civile, va quindi previsto già in fase progettuale; permette la messa a dimora anche di arbusti e piccoli alberi e un intenso uso pedonale, necessitando però di adeguata manutenzione.

Coperture inclinate

Le tipologie di verde estensivo e intensivo leggero possono agevolmente essere applicate anche a **coperture inclinate**, prevedendo degli **elementi di supporto del terriccio** che non permettano a questo di scivolare verso la linea di gronda.

Molto usati sono i sistemi prevegetati; si tratta di materassini di fibra vegetale a trattenimento del terriccio, su cui è stata fatta crescere la vegetazione; in questo modo è possibile ottenere risultati estetici e funzionali immediati, senza dover attendere la fase di germogliatura delle sementi. Altra soluzione è l'inserimento di elementi di suddivisione in acciaio inox (ad esempio profilati a T posti con l'ala in basso), paralleli alla linea di gronda, a suddividere la falda in fasce orizzontali parallele.

Un caso: Tokio

Per concludere citiamo un caso interessante di previsione dell'impiego della copertura verde a livello istituzionale e su larga scala.

La municipalità di Tokio, dal 1° aprile 2001, ha imposto l'inverdimento di almeno il 20% delle coperture piane esistenti per gli edifici con una copertura di superficie superiore a 1.000 mq, con finanziamenti pubblici a coprire sino al 50% dei costi. Tale strumento urbanistico, con l'ausilio di forme d'incentivazione pubblica, è stato adottato per contrastare l'aumento di quasi tre gradi delle temperature medie annue, riscontrato nella città negli ultimi anni. Infatti uno studio statistico ha rivelato che nella città di Tokio, nel passato, le temperature estive diurne medie raggiungevano i 35 °C mentre quelle notturne medie scendevano mediamente sempre di 10-12 °C, permettendo così lo smaltimento del calore accumulato durante il giorno. A causa della forte urbanizzazione, se le temperature diurne sono rimaste di circa 35 °C, quelle notturne stentano a scendere sotto i 30 °C a causa dell'effetto di accumulo del tessuto urbano denso. Ciò implica problemi di confort e un uso sempre più intenso dei sistemi di condizionamento che non fanno altro che peggiorare la situazione. Tramite questa strategia si mira a ridurre le superfici in grado di accumulare calore sotto l'irraggiamento solare e a sfruttare gli effetti di evapotraspirazione per abbassare la temperatura esterna.

3. Acqua come risorsa ed elemento di progetto

L'acqua è una **risorsa fondamentale** per ogni forma di vita terrestre; la sua presenza è sempre stata indispensabile per la nascita e lo sviluppo degli insediamenti umani, tanto è vero che una delle prime forme di urbanizzazione delle città costruite dalle più grandi civiltà del passato (da quella mesopotamica a quella romana) è stata – insieme alla costruzione di strade – la realizzazione di acquedotti.

Riduzione delle risorse idriche

Oggi, però, **le risorse idriche "pure" si riducono sempre più**, con gravi problemi che sono in grado di mettere in serio pericolo la vita degli abitanti di molti paesi in via di sviluppo (creando anche notevoli conflitti soprattutto tra clan rivali di agricoltori, come è avvenuto recentemente in Pakistan e in diverse regioni africane; Lasserre, 2004) ma che riguardano anche il mondo occidentale e il nostro paese (secondo il *Dossier Italia* per la "Giornata dell'acqua, 22 marzo 2006", pubblicato sul sito web di Legambiente, quasi un terzo degli italiani non ha garantito un regolare accesso all'acqua, nonostante un prelievo *pro capite* che rende questo paese il primo consumatore d'acqua in Europa).

Già la **pioggia** in caduta può incontrare inquinanti come gli ossidi di zolfo e di azoto responsabili dell'aumento della sua acidità, con gravi effetti: sulla purezza dell'acqua, sull'ambiente naturale (corsi d'acqua e vegetazione), sulle costruzioni dell'uomo (con forte degrado delle facciate degli edifici) e sulla salute dell'uomo stesso (con problemi soprattutto a carico dell'apparato respiratorio).

Se il livello di acidità dell'acqua piovana può essere ridotto dal terreno, soprattutto in presenza di rocce calcaree, allo stesso tempo, sia le **acque di superficie** che quelle **di falda** possono entrare a contatto con altri **inquinanti** industriali, agricoli o urbani (metalli pesanti, pesticidi, nitrati, acque reflue, detersivi ecc.).

Si aggiunge a questi problemi quello dell'**impermeabilizzazione delle aree urbane** – dovuto alla massiccia cementificazione, all'assenza di pavimentazioni permeabili e alla scarsità di aree verdi –, che non permette una ricarica delle falde acquifere, con conseguente depauperamento delle risorse idriche, e che, in certi casi, rappresenta una delle principali cause di improvvisi fenomeni di esondazione, in corrispondenza di eventi piovosi eccezionali che non riescono a essere assorbiti dal terreno.

I problemi di regimazione delle acque e di ricarica delle falde, uniti alla presenza di scarichi civili e industriali, riducono poi la possibilità dei **fiumi** di attuare processi di **autodepurazione**, con l'effetto di aumentare la presenza di inquinanti. Questi ultimi, se rappresentati da sostanze nutrienti (quali azoto o fosfati, anche se queste sostanze sono state ridotte drasticamente con i detersivi di nuova generazione), possono causare la proliferazione di alghe e microalghe responsabili di **processi di eutrofizzazione** dei corpi idrici, con conseguenze molto negative sulla qualità delle acque superficiali e la biodiversità (cfr. cap. 3, par. 1) degli ambienti fluviali e costieri.

Nonostante questi problemi e la conseguente progressiva riduzione di acqua di elevata qualità e purezza, che ha comportato in pochi decenni un notevole incremento della profondità alla quale andare a effettuare i **prelievi in falda** per la sua captazione, molti sono gli sprechi di questa risorsa importantissima.

Sprechi

In Italia, per esempio, la **rete dell'acquedotto** è in molti casi vecchia e deteriorata (Colonna, Russi, 2004, facendo riferimento all'indagine condotta, nel 2003, dal Comitato per la vigilanza delle risorse idriche, istituito dalla legge 36/1994, riferiscono che la percentuale di perdite dell'acqua erogata dagli acquedotti italiani è del 42%, un dato veramente allarmante). Vi sono **altissimi consumi *pro capite*** di acqua potabile (secondo quanto riportato nel comunicato stampa del 23 marzo 2006 sul sito web del ministero dell'Ambiente e della tutela del territorio, il consumo medio giornaliero *pro capite* di acqua raggiunge punte, come quella romana, di 350 litri ad abitante), soprattutto attribuibili a **impieghi** per i quali potrebbe benissimo non essere utilizzata acqua "pura" (circa il 30% dell'acqua per usi domestici è, per esempio, impiegato per il risciacquo dei gabinetti). Vi sono poi elevatissimi **consumi industriali** che potrebbero, in molti casi, essere ridotti con una più attenta politica di riciclaggio (cfr. cap. 3, par. 3; ad esempio, per la produzione di una tonnellata di carta servono circa 440.000 litri d'acqua contro i 1.800 utilizzati per produrre la stessa quantità di carta riciclata; ARPAV, 2001, p. 5).

Le politiche che possono essere impiegate per ridurre questi sprechi sono diverse; molte di esse sono strettamente connesse al lavoro dei tecnici che si occupano di pianificazione territoriale e urbana e di progettazione edilizia.

Politiche per ridurre gli sprechi

Tra le principali strategie volte alla riduzione degli sprechi di risorse idriche si possono ricordare le seguenti:

- **il contenimento delle dispersioni delle reti di distribuzione**, sia pubbliche che private, attraverso la sostituzione delle parti degradate, il continuo monitoraggio sul rapporto tra i consumi degli utenti e la quantità d'acqua immessa in rete, la presenza di manodopera altamente qualificata, la corretta pianificazione dei percorsi della rete distributiva sul territorio;
- **l'educazione al consumo**, attraverso campagne volte a informare/formare gli utenti per un uso consapevole dell'acqua; attraverso una sempre precisa attribuzione dei costi dell'acqua agli effettivi utilizzatori;
- **la gestione dei processi produttivi**, attraverso una rigorosa politica di

controllo degli sprechi e l'applicazione di forme di incentivi (normativi e/o economici) per le imprese che dimostrino di utilizzare processi a basso consumo;

- **l'uso di dispositivi di semplice applicazione per la riduzione dei consumi domestici**, quali cassette WC a doppio tasto (che comportano risparmi fino al 60%), rubinetterie con sistemi frangigetto/riduttori di flusso (per aumentare la forza del getto miscelandolo all'aria e riducendo così la portata e i consumi d'acqua fino al 50%);
- **l'uso di dispositivi di semplice applicazione per la riduzione dei consumi in strutture pubbliche, per uffici o turistiche** (alberghi, strutture balneari ecc.), quali, per esempio, i rubinetti di lavandini e docce temporizzati o dotati di sensori (cfr. anche cap. 2, par. 5);
- **l'adozione di elettrodomestici a risparmio idrico** sia per le residenze che per le attività commerciali;
- **l'uso di sistemi di recupero delle acque piovane e di depurazione e recupero delle acque reflue**, che permettono di non utilizzare preziosa acqua potabile per usi "secondari" (ad esempio, per il risciacquo dei WC, per il giardinaggio, per alcuni impieghi industriali e agricoli, il lavaggio delle auto, la creazione di vasche antincendio ecc.) e, nel caso delle acque reflue depurate, di non inquinare il terreno, le falde acquifere, i fiumi ed il mare.

3.1. Sistemi di recupero dell'acqua piovana Per realizzare un sistema di **recupero dell'acqua piovana** occorrono innanzitutto alcuni dati relativi: alla quantità di precipitazioni nell'area di intervento, alla disponibilità di possibili superfici di raccolta e volumi di stoccaggio, ai possibili usi dell'acqua raccolta.

Quantità di precipitazioni

La stima della quantità di precipitazioni (cfr. cap. 3, par. 4) permette di valutare la fattibilità economica dell'intervento: è importante considerare non solo le precipitazioni medie annuali ma anche quelle mensili, in funzione del tipo di utilizzo (per non prevedere un uso prevalente in periodi dell'anno caratterizzati da siccità).

Superfici di raccolta

La disponibilità di superfici di raccolta dipende ovviamente dal tipo di superfici scelte: di norma è preferibile utilizzare superfici non a livello del terreno (dove è più probabile la presenza di inquinanti come deiezioni animali o altro) ma in quota, quali le coperture degli edifici, che devono essere lisce e chimicamente neutre (vanno bene: tegole in cotto, ardesia, superfici plastiche ecc.); ovviamente sarà preferibile l'utilizzo di sistemi di raccolta in presenza di edifici con un elevato rapporto tra area di copertura/volume (è chiaramente indifferente la presenza di tetti piani o a falde dal momento che per superficie di raccolta si intende la proiezione sul piano orizzontale dell'area di copertura, dato che la quantità di acqua piovana non cambia).

Serbatoi

Lo **stoccaggio** può essere realizzato con serbatoi in calcestruzzo o plastica, interrati o fuori terra, posti all'interno o all'esterno degli edifici; la capacità di stoccaggio deve essere commisurata alla quota d'uso giornaliera e calcolata in base alla quantità stimata di precipitazioni (come riferimento di massima si possono considerare ordini di grandezza di 4/5 metri cubi per il soddisfacimento delle esigenze di un singolo nucleo familiare); i serbatoi devono essere ispezionabili per la pulizia e la manutenzione. Prima di accedere al serbatoio, l'acqua piovana passa normalmente attraverso un filtro che trattiene parti solide (foglie ecc.); nel serbatoio sono normalmente presenti una pompa collegata al circuito distributivo e un sistema di scarico dell'acqua in eccesso.

Filtri, pompe, dispositivi del serbatoio

Esistono appositi **filtri** che vengono applicati direttamente sui pluviali, senza spese eccessive, e che causano perdite d'acqua ridotte (nell'ordine del 10%, da considerare però quando viene stimata la quantità d'acqua utilizzabile); è buona norma posizionare i filtri a un'altezza facilmente raggiungibile, al fine di facilitare le normali opere di manutenzione e pulizia.

Le **pompe** presenti nel serbatoio servono per la distribuzione dell'acqua raccolta agli utilizzatori: normalmente prelevano l'acqua dal serbatoio attraverso un tubo dotato di un filtro sulla sua estremità, la quale è collegata a un galleggiante in modo che il prelievo non avvenga sul fondo del serbatoio stesso (dove possono esservi depositi).

Nel serbatoio sono normalmente presenti sifoni in corrispondenza del troppopieno per lo scarico dell'acqua piovana in eccesso (in caso, per esempio, di eventi piovosi eccezionali); l'acqua di scarico viene conferita alla rete delle acque bianche (piovane). Nei serbatoi possono esservi altri tipi di dispositivi, per esempio quelli per la ricarica del serbatoio stesso con acqua proveniente dalla rete dell'acquedotto, nel caso di utilizzi dell'acqua piovana (ad esempio il risciacquo dei WC) per i quali è necessario un funzionamento continuo (anche in periodo di siccità).

Tubazioni

Le tubazioni dell'impianto distributivo dell'acqua piovana recuperata devono essere realizzate con materiali resistenti all'acidità delle piogge e chiaramente distinte da quelle della rete dell'acqua potabile con idonee segnalazioni.

3.2. Fitodepurazione Tra i processi di depurazione delle acque reflue, uno di particolare interesse è la fitodepurazione. Si tratta, infatti, di un processo naturale ed economico (anche sotto il profilo energetico, con risparmi di energia elettrica fino all'80% rispetto a processi più tradizionali), attuabile soprattutto in contesti extraurbani, per insediamenti anche di piccole dimensioni e proponibile, quindi, nell'ambito di normali interventi di progettazione edilizia.

Funzionamento degli impianti di fitodepurazione

La fitodepurazione sfrutta particolari tipi di batteri, piante soprattutto acquatiche (microfite e macrofite), galleggianti, sommerse o emergenti, per l'abbattimento degli agenti inquinanti nelle acque reflue (grigie e nere, provenienti dagli scarichi di lavandini e simili e dei gabinetti). Esistono anche sperimentazioni sull'uso di idrogeli polimerici (reticoli molecolari tridimensionali rigonfi d'acqua) volti a limitare alcuni possibili difetti della fitodepurazione tradizionale soprattutto legati ai problemi di proliferazione batterica e di microalghe e ai problemi dell'azione competitiva delle macrofite con la flora autoctona (D'Errico, Mondo, 2006, p. 95).

La fitodepurazione è un processo secondario che avviene, normalmente, dopo un trattamento primario di sedimentazione in fossa settica.

Tipi di impianto

Gli **impianti tradizionali** si presentano normalmente come aree verdi irrigate o specchi d'acqua facilmente integrabili nel paesaggio; richiedono facili operazioni di manutenzione e l'acqua che se ne ricava è ideale per irrigare orti e giardini, perché ricca di nutrienti. Esistono diversi tipi di impianto con vasche e canali (di profondità pari a 40-60 cm) dove la superficie dell'acqua è esposta all'atmosfera (o non è esposta all'atmosfera) e che appaiono, pertanto, come giardini coltivati.

Esistono, infine, anche **impianti al chiuso**, dove la depurazione avviene in verticale, con percolazione dell'acqua dall'alto in diverse vasche di trattamento: a Kolding, in Danimarca, è stato, per esempio, realizzato un impianto di fitodepurazione, nell'ambito di un recente intervento di recupero urbano di 135 unità residenziali, che serve 250 utenti ed è chiuso in una grande serra (immagini a colori, foto 17 e 18). L'impianto di Kolding purifica le acque reflue, prodotte nelle abitazioni, e il trattamento biologico, aiutato anche dall'effetto serra che attiva la fotosintesi delle piante, permette di ottenere acqua per l'irrigazione dei giardini.

3.3. Impiego dell'acqua nel controllo microclimatico Nell'edificio Prisma di Norimberga, per abitazioni e uffici, realizzato su progetto di Joachim Eble (Fabris, 2003, p. 181), vengono utilizzate strategie di recupero dalle coperture dell'acqua piovana. L'acqua recuperata viene usata per creare piccoli corsi d'acqua, oltre che per bagnare le piante della serra solare presente nell'edificio e per generare, d'estate, muri d'acqua nell'intercapedine del doppio vetro della serra stessa, contribuendo al raffrescamento passivo.

Acqua come elemento di progetto

L'acqua, infatti, oltre a essere un'importantissima risorsa da preservare, può essere considerata anche come un vero e proprio elemento progettuale per il controllo microclimatico. In presenza di masse d'acqua anche di dimensioni ridotte, quali fiumi, canali, laghi, specchi d'acqua e fontane (senza considerare i bacini oceanici e marini in grado di influenzare fortemente il clima di interi continenti), si hanno effetti di stabilizzazione della temperatura, dei vicini spazi aperti e confinati, oltre che effetti di umidificazione dell'aria, raffrescamento delle brezze estive, creazione di flussi ventosi.

Soprattutto nei climi caldi vengono, infatti, tradizionalmente utilizzati sistemi di vasche e fontane, anche inseriti negli edifici, per ottenere benefici relativi al confort microclimatico.

Expo di Siviglia

Un diffuso uso di strategie di controllo climatico naturale attraverso l'impiego di acqua è stato fatto, per esempio, negli edifici per l'**Expo di Siviglia** del 1992, dove sono stati impiegati diversi sistemi di cascate artificiali, di micronizzazione o di circolazione dell'acqua sotto pavimenti porosi, ottenendo significativi effetti combinati con quelli delle correnti d'aria.

Acqua e sistemi solari passivi

L'acqua, infine, possiede ottime prestazioni legate alla sua capacità termica e può essere impiegata anche, come efficiente massa d'accumulo, in sistemi solari passivi quali i muri Trombe-Michel (cfr. cap. 5, par. 1).
La progettazione sostenibile, oltre che fondarsi sull'impiego di soluzioni per ridurre gli sprechi di una delle più importanti risorse ambientali del pianeta, può sfruttare quindi questa stessa risorsa, l'acqua, per fini di controllo bioclimatico.

In questo capitolo

- Vengono messi in evidenza: l'importanza degli elementi naturali e il ruolo che essi possono svolgere per il controllo microclimatico e ambientale.
- Si descrivono le possibili strategie di progettazione del verde per il controllo delle condizioni di confort nelle aree aperte e negli spazi confinati.
- Vengono descritti: l'uso delle coperture vegetali nella progettazione bioclimatica, le diverse tipologie di "tetto verde" e i sistemi di realizzazione, come strategie di controllo termico e microclimatico.
- Dopo aver messo brevemente in luce l'importanza della risorsa idrica, vengono sinteticamente presentate alcune strategie per il contenimento degli sprechi dell'acqua potabile, il recupero dell'acqua piovana e la depurazione delle acque reflue.
- Viene, poi, messo in luce il ruolo dell'acqua come elemento che può concorrere al controllo climatico naturale degli spazi aperti e confinati.

Riferimenti bibliografici e siti Internet

ABRAM P. (2004), *Giardini pensili*, Gruppo Editoriale Esselibri, Napoli.

ALAGNA A. (2006), *Raffrescamento naturale degli edifici tramite acqua e vegetazione*, in Bottero (2006), pp. 1-6.

ARPAV (2001), *La distribuzione dell'acqua in Veneto*, opuscolo informativo ARPAV.

BORIANI M. L. (1987), *Progettare le aree verdi*, CLUEB, Bologna.

BOTTERO M. (a cura di) (2006), *Blu + verde, acqua e vegetazione risorse per l'ambiente costruito*, CLUP, Milano.

CAMMI A., RUGGINENTI S. (2002), *Simulazione dinamica di un tetto verde. Modello matematico ed esempio applicativo*, in "La Termotecnica", luglio-agosto, pp. 101-4.

CAPOBIANCO F. (2006), *L'esperienza degli ecovillaggi in Svezia*, in Bottero (2006), pp. 75-80.

COLONNA M., RUSSI A. (2004), *La rete fa acqua*, in "AREA Magazine", 30.

D'ERRICO G., MONDO S. (2006), *Tecnologie innovative per la fitodepurazione di acque superficiali e reflue*, in Bottero (2006), pp. 95-100.

DE SIVO B., CITO G., GIORDANO G., IOVINO R. (1992), *Il recupero delle coperture*, Flaccovio Editore, Palermo.

DE VILLIERIS M. (2004), *Acqua. Storia e destino di una risorsa in pericolo*, Sperling & Kupfer, Milano.

DESSÌ V., SCUDO G. (2006), *Linee guida "verde" per il progetto del comfort termico*, in Bottero (2006).

FABRIS L. M. F. (2003), *Il riciclaggio dell'acqua, Edificio Prisma – Norimberga – Germania*, in ABITA, *Innovazione costruttiva nell'architettura sostenibile*, Edilstampa, Milano, pp. 175-85.

FIGINI I. (1950), *L'elemento verde e l'abitazione*, Domus, Milano.

FRANÇOIS E. (2000a), *Immeuble qui pousse*, in "Lotus", 105.

ID. (2000b), *L'immeuble qui pousse*, Jean-Michel Place éditions, Paris.

GAUZIN-MÜLLER D. (2001), *L'architecture écologique*, Le Moniteur, Paris.

GRIMELLINI C., LONGOBARDI M. (2006), *Misure per il risparmio e il riuso dell'acqua in ambiente costruito*, in Bottero (2006), pp. 197-202.

GROSSO M. (1997), *Il raffrescamento passivo degli edifici*, Maggioli Editore, Rimini.

LACATON A., VASSAL J. P. (1999), *House in Cap Ferret, France*, in "Detail", 4, pp. 629-32

LASSERRE F. (2004), *Acqua – Spartizione di una risorsa*, Ponte delle Grazie, Cuneo.

MAGLIOCCO A. (2004), *L'ambiente in testa*, in "Costruire", 253.

MARABELLI D., SUSS F. (1989), *Progetto terrazza: progettare e realizzare il giardino pensile*, BE-MA, Milano.

MARINO D., MONTACCHINI E. (2006), *Database per la progettazione ecocompatibile. Uno strumento per la scelta delle specie vegetali*, in Bottero (2006), pp. 267-72.

MAROCCO M., ORLANDI F. (2000), *Qualità del comfort ambientale*, Dedalo, Roma.

MARSH P. (1979), *La tenuta all'aria e all'acqua degli edifici*, BE-MA, Milano.

MILONE L. (2003), *Il verde urbano*, Liguori, Napoli.

MOLINARI M. (1989), *Manutenzione edilizia programmata,* Guido Angeli, Milano.

RISPA R., ALONSO DE LOS RIOS C. (1992), *Expo' 92 Siviglia, architettura e design*, Electa, Milano.

SCHRÖDER T. (2001), *Changes in Scenery: Contemporary Landscape Architecture in Europe*, Birkhäuser, Basel.

SCUDO G., OCHOA DE LA TORRE J. M. (2003), *Spazi verdi urbani: la vegetazione come strumento di progetto per il confort ambientale*, Se, Napoli.

TAE-HAN KIM (2006), *Studio di una pelle ecologica per grattacieli residenziali ecosostenibili*, in Bottero (2006), pp. 290-322.

TREVISOL E. R., PARANCOLA S. (1995), *Manuale di Biofitodepurazione*, Edicom, Monfalcone.

WARD D. R. (2006), *Water Wars: storie del pianeta acqua*, Carocci, Roma.

WOLVERTON B. C. (1996), *Eco-friendly Houseplants*, George Weidenfeld & Nicolson Ltd, London (trad. it. *Amiche Piante*, Gruppo Editoriale Armenia, Milano 1998).

ZOPPI M. *et al.* (1990), *Abitare il verde*, in "Progettare con il verde", III vol., Alinea Editrice, Firenze.

www.daku.it (materiale documentativo DAKU)
www.legambiente.com (sito web di Legambiente)
www2.minambiente.it (sito web del ministero dell'Ambiente e della tutela del territorio)
www.poliflor.it (materiale documentativo Poliflor)

5
Progettare edifici: un approccio bioclimatico

Come si è visto nel cap. 1, dagli anni cinquanta a oggi si è sviluppata una corrente di pensiero, nell'ambito della progettazione architettonica, definita **progettazione bioclimatica**, in cui il principale motore creativo è l'analisi del rapporto tra le caratteristiche climatiche locali e le esigenze dell'uomo, esplicitandosi nello studio progettuale di edifici in cui le scelte tecnologiche e formali sono tali da permettere il controllo delle condizioni ambientali interne con apporti energetico-impiantistici molto limitati. Di questo si è già in parte trattato, relativamente agli aspetti dell'analisi del sito nel cap. 3 e del controllo delle caratteristiche delle aree esterne, tramite l'impiego di materiali naturali nel cap. 4.

Condizioni ambientali e qualità fruitiva

Le condizioni ambientali interne di un edificio, di cui ci interessa controllare i valori parametrici di umidità relativa, temperatura, velocità dell'aria, illuminazione ecc., caratterizzano fortemente le sue qualità fruitive.

Per quanto un edificio oggi non sia solo la risposta a una richiesta di protezione dagli agenti atmosferici, per il comodo svolgimento di determinate attività, essendo questo sempre più caricato di valori simbolici, è comunque opportuno ricordare che la sola prestazione formale non è sufficiente a determinare la qualità. Le stesse implicazioni percettive vanno al di là della mera fruizione visiva, coinvolgendo altri sensi nella determinazione del livello di gradimento di un'architettura. Una fruizione continuativa – di tipo abitativo o lavorativo – sarà ancora più influenzata dalle capacità dell'edificio di rispondere positivamente alle richieste di confort dell'utenza e le caratteristiche cinestesiche acquisiranno ancora più valore, riducendo l'importanza delle sensazioni visuali.

Controllo ambientale e consumi energetici

Il controllo ambientale, normalmente affidato alle dotazioni impiantistiche, ha pertanto acquisito un valore sempre maggiore al crescere delle condizioni di benessere dell'uomo, cosa che ha portato, come si è già detto nei precedenti capitoli, a un consumo crescente di energia destinata al funzionamento dei dispositivi di climatizzazione e di illuminazione. Il **consumo di energia ha due risvolti negativi**: il **ricorso** preponderante a **risorse di tipo fossile**, quindi non rinnovabili e di disponibilità limitata; l'**emissione in atmosfera di gas serra** e di altre sostanze gassose e solide inquinanti.

L'evidente necessità di ridurre tali consumi energetici ha portato molti progettisti (ma non abbastanza, soprattutto nel nostro paese) a considerare l'approccio bioclimatico come il futuro irrinunciabile dell'architettura.

Ostacoli alla diffusione dell'approccio bioclimatico

Viene subito da chiedersi perché, allora, questo approccio non si sia sviluppato, come è auspicabile, e sia rimasto relegato o a un ambiente accademico o sia diventato terreno di **sperimentazione** per le grandi firme dell'architettura o, in pochi fortunati casi, sia diventato un modo per le amministrazioni pubbliche di attuare politiche di sviluppo sostenibile per dimostrare il proprio **impegno sociale** e ambientale.

Primo ostacolo: approfondito studio fisico-tecnico

Un primo elemento caratterizzante l'approccio bioclimatico – e contemporaneamente primo sostanzioso ostacolo alla sua diffusione – è la necessità di **studiare a fondo** l'edificio nelle sue **caratteristiche fisiche**. Il comportamento energetico di un edificio (sia in termini di energia termica che luminosa) è influenzato non solo dalle caratteristiche del luogo ma anche dall'impiego dei materiali, dal rapporto di superficie/volume, dall'orientamento, dalla distribuzione interna, dalla posizione e dalla dimensione delle aperture ecc.

L'architetto, culturalmente abituato a considerare principalmente gli aspetti tipologici e formali dell'edilizia, considerando come contesto la presenza del tessuto, consolidato o meno, preesistente (e il clima? Il contesto sociale?) e abituato a delegare molti degli aspetti tecnici dell'architettura a specialisti, si trova spesso a disagio di fronte alla mole di informazioni derivante da queste considerazioni, che spesso vede come limiti invece che come stimoli. E questo è anche il motivo per cui la prima generazione di edifici bioclimatici si è risolta in una trasposizione diagrammatica dei principi ordinatori dell'approccio bioclimatico (la zona giorno a sud, la serra ecc.), facendo scomparire completamente tutti gli altri elementi che normalmente concorrono alla definizione di un'idea di architettura (l'inserimento nel contesto culturale ecc.). Né, d'altra parte, soprattutto nel contesto culturale mediterraneo, gli architetti sono molto propensi a diventare esperti di fisica tecnica al fine di poter affrontare correttamente, pur senza diventare degli specialisti, il progetto bioclimatico.

Per tale motivo si è sempre parlato di **architettura bioclimatica**, piuttosto che di **approccio bioclimatico** all'architettura, quasi questa fosse una nuova tendenza, una nuova corrente stilistica, e in molti casi così è stata affrontata effettivamente, con una conseguente identificazione di certe forme e la presenza di certi elementi (come i sistemi solari passivi e attivi) tale da allontanare architetti la cui espressività temevano potesse essere limitata dall'adozione di tale approccio.

Secondo ostacolo: costi aggiuntivi

Un secondo elemento sono sicuramente i **costi aggiuntivi** in termini di sforzi progettuali e di costruzione dell'edificio. Oggi si è dimostrato che una progettazione integrata, in cui gli aspetti bioclimatici siano parte fondante dell'idea progettuale, porta a edifici i cui costi aggiuntivi sono veramente molto limitati e vengono ammortizzati in pochissimo tempo e anzi possono non essere considerati in quanto determinanti la qualità dell'organismo architettonico nella sua complessità, quindi non identificabili separatamente. Certamente nella prima fase del progetto bioclimatico la frequente adozione di dispositivi solari applicati a progetti in realtà già autonomamente generati ha portato a costi aggiuntivi di notevole entità e a risultati – dal punto di vista compositivo ma anche funzionale – per nulla incoraggianti. Oggi però sembra che tale fase sia superata ed è stato abbondantemente dimostrato che l'**edificio bioclimatico** non ha una *facies* ricorrente e **si modifica** in funzione delle caratteristiche climatiche con cui deve dialogare.

Terzo ostacolo: definizione quantitativa delle prestazioni

Terzo elemento è il **controllo quantitativo** degli esiti prestazionali. Se dal punto di vista del controllo qualitativo del progetto bioclimatico la preparazione scientifica universitaria di un architetto, magari rafforzata da un'attività di studio e apprendistato specialistico ulteriore, può essere considerata sufficiente, la necessità di quantificare adeguatamente l'efficacia delle strategie di riscaldamento, raffrescamento, ventilazione, illuminazione naturali predisposte sia per evidenziarne preventivamente i probabili esiti sia per definirne i vantaggi economici può essere questione molto difficile da affrontare. Alcuni parametri di controllo possono essere **calcolati con semplici software** già in uso per verificare la rispondenza del progetto alle normative sul contenimento dei consumi energetici (come nel caso del calcolo del coefficiente di dispersione volumica o del fabbisogno energetico normalizzato), ma qualora si voglia simulare il comportamento nel tempo dell'edificio, con regime di tipo non stazionario, e verificare direzione e velocità di flussi d'aria interni, sarà necessario fare ricorso a **complessi sistemi di calcolo** di fluidodinamica, la cui difficoltà di impiego e i cui costi di esercizio sono tali da necessitare il coinvolgimento di strutture specializzate. Ciò è certamente possibile nel caso di edifici di notevoli dimensione e importanza, ma pare abbastanza improbabile quando si affronta edilizia di piccola taglia di committenza privata. Di ciò si dovrà tenere conto anche nella definizione delle scelte progettuali, in modo da poter prevedere il comportamento dell'edificio anche con **sistemi di calcolo semplificati**.

Ultima questione: interazione con l'utenza

Ultima questione è la necessità di considerare l'edificio bioclimatico come un **organismo interattivo** che modifica il suo comportamento in funzione delle proprie caratteristiche, del dialogo con i dispostivi impiantistici, ma che dipende anche dalla consapevolezza dell'utenza delle modalità di risposta dell'edificio alle proprie reazioni agli stimoli ambientali (uso delle aperture, dei sistemi di ombreggiamento ecc.). L'**utenza**, da un po' di tempo dimenticata dai progettisti che tendono più a preoccuparsi di come l'edificio appare che di come funziona, diventa elemento importante non solo nella definizione del grado di confort da raggiungere ma come determinante di raggiungimento, poiché in grado di modificare le prestazioni dell'edificio stesso. A questo gli architetti mediamente non sono preparati.

1. Principi base del riscaldamento solare passivo e sistemi solari passivi

I **sistemi solari passivi** applicati al costruito sono tecnologie impiegate al fine di regolare gli scambi termici tra esterno e interno dell'edificio (con lo scopo prevalente di riscaldare gli spazi abitati), facendo uso della radiazione solare come fonte energetica e sfruttando, come elementi per la sua captazione e il suo accumulo, componenti edilizi sia d'involucro che interni. Elementi essenziali dei sistemi di captazione passiva dell'energia solare sono: i collettori, le masse d'accumulo e i componenti di controllo.
I **collettori** sono normalmente costituiti da superfici trasparenti o traslucide, posizionate in corrispondenza delle parti dell'involucro edilizio ben esposte alla radiazione solare, e da assorbitori, superfici opache scure retrostanti.
Le **masse d'accumulo**, realizzate con diversi tipi di materiale, servono a immagazzinare calore, per ricederlo anche in assenza di Sole, prolungando il funzionamento dei sistemi solari passivi ed evitando eccessivi sbalzi termici nonché possibili problemi di surriscaldamento dei sistemi passivi stessi.
I **componenti di controllo** servono per governare il funzionamento giornaliero e stagionale dei sistemi solari passivi; sono costituiti, per esempio, da: frangisole e/o riflettori per regolare l'ingresso della radiazione solare e la sua incidenza sui collettori e le masse d'accumulo, sistemi di apertura e valvole regolabili per controllare i moti convettivi di propagazione/dissipazione del calore.

Isolamento termico

Negli edifici in cui sono applicati sistemi solari passivi, per il controllo climatico naturale degli spazi confinati, rivestono una grande importanza le soluzioni di **isolamento termico**: è infatti evidente che il calore immagazzinato dalle masse d'accumulo, per essere poi riceduto agli ambienti da scaldare, non deve essere sprecato, cioè deve essere contenuto all'interno dell'edificio, senza eccessive dispersioni, proprio attraverso l'isolamento appropriato delle parti murarie e di quelle vetrate. In linea del tutto generale (visto che le configurazioni architettoniche possono essere molto diverse fra loro, così come le strategie progettuali e il contesto climatico di intervento) **è preferibile che, negli edifici solari passivi, l'isolamento sia esterno alle murature perimetrali**, perché questo permette di rendere disponibile la massa termica delle murature stesse per l'accumulo.
Nel caso di edifici che prevedano una costruzione stratificata a secco con iper-isolamento, secondo gli standard *passiv-haus* (tendenza piuttosto diffusa nella progettazione bioclimatica nordeuropea), per l'accumulo termico non si utilizzano le masse murarie delle pareti perimetrali, che sono perlopiù costituite da materiale isolante; possono tuttavia essere impiegate –

quando necessarie (per la presenza di sistemi solari passivi) – soluzioni d'accumulo a pavimento o accumulatori a cambiamento di fase (ai quali si farà cenno di seguito, in questo stesso paragrafo).

I sistemi solari passivi sono di diverso tipo e, di norma, vengono suddivisi in tre categorie: sistemi a guadagno diretto, indiretto e isolato. Tipologie

Nei **sistemi a guadagno diretto** l'energia solare penetra direttamente nell'ambiente abitato che deve essere riscaldato e che si comporta dunque da collettore, qui viene accumulata da elementi che svolgono anche altre funzioni (per esempio le solette di pavimentazione e/o le pareti) per poi essere riceduta in assenza di Sole (rientrano in questa categoria i cosiddetti sistemi diretti e alcuni tipi di serre solari).

Nei **sistemi a guadagno indiretto** i collettori e le masse di accumulo fanno parte dell'involucro edilizio e ricevono la radiazione solare per poi cederla all'interno sotto forma di energia termica (rientrano in questa categoria i sistemi Trombe-Michel, Barra-Costantini, *roof- pond*).

Nei **sistemi a guadagno isolato** la captazione dell'energia solare avviene ad opera di componenti indipendenti dall'edificio che possono anche essere collocati all'esterno della costruzione; il trasporto del calore fino agli ambienti da scaldare avviene attraverso un fluido termovettore (di norma aria) che viene fatto passare in condotti dotati di sistemi di regolazione e controllo.

Non tutti gli autori concordano con la classificazione sopra richiamata; in particolare le serre vengono da alcuni classificate come sistemi diretti, da altri come sistemi semidiretti o a spazio solare.

Qualunque sia la loro classificazione, alla base del funzionamento dei sistemi solari passivi vi è comunque sempre l'**effetto serra**, legato alle specifiche caratteristiche del vetro, che è, per sua natura, trasparente alle radiazioni solari visibili e infrarosse di piccola lunghezza d'onda (da 0,4 a 2,5 μm) ma non alle radiazioni di lunghezza d'onda superiore. Poiché il flusso energetico solare è compreso nel campo di lunghezze d'onda 0,3-2,3 μm (con il massimo a 0,55 μm), le radiazioni solari passano quasi totalmente attraverso i vetri e penetrano negli ambienti retrostanti dove vengono assorbite dalle superfici in esse presenti. Queste ultime riemettono radiazioni infrarosse con lunghezze d'onda superiori a 3 μm, per le quali il vetro non è più trasparente. In virtù di questo fenomeno le costruzioni con pareti vetrate (o realizzate con materiali plastici trasparenti), esposte ai raggi solari, sono in grado di captare e catturare energia termica dal Sole. Effetto serra

Il rapporto tra energia solare che effettivamente attraversa una superficie vetrata e l'energia su di essa incidente dipende dal **fattore solare** (FS) del vetro impiegato. Ogni superficie vetrata in parte trasmette la radiazione solare incidente all'interno dell'ambiente che chiude, in parte l'assorbe per poi ricederla parzialmente all'ambiente interno, in parte, ancora, la riflette. Il **fattore solare di un vetro** (FS) **è il rapporto tra l'energia solare entrante e** Fattore solare

l'energia solare incidente sulla superficie considerata, dove l'energia entrante si considera, di norma, pari all'energia trasmessa + 1/3 dell'energia assorbita (comunque entrante nell'edificio). Dato: t = fattore di trasmissione; α = fattore di assorbimento, ϱ = fattore di riflessione (con $t + \alpha + \varrho = 1$), FS è dunque pari a $t + 0{,}33\ \alpha$. È importante che ogni volta che si utilizzano vetrate per la captazione solare venga opportunamente considerato il loro specifico fattore solare, al fine di evitare, per esempio, l'impiego di superfici troppo riflettenti che potrebbero ridurre considerevolmente la quantità di energia termica captata per effetto serra.

Una volta captata, l'energia solare deve essere resa disponibile e dunque trasportata negli ambienti da scaldare.

Propagazione del calore

Nei sistemi solari passivi la propagazione del calore può avvenire sia per conduzione, sia per convezione e irraggiamento. Il trasferimento di calore per **conduzione** ha luogo tra corpi che sono a contatto o tra parti di uno stesso corpo che si trovano a temperature diverse; il trasferimento del calore per **convezione** ha invece luogo quando tra due corpi circola un fluido intermedio, detto fluido termovettore (normalmente aria, nei sistemi solari passivi), che si riscalda per conduzione a contatto con il corpo più caldo e poi cede calore a contatto con il corpo più freddo (in questo caso si generano correnti convettive, perché l'aria più calda, che si trova in corrispondenza della fonte di calore – il sistema passivo considerato – ed è meno densa di quella fredda, si sposta verso l'alto, mentre quella fredda si sposta verso il basso); nel trasferimento per **irraggiamento** il calore viene scambiato, anche se tra i due corpi c'è il vuoto, mediante emissione e assorbimento di radiazione elettromagnetica.

Il calore captato dai collettori e trasmesso agli ambienti da riscaldare deve essere opportunamente conservato.

Accumulo termico

Come si è già evidenziato, alla base del funzionamento dei sistemi solari passivi vi sono le **masse d'accumulo** (fig. 5.1). La climatizzazione solare passiva assicura, infatti, l'intera copertura del fabbisogno termico di un edificio solo in condizioni di soleggiamento favorevoli, per cui, normalmente, sono richiesti impianti integrativi e sono comunque necessarie masse d'accumulo proprio per conservare l'energia captata per i momenti nei quali i collettori dei sistemi solari non sono in funzione (in prolungati periodi di assenza di Sole o nelle ore notturne). La corretta scelta e localizzazione delle masse d'accumulo riveste pertanto una grandissima importanza nella progettazione dei sistemi solari passivi.

Posizione delle masse d'accumulo

In relazione alla **posizione delle masse d'accumulo termico**, si distinguono: accumulatori primari, secondari e remoti.

Negli **accumulatori termici primari** la massa d'accumulo è posizionata in modo da essere direttamente colpita dalla radiazione solare una volta che essa ha attraversato la superficie trasparente del collettore; per questo motivo è necessario che gli accumulatori primari siano di colore scuro, non ri-

FIGURA 5.1 Sezione schematica indicante la possibile disposizione di masse d'accumulo all'interno di un edificio

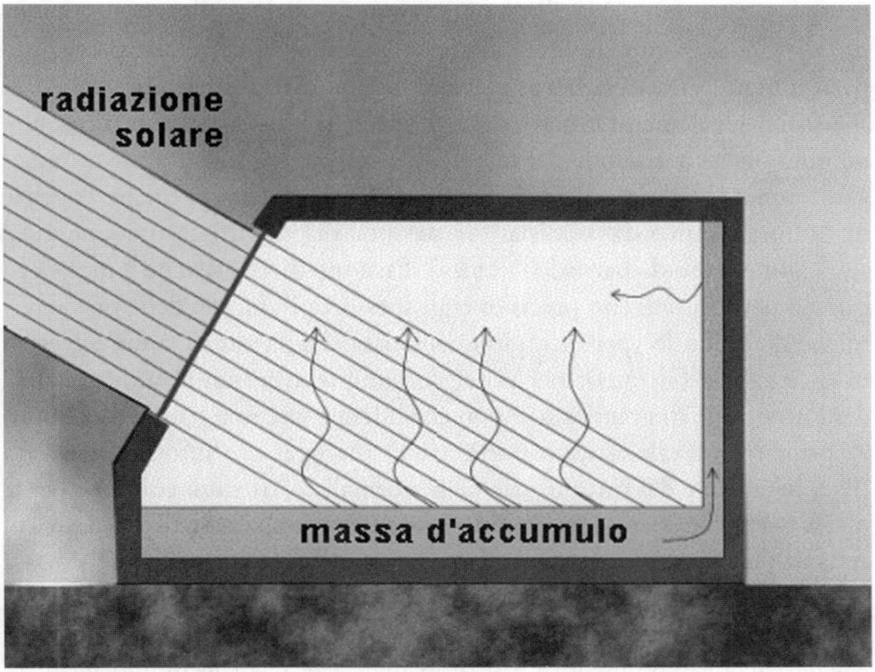

flettente; è inoltre necessario che non si frappongano ostacoli all'irraggiamento solare (quali oggetti d'arredo, tappeti, mobili ecc.) tra la superficie trasparente e la superficie esterna della massa d'accumulo.

Negli **accumulatori termici secondari** la massa d'accumulo non viene colpita dalla radiazione solare ma è direttamente in contatto con quella degli accumulatori primari; poiché, in questo caso, le masse considerate assorbono onde infrarosse lunghe, esse non devono necessariamente essere di colore scuro.

Negli **accumulatori termici remoti** la massa d'accumulo non viene colpita direttamente dalla radiazione solare né è in contatto con gli accumulatori primari e secondari; per gli scambi di calore si sfruttano in genere i moti convettivi che avvengono in particolari canalizzazioni inserite nella massa termica stessa, che di norma è costituita da pietrisco raccolto in particolari vasche.

Materiali per masse d'accumulo

In relazione al **materiale utilizzabile per realizzare masse per l'accumulo termico** negli edifici dotati di sistemi solari passivi, in linea del tutto generale, occorre impiegare elementi costruttivi "pesanti" con buona capacità termica. Poiché la capacità termica aumenta con l'aumentare della densità e del calore specifico, e il calore specifico non cambia molto fra i materiali impiegati in edilizia, è soprattutto la densità (e quindi il peso specifico) ad assumere un'importanza rilevante. Le strutture "pesanti" comportano infatti, di norma, minori oscillazioni di temperatura di quelle leggere. Saranno, da questo punto di vista, adatte soluzioni costruttive che prevedono parti murarie in **calcestruzzo**, **mattone pieno**, **pietra** e **terra pressata**. Gli spessori degli elementi murari, in funzione della loro capacità di accumulo, saranno diversi a seconda del materiale e del sistema solare passivo impiegato, nonché delle condizioni climatiche locali e delle specifiche esigenze di confort termico da soddisfare (a seconda del tipo di costruzione e del suo regime d'uso da parte dell'utenza). Esistono diversi sistemi e metodi di calcolo per valutare con precisione gli spessori più idonei delle masse termiche d'accumulo (per esempio quelli elaborati da autori come Silvestrini o Achard e Gicquel): per poter comunque avere un'idea di massima del loro ordine di grandezza si può considerare che una parete d'accumulo primario in calcestruzzo potrà avere uno spessore intorno ai 20 cm (che, peraltro, è del tutto usuale nelle normali costruzioni edilizie); per le masse termiche secondarie saranno invece utili spessori di circa 10 cm (quando la massa termica secondaria ha superfici pari a quelle della massa primaria). Nel caso dei muri Trombe saranno necessari spessori anche intorno ai 30 cm.

Anche l'**acqua** rappresenta un ottimo materiale per l'accumulo termico, anzi essa presenta una migliore capacità termica rispetto al calcestruzzo (si pensi che la capacità termica di una parete d'acqua di 10 cm è uguale a quella di una parete in calcestruzzo di spessore circa doppio); inoltre l'acqua, quando inserita in particolari sistemi a parete, a contatto con i collettori solari, dà luogo a una più uniforme distribuzione della temperatura nelle pareti stesse a causa dei moti convettivi, per cui di norma il sistema entra a regime in minor tempo. Tuttavia, a fronte di questi vantaggi, esistono ovviamente grandi problemi nella gestione di accumulatori termici ad acqua, che sono elementi del tutto inusuali in edilizia (i contenitori d'acqua che costituiscono pareti perimetrali non potranno, per esempio, essere forati per posizionare impianti, mensole, quadri).

Accumulatori a cambiamento di fase

Tra gli altri materiali utilizzabili per realizzare masse termiche vi sono, poi, gli **accumulatori a cambiamento di fase** (utili soprattutto in architetture con poca massa muraria, per esempio quelle realizzate con sistemi leggeri a secco). Negli accumulatori a cambiamento di fase vengono utilizzate soluzioni di sali eutettici, ermeticamente sigillate in componenti edilizi a parete. Le sostanze utilizzate sono scelte in funzione della temperatura alla quale si vuole mantenere l'ambiente considerato: esse registrano, infatti, (con particolari additivi) regolari fenomeni di cambiamento di fase a temperature vicine a quelle richieste nella climatizzazione degli alloggi. Ogni volta che si hanno cambiamenti di fase si registrano scambi termici, per cui la soluzione di sali cede calore quando scende al di sotto di una determinata temperatura e lo assorbe al di sopra di una determinata temperatura. L'uso di materiali a cambiamento di fase è, a oggi, molto limitato dato il loro costo eccessivo e i problemi di impiego, simili a quelli che si possono registrare con pareti/contenitori d'acqua.

Accumulatori remoti

Per realizzare masse d'accumulo termico si può, infine, impiegare pietrisco, che viene disposto in particolari vasche negli accumulatori remoti. In queste vasche vengono fatti passare condotti forati (spesso in cemento) per la distribuzione del calore. Di norma la pezzatura dei ciottoli impiegati a tale scopo varia dai 2 ai 4 cm di diametro; percorrendo gli interstizi che tra essi si formano, l'aria calda immessa nella vasca (proveniente dal collettore solare) cede calore, che viene in questo modo accumulato e poi portato nell'edificio secondo tempi regolati dall'opportuno dimensionamento delle vasche.

Sulla base dei principi di funzionamento sopra delineati, vengono di seguito descritte le **principali tipologie di sistemi solari passivi**, mettendone in luce caratteristiche, oltre che problemi e limiti di impiego.

Consapevolezza progettuale

La scelta di descrivere i diversi sistemi presentati non solo in relazione ai loro pregi ma anche ai loro difetti è dovuta alla convinzione da parte degli autori che occorra oggi una maggiore **consapevolezza progettuale** da parte di chi intende accostare i temi della progettazione bioclimatica. A essa, dopo un periodo di sperimentazione di diversi decenni, non si può più guardare con ingenuo entusiasmo da neofita, occorrendo invece, una maggiore capacità critica a guida delle scelte tecnologiche da operare per ottenere risultati certi, caratterizzati da un'alta efficienza, e per non incorrere negli insuccessi che in passato hanno, a volte, caratterizzato l'edilizia solare passiva rischiando di vanificare così gli sforzi di tutti coloro che si sono adoperati per la realizzazione di costruzioni più rispettose dell'ambiente e delle sue risorse.

1.1. Sistemi di captazione diretta I sistemi solari passivi a guadagno diretto sono i metodi di sfruttamento dell'energia solare per il riscaldamento degli ambienti più intuitivi: essi si basano sulla realizzazione di ampie finestrature e aperture vetrate in genere sulle parti di involucro edilizio meglio esposte alla radiazione solare (alle nostre latitudini i prospetti a sud, con una tolleranza di 30° verso est).

Sulle altre facciate, soprattutto su quelle verso nord, che devono essere ben isolate termicamente, sono invece presenti – di norma – bucature di piccole dimensioni (cfr. fig. 5.2).

Accumulo termico

L'accumulo termico è affidato principalmente alle solette di pavimentazione o alle pareti (che devono avere spessori idonei a seconda del tipo di materiale con il quale sono costruite); i divisori più sottili potranno essere in-

FIGURA 5.2 Schema di funzionamento di sistema a captazione diretta

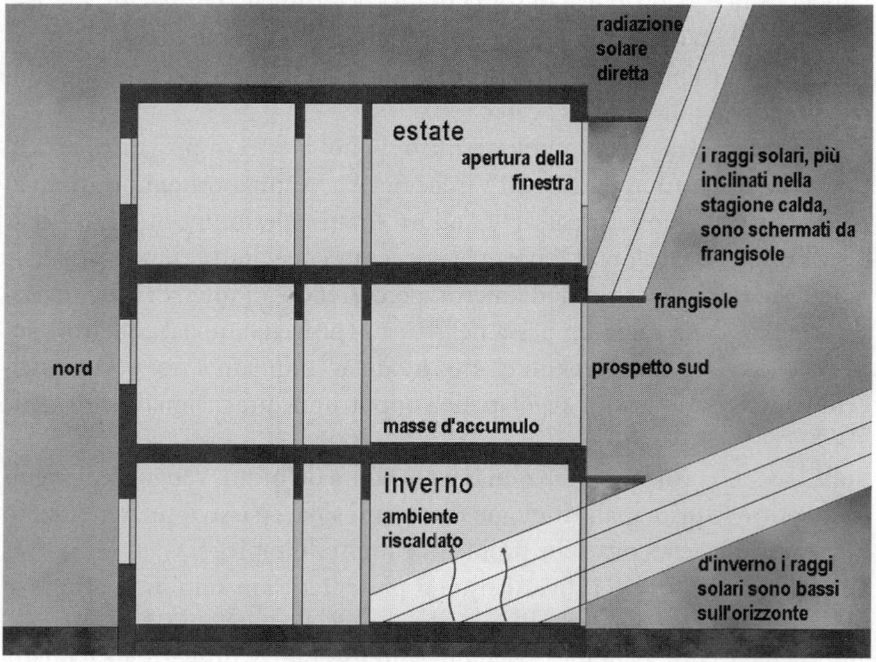

vece usati come masse termiche secondarie e/o superfici riflettenti (con colorazione chiara).

Inclinazione delle vetrate

Siccome quanto più la vetrata è perpendicolare ai raggi solari tanto maggiore è la quantità di radiazione in grado di penetrare nell'ambiente interno (poiché si riducono la sezione vetrata da attraversare e l'effetto di riflessione), l'inclinazione delle vetrate (in modo da renderle perpendicolari ai più bassi raggi invernali) favorisce il guadagno termico solare. Alcuni autori suggeriscono metodi semplici per valutare la migliore inclinazione delle vetrate (per esempio Calderaro, 1981, sostiene che essa debba avere valore pari alla latitudine del posto + 10°). Tuttavia alle nostre latitudini le differenze di prestazioni che si possono raggiungere con vetrate inclinate rispetto a quelle che si ottengono con vetrate verticali sono molto modeste, così che, salvo casi particolari, è forse conveniente riferirsi comunque all'uso di vetrate verticali, che comportano – in genere – migliori prestazioni in relazione alla tenuta all'acqua, alla pulizia e manutenzione, alla manovrabilità, alle possibili soluzioni di chiusura e ombreggiamento.

Pregi e difetti

Tra i **principali pregi dei sistemi di captazione diretta** si possono menzionare:

- la grande semplicità di funzionamento e immagine;
- la facile accettabilità da parte dell'utenza;

- il fatto che essi non comportano aumento di volume dell'edificio.

Tra i **principali difetti dei sistemi di captazione diretta** si possono invece menzionare i seguenti:

- le limitazioni delle soluzioni d'arredo nei locali direttamente interessati per la presenza di masse termiche a pavimento (per cui, ad esempio, bisogna limitare per quanto possibile l'impiego di tappeti o simili);
- i possibili rischi di surriscaldamento estivo degli alloggi o di abbagliamento (perché il collettore è costituito da spazi abitati nei quali penetra la radiazione solare diretta), per cui occorre progettare perfettamente i sistemi frangisole;
- la possibilità di eccessive dispersioni di calore dalle superfici vetrate se non si utilizzano vetri basso-emissivi o vetri isolanti che possono comportare però una riduzione di rendimento del sistema solare.

1.2. Sistemi a muro Trombe-Michel o a muro solare In questi sistemi (adottati per le prime sperimentazioni dai progettisti dai quali prendono il nome) porzioni dell'involucro esterno dell'edificio, ben esposte alla radiazione solare e colorate in modo da favorirne l'assorbimento (oltre alla nera sono state sperimentate colorazioni blu o arancione), vengono ricoperte da lastre di vetro parallele, distanziate di pochi centimetri (5-15 cm). Si crea così un collettore

FIGURA 5.3 Schema di funzionamento di sistema a muro Trombe-Michel

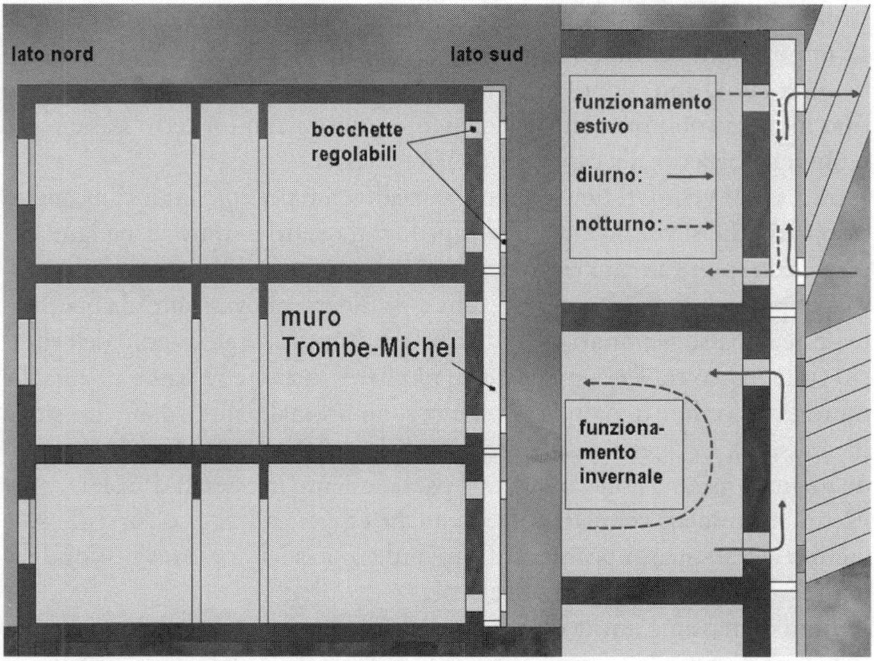

FIGURA 5.4 Muro solare isolato e ventilato

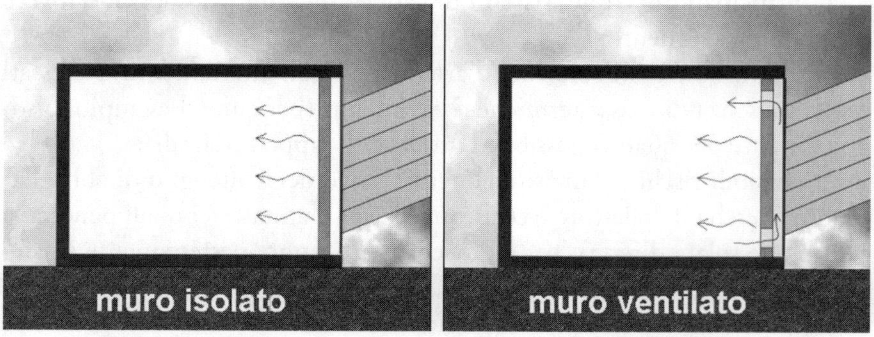

nel quale l'aria, presente nell'intercapedine tra vetro e muro, può scaldarsi fino a temperature intorno ai 60 °C (cfr. fig. 5.3).
I muri solari così realizzati possono essere di diverso tipo: isolati o ventilati (fig. 5.4).
I **muri solari isolati** funzionano essenzialmente per irraggiamento: in questo caso è necessario che le murature interessate siano in materiali particolarmente idonei all'accumulo termico, come calcestruzzo o mattone pieno, tali da riscaldarsi essi stessi per poi cedere calore all'interno, con idoneo sfasamento temporale. Se vengono impiegate, ad esempio, pareti in calcestruzzo, si ha un ritardo nella trasmissione del calore verso l'interno di circa 18 minuti ogni centimetro di spessore: per un ritardo di 6-8 ore (idoneo per una casa d'abitazione) occorrono dunque spessori di 20-30 cm. Questo tipo di muri comporta un riscaldamento interno con un certo sfasamento temporale rispetto alla captazione solare esterna.
I **muri solari ventilati** funzionano essenzialmente per convezione: in questo caso l'aria che si riscalda nell'intercapedine tra vetro e muro viene fatta entrare nello spazio abitato attraverso bocchette, ricavate in alto nel muro stesso, per poi rientrare nell'intercapedine a riscaldarsi nuovamente, da bocchette poste in basso nel muro, quando abbia ceduto calore all'interno dell'edificio (il rapporto tra l'aria totale delle bocchette in alto e in basso e l'area del muro è dell'ordine di 0,01; le bocchette sono normalmente dotate di sistemi di chiusura). In questo caso lo sfruttamento della radiazione solare è immediato, ma il sistema non garantisce il riscaldamento in assenza di Sole.
Alcuni muri solari ventilati possono anche essere realizzati su parti di involucro a elevata massa termica accoppiando le modalità di trasmissione del calore per irraggiamento e convezione.
In linea di massima quella dei muri ventilati dotati di massa d'accumulo è la soluzione preferibile (perché affianca i vantaggi delle altre due), tuttavia in alcuni casi particolari si propende per una delle prime due soluzioni prefigu-

FIGURA 5.5 Stralcio di dettaglio esecutivo (relativo a progetto realizzato dagli autori del testo) di un sistema a muro solare applicato alla facciata sud di un edificio esistente

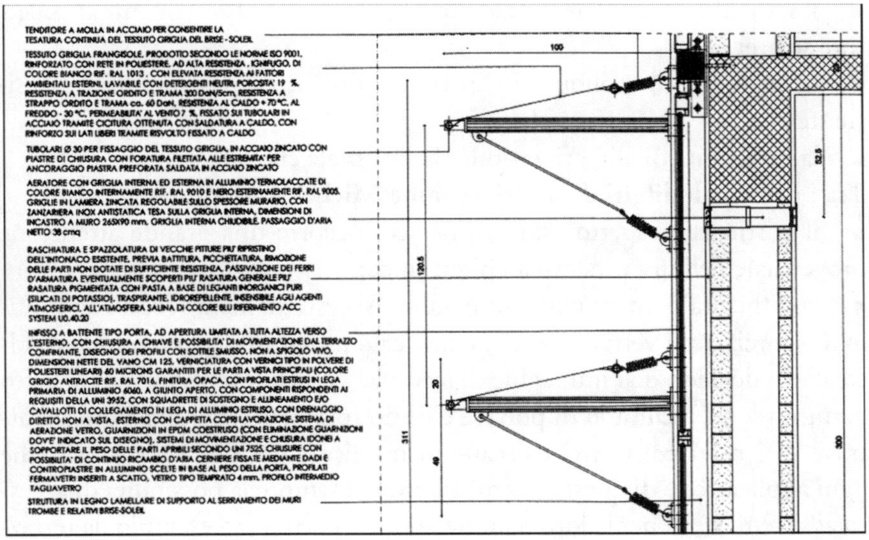

rate. Per esempio: quando si interviene sulla muratura perimetrale di un edificio esistente realizzato con tamponamenti leggeri (del tipo a mattone forato) è necessario avvalersi di sistemi ventilati che funzionano essenzialmente per convezione; così come quando è necessario isolare le parti di involucro interessate dall'applicazione del sistema (in climi particolarmente rigidi) non essendo dunque possibile sfruttarne la massa termica muraria.

Raffrescamento estivo

I muri Trombe-Michel possono funzionare anche in regime estivo se vengono realizzate idonee bocchette di apertura sulle vetrate esterne, così che l'aria calda, creatasi nell'intercapedine tra muro e vetro, possa essere facilmente smaltita all'esterno creando un effetto a **camino solare** (cfr. cap. 5, par. 7) capace di incrementare la ventilazione refrigerante nell'edificio quando siano presenti aperture sulla parte muraria del sistema e, contemporaneamente, sul lato opposto dell'edificio (tra le quali sia ovviamente consentito il passaggio d'aria senza ostacoli).

Gestione indipendente

Salvo casi particolari, per i diversi spazi da scaldare, è conveniente utilizzare muri Trombe-Michel ventilati indipendenti, per permettere una gestione autonoma nella regolazione del funzionamento termico dei diversi ambienti, attraverso la chiusura e apertura delle bocchette, ed evitare fastidiosi passaggi di odore o polvere tra le varie attività servite. Questo vale in particolare per gli spazi disposti su più piani, dove muri Trombe-Michel verticali a servizio di più spazi sovrapposti cederebbero calore in modo molto differenziato ai diversi livelli.

Pregi e difetti

Tra i **principali pregi dei muri Trombe-Michel** vi sono:

- l'elevato rendimento;
- il fatto che l'ambiente riscaldato non costituisca direttamente il collettore solare;
- la facile (e più economica rispetto ad altri sistemi) adattabilità all'esistente;
- la possibilità di climatizzazione sia invernale che estiva.

Tra i **principali difetti dei muri Trombe-Michel** vi sono:

- il particolare aspetto estetico, per cui occorre una grande attenzione progettuale nell'inserimento architettonico;
- la difficoltà di manutenzione e pulizia sia esternamente (con l'accumulo di sporcizia sui vetri e il conseguente calo progressivo dei rendimenti oltre che il degrado dell'immagine di facciata) sia nell'intercapedine tra vetro e muro (con l'accumulo di polvere e il suo trasporto negli spazi interni attraverso i moti convettivi di scambio termico), per cui è necessario che ogni applicazione di questi sistemi garantisca sempre la possibilità di accesso ai sistemi stessi per la loro manutenzione e pulizia (ad esempio da terrazzi posti lateralmente);
- la possibilità di riscaldare solo ambienti subito in prossimità (con una profondità d'azione di 4-6 m).

FIGURA 5.6 Schema di funzionamento di sistema Barra-Costantini

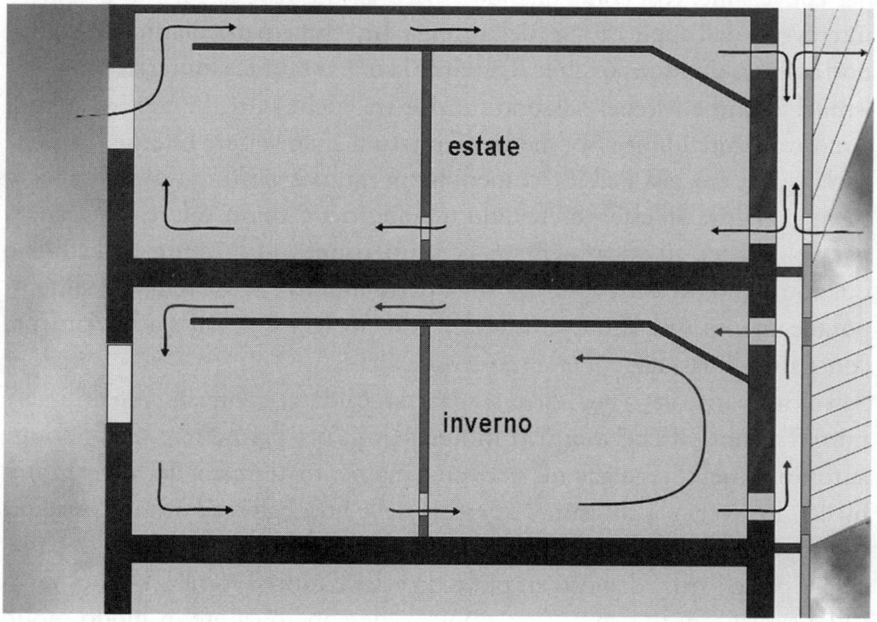

Per quanto riguarda quest'ultimo aspetto, sono stati studiati particolari sistemi, detti **Barra-Costantini**, che sfruttano canalizzazioni (ottenibili ad esempio in controsoffittature) per portare l'aria calda più in profondità negli spazi da scaldare (fig. 5.6).

Sistemi Barra-Costantini

1.3. Sistemi *roof-pond* I sistemi *roof-pond* sono costituiti da una massa termica d'acqua di spessore che varia dai 15 ai 40 cm, racchiusa in sacchi di plastica sottile posti sulla copertura dell'ambiente da scaldare, quest'ultima è di colore scuro e realizzata in materiali buoni conduttori (per esempio lamiera grecata); sopra i sacchi è presente un sistema di isolamento mobile.
Nella stagione fredda la massa termica d'acqua durante il giorno si riscalda e cede calore all'ambiente interno, durante la notte il calore viene conservato evitando dispersioni verso l'esterno attraverso la chiusura del sistema d'isolamento mobile.
Nella stagione calda il sistema isolante viene invece chiuso di giorno per evitare che l'acqua accumuli calore derivante dalla radiazione solare; viceversa l'apertura notturna del sistema isolante permette all'acqua di raffrescarsi a contatto con l'aria esterna, con effetto refrigerante degli ambienti interni (fig. 5.7).

FIGURA 5.7 Schema di funzionamento di sistema *roof-pond*

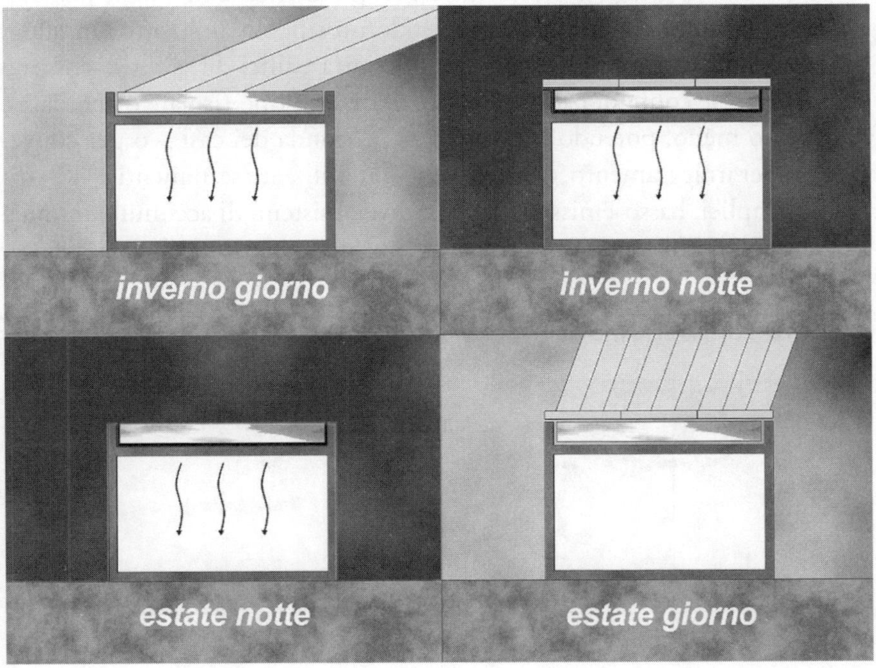

Pregi e difetti

Tra i **principali pregi dei sistemi *roof-pond*:**

- l'applicabilità indipendentemente dalle condizioni di orientamento dell'edificio (purché il soleggiamento della copertura non sia ostacolato) e dalla disposizione degli ambienti interni;
- la possibilità di climatizzazione invernale ed estiva;
- il contenimento degli sbalzi termici e l'uniformità delle temperature interne (tipica dei sistemi ad irraggiamento).

Tra i **principali difetti dei sistemi *roof-pond*:**

- la possibilità di applicazione del sistema esclusivamente in copertura (e quindi il servizio solo dell'ultimo piano);
- la necessità di elevata resistenza strutturale della soletta di copertura.

Va inoltre sottolineato che, alle nostre latitudini, i rendimenti di questo tipo di sistemi non sono molto elevati perché è di gran lunga preferibile la captazione su superfici verticali esposte a sud.

1.4. Serre solari Tra i diversi sistemi, le serre solari sono uno dei più interessanti per versatilità di impiego in architettura. In questi sistemi uno spazio, chiuso principalmente con vetrate (o altro materiale plastico trasparente) e normalmente accessibile, viene addossato alle parti di involucro edilizio meglio esposte alla radiazione solare (facciate sud ma anche coperture), funzionando sia da collettore, sia da spazio di transizione termica, utile anche per l'isolamento invernale (fig. 5.8).

Le serre, che si integrano facilmente con gli altri sistemi solari, possono avere le dimensioni più diverse (servendo un singolo ambiente, un alloggio, così come un intero edificio o addirittura edifici differenti); possono assumere varie configurazioni ed essere di diverso tipo (isolate o ventilate), abitabili o meno, potendo funzionare – a seconda dei casi – o per convezione o per irraggiamento. Possono, ancora, utilizzare serramenti e vetri diversi (semplici, basso-emissivi, doppi), diversi sistemi di accumulo termico (a pavimento e/o a parete), diversi sistemi di regolazione (bocchette, per

FIGURA 5.8 Schema di funzionamento di un sistema a serra solare

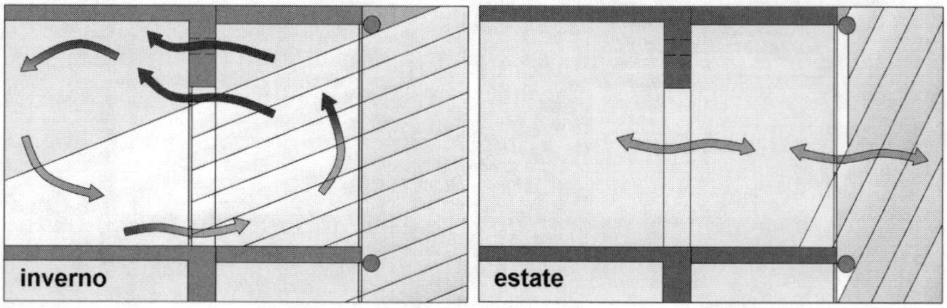

FIGURA 5.9 Diversi tipi di serra solare

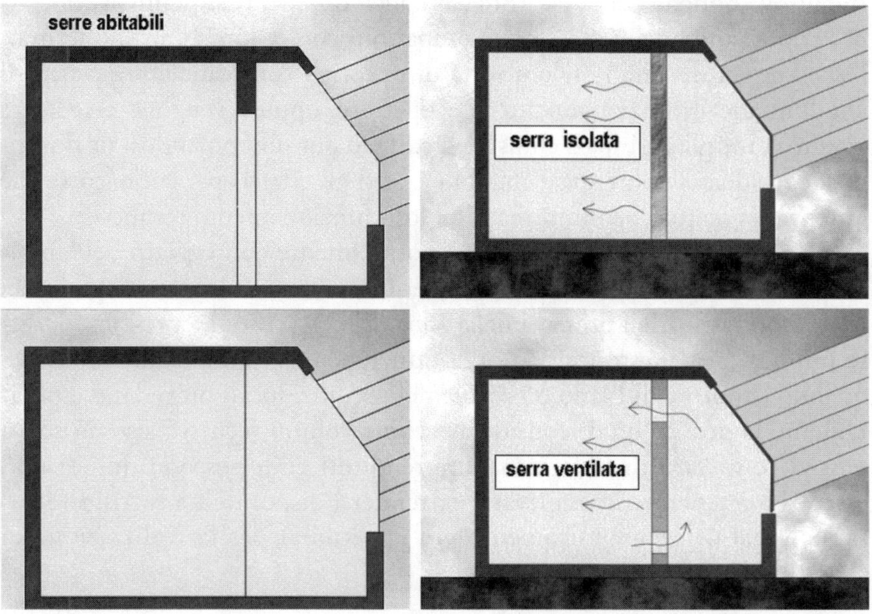

governare i moti convettivi, sia sui divisori con lo spazio da riscaldare sia sulle vetrate della serra stessa), diversi sistemi di isolamento termico per le vetrate (fig. 5.9).

In tutti i casi è necessario predisporre idonei sistemi di apertura e sufficienti superfici apribili, nonché sistemi di schermatura (fissi o mobili), al fine di evitare fenomeni di surriscaldamento estivo.

Pregi e difetti

Tra i **principali pregi di questi sistemi** si possono ricordare i seguenti:

- le serre solari sono sistemi molto versatili e garantiscono la creazione di spazi particolari, potendo contribuire, con il loro disegno, alla realizzazione di interventi *ex novo* o di recupero qualificati sul piano estetico-formale;
- si adattano bene a interventi sull'esistente e possono comportare riqualificazione delle prestazioni termiche, funzionali e formali (nelle operazioni di recupero sono di norma preferibili serre esterne piuttosto che a chiusura di logge o di balconi esistenti, perché altrimenti si possono più facilmente avere problemi di tenuta dei giunti e dispersione termica);
- sono accolte con favore dagli utenti e dagli operatori di settore, a differenza di altri sistemi (Boonstra,Vollebregt, 1996).

Tra i **principali difetti di questi sistemi** si possono ricordare i seguenti:

- le serre possono essere soggette a elevati sbalzi termici, per cui occorre, a seconda dei casi, un'attenta progettazione delle masse d'accumulo e dei frangisole, nonché delle vetrature (semplici, doppie, basso-emissive);

- si prestano anche a usi non compatibili con la loro funzione termica (ad esempio, diventano talora sorta di ripostigli con scaffalature e armadi che limitano il funzionamento del collettore, oppure vengono arredate e vissute come gli altri spazi chiusi dell'edificio pur non potendosi né dovendosi considerare come spazi abitabili a tutti gli effetti) per cui occorre che l'utenza sia sempre ben informata sul loro funzionamento termico;
- occupano un volume che viene normalmente conteggiato nell'ambito della definizione delle potenzialità edificatorie, in funzione degli indici fondiari o territoriali presenti nella zona di intervento. La presenza di serre implica, per questo motivo, una riduzione del volume abitabile, salvo quando le norme di Piano o i regolamenti edilizi locali prevedano esplicitamente la possibilità di considerare come volumi tecnici i sistemi solari passivi (caso raro in Italia). Gli imprenditori edili possono quindi non essere sufficientemente motivati per rendersi disponibili a sacrificare volume abitabile (economicamente più appetibile) per la realizzazione di serre solari.

1.5. Sistemi a guadagno isolato Sono componenti per il riscaldamento degli edifici che sfruttano l'energia del Sole in modo simile a quello dei pannelli solari termici (cfr. cap. 5, par. 3), senza l'impiego di meccanismi per la cir-

FIGURA 5.10 Schema di sistema a guadagno isolato

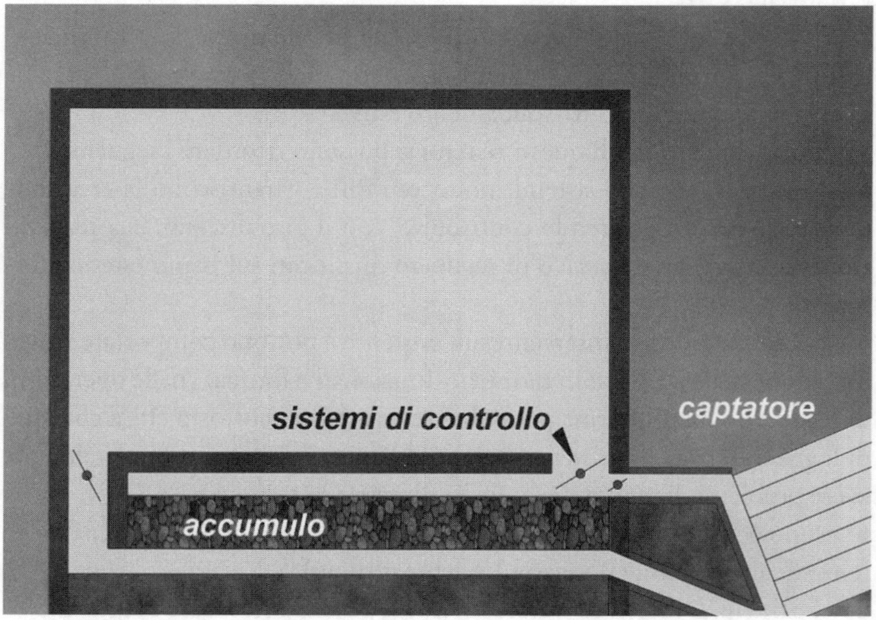

colazione forzata del fluido termovettore, che in questo caso è rappresentato – di norma – dall'aria, che viene trasferita agli spazi da riscaldare e il cui calore viene stoccato in apposite vasche d'accumulo (fig. 5.10).

Pregi e difetti

Tra i **principali pregi di questi sistemi** si possono ricordare i seguenti:

- sono indipendenti dall'edificio e dalle sue caratteristiche di esposizione;
- non occupano le facciate e non condizionano le posizioni delle bucature.

Tra i **principali difetti di questi sistemi** si possono ricordare i seguenti:

- non sono normalmente compatibili con tipologie multipiano;
- richiedono masse d'accumulo (in pietrisco o materiale compatto) che occupano grandi volumi e devono essere collocate sotto gli ambienti da riscaldare (con notevoli problemi per i piani alti).

1.6. Dal diagramma al progetto Quelli finora presentati sono solo schemi di riferimento relativi ai diversi sistemi solari passivi impiegabili nella progettazione edilizia e come tali devono essere interpretati; sarebbe ingenuo pensare di poter automaticamente tradurre tali schemi in soluzioni progettuali. Nelle applicazioni reali quasi mai tali schemi vengono riproposti fedelmente, poiché, in funzione delle specifiche condizioni locali (orienta-

FIGURA 5.11 Edificio per spogliatoi e centro d'aggregazione con sistemi solari passivi e attivi (progetto preliminare degli autori del testo)

mento, esposizione, microclima, contesto paesistico di riferimento, contesto tecnologico, destinazione d'uso, disponibilità economiche, regolamenti edilizi, normative urbanistiche ecc.), nella traduzione dal diagramma di funzionamento al progetto vero e proprio si registrano ampie modifiche, con la definizione di soluzioni di volta in volta diverse e originali (alcune sono presentate nelle immagini a colori, foto dalla 19 alla 26) atte a soddisfare, oltre alle esigenze di regolazione termica, anche tutt'altro tipo di prestazioni di ordine, per esempio, tecnologico, compositivo o tipologico. Molto spesso si verifica, poi, la commistione di più sistemi in soluzioni articolate che mettono insieme strategie di guadagno diretto con le serre solari, o le serre con i muri Trombe-Michel e così via (cfr. fig. 5.11). Gli schemi presentati (attraverso una definizione delle possibili prestazioni dei diversi sistemi) hanno quindi lo scopo di fornire un primo orientamento alla progettazione degli edifici solari passivi, che a seconda dei diversi casi potranno assumere le configurazioni più diverse: è anche per questo motivo che non si deve credere che la progettazione bioclimatica possa e debba configurare una sorta di "stile" progettuale con propri elementi linguistici da integrare agli involucri edilizi; sarebbe come pensare che la descrizione schematica di un qualsiasi altro componente edilizio (una scala per esempio) sia in grado di determinare univocamente e, in qualche modo, costringere e limitare il progetto edilizio.

2. Sistemi di calcolo semplificati e software

Come si è detto in altre occasioni in questo libro, il progetto bioclimatico comporta molti vantaggi, in termini di esiti, ma anche qualche difficoltà nel suo sviluppo. Tra le **difficoltà** c'è la previsione del funzionamento dei dispositivi passivi di cui si è dotato l'edificio o, per meglio dire, la **previsione del corretto funzionamento** (quello desiderato) **dell'edificio** in merito al **controllo microclimatico**, sia nel periodo freddo che in quello caldo dell'anno. Se è infatti possibile individuare le tecnologie più opportune, in relazione alle condizioni climatiche locali, alla destinazione d'uso ecc. attraverso lo studio dei manuali, **può essere piuttosto complesso effettuare una previsione quantitativa** dei risparmi energetici ottenibili e, più in generale, delle performance dell'edificio.

Dati medi e dati variabili

Quando si progetta un impianto si parte da dati medi (temperature medie, volumi d'aria ecc.) di riferimento, prendendoli come elementi certi e invariabili, sui quali operare il calcolo fisico-tecnico sapendo che, ad esempio, una caldaia ha una certa potenzialità e quella può sempre erogare, purché sia alimentata correttamente. Nel caso dei dispositivi passivi ci sono molti più parametri incostanti, **non potendo avere il pieno controllo degli eventi** su cui basiamo la nostra previsione (l'irraggiamento solare, il vento ecc.).

Chi progetta?

Altra differenza è che mentre il progetto impiantistico è opera di specialisti che partono da una situazione data (il luogo, l'edificio) e operano il calcolo di conseguenza, nel progetto bioclimatico è l'edificio stesso a funzionare come un impianto, ma questo, avendo anche altre funzioni, viene progettato dall'architetto che non è uno specialista fisico-tecnico e **ogni cambiamento che viene operato** su un aspetto del progetto, come ad esempio la distribuzione interna, **ha dirette ripercussioni anche sulle prestazioni microclimatiche.**

Per questo motivo è molto importante che vengano approntati strumenti per la previsione quantitativa delle prestazioni dell'edificio, utilizzabili però anche dai progettisti, sapendo che potranno comunque, quando necessario, effettuare un approfondimento con la collaborazione di specialisti, ma senza rischiare, a causa di errori grossolani, di dover stravolgere il progetto.

Strumenti a diversa definizione e precisione

Molti ricercatori di progettazione bioclimatica si sono dedicati alla **definizione di strumenti di calcolo, con diverso tipo di precisione** in funzione del livello progettuale in cui vengono applicati, sia di tipo manuale (tabelle ecc.), sia – e soprattutto – di tipo informatico. Nonostante non sia possibile, in questa sede (e opportuno, dato che non si tratta di un manuale), illustrare dettagliatamente un numero sufficiente di sistemi di calcolo utili ad affrontare il progetto bioclimatico, si ritiene però interessante portare **tre esempi di strumenti** per la **previsione delle performance** di edifici che adottino **sistemi solari passivi.**

Software per il progetto e il calcolo

Un sito dove è possibile trovare un elenco pressoché esaustivo dei software esistenti in merito al calcolo e alla simulazione delle diverse componenti progettuali per l'edilizia sostenibile è: www.eere.energy.gov/buildings/tools_directory/subjects_sub.cfm, del **Dipartimento per l'Energia degli Stati Uniti**, dove sono raccolti per tematiche (in particolare quelli sotto il capitolo *Whole Building Analysis*). Alcuni di questi programmi hanno finalità didattica e sono praticamente degli ipertesti che permettono di comprendere come effettuare scelte che portino a un progetto edilizio sostenibile. Altri sono programmi piuttosto semplici sviluppati all'interno di programmi di ricerca finanziati e alcuni sono *freeware* o *shareware*. Sono comunque indicati anche programmi più complessi, di tipo professionale, di costo variabile, utilizzabili per problemi specifici o in grado di analizzare in maniera approfondita un intero ambito di controllo (ad esempio l'analisi del comportamento termico dell'edificio o l'analisi delle condizioni di illuminazione ecc.).

Esistono inoltre software di fluidodinamica particolarmente complessi, di altissimo costo (alcuni funzionano solo con licenze di durata limitata nel tempo), per il cui impiego è necessaria una grande competenza non solo disciplinare ma anche operativa sul software stesso.

Strumenti e software per la progettazione

Ciò che ci interessa, nell'ambito di questo testo, è però l'individuazione di sistemi di calcolo alla portata del progettista; sarà sempre possibile, successivamente e se l'entità e la complessità del progetto lo richiede, andare in un laboratorio specializzato e richiedere un'analisi e una simulazione più approfondita.
In questo capitolo presentiamo, a solo titolo di esempio, tre sistemi di previsione, uno manuale e due software a complessità crescente, utilizzabili per il progetto di edifici bioclimatici, con particolare riferimento a edifici che adottano soluzioni di guadagno solare passivo.

2.1. Metodo dei grafici operativi Un esempio di semplice applicazione di uno strumento per il calcolo preliminare dell'apporto energetico ottenibile con sistemi solari passivi, attraverso l'uso di tabelle di predimensionamento, è il cosiddetto metodo dei "grafici operativi" (Calderaro, 1981).
I grafici forniscono la potenzialità del dispositivo – percentualmente rispet-

FIGURA 5.12 Esempio di grafico operativo per la latitudine 44°N, per l'applicazione di serra solare, con apporto pari al 33% del fabbisogno per il riscaldamento invernale

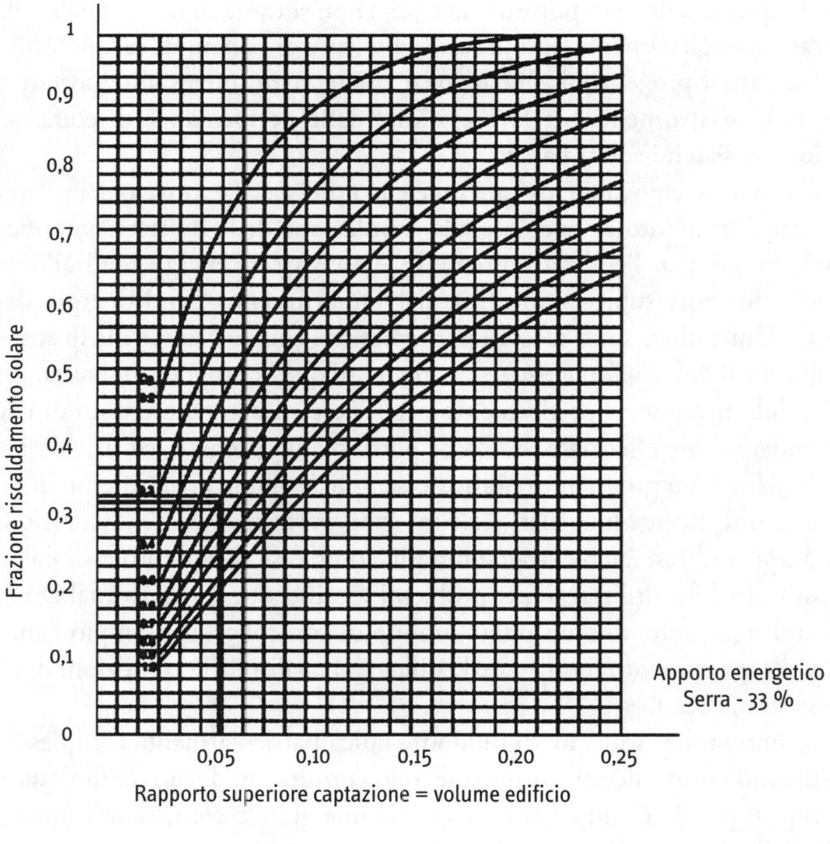

to al fabbisogno per il riscaldamento invernale – in funzione del coefficiente di dispersione termica Cg e del rapporto volume edificio interessato/superficie di captazione.
Il coefficiente di dispersione termica globale Cg = Cd + Cv; dove:
- Cd = coefficiente di dispersione volumica per trasmissione attraverso l'involucro;
- Cd = Φ_d / V(θ_i - θ_e); con: θ_i = temperatura interna; θ_e = temperatura esterna; V = volume lordo riscaldato; Φ_d = potenza dispersa attraverso le pareti (senza contare la ventilazione).
- Cv = dispersione per ricambio d'aria = calore specifico x densità dell'aria x n° ricambi = g x d x n = 0,24 x 1,2 x n = 0,144 (residenziale n = 0,5) quindi approssimabile a 0,15

Il valore di Cd si calcola con apposita formula o con l'ausilio di software.
Nella fig. 5.12 si vede un esempio di diagramma per l'applicazione di serre solari (esistono diversi tipi di diagramma in funzione del tipo di sistema solare passivo impiegato e in funzione della latitudine del sito). Nel diagramma, le curve rappresentano i valori di Cg, le ascisse il rapporto superficie di captazione/volume dell'edificio da riscaldare, le ordinate la percentuale di fabbisogno energetico che presumibilmente potrà essere soddisfatto. Le condizioni per l'uso dei grafici sono: la presenza di masse di accumulo con capacità termica tra 148 e 220 Kcal/°C per mq di apertura solare; la presenza di aperture in alto e in basso ciascuna pari all'1% (per il funzionamento a convezione) della superficie del muro.
Con queste tabelle otteniamo un dato approssimato, comunque utile nelle fasi preliminari del progetto.

2.2. *Solacalc* *Solacalc* è un software basato sull'impiego di tabelle di calcolo di tipo Excel, sviluppato a partire dal **Metodo 5000**, sistema a tabelle creato originariamente da P. Claux, J. P. Franca, R. Gilles, A. Presso, A. Pouget e M. Raoust, come sistema manuale per confrontare i progetti proposti nel concorso *5000 Maisons Solaires* nel 1982. Nel 1990 il sistema è stato rivisto da G. Lefebvre. Successivamente è stata realizzata una versione inglese da M. Raoust di Dialogic S.A. per l'*European Communities – European Passive Solar Handbook*, pubblicato nel 1992, a cura dell' Energy Research Group, University College, Dublin. Il metodo è stato quindi reso disponibile su Internet dal National Microelectronics Research Centre di Cork come parte del Renewable Energy Multimedia Service (è uno shareware, utilizzabile 30 volte prima di dover procedere al pagamento per la licenza d'uso).

Finalità di impiego

Questo software ha come specifica funzione il **calcolo del bilancio energetico globale** di un **edificio dotato di sistemi solari passivi** (cfr. cap. 5, par. 1), attraverso il confronto tra guadagni e perdite dagli elementi di involucro. È da considerarsi un metodo semplificato, ma definisce comunque

FIGURA 5.13 Tabella delle perdite di calore dalle finestre

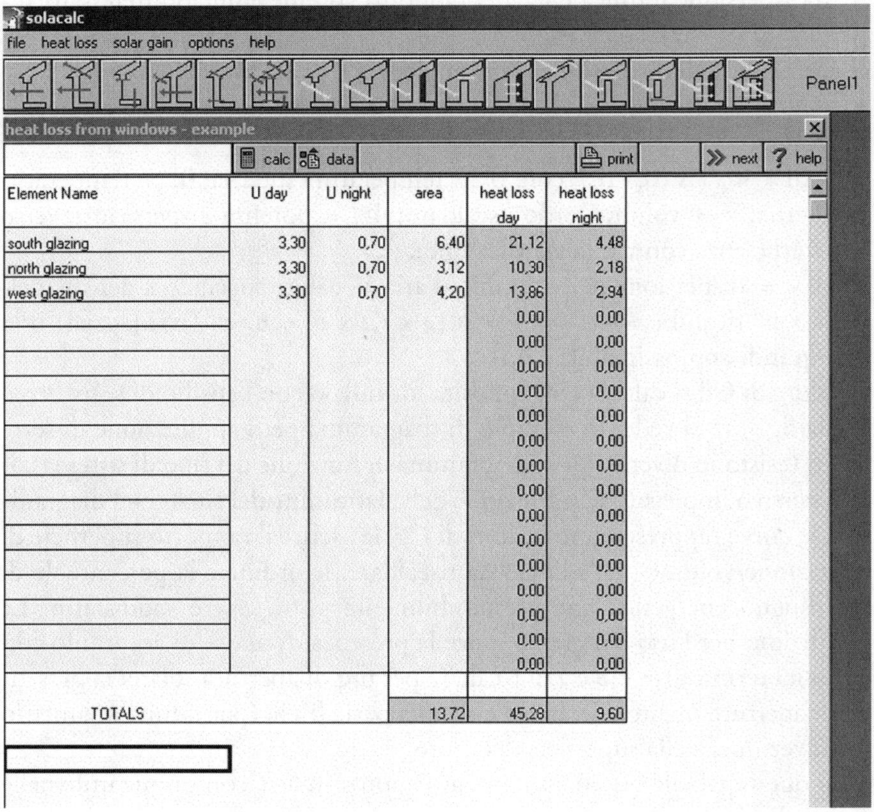

Element Name	U day	U night	area	heat loss day	heat loss night
south glazing	3,30	0,70	6,40	21,12	4,48
north glazing	3,30	0,70	3,12	10,30	2,18
west glazing	3,30	0,70	4,20	13,86	2,94
				0,00	0,00
				0,00	0,00
				0,00	0,00
				0,00	0,00
				0,00	0,00
				0,00	0,00
				0,00	0,00
				0,00	0,00
				0,00	0,00
				0,00	0,00
				0,00	0,00
				0,00	0,00
				0,00	0,00
				0,00	0,00
				0,00	0,00
TOTALS			13,72	45,28	9,60

una analisi quantitativa, permettendo di effettuare un confronto tra diverse soluzioni e la valutazione della convenienza dell'applicazione di un sistema solare passivo.

Struttura

Il sistema è molto semplice ed è sufficiente **conoscere i dati dimensionali e fisici degli elementi di involucro**. Una **prima serie di tabelle** è **finalizzata al calcolo delle perdite di calore** attraverso l'indicazione dimensionale e dei valori di trasmittanza: dalle finestre, da muri e copertura, dai solai e ponti termici, dagli spazi tampone (spazi non riscaldati posti tra i vani interni e l'esterno, inclusi gli spazi di guadagno indiretto come le serre; cfr. fig. 5.13); vengono inoltre considerate le perdite dovute alla ventilazione degli ambienti. Si giunge così, in funzione delle caratteristiche climatiche del sito individuato, al calcolo delle perdite totali di calore e del carico mensile; da notare che le **temperature interne di riferimento** non sono gli usuali 20 °C, ma temperature **differenziate per vano**: 21 °C negli spazi di soggiorno, 18 °C nelle camere e nelle cucine, 22 °C nei bagni ecc.; è possibile infatti risparmiare energia attraverso la riduzione della temperatura

FIGURA 5.14 Notebook di inserimento delle caratteristiche degli elementi usati

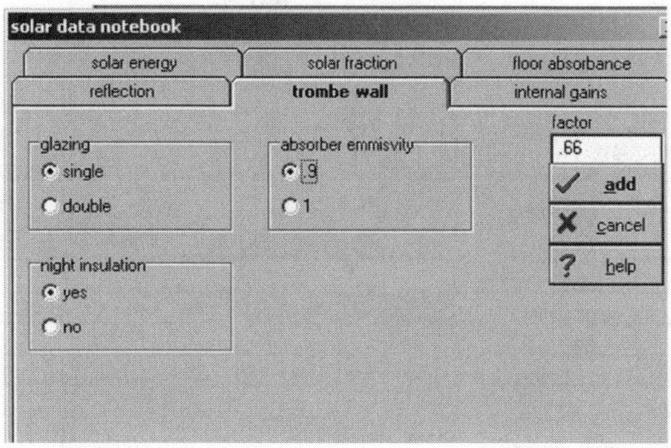

ambiente ove possibile in funzione della destinazione d'uso (cfr. cap. 5, par. 9).

In questa fase si incontra il primo limite di questo sistema di calcolo, cioè i dati climatici sono relativi a un numero di località molto limitate, per la maggior parte inglesi, e le caratteristiche fisiche degli elementi sono limitate ad alcune tipologie; è comunque possibile inserire manualmente i dati relativi ai gradi giorno, alle temperature esterne e ai valori di irraggiamento (rilevati localmente o desumibili dalle normative locali di riferimento) in modo da effettuare la valutazione per una diversa località (cfr. fig. 5.14).

Una **seconda serie di tabelle** permette di **calcolare i guadagni solari**: guadagni diretti da finestre e porte-finestre, guadagni indiretti da finestre poste tra l'interno e una serra, guadagni da muri di accumulo posti tra l'interno e una serra, guadagni per convezione ottenibili con l'uso di serre, guadagni ottenibili tramite le perdite verso l'interno di spazi tampone, guadagni ottenibili tramite l'impiego di collettori ad aria, guadagni ottenibili da sistemi parietodinamici (definiti "muri solari aperti", cioè con aria entrante dall'esterno e preriscaldata da un collettore a muro prima del suo ingresso), guadagni da muri Trombe, guadagni da "muri solari" (cioè collettori con massa d'accumulo, definibile anche muro Trombe a irraggiamento). Quindi si giunge al calcolo dei guadagni totali e al fabbisogno di calore, in funzione anche dei guadagni interni e della massa dell'edificio (cfr. fig. 5.15).

Risultati

È quindi possibile fare una **valutazione globale** in modo da valutare l'opportunità di confermare o modificare le scelte progettuali effettuate. È anche possibile effettuare un'**analisi economica** per calcolare i risparmi ottenibili, cioè monetizzare i guadagni solari.

I valori dei parametri fisici degli elementi di involucro sono suddivisi in fasce, cosa che permette una più veloce valutazione, realizzabile anche su un

FIGURA 5.15 Tabella dei guadagni dovuti all'uso di spazi tampone (*buffers*) e serre solari (*sun spaces*)

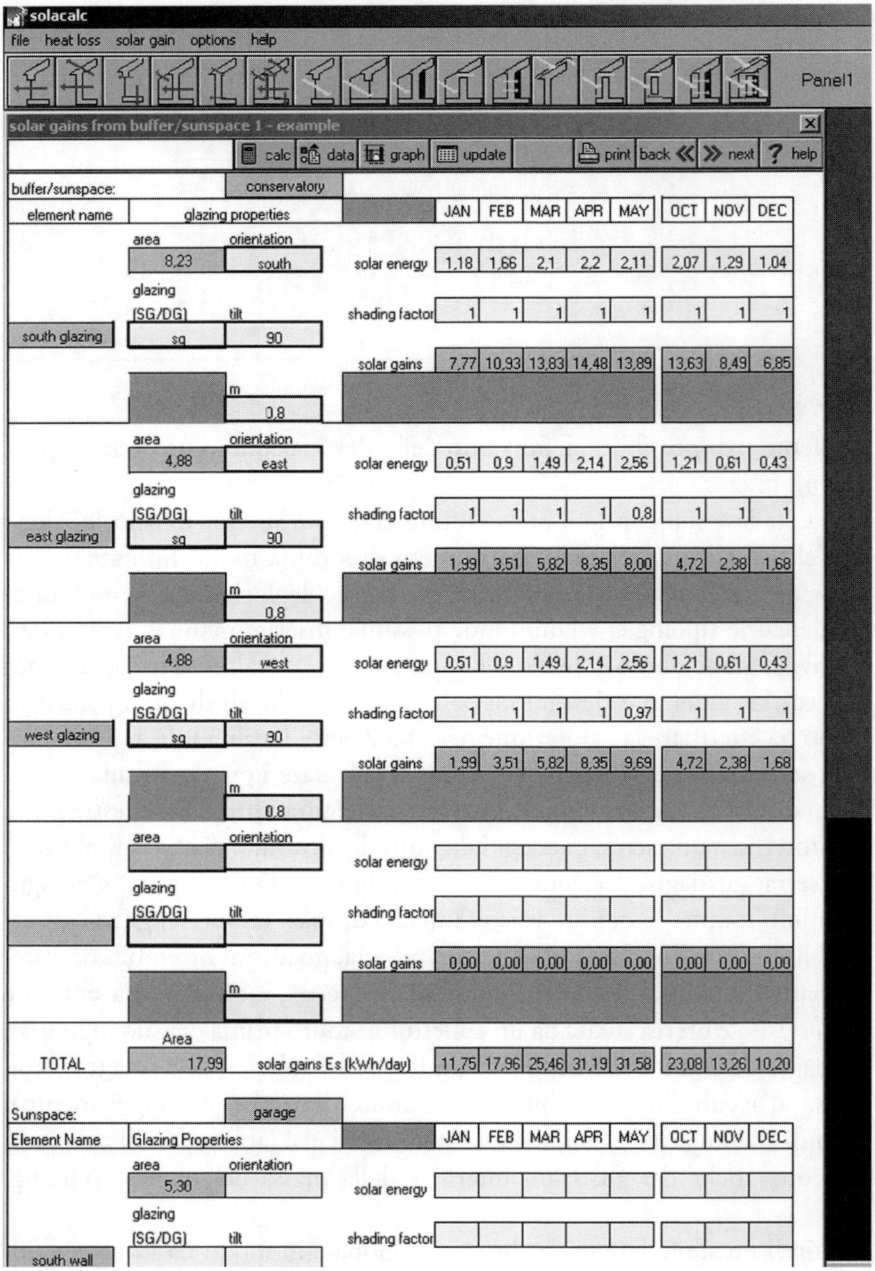

progetto preliminare, ma che non permette una valutazione quantitativa accurata, cosa che, d'altronde, possono fare altri software più sofisticati.

2.3. *Ecotect* *Ecotect* (*Squareone Research*) è un programma per l'**analisi del comportamento termico dell'edificio**, basato su input grafico tridimensionale e sulla compilazione di *data sheet*, o l'impiego e/o l'aggiornamento dei database già esistenti nel programma, per la definizione dei materiali costituenti gli elementi edilizi, con le loro caratteristiche fisico-tecniche, e dei dati climatici del sito di intervento.

A partire da un **modello tridimensionale virtuale** da realizzare tramite gli elementi parametrici forniti dal programma (muri, porte, vetrate ecc.), analogamente a un qualunque programma di disegno 3D, è possibile effettuare diverse verifiche e analisi relativamente al comportamento dell'edificio.

Le funzioni di *Ecotect* sono molte e gli esiti delle analisi possono essere visualizzati in molti modi diversi; si riportano di seguito le funzioni principali, rimandando alla descrizione dettagliata sul sito http://squ1.com/ecotect/features.

Funzioni principali

Determinato l'orientamento dell'edificio e indicato il luogo in cui si trova, è possibile visualizzare il percorso solare e verificare le **condizioni di ombreggiamento** durante l'anno, questo sia per analizzare il rapporto tra morfologia dell'edificio e condizioni di irraggiamento, sia per verificare l'interferenza del nuovo edificio su quelli preesistenti (disegnando quindi l'intorno edificato dell'edificio). Analogamente è possibile analizzare le condizioni di irraggiamento diretto all'interno dell'edificio, ad esempio per prevedere possibili situazioni di abbagliamento. Al contrario, sarà anche possibile visualizzare l'area di interferenza della luce riflessa dal nuovo edificio.

È possibile indicare un punto di osservazione all'interno del modello e **realizzare**, automaticamente, un **diagramma del percorso solare** (con diverse forme di visualizzazione: polare, cilindrico ecc.; cfr. fig. 5.16) **con il profilo dell'orizzonte** reale per verificare l'interferenza, rispetto all'irraggiamento solare, di ostacoli vicini e degli elementi di aggetto, anche al fine di verificare l'efficacia di sistemi di ombreggiamento. Con l'ultima versione del programma è possibile disegnare sistemi di ombreggiamento, anche complessi, con elementi di ridirezionamento della radiazione solare e analizzare i risultati.

Il sistema di **visualizzazione dell'intensità di irraggiamento** è finalizzato all'orientamento del progetto dei sistemi di ombreggiamento o di captazione solare, che spesso devono consentire un buon guadagno in inverno e, contemporaneamente, una buona schermatura nella stagione calda.

La **parte più interessante** di questo programma è sicuramente quella relativa all'**analisi del comportamento termico** dell'edificio. L'impiego primario è quello dell'analisi del comportamento passivo dell'edificio, nell'ottica bioclimatica, quindi in fase preliminare all'applicazione dell'impianto di climatizzazione; è comunque possibile anche considerare la presenza di

FIGURA 5.16 La visualizzazione del percorso solare in 3D (esempio, l'immagine è in negativo rispetto a quella generata dal programma)

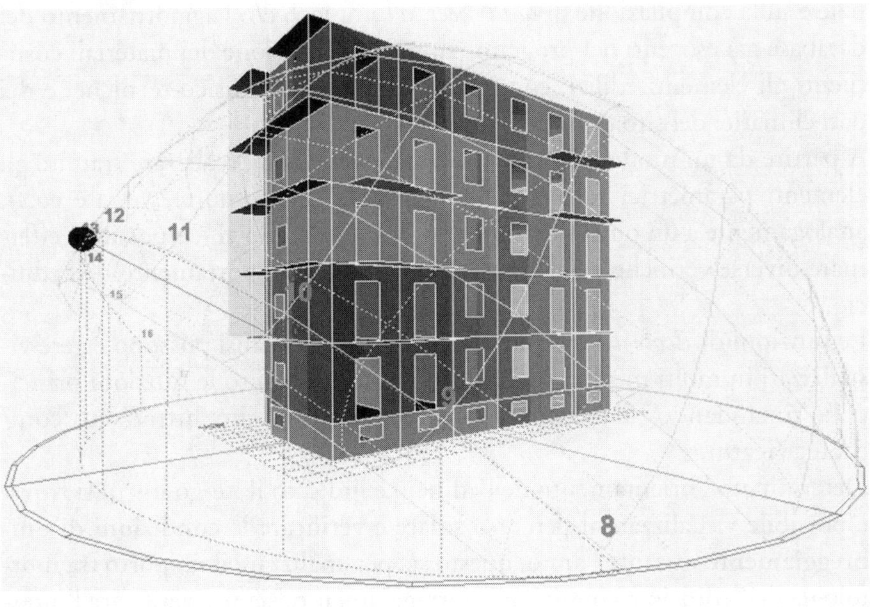

quest'ultimo. Il programma può, ad esempio, visualizzare la distribuzione interna delle temperature per evidenziare il grado di confort e permettere una corretta localizzazione, ad esempio, di sistemi di ventilazione o di termoventilazione (fig. 5.17). Con questa visualizzazione è anche possibile evidenziare il funzionamento dei sistemi solari passivi, così da poter dimensionare le aperture tra *buffers* termici e ambienti interni, cambiare le caratteristiche delle pareti di confine (massa, isolamento) ecc., quindi è possibile evidenziare il carico termico, i guadagni solari ecc. in tutte le zone termiche che si sono individuate (fig. 5.18).

Compatibilità con altri software

Il **modello di *Ecotect*** può essere esportato per essere utilizzato nei **Computational Fluid Dynamics** (CFD), cioè nei programmi di fluidodinamica, per analizzare i flussi d'aria nell'edificio e il sistema di ventilazione. A partire dai dati climatici è possibile evidenziare il regime dei venti tramite diagrammi sovrapposti al modello 3D.

Il modello può essere utilizzato per un'**analisi di massima delle condizioni di illuminazione naturale e artificiale**; il modello però è esportabile in formato compatibile per una più approfondita analisi, con specifici software quali *Daysim* e *Radiance*. Con *Ecotect* è comunque possibile calcolare il fattore medio di luce diurna e i livelli di illuminamento.

Ecotect è anche in grado di effettuare **analisi acustiche**. Attraverso la definizione dei materiali degli elementi è possibile giungere ai valori dei tempi di

FIGURA 5.17 La visualizzazione dell'andamento orario delle temperature nelle diverse zone termiche definito in una casa (esempio, l'immagine è in negativo rispetto a quella generata dal programma)

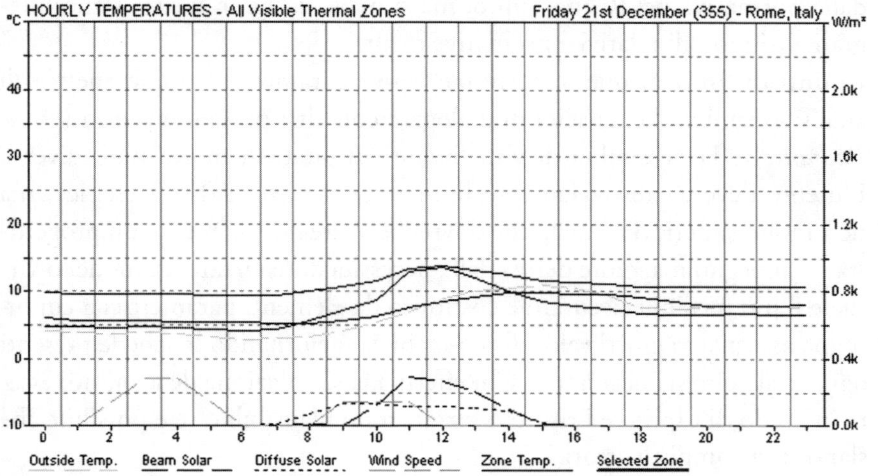

FIGURA 5.18 La visualizzazione dei guadagni termici interzona per una zona termica adiacente ad una serra solare; è possibile vedere che i guadagni solari maggiori si hanno nelle stagioni intermedie, cioè quando si hanno un buon irraggiamento e inclinazione dei raggi non troppo alta (l'immagine generata dal programma è a colori)

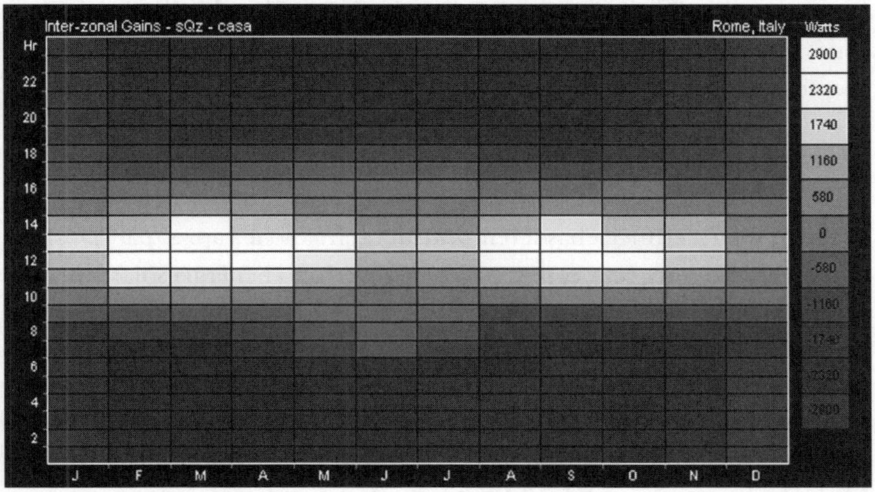

riverbero, ottenuti però su dati statistici, sufficienti per prevedere il comportamento qualora l'acustica non sia un elemento fondamentale, in relazione alla destinazione d'uso. Attraverso l'impostazione di una sorgente acustica interna, è possibile analizzare il comportamento dell'edificio al va-

riare della sua morfologia, ad esempio anche impostando degli elementi di riflessione.
Esiste infine una parte relativa alla realizzazione della relazione richiesta dalla **normativa** del Regno Unito, ma si prevede che in futuro siano integrati altri moduli relativi a normative di altri paesi.

Elementi di interesse

I **punti di forza** di questo software sono sicuramente l'ampio spettro di analisi eseguibili, la capacità di dialogare con altri programmi noti (come *Radiance*) e la possibilità di visualizzare i risultati in molti modi diversi. L'utente deve avere ovviamente buone conoscenze di fisica tecnica, ma non molto superiori a quelle che dovrebbe avere normalmente un progettista. L'impegno maggiore deriva dalla necessità di realizzare un modello virtuale il più possibile accurato e costituito da elementi parametrici a cui bisogna assegnare i giusti valori fisico-tecnici, aggiornando le schede presenti ogni qual volta sia necessario. Chi effettua la simulazione deve quindi essere in grado di capire se i risultati forniti sono plausibili o se è possibile che siano stati compiuti errori.
È possibile adottare griglie di analisi più o meno fitte e, anche se il programma funziona su normali computer desktop e laptop, in funzione della potenza della macchina usata potrà essere necessario accontentarsi di griglie più larghe (analisi meno accurata). Il numero di località di cui sono disponibili i dati climatici (non bastano i soliti dati medi mensili se si vuole fare un'analisi sufficientemente accurata) non è molto alto (le città italiane sono 14), ma dovrebbe crescere ed è possibile incrementarlo autonomamente, sempre che si disponga dei dati necessari.

3. Sistemi solari termici

Definizione

I sistemi solari termici a bassa temperatura (cfr. anche cap. 2, par. 1), sfruttando l'effetto serra (cfr. cap. 5, par. 1), convertono l'energia solare in energia termica, elevando la temperatura di un **fluido termovettore** (normalmente acqua con additivi), utilizzato per la produzione di acqua calda sanitaria o per il riscaldamento.
Si tratta di veri e propri impianti che vengono normalmente classificati, insieme a quelli fotovoltaici (cfr. cap. 5, par. 4), come **sistemi solari attivi**.

Componenti

I **principali componenti degli impianti solari termici a bassa temperatura** sono:

- i **collettori solari**;
- i **serbatoi d'accumulo**;
- i **circuiti distributivi**;
- le **centraline per la regolazione e il controllo** del funzionamento del sistema e l'eventuale integrazione con altri impianti.

FIGURA 5.19 Schema di un collettore solare tipo

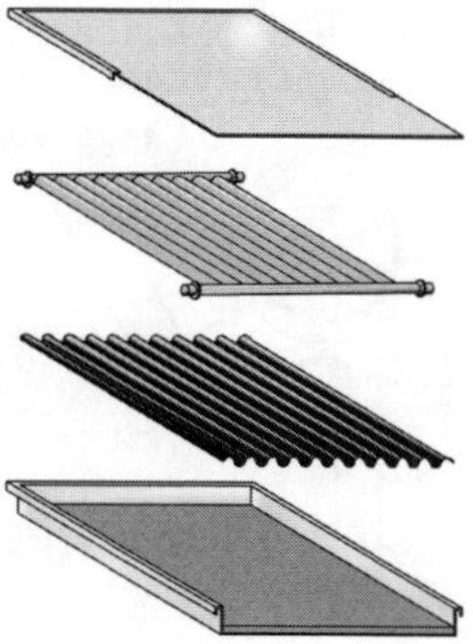

Collettori solari

I **collettori solari** sono i componenti dell'impianto che vengono esposti alla radiazione solare diretta, i cosiddetti **pannelli solari termici**; nella configurazione più tradizionale (fig. 5.19) possono raggiungere temperature interne dai 40 °C invernali ai 70 °C estivi e sono, di massima, costituiti da:

- una superficie trasparente superiore, normalmente realizzata in vetro temperato (ma anche in metacrilato o altri materiali plastici);
- un fascio tubiero all'interno del quale scorre il fluido termovettore;
- un assorbitore di colore scuro, solitamente costituito da una lastra metallica, spesso sagomata per alloggiare il fascio tubiero e talora trattata con particolari rivestimenti galvanici selettivi per ridurre le perdite per riflessione;
- una struttura di contenimento posteriore e chiusura, dotata di sottofondo isolante, per limitare le dispersioni termiche, e di guarnizioni per impedire l'ingresso di acqua piovana all'interno del pannello.

Tipologie di collettore

Oltre a quelli descritti, esistono sul mercato **altri tipi di collettori solari termici**, caratterizzati da diverso rendimento, differente complessità e costi più o meno elevati.

Il più semplice ed economico dei sistemi solari termici è realizzato, per esempio, con collettori costituiti solo da un fascio tubiero di colore scuro in materiale plastico (PVC, neoprene o propilene); questo viene esposto alla radiazione solare per riscaldare l'acqua che vi passa e che viene direttamente impiegata a uso sanitario, solitamente solo per le docce negli stabilimenti balneari o in strutture ricettive tipo camping.

Esistono poi collettori con serbatoio di accumulo integrato: in essi, dietro la superficie trasparente (in questo genere di pannelli solitamente in materiale plastico), vi è un serbatoio di colore scuro nel quale è contenuta l'acqua che, una volta riscaldata, sarà direttamente impiegata per uso sanitario.

Questo tipo di collettore, come quello precedentemente descritto, ha bassi

FIGURA 5.20 Schema di collettore solare sottovuoto

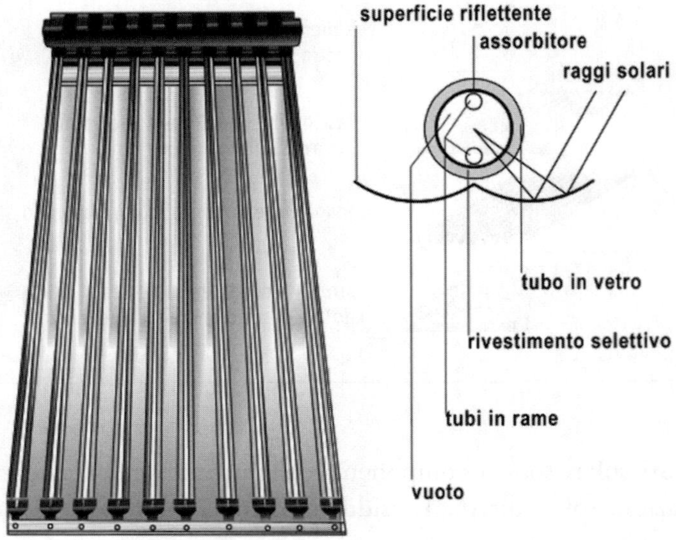

rendimenti ed è idoneo a un utilizzo prevalentemente estivo (per esempio per una casa di villeggiatura); per contro è economico e molto facile da installare.

Collettori solari sottovuoto

Ad alto rendimento sono invece i **collettori solari sottovuoto** (fig. 5.20), pannelli di ultima generazione, più costosi di quelli tradizionali ma con un'efficienza più elevata (possono raggiungere temperature interne fino a 100 °C).

Sono composti da una serie di tubi vetrati che contengono al loro interno gli assorbitori, isolati mediante il vuoto.

Alle nostre latitudini, l'uso di questo tipo di collettori a elevato rendimento può essere consigliabile quando si abbiano a disposizione superfici molto ridotte per l'inserimento di pannelli solari e si debba, contemporaneamente, coprire un fabbisogno piuttosto elevato.

Sempre in relazione ai collettori solari si ricordano infine quelli che impiegano aria come fluido termovettore e vengono utilizzati per il riscaldamento: il loro funzionamento è assimilabile a quello dei muri Trombe-Michel (cfr. cap. 5, par. 1).

Requisiti di installazione

In ogni caso i pannelli solari termici, alle nostre latitudini, devono **avere esposizione** possibilmente a sud (con tolleranza di ± 30°) ed essere collocati in **posizione non ombreggiata** (per cui vanno effettuati studi con diagrammi solari o metodi di cui al par. 4 del cap. 3, come per tutti gli altri sistemi solari attivi o passivi), con **angolo di inclinazione** adatto, che renda la superficie superiore del pannello il più possibile perpendicolare ai raggi

solari nel previsto periodo di utilizzo (per un uso annuale viene considerata ideale un'inclinazione di valore simile a quello della latitudine).
Per ottenere questa inclinazione sia sui tetti piani che su quelli non sufficientemente inclinati si usano supporti metallici.
I pannelli devono essere sempre facilmente accessibili per le **opere di pulizia e manutenzione.**

Serbatoi d'accumulo

Nei serbatoi d'accumulo, che permettono di conservare l'energia termica guadagnata, per utilizzarla all'occorrenza, avviene lo scambio termico tra il fluido termovettore riscaldato nel collettore e l'acqua dell'impianto sanitario o di riscaldamento: normalmente sono presenti due circuiti distinti perché il fluido termovettore, che circola nei collettori solari, è – di solito – acqua trattata con additivi antigelo, decalcificanti e sostanze atte a potenziarne la capacità termica, dunque non può essere impiegata direttamente a uso sanitario.
I serbatoi d'accumulo possono avere differenti dimensioni in relazione al tipo di utilizzo dell'impianto, al numero degli utenti serviti e ai metri quadrati di pannelli solari impiegati.
In relazione alla posizione dei serbatoi e al tipo di circuito distributivo si distinguono due diversi tipi di impianti solari termici: i sistemi a circolazione naturale e i sistemi a circolazione forzata.
Nei **sistemi a circolazione naturale**, di norma, il serbatoio d'accumulo viene posto alla sommità del pannello, praticamente a contatto diretto con esso, perché la circolazione del fluido termovettore dal pannello al serbatoio avviene attraverso moti convettivi naturali: il fluido riscaldato dalla radiazione solare sale nel circuito del pannello fino al serbatoio, di qui, dopo aver ceduto calore, a seguito dello scambio termico con il circuito impiantistico servito (sanitario o di riscaldamento), viene nuovamente convogliato, dal basso, nel pannello (fig. 5.21).
Nei **sistemi a circolazione forzata**, il serbatoio (di dimensioni normalmente superiori) non è posto a diretto contatto con i collettori ma, in posizione verticale, all'interno dell'edificio (la posizione verticale garantisce una più efficace stratificazione termica).
Il passaggio del fluido termovettore dai pannelli al serbatoio avviene grazie a una pompa di circolazione, il cui funzionamento è regolato da termostati posti in corrispondenza sia del collettore che del serbatoio d'accumulo.
I sistemi a circolazione naturale sono di norma più semplici ed economici dei sistemi a circolazione forzata, non necessitando inoltre di apporti energetici per il funzionamento della pompa; per contro presentano maggiori problemi di integrazione architettonica (perché il serbatoio deve essere posizionato in prossimità del pannello, con conseguenti problemi estetici e di carico delle coperture), possono impiegare solo serbatoi di dimensioni limitate e questi ultimi (poiché normalmente posti all'aperto) sono soggetti – benché isolati – a maggiori dispersioni termiche.

FIGURA 5.21 Schema di funzionamento di sistema a circolazione naturale

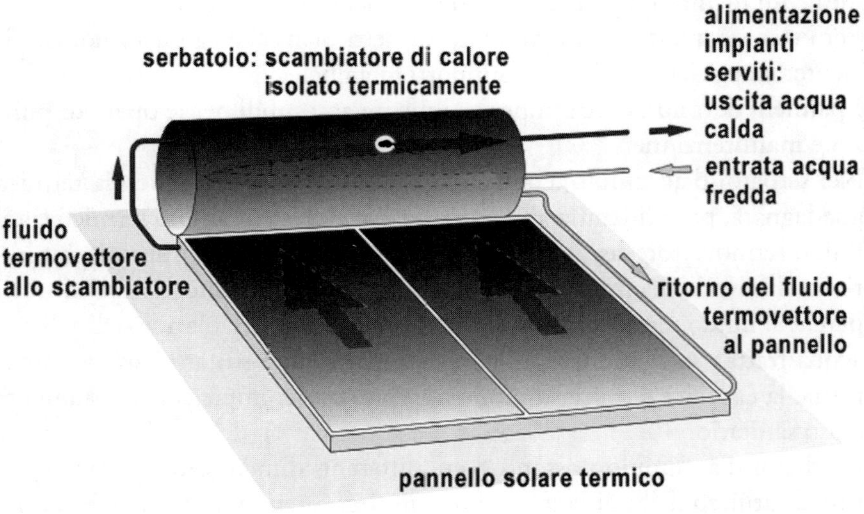

I serbatoi dei sistemi a circolazione naturale, posti normalmente in copertura come i pannelli, devono inoltre essere resi sempre facilmente accessibili per le opere di manutenzione.

Dimensionamento

In relazione al **dimensionamento dei sistemi solari termici**, non potendo in questa sede descrivere precisi metodi di calcolo, si fa riferimento, al fine di fornire un'idea di massima, a dati presenti in letteratura (Magrini, Ena, 2002), secondo i quali, ai fini del solo riscaldamento dell'acqua sanitaria, considerando un fabbisogno medio di 70-80 litri d'acqua calda a circa 45 °C al giorno per persona, occorrono:

- nel Nord-Italia, 1 mq di pannelli a persona e un volume di serbatoio da 60 litri a persona;
- nel Centro-Italia, 0,75 mq di pannelli a persona (55 litri di serbatoio);
- nel Sud-Italia, 0,55 mq di pannelli a persona (50 litri di serbatoio).

Per il dimensionamento di massima di sistemi a circolazione forzata per la produzione di acqua calda sanitaria e per il riscaldamento, si riportano ancora, a titolo di esempio, dati presenti in letteratura (Magrini, Ena, 2002), secondo i quali, per un appartamento di 100 mq del Nord-Italia che ospita 4 abitanti, con un buon isolamento termico e un sistema di riscaldamento a pavimento, per la copertura dell'80-90% del fabbisogno sanitario e del 40-50% del fabbisogno per il riscaldamento, occorrono 16 mq di pannelli e 2.000 litri di capacità totale del serbatoio.

Sistemi a bassa temperatura

Quando si utilizzino sistemi solari termici per il riscaldamento domestico è necessario considerare che, data la relativamente bassa temperatura dell'acqua in uscita dai collettori, **i sistemi più facilmente servibili e integrabili**

sono quelli a bassa temperatura quali quelli radianti a pavimento, parete o soffitto. Infatti nei tradizionali sistemi a radiatori le temperature del fluido termovettore sono generalmente più elevate (nell'ordine dei 70 °C).

Integrazione architettonica

Aspetto di grande rilevanza, in relazione all'utilizzo di sistemi solari termici a bassa temperatura in edilizia, è la loro corretta **integrazione architettonica**: è infatti necessario che il posizionamento dei pannelli solari (e, nel caso dei sistemi a circolazione naturale, anche dei relativi serbatoi), in copertura o sulle facciate degli edifici, sia oggetto di specifica attenzione progettuale, per evitare che tali elementi risultino semplicemente e casualmente giustapposti agli edifici, in contrasto con l'immagine d'insieme di questi ultimi.

Da questo punto di vista la produzione ha mostrato, in questi ultimi anni, un impegno particolare per esempio attraverso la realizzazione di captatori facilmente integrabili nel manto di copertura, al fine di minimizzare il loro impatto visivo.

Alcuni architetti hanno dimostrato infine una sensibilità particolare nell'uso di pannelli solari come veri e propri elementi caratterizzanti l'estetica dei loro edifici (immagine a colori, foto 27).

4. Pannelli fotovoltaici

Gli impianti fotovoltaici (cfr. cap. 2, par. 1) sono **sistemi solari attivi** che permettono di trasformare direttamente l'energia solare in energia elettrica sfruttando il cosiddetto **effetto fotovoltaico**, fenomeno fisico che si basa sull'interazione della radiazione luminosa con gli elettroni di valenza di **materiali semiconduttori** come il **silicio** (oltre al silicio potrebbero essere impiegati anche altri materiali – tra i quali il selenio, usato nelle prime sperimentazioni sul fotovoltaico, il germanio, l'arseniuro di gallio – che hanno però una scarsissima diffusione commerciale specie nelle applicazioni relative all'edilizia).

Effetto fotovoltaico

Il silicio possiede 14 elettroni di cui 4 di valenza (che non hanno cioè un livello energetico tale da lasciare l'atomo di appartenenza per dar luogo a una conduzione di tipo elettrico); questi 4 elettroni permettono, in un cristallo di silicio puro, di stabilire un legame covalente (basato sulla condivisione di coppie di elettroni) con altri atomi.

Quando gli elettroni di valenza sono esposti alla radiazione solare ricevono dai fotoni una quantità di energia in grado di far loro abbandonare la banda di valenza per passare alla banda di conduzione, dando luogo a una conduzione di tipo elettrico.

Tale processo produce un movimento degli elettroni interessati, che lasciano la loro sede creando **lacune** che possono essere occupate da altri elettroni. Questa serie di continui spostamenti genera una corrente elettrica di entità molto ridotta.

Se si trattano strati di silicio con altri elementi chimici come il **fosforo** e il **boro** (attraverso un processo detto di drogaggio), si può accentuare il fenomeno descritto producendo una corrente elettrica più stabile ed elevata che, in determinate condizioni, può essere effettivamente utilizzata per il funzionamento di apparecchiature elettriche: il fosforo è infatti un materiale donatore con carica negativa, dotato di un elettrone debolmente legato che si muoverà verso le lacune che si sono generate, mentre il boro è un materiale accettatore con carica positiva.
L'esposizione all'incidenza dei fotoni della luce solare di uno strato di silicio drogato con atomi di fosforo sovrapposto con uno strato di silicio drogato con atomi di boro è così in grado di produrre una corrente continua costante, che cresce in funzione dell'intensità della radiazione solare incidente.

Cella fotovoltaica

Se il dispositivo ottenuto con la sovrapposizione degli strati di silicio drogati viene dotato, nella parte inferiore e superiore, di contatti metallici per captare il flusso elettrico (disposti in maniera discontinua sulla superficie esposta direttamente alla radiazione solare per non impedire l'incidenza della radiazione stessa) si ottiene una **cella fotovoltaica**, elemento base di un dispositivo fotovoltaico. Tale cella viene di norma dotata anche di un rivestimento antiriflettente per potenziare la captazione solare (normalmente un sottilissimo strato di ossidi di titanio) e può essere sottoposta a trattamenti particolari di colorazione e di testurizzazione (consistente nella sagomatura della faccia superiore della cella al fine di aumentarne la superficie captante).
Attualmente circa l'80% della produzione mondiale di energia elettrica attraverso trasformazioni fotovoltaiche utilizza celle in silicio simili a quella ora sommariamente descritta.
Tali celle possono essere di diverso tipo; di norma hanno una forma quadrata, circolare od ottagonale e dimensioni pari a circa 100 cmq; possono essere realizzate in silicio monocristallino o policristallino.
Le **celle in silicio monocristallino** utilizzano materiale con un maggior grado di purezza (lo stesso utilizzato anche per la produzione di componentistica elettronica), garantiscono prestazioni più elevate rispetto a quelle in silicio policristallino a fronte di costi maggiori, sono normalmente di colore blu intenso.
Le **celle in silicio policristallino** utilizzano materiale di scarto riciclato e ricomposto (con una struttura meno ordinata), presentano una superficie screziata, non omogenea sui toni del blu, sono più economiche e attualmente trovano maggior impiego nella realizzazione di impianti fotovoltaici per l'edilizia.

Rendimenti

I **rendimenti delle celle** attualmente in commercio (rapporto tra energia solare incidente ed energia elettrica prodotta) sono nell'ordine del 15% (in laboratorio si sono raggiunti valori superiori al 30% con l'impiego combinato di diversi semiconduttori tra i quali l'arseniuro di gallio). Tali rendimenti sono tuttavia condizionati dalle perdite di efficienza derivanti dai processi di surriscaldamento e dalle condizioni di pulizia delle celle: per controllare questi fenomeni, che incidono negativamente sui possibili guadagni energetici, occorre permettere che i pannelli fotovoltaici (composti dalle celle) siano ben ventilati per dissipare il calore prodotto e sempre accessibili per le opere di manutenzione e pulizia (occorre altresì evitare l'installazione di pannelli in aree in cui siano presenti elevati livelli di polveri atmosferiche, ad esempio in prossimità di particolari impianti produttivi, depositi di carbone o altre sostanze volatili ecc.).

Moduli e pannelli fotovoltaici

Le celle fotovoltaiche permettono di ottenere, da sole, livelli di corrente molto limitati, per questo motivo esse vengono assemblate in **moduli fotovoltaici**, composti da celle collegate in serie; tali moduli sono costituiti, di norma, con i seguenti strati sovrapposti:

- lastra di vetro temperato superiore, con foglio sottostante sigillante (di norma in acetato vinil-etilenico) a protezione delle celle dagli agenti atmosferici e per il loro isolamento elettrico;
- celle fotovoltaiche (in silicio monocristallino o policristallino);
- foglio sigillante inferiore simile a quello posto sopra alle celle;

FIGURA 5.22 Impianto fotovoltaico da 1,8 kWp, Sant'Olcese, Genova (progetto: architetto Natale)

- elemento di chiusura posteriore isolante, realizzato sia con superfici opache sia in vetro (per ottenere elementi fotovoltaici semitrasparenti).

I moduli descritti sono poi assemblati in **pannelli fotovoltaici** della potenza richiesta, collegabili tra loro per realizzare l'impianto generatore previsto.

Efficienza dei pannelli

Evidentemente, a parità di altre condizioni, la reale efficienza dei pannelli fotovoltaici è determinata dalla radiazione solare incidente e, quindi, dall'orientamento, dal posizionamento, dall'ombreggiamento e dall'inclinazione del pannello stesso, nonché dalla latitudine del sito nel quale viene impiegato (secondo dati presenti in letteratura – Magrini, Ena, 2002 – uno stesso impianto produce 145,8 kWh per metro quadrato all'anno a Milano, contro i 208,6 kWh a Trapani): per la progettazione di impianti fotovoltaici è indispensabile quindi valutare, come per gli altri sistemi solari attivi e passivi, la latitudine del sito e l'effettiva esposizione del pannello alla radiazione solare, attraverso l'impiego di diagrammi solari e sistemi quali quelli precedentemente descritti in questo testo (cfr. cap. 3, par. 4).

Watt di picco

Al fine di permettere una valutazione dell'efficienza dei pannelli in commercio, indipendentemente dal luogo e dal modo di applicazione (per fornire un criterio di scelta tra i vari pannelli presenti sul mercato e di comparazione costi-benefici), normalmente viene considerata, quale misura teorica della potenza fotovoltaica, il **Watt di picco** (Wp), determinato in funzione di condizioni standard teoriche (considerando un'intensità di radiazione solare pari a 1.000 W/mq e una temperatura d'esercizio di 25 °C).

Integrazione in architettura

I pannelli solari fotovoltaici trovano impiego sempre più diffuso in edilizia (anche grazie a forme di incentivi come quelli in conto energia; cfr. cap. 2, par. 1): in alcuni casi progettisti di particolare sensibilità sono riusciti a integrarli nelle loro architetture come elementi con propria specifica valenza estetica (immagini a colori, foto da 28 a 31), utilizzandoli come marcapiano, frangisole o, ancora, come elementi rappresentativi dell'attenzione del progettista stesso o del committente per il rispetto dell'ambiente e delle sue risorse. Anche la produzione sta contribuendo, in tal senso, attraverso la realizzazione di pannelli colorati o trasparenti, concepiti come veri e propri oggetti di design.

Silicio amorfo

Sempre per quanto riguarda l'integrazione architettonica, sta assumendo importanza crescente l'uso del **silicio amorfo**, con il quale si possono realizzare, oltre ai pannelli, superfici semitrasparenti e colorate continue anche di notevole dimensione, moduli flessibili e altri prodotti come le tegole fotovoltaiche.

Per realizzare elementi in silicio amorfo viene depositata una serie di strati di silicio (allo stato amorfo) molto sottile (nell'ordine di 1-2 micron) su supporti rigidi o flessibili, di materiale plastico o vetro, con la possibilità di coprire in modo continuo anche superfici piuttosto estese: il rendimento dei sistemi in silicio amorfo è sensibilmente inferiore a quello dei sistemi in

silicio monocristallino e policristallino (infatti è nell'ordine del 6-10% con ulteriore decadimento delle prestazioni nel tempo) ma i costi sono più contenuti dal momento che viene utilizzata materia prima in minore quantità (dato lo spessore dei depositi di silicio).
I **pannelli in silicio amorfo** sono ottenuti rivestendo un vetro (dal lato opposto a quello che verrà esposto alla radiazione solare) con strati di silicio amorfo e altri materiali tra i quali quelli per l'isolamento elettrico. Hanno una superficie scura uniforme e rendimenti meno elevati ma costi ridotti rispetto agli altri tipi di pannelli fotovoltaici, per cui se ne consiglia l'impiego in presenza di grande disponibilità di superficie da coprire. Il rendimento di questo tipo di pannelli – a differenza di quanto avviene con gli altri – è piuttosto buono anche nei periodi di cielo coperto.
Con procedimenti analoghi a quelli impiegati per i pannelli, possono anche essere coperte con silicio amorfo **grandi superfici opache colorate o vetrate**, che possono avere diversi tipi di impiego nella realizzazione degli involucri degli edifici, con significative ricadute in termini estetici.
I **moduli flessibili in silicio amorfo** sono, di norma, destinati a impieghi particolari e sono, per esempio, utilizzati sulle imbarcazioni. Le **tegole fotovoltaiche** in silicio amorfo permettono di formare un manto di colore scuro che si può integrare piuttosto facilmente con coperture tradizionali (per esempio in ardesia; cfr. fig. 5.23). Esistono in produzione strisce di tegole già cablate e incollate su supporto plastico che viene fissato sulla solet-

FIGURA 5.23 Tetto con manto realizzato in tegole fotovoltaiche, Rapallo, Genova; a destra il montaggio in fase di cantiere (progetto: architetto Natale)

ta di copertura tramite chiodatura. Le diverse strisce vengono montate sovrapposte per ottenere un manto impermeabile, il Sole – riscaldando le tegole solari – provoca un incollaggio che contribuisce alla tenuta dei giunti alle intemperie. L'efficienza di impianto può variare configurando più strisce di tegole in serie o in parallelo fino alla potenza desiderata. Attualmente questo tipo di soluzione presenta ancora qualche problema legato al cablaggio, specie in presenza di sottotetti abitabili nei quali non si possono posizionare i cavi dell'impianto; altri problemi derivano dalla difficoltà di mantenere pulite le superfici del manto e, in alcuni casi, si sono registrate infiltrazioni d'acqua in presenza delle giunzioni tra le diverse strisce; per contro notevoli sono i vantaggi legati all'impatto visivo (specie per l'edilizia tradizionale) e alla possibilità di ridurre i problemi di ombreggiamento tra i pannelli che si possono generare negli impianti fotovoltaici più tradizionali utilizzati in copertura.

Impianti fotovoltaici

In relazione ai diversi tipi di impianto fotovoltaico si possono distinguere essenzialmente due diverse categorie principali: i sistemi isolati e i sistemi connessi in rete.

I **sistemi isolati** vengono perlopiù utilizzati per edifici realizzati in siti difficilmente raggiungibili dalle reti elettriche (rifugi, campeggi, strutture provvisorie, mobili, d'emergenza, e anche per imbarcazioni, camper ecc.; cfr. fig. 5.24); non sono altrimenti convenienti dal momento che gran par-

FIGURA 5.24 Integrazione di pannelli fotovoltaici sulla facciata sud di un rifugio del Parco naturale dell'Àveto (progetto: architetto Rissotto)

te dell'energia viene dispersa dalle batterie d'accumulo e che la manutenzione di queste ultime è particolarmente onerosa (con necessità di sostituzione dopo pochi anni di funzionamento). Tali sistemi sono costituiti da:
- generatore fotovoltaico;
- parco di batterie per l'accumulo dell'energia elettrica (al piombo acido o al nichel-cadmio);
- regolatore di carica a protezione degli accumulatori;
- inverter (per la conversione della corrente continua in alternata), che – nei sistemi isolati – si può anche eliminare purché le utenze servite siano debitamente predisposte per il funzionamento in corrente continua.

I **sistemi connessi in rete** immettono l'energia prodotta in eccesso nella rete elettrica e si avvalgono di quest'ultima per prelevare l'energia elettrica necessaria nei momenti in cui la produzione fotovoltaica è carente o nulla. Tali sistemi non hanno bisogno di batterie d'accumulo, mentre necessitano sempre di inverter e di contatori per la contabilizzazione dell'energia ceduta e acquisita in rete.

5. Serramenti speciali, frangisole, edifici intelligenti

L'involucro è la parte dell'edificio a cui è demandato il compito di dialogare con l'ambiente esterno, sotto diversi punti di vista.

L'architettura contemporanea, nella sua complessità e molteplicità di approcci, tende a liberarsi di queste categorizzazioni, ma è pur sempre individuabile un insieme di elementi atti a connettersi con l'ambiente esterno, se non altro perché le norme tecniche che guidano il comportamento dell'edificio in merito alle sue prestazioni di contenimento dei consumi energetici nel periodo in cui è necessario il riscaldamento, o di protezione dall'irraggiamento solare nel periodo caldo, o il comportamento rispetto al trasferimento del suono (cioè del rumore) ecc., lo richiedono.

Involucro: prestazioni e immagine dell'architettura

Le **prestazioni dell'involucro** sono fortemente influenzanti le caratteristiche più palesi dell'edificio, in quanto **si riflettono nella sua immagine** esteriore e quindi, spesso, ne determinano il modo di porsi nel contesto.

Gli elementi costituenti l'involucro architettonico sono determinati da diversi elementi, per ogni epoca o, se vogliamo, ogni stile, legati a diversi aspetti del fare architettura: gli aspetti funzionali, quelli relativi a una "estetica", quelli legati alla disponibilità di risorse ecc.

È particolarmente vero che l'architettura "sostenibile", quale quella di cui si tratta in questo testo, ha un rapporto piuttosto esplicito con la tecnica e ne trae spesso ispirazione formale, sia che si tratti di applicazioni di sistemi tecnologici particolarmente avanzati sia che si tratti di tecnologie "povere". Possiamo dire che è un approccio tendenzialmente funzionalista, anche se stemperato dalla volontà di ridurre la "presenza di materia" che la rende meno propensa a sfoggi "muscolari" propri di certa architettura high-tech.

Certamente la prima generazione di edifici "solari" era improntata a una traduzione piuttosto didascalica degli schemi di funzionamento dei dispositivi adottati, tali da rendere riconoscibili gli oggetti edilizi e ascrivibili a questa categoria. Il progressivo esercizio progettuale ha portato progressivamente alla realizzazione di edifici più complessi e, per questo, meno identificabili in tal senso.
Gli elementi e i sistemi a cui dedichiamo queste righe però, per le loro specifiche funzioni e le loro caratteristiche tecniche, pur nella diversificazione delle soluzioni formali legate a una molteplicità di materiali ed elementi impiegabili, danno chiari segni di ciò che gli involucri edilizi che li mostrano, in particolare, sono in grado di fare.

5.1. Serramenti speciali Il primo elemento fortemente caratterizzante l'architettura sostenibile – e, secondo la particolare visione degli autori di questo testo, l'uso dei sistemi solari è la "base" per il raggiungimento della sostenibilità in architettura – sono certamente i **serramenti**, cioè i sistemi di chiusura delle aperture atti a **regolare** alcuni flussi tra interno ed esterno: **flusso di energia termica, flusso di radiazione luminosa, flusso d'aria.**

Serramenti: prestazioni consuete e aggiuntive

Tradizionalmente, essendo la **"bucatura" dell'involucro** un **punto critico** – dal punto di vista costruttivo, in quanto metteva in crisi il sistema strutturale a pareti portanti, e dal punto di vista tecnologico, essendo alquanto complesso da realizzare un elemento che si potesse aprire e chiudere a piacimento modificando così le prestazioni dell'involucro stesso – si è sempre teso, almeno nella nostra cultura costruttiva, a concentrare le prestazioni di **controllo dei** tre suddetti **flussi** in un'unica tipologia di elemento: la finestra. Nel tempo, il semplice serramento si è via via dotato di caratteristiche tali da aumentare le sue peculiarità funzionali: saper chiudere, lasciarsi aprire. La sagomatura sempre più elaborata del serramento ha permesso di migliorare la tenuta all'aria e all'acqua, caratteristica definitivamente cambiata con l'avvento delle guarnizioni di tenuta; la diversificazione del materiale (legno, acciaio, alluminio, PVC) ha permesso di modificare la sagoma dell'elemento, di fornire diversi gradi di prestazioni di tenuta al passaggio del calore, di manutenibilità; l'adozione della vetrocamera e di altri prodotti dell'industria del vetro (cfr. anche cap. 5, par. 6 e cap. 6, par. 1) hanno migliorato notevolmente le prestazioni di controllo del passaggio del calore e dei flussi radianti luminosi. Infine, le modalità di apertura diversificate e, in certi sistemi, compresenti hanno permesso una flessibilità di impiego anche per quanto riguarda il passaggio dell'aria.

Evoluzione dei sistemi di serramento

Il punto di arrivo è il concepimento di sistemi di **infissi a funzione differenziata**, in cui non obbligatoriamente le diverse prestazioni (passaggio del calore, dell'aria, della luce) sono sommate, ma convivono diversi elementi, integrati o meno nello stesso dispositivo ma comunque complementari, al fine di migliorarne le prestazioni. Una **evoluzione** quindi non tanto, o non

solo, del prodotto nelle sue caratteristiche fisico-chimiche (come è successo sinora, ad esempio, con i prodotti vetrari) ma della **concezione del ruolo del serramento nell'edificio.**
Si tratta quindi, da parte del progettista, di definire separatamente i requisiti funzionali in oggetto e di soddisfarli, eventualmente, separatamente o in maniera integrata secondo quella che si ritiene essere la soluzione migliore. Esisteranno quindi elementi atti a permettere il passaggio della luce, altri a permettere il passaggio dell'aria controllandone la temperatura, altri, in certi casi, atti a permettere la visibilità interno-esterno. Analogamente potranno essere concepiti sistemi di infissi in cui vengono integrati gli elementi preposti all'ombreggiamento, alla diffusione della luce ecc.
È inoltre possibile concepire l'infisso come un vero e proprio sistema solare passivo, in cui l'aria viene introdotta nell'ambiente interno attraverso un percorso più o meno labirintico in cui questa, per effetto serra, grazie all'esposizione dell'elemento alla radiazione solare, raggiunge una temperatura prossima a quella interna o anche superiore (in funzione delle stagioni) e contribuisce alla climatizzazione degli spazi confinati. Un esempio è il sistema di **pareti vetrate dinamiche** realizzato da Coopsette per un edificio costruito a Luino (Varese, progettisti Cattivelli e Costantini). Si tratta di un sistema costituito da due componenti, captatore e finestra, funzionanti per effetto serra, come dei pannelli solari ad aria. Il componente captatore

FIGURA 5.25 Schema di funzionamento di un infisso funzionante secondo il principio di parete dinamica

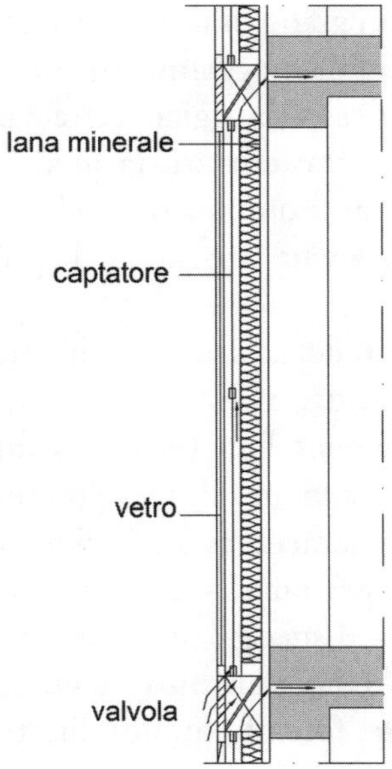

funziona come una sorta di muro Trombe che convoglia aria calda nell'ambiente per circolazione forzata, tramite bocchette presenti sul componente stesso; funziona sia in assetto interno-esterno per la circolazione dell'aria invernale, sia in assetto esterno-esterno per il raffrescamento estivo abbinato con specifici serramenti da porre sul lato nord. Il componente finestra è costituito da un doppio infisso e funziona analogamente alla vetrata cieca; entrambi possono essere dotati di microprocessori e sonde (esterna, interna, nell'intercapedine) per il funzionamento automatico (fig. 5.25).

5.2. Frangisole Analogo discorso è fattibile in merito ai sistemi di **protezione dall'irraggiamento solare**, quelli che oggi definiamo spesso "frangisole", che nel prossimo paragrafo definiremo anche come "componenti di controllo" (della luce).

Funzione dei sistemi di ombreggiamento

Questi elementi sono presenti nella maggior parte delle culture costruttive in cui l'irraggiamento solare, per una porzione più o meno ampia dell'anno, può costituire un problema dal punto di vista dell'apporto radiativo luminoso o termico. In realtà gli elementi tradizionalmente impiegati per ridurre l'irraggiamento termico sull'edificio sono quasi sempre stati adottati per le sole parti relative alle bucature dello stesso, cioè delle aperture (finestre ecc.), questo a causa della ovvia necessità di ridurre e/o impedire l'ingresso della radiazione solare attraverso il vetro. Una maggiore efficacia si avrebbe invece ombreggiando tutte le porzioni di involucro esposte alla radiazione solare diretta. Nell'edilizia tradizionale ciò non avveniva, in quanto in genere le pareti erano dotate di una grande inerzia termica (capacità termica; cfr. cap. 5, par. 14) in grado di rallentare e quindi sfasare l'ingresso del calore nelle ore di assenza di irraggiamento (in certi casi venivano impiegati pergolati o porticati per ombreggiare certe parti dell'edificio). Oggi però gli edifici sono spesso caratterizzati da involucri leggeri, con bassa inerzia termica, che necessitano quindi, oltre che di essere dotati di un buon isolamento invernale, anche di sistemi di protezione dall'irraggiamento in estate.

Elementi funzionanti come frangisole

Tra gli esempi più interessanti del costruire storico ricordiamo ad esempio, le **musciarabia** (o mashrabia, dall'arabo *masrabiyya*), autentici capolavori di intaglio e di incastro di elementi lignei scolpiti a formare graticci così fitti da trasformare la luce diretta in luce diffusa per **diffrazione**.

Alle consuete "**tapparelle**" – elementi avvolgibili, un tempo in legno e oggi in plastica o alluminio – e "**persiane**" – un tempo in legno e oggi, anche queste, in PVC o alluminio – si sta oggi affiancando un grande numero di elementi da queste derivati (o dall'elemento a tenda), che pertanto definiamo genericamente **frangisole**, facendo quindi diretto riferimento alla loro funzione, non avendo più un referente per la loro diversificazione formale e funzionale. Questi elementi avranno tutti la funzione di ridurre l'apporto

FIGURA 5.26 Schemi del funzionamento delle due categorie di frangisole

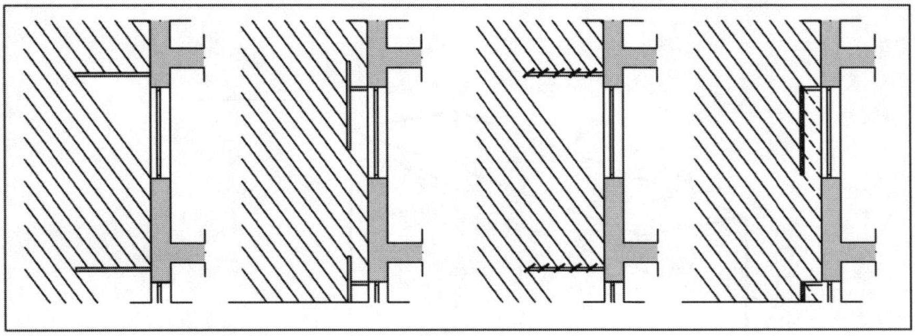

di radiazione solare sulla facciata, quindi non necessariamente solo sulla porzione occupata dalle bucature, attraverso elementi filtranti con diverse caratteristiche.

Questi elementi si possono suddividere in due categorie concettuali:

1. **elementi opachi**, il cui funzionamento come frangisole è determinato dalle **caratteristiche geometriche** (dimensione, posizione rispetto all'elemento di involucro che proteggono, inclinazione);
2. elementi **parzialmente opachi**, cioè traforati o traslucidi, il cui funzionamento come frangisole è determinato non soltanto dalla geometria (dimensioni e posizione) ma anche dal grado di opacità e dalle modalità del suo ottenimento (trama, materiale ecc.) rispetto alla posizione del Sole (fig. 5.26).

Calcolo dell'efficacia di un aggetto

Alla prima categoria fanno evidentemente riferimento tutti i **sistemi di aggetto**, fissi o mobili, o **di chiusura** costituiti da componenti privi di aperture che possono abbinare, per questo motivo, anche delle prestazioni di tenuta al calore (se i materiali sono termicamente isolanti), di tenuta all'aria (più o meno accentuata in funzione dei dispositivi di chiusura), di sicurezza (se i materiali usati hanno un buon comportamento meccanico agli urti, sono resistenti al taglio ecc.). Gli ultimi elementi citati vengono anche tradizionalmente definiti "**scuri**" quando chiudono completamente una bucatura impedendo non solo il passaggio della radiazione diretta ma anche di quella indiretta, oscurando così completamente l'ambiente interno. L'**efficacia** di tali elementi può **essere calcolata** o **graficamente**, disegnando le condizioni di irraggiamento a partire da coppie di angoli altezza solare e angolo azimutale, a rappresentazione delle condizioni di soleggiamento di alcuni giorni caratteristici all'anno (cfr. cap. 5, par. 1), o tramite le seguenti **formule trigonometriche**:

- **$Lo = L \times |\tan\gamma|$**, dove Lo è l'ombra portata su una superficie da un aggetto verticale, L è la profondità dell'aggetto e γ è l'angolo azimutale della facciata;

FIGURA 5.27 Il calcolo delle ombre degli aggetti con metodo trigonometrico

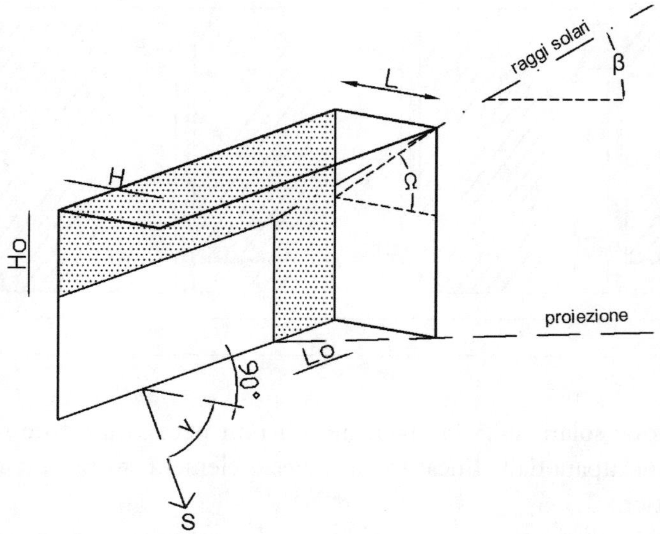

- **Ho = H x tanΩ**, dove Ho è l'ombra portata su una superficie da un aggetto orizzontale, H è la profondità dell'aggetto e tanΩ = tanβ/cosγ con β altezza solare.

Tali formule non devono intimidire; sono infatti facilmente calcolabili disponendo di una calcolatrice scientifica e sono sicuramente il metodo più veloce (rispetto a metodi grafici o che si servono di modelli 3D o reali) per calcolare l'efficacia di un sistema di ombreggiamento (fig. 5.27).

Sistemi di frangisole a comportamento variabile

Alla seconda categoria appartiene un gran numero di soluzioni di frangisole, dalle prestazioni funzionali ed estetiche molto varie, grazie anche alla possibilità di graduare la prestazione tramite la movimentazione, che modifica la posizione e la dimensione delle aperture, più o meno piccole, contenute rispetto all'irraggiamento solare. Con i sistemi tessili si potranno quindi, ad esempio, avere trame più o meno fitte che in funzione dell'angolazione del telo rispetto alla direttrice di irraggiamento muteranno l'apporto solare sull'involucro; con i sistemi a lamelle mobili sarà possibile passare da un elemento funzionante come uno scuro a un elemento quasi completamente permeabile alla radiazione (immagini a colori, foto 32 e 33) ecc.

5.3. L'edificio intelligente È evidente che i sistemi di serramento e i sistemi di frangisole sono complementari e possono costituire un sistema di chiusura esterna molto sofisticato, dalle prestazioni mutevoli in funzione del variare delle necessità dell'utenza nel tempo e al cambiare delle condizioni climatiche.

Ciò implica però una certa capacità di **interazione** con il sistema da parte dell'utenza, al fine di ottenere di volta in volta la migliore configurazione possibile in relazione alle condizioni di illuminazione, temperatura e ventilazione necessari. Se ciò è ottenibile con i sistemi più semplici e in caso di univocità della richiesta funzionale, cioè esiste un utente con una specifica esigenza e con l'accesso diretto al sistema (cfr. in proposito anche cap. 5, par. 12), è piuttosto complesso agire nei casi in cui l'utenza è costituita da molti individui – come negli spazi lavorativi – e il sistema è tendenzialmente complesso poiché concepito per ottimizzare la sua risposta alla mutabilità delle condizioni ambientali. In questi casi possono essere adottati dei sistemi cosiddetti "intelligenti", da cui la definizione di "**edificio intelligente**", ovvero di edificio dotato di sistemi di controllo dei dispositivi di captazione o di protezione dai suddetti flussi termici, luminosi e ventilativi, tramite **meccanismi servoassistiti, regolati da un sistema informatico** in grado di leggere le condizioni microclimatiche attraverso dei sensori e di azionare i dispositivi in conseguenza dei valori (di velocità o di portata dell'aria, di illuminamento, di temperatura) di riferimento che si intende raggiungere.

Tali dispositivi sono generalmente costosi e bisognosi di manutenzione e la loro adozione è quindi consigliabile solo qualora i consumi energetici per la modifica delle condizioni ambientali locali siano tali da renderli comunque economicamente convenienti.

Un caso noto: Istituto del mondo arabo, Parigi

È famoso il caso della facciata dell'edificio sito a Parigi denominato **Istituto del mondo arabo** (immagini a colori, foto 34 e 35), progettato da Jean Nouvel, che presenta un sistema di diaframmi comandati da sensori alla luce che, oltre a controllare l'ingresso della radiazione solare all'interno dell'edificio, sul lato in cui sono applicati, definiscono l'immagine architettonica dello stesso, rendendolo fortemente riconoscibile e caratterizzato. Purtroppo una tecnologia tanto consolidata quale quella dei diaframmi per sistemi fotografici diventa inadeguata quando il numero di movimenti al giorno diventa enormemente superiore a quello di una reale fotocamera, rendendo tale sistema estremamente delicato e bisognoso di continua manutenzione. È esperienza comune a chi ha visitato tale edificio l'osservazione di molti di questi dispositivi fermi per guasto. A parte questo caso particolare – e particolarmente noto anche per il fascino innegabile che vede fortemente integrati un sistema tecnologico avanzato e l'immagine dell'edificio che lo adotta – molti altri sistemi di controllo sono oggi utilizzabili, in certi casi anche a costi accessibili, con conseguenti risparmi energetici di sensibile consistenza: sistemi di controllo della presenza per l'azionamento dei dispositivi di illuminazione; sensori di pioggia per la movimentazione di serramenti la cui apertura, ad esempio, notturna, in assenza di utenza, determina il raffrescamento naturale di un edificio; inseguitori solari che ottimizzano la captazione di sistemi attivi quali quelli fotovoltaici o solari termici; movimentazione programmata dei frangisole per ottimizzare la zona d'ombra durante il periodo estivo ecc.

6. Illuminazione naturale: principi e componenti

Uno degli aspetti forse più trascurati del confort ambientale è quello dell'illuminazione naturale.
Fino ai primi decenni di questo secolo l'apporto dell'illuminazione naturale è stato un fattore determinante nella progettazione della maggior parte degli edifici e nel disegno del loro involucro esterno. L'utilizzo dell'illuminazione artificiale e l'energia a basso costo hanno invece reso possibile la realizzazione di edifici in cui il rapporto tra esterno e interno è profondamente mutato. L'accesso dei raggi solari ha cominciato a non essere più garantito in tutti gli ambienti utilizzati dall'uomo, in quanto più semplice e più comodo l'uso dell'illuminazione artificiale.
Tranne nei casi in cui illuminare bene gli ambienti confinati è particolarmente importante in relazione alla destinazione d'uso – come ad esempio nei musei –, il tema dell'illuminazione naturale degli spazi architettonici (tanto più nei casi di edilizia abitativa) è stato nell'edilizia contemporanea, sino a oggi, generalmente poco curato, poco approfondito, se non per motivi espressivi.

6.1. Illuminazione naturale e sostenibilità in architettura Nell'approccio sostenibile all'architettura lo sfruttamento dell'energia solare per l'illuminazione degli ambienti è ridiventato oggetto di interesse.
In relazione al tema della sostenibilità, il problema dell'illuminazione naturale degli spazi confinati influenza diversi aspetti. Illuminare bene uno spazio in maniera naturale permette, innanzitutto, di ridurre il ricorso alla luce artificiale, quindi **ridurre il consumo** di energia a tal scopo destinata. Questo vuol dire anche sottoporre il sistema di illuminazione a un minore numero di ore di funzionamento giornaliero, con una conseguente maggiore durata delle lampade, quali esse siano. Inoltre, nella stagione calda, si riducono i rischi di surriscaldamento (con l'impiego di lampade a incandescenza solo il 15% viene utilizzato per l'illuminazione, il resto viene dissipato come calore) con conseguente minor consumo energetico da parte dei climatizzatori. Tutto ciò riduce il consumo di risorse, sia delle fonti di produzione energetica sia delle risorse materiali per la realizzazione degli elementi di illuminazione. Per ultimo, e non meno importante, si avrà una riduzione delle emissioni inquinanti dovute ai diversi processi produttivi.

L'uomo necessita della luce naturale

Dal punto di vista del **confort ambientale**, l'organismo umano si è sviluppato ed evoluto sino al secolo scorso avendo come riferimento principale la luce solare, essendo complicato e costoso illuminare artificialmente gli spazi chiusi e anche poco salubre, visto che si faceva ricorso a soluzioni a fiamma libera (torce, candele, lampade a gas o a petrolio). Il nostro sistema visivo percepisce quindi come di buona qualità la luce naturale. I sistemi di illuminazione artificiale alterano – poiché emettono spettri radiativi diversi

– la visione degli oggetti. Ciò può essere importante anche negli spazi in cui si effettuino attività lavorative e di studio, non solo quelle espositive. Nel caso della luce naturale incide anche un altro fattore: la risposta negativa degli esseri umani alla vita in ambienti parzialmente o completamente illuminati in modo artificiale. L'**assenza di luce naturale**, e un eccessivo uso di quella artificiale, causa **problemi di tipo psicofisico** come: demotivazione al lavoro, desincronizzazione interna indotta dalla carenza di percezione dello scorrere del tempo, stati depressivi, mal di testa, affaticamento visivo, problemi di pressione sanguigna.

Elementi che influenzano la luce naturale

L'illuminazione naturale dipende da molti **fattori**: la latitudine, la topografia del luogo, l'orientamento, la pendenza, le condizioni meteorologiche, l'ora del giorno e la stagione, la presenza di ostacoli, la capacità di riflessione degli edifici esistenti ecc.

Tali fattori creano situazioni di illuminazione diverse in luoghi diversi ma anche una certa variabilità della luce naturale in uno stesso luogo. Non è sufficiente avere buoni livelli di illuminazione per percepire una sensazione di confort. Le modalità con cui varia la luce durante il giorno e durante le stagioni può essere oggetto di disagio. Il permanere, ad esempio, di analoghe condizioni di illuminazione per gran parte della giornata e per lungo tempo, come accade alle latitudini molto alte, con **stagioni prevalentemente luminose** e **altre prevalentemente buie**, può creare **problemi** sullo **stato psicofisico** delle persone.

Il rapporto di aeroilluminazione

Lo studio dell'illuminazione naturale in architettura ha una accuratezza molto variabile. Esistono in realtà norme tecniche per le diverse destinazioni d'uso, ma in certi casi queste tendono a semplificare e banalizzare molto la questione.

Per l'edilizia abitativa la previsione dei livelli di illuminamento negli spazi è spesso affidata a indicazioni contenute nei regolamenti edilizi, valide, in realtà, solo in specifiche condizioni e soluzioni morfologiche dell'edificio. Secondo il **D.M. del ministero della Sanità 5 luglio 1975**, le aperture vetrate verso l'esterno devono avere almeno un **rapporto di 1/8** rispetto alla **superficie di pianta** del vano che sono destinate a illuminare, definendo tale rapporto come di "aeroilluminazione", dato che agli stessi elementi (le bucature dell'involucro) viene affidato anche il compito di permettere il ricambio d'aria. Questa proporzione dovrebbe essere in grado di fornire un **fattore medio di luce diurna** del 2%, considerato, nel nostro contesto ambientale mediterraneo, sufficiente per le attività domestiche. È evidente, in realtà, che il livello di illuminamento risultante dipenderà da **molti altri fattori** oltre che dalla dimensione della bucatura: la **profondità** della parte opaca della chiusura dell'involucro, la **presenza di aggetti** esterni o di ostacoli vicini (ad esempio un edificio al di là della strada su cui il fronte considerato affaccia), il **colore** delle superfici interne, il grado di **trasparenza**

della vetrata impiegata, le **proporzioni** del vano (altezza, larghezza, profondità), la **posizione** della bucatura in alzato ecc.
La diversità dei livelli luminosi può essere, inoltre, un fattore determinante poiché la **percezione della luce**, da parte delle persone, **è relativa**. Una persona può non sentire il bisogno di luce artificiale se quella naturale garantisce un certo livello di illuminazione in un certo punto di una stanza e contemporaneamente garantisce livelli di illuminazione simili nella aree circostanti; il bisogno di luce artificiale può invece essere sentito, anche se nel punto considerato vi è un grado di illuminazione superiore al precedente, quando contemporaneamente altre parti della stanza siano molto più illuminate. Il modo in cui la luce è distribuita in uno spazio è quindi altrettanto importante del livello di illuminamento medio.
Le norme tecniche relative a spazi più specializzati (come quella, ad esempio, sugli spazi destinati ad attività scolastiche, D.M. 18 dicembre 1975) ci danno qualche indicazione più precisa sui valori di illuminamento da raggiungere, in termini di lux o di fattore medio di luce diurna. Raramente però vengono effettuati controlli – dalla committenza o da enti preposti – sull'effettivo raggiungimento di tali valori o della presenza di effetti sgradevoli come l'abbagliamento (dovuto a elementi con valori di luminanza molto diversa, vedi più avanti le definizioni).

Il colore delle superfici interne

È indispensabile allora una progettazione attenta, capace di utilizzare i vari dispositivi per l'illuminazione solare con coerenza, con attenzione alle condizioni di illuminamento richieste nei vari locali e offerte dall'ambiente esterno.
È importante cioè che non ci si adoperi solo per aumentare l'**apporto di luce naturale**, ma anche per **gestirlo correttamente** attraverso una progettazione accurata degli strumenti di passaggio, conduzione e controllo della luce solare e attraverso una corretta **predisposizione** degli **ambienti interni**.
Gli ambienti interni devono essere opportunamente orientati; secondo l'attività che in essi si svolge e che può richiedere più o meno luce, occorre che siano studiati: la loro dimensione, la loro forma e i loro colori ecc.
Si consideri ad esempio che una parete **bianco** brillante liscia può riflettere l'**85%** della luce incidente, una parete color **crema** circa il **75%** e una parete **gialla** solo il **65%**; colori che parrebbero brillanti, come l'**arancione**, riflettono solo circa il **40%** della luce che li colpisce.

Necessità di integrazione tra le strategie bioclimatiche

Se è vero che la luce solare può avere effetti positivi sul risparmio energetico, sull'ambiente e sulla salute dell'uomo, è anche vero che le soluzioni che consentono la sua captazione e il suo utilizzo (da una semplice maggior apertura delle facciate ben esposte all'uso delle tecnologie più sofisticate) hanno costi piuttosto elevati; per limitare tali costi occorre una capacità di controllo sulla possibilità di integrazione con le altre strategie bioclimatiche per la ventilazione, il riscaldamento, il raffrescamento degli ambienti.

6.2. Descrizione del campo luminoso confinato Per meglio comprendere quanto si andrà a descrivere si riportano le definizioni sintetiche delle grandezze fondamentali che definiscono il fenomeno luminoso.

Flusso luminoso: è la quantità di energia emessa da una sorgente luminosa nell'unità di tempo e si misura in **lumen** (Lm).
Intensità luminosa: è la quantità di energia emessa da una sorgente luminosa nell'unità di tempo per un determinato angolo solido (steradiante) e si misura in **candele** (Cd = Lm/sr).
Illuminamento: rappresenta la quantità di energia incidente su una superficie, si misura in **lux** (Lm/mq) ed è il parametro più indicativo per il confort visivo.
Lo strumento per la sua misurazione è il **luxmetro**. Spesso le norme tecniche indicano, invece del fattore medio di luce diurna, o insieme a questo, il valore limite inferiore in lux per ambienti destinati a usi specifici (scuole, laboratori ecc.).
Luminanza: è il rapporto tra l'intensità luminosa emessa da una sorgente verso una superficie normale alla direzione del flusso e l'area della superficie stessa (Cd/mq). La differenza di luminanze determina un contrasto (C) che è proporzionale alle luminanze stesse; in particolare se c'è un oggetto di luminanza Lo su una superficie di luminanza Lb si ha che: C = (Lo-Lb)/Lb.
Direttamente connesso alla luminanza è il fenomeno dell'**abbagliamento**, effetto molesto per la visione causato da un **eccessivo contrasto** tra elementi aventi luminanza differente che si trovino nel campo visivo dell'osservatore; la sua valutazione è piuttosto complessa e può essere legata a fattori oggettivi e soggettivi. Il controllo di elementi con luminanza diversa è quindi uno di parametri determinanti il confort visivo per cui ne deve essere fatta una valutazione in fase progettuale.

Un sistema di descrizione del campo luminoso

Esistono quindi misurazioni oggettive del campo luminoso in uno spazio confinato, ma il problema della **percezione** che i residenti hanno è legato anche a fattori di tipo psicologico e culturale o a esigenze biologiche, dal soddisfacimento delle quali può dipendere non solo il confort ma anche la salute dell'uomo. Occorre rilevare anche che la luce, oltre che elemento fisico, psicologico, biologico, può essere un mezzo creativo e di conoscenza e questo introduce tutta un'altra serie di variabili nel processo di progettazione di un ambiente luminoso.
Esistono strumenti per la **valutazione del campo luminoso** che considerano molti di questi aspetti, uno di particolare interesse è quello sviluppato da **Alessandro Rogora** (1997).
Secondo questo sistema, per studiare un ambiente dal punto di vista luminoso occorre conoscere il campo luminoso confinato secondo diversi parametri di valutazione. Si definisce **campo luminoso confinato** un **campo lu-**

minoso geografico naturale (che è quello che c'è in un'area completamente libera) **perturbato dalla configurazione dell'ambiente** circostante e **dall'involucro dell'edificio**, che agisce come un insieme di barriere e connessioni tra interno ed esterno.
Le variabili fondamentali che identificano un campo luminoso confinato sono cinque: il **livello luminoso**, la **stabilità**, il **tipo di luce**, la **morfologia**, il **gradiente**. A queste se ne affiancano molte altre (si rimanda al testo citato per una completa disanima). Questi cinque parametri sono finalizzati, rispettivamente, alla descrizione delle caratteristiche di illuminazione di uno spazio: in termini di quantità di luce (lux 0%); in termini di capacità di mantenere costanti le proprie caratteristiche al variare dell'illuminazione esterna; in termini di distribuzione spaziale da diretta a diffusa; in termini di forma delle isolux e della curva di variazione di livello. Questi parametri, e quelli non citati, possono essere valutati secondo delle sequenze grafiche di icone che ne individuano la posizione nella scala di valutazione di ciascuno. Ciò permette di esprimere giudizi e individuare elementi deboli su cui lavorare per migliorare le caratteristiche di illuminazione in funzione della destinazione d'uso.

6.3. Dispositivi per l'illuminazione naturale: i componenti di passaggio, conduzione e controllo della luce del Sole La necessità di trasportare la luce solare all'interno di un edificio e di garantire specifiche condizioni luminose ha determinato una costante evoluzione dei dispositivi per l'illuminazione naturale. Tali dispositivi sono di diverso tipo, potendosi infatti dividere almeno in tre differenti categorie: componenti di passaggio, di conduzione e di controllo della luce solare.

Elementi per il controllo della luce naturale

I **componenti di passaggio** permettono alla luce naturale di passare da un ambiente illuminato a un altro; essi sono: la finestra, la portafinestra, il muro traslucido, il lucernario, lo shed, il soffitto traslucido e qualunque altra soluzione adatta allo scopo. Molto spesso, almeno nel nostro contesto culturale ma anche più in generale, a tali elementi è anche affidato il compito di permettere la ventilazione naturale degli ambienti. Una attenta progettazione bioclimatica dell'edificio però potrebbe portare anche alla separazione dei compiti qualora permetta un migliore sfruttamento delle caratteristiche ambientali del luogo.
I **componenti di conduzione** guidano e distribuiscono la radiazione luminosa all'interno di un edificio, infatti non sempre i vani da illuminare sono adiacenti agli elementi di confine con l'esterno ed è pertanto necessario adottare soluzioni specifiche. Essi sono: la loggia, il portico, il patio, l'atrio, la serra, i condotti di luce, i sistemi a fibre ottiche, gli schermi riflettenti ecc.
I **componenti di controllo** favoriscono o limitano il passaggio della luce, cambiandone eventualmente alcune proprietà (colore, distribuzione ecc.), essi sono: i vetri colorati, opalini e satinati; i vetri stampati e i vetri prisma-

tici; i vetri smaltati, serigrafati; i frangisole in tutte le loro configurazioni (orizzontali o verticali, fissi o mobili, a piccoli o a grandi elementi, completamente opachi o parzialmente permeabili) ecc.

Creatività e funzionalità

Gli elementi di passaggio, conduzione e controllo, **variamente aggregati**, possono creare una **vastissima gamma di sistemi** per la gestione dell'illuminazione naturale negli spazi confinati, con diverse caratteristiche e prestazioni in funzione della diversa destinazione d'uso e con diverso livello di sofisticatezza in merito alle capacità di modificare tali prestazioni nel tempo o al variare delle esigenze dell'utenza. Tali sistemi possono quindi essere molto semplici ed economici o far parte di costosi impianti connessi a sistemi di controllo computerizzati (come nei cosiddetti "edifici intelligenti"). Per questo motivo, sebbene di seguito si cerchi di presentare separatamente i diversi elementi come monofunzionali, è talvolta difficile **l'attribuzione a una o a un'altra categoria** e ciò diventa **puramente strumentale**, per una descrizione più chiara.

La progettazione di tali sistemi può quindi essere influenzata, oltre che dalle prestazioni da ottenere, dalle disponibilità economiche, dal tipo di utenza previsto, dal grado di manutenzione ordinaria prevedibile, dalla affidabilità necessaria in relazione alla durata prevista per l'esercizio dell'edificio.

Componenti di passaggio Le finestre e le portefinestre sono i più semplici e usuali sistemi per il passaggio della luce naturale.

Calcolo del fattore medio di luce diurna

Per definire le dimensioni di un'apertura laterale, come una finestra, è opportuno eseguire il calcolo del fattore medio di luce diurna (**df** = dayligth factor), espresso in valore percentuale; si ricorda di seguito un semplice metodo:

$$\mathbf{df = (Ein/Eout) \times 100\%}$$

con: Ein = la luminosità interna; Eout = la luminosità esterna.
Si può calcolare df con la seguente formula:

$$\mathbf{df = TAw\ q / [A(1-R^2)]\%}$$

dove: **T** è la trasmittanza nel campo del visibile del vetro, con valore 0,8 per vetro singolo pulito; **Aw** è l'area netta del vetro della finestra; **R** è la riflettanza media interna, che per colori chiari può essere indicata con valore 0,5; **A** è la sommatoria delle superfici interne del vano (pareti, soffitto, pavimento); **q** è l'angolo di cielo visibile in gradi, formato dalle rette che partono da un punto medio del piano verticale della finestra e uniscono una il limite inferiore dell'architrave, l'altra il limite superiore dell'ostacolo più vicino (orizzontale in caso di orizzonte libero).

Proporzioni del vano da illuminare

Le dimensioni dell'ambiente da illuminare e la posizione delle finestre sulla direttrice verticale influenzano la distribuzione della luce all'interno; affinché si raggiunga un uniforme livello di illuminamento, quando si riceve luce solo da un lato, dovrebbe essere rispettata tale relazione:

$$[(L/W) + (L/H)] \leq [2/(1 - Rb)],$$

dove: **L** è la profondità della stanza; **W** è la larghezza della stanza; **H** è l'altezza della sommità della finestra dal pavimento; **Rb** è il fattore di riflessione media delle superfici nella parte retrostante della stanza.
Tale formula, insieme a quella precedente, e la consuetudine di considerare, come detto, adeguata una apertura di 1/8 di superficie della stanza danno effettivamente valori congruenti di fattore di luce diurna per stanze di dimensione regolare (non troppo distanti dalla forma quadrata) e per profondità limitate a 5-6 m, in assenza di aggetti od ostacoli con pareti di colore chiaro, bianche o quasi. Nell'edilizia residenziale ciò non avviene certo in tutti i casi; sarà quindi opportuno fare una verifica con le suddette formule.

Elementi traslucidi

Una soluzione particolare per il passaggio della luce, non associato al passaggio dell'aria, è il **muro traslucido**. In relazione alle sue caratteristiche ottiche può caratterizzare diversamente il flusso luminoso entrante e favorire, di norma, un livello luminoso abbastanza omogeneo ed elevato nelle zone interne adiacenti, con un effetto diffondente. Normalmente occupa superfici intere, dal pavimento al soffitto, e può essere realizzato in mattonelle o in lastre sagomate in vetro o materiali acrilici (anche TIM; cfr. cap. 6, par. 1). La sua trasparenza al flusso luminoso deve essere ben calcolata in quanto può portare a livelli di luminanza eccessivi e, conseguentemente, ad abbagliamento. È però possibile, con tale soluzione, avere alti livelli di illuminamento con valori di trasmittanza inferiori rispetto a una normale vetrata, riducendo così il dispendio energetico per il riscaldamento. Analogamente è possibile realizzare soluzioni di **soffitto traslucido**, trasponendo la soluzione tecnica (che dovrà però avere una ottimale tenuta all'acqua) sulla superficie di copertura; tale soluzione può però, ovviamente, adattarsi solo a spazi il cui soffitto costituisca l'intradosso della copertura.

Soluzioni in copertura

Soluzioni di passaggio della luce che coinvolgono la copertura sono: il **lucernario**, costituito da piccoli volumi parzialmente vetrati posti sulla falda, atti a lasciar passare la luce e, in genere, anche l'aria; la **copertura rialzata**, che si ottiene, generalmente, sollevando una porzione del tetto, comprendente il colmo, rispetto alle falde, e lasciandola aperta e vetrata lateralmente; lo **shed**, spesso impiegato nell'architettura di tipo industriale, elemento modulare monofalda, con un lato verticale vetrato, che ripetuto va a costituire la copertura dell'edificio. Queste soluzioni tendono a permettere l'accesso di luce principalmente in maniera diffusa, sia attraverso la ricezione dalla volta celeste sia tramite un effetto di riflessione sugli elementi opachi

di cui sono costituiti; effettuano quindi anche un minimo effetto di conduzione e di controllo sulle caratteristiche della luce.
Altre soluzioni particolari sono in genere abbinate a sistemi di conduzione e controllo, come nel caso delle aperture con lente dei condotti di luce citati più avanti.

Componenti di conduzione Alcuni elementi edilizi di uso piuttosto frequente influenzano fortemente il modo in cui gli spazi che generano, o che delimitano, sono illuminati.
La **loggia** è uno spazio coperto illuminato attraverso uno o più lati aperti del volume ideale individuato, che può eventualmente essere chiuso da elementi vetrati e reso abitabile (ma a questo punto cambiano nome: veranda ecc.). La luce entra e viene riflessa dalle superfici opache e quindi entra negli spazi adiacenti dell'edificio attraverso le aperture predisposte. In tal modo si garantiscono condizioni di illuminazione più stabili con riduzione dei contrasti luminosi, grazie alla trasformazione della radiazione da diretta a indiretta, a discapito però dei valori di illuminamento. Molto importante è la sua finitura interna, dal colore della quale dipende la diffusione della luce (in tal senso le superfici sono elementi di controllo).
Il **portico** fornisce luce naturale poco contrastata e piuttosto stabile, e genera un ambiente protetto dalla radiazione solare diretta; anche in questo caso è importante la finitura interna.
La **corte**, o il **patio** (spazio aperto centrale a un edificio, delimitato lateralmente ma aperto superiormente), è uno spazio che permette il controllo della luce naturale, che riceve in gran parte zenitalmente, e la sua distribuzione all'interno dell'edificio. Colori chiari aumentano il livello luminoso al loro interno e le loro capacità di conduzione della luce ai piani bassi dell'edificio.
L'**atrio** è un elemento che può essere coperto con materiali traslucidi o trasparenti e permette l'ingresso di luce poco contrastata in spazi interni di un edificio a esso collegati tramite componenti di passaggio. Le finiture interne dell'atrio devono essere chiare; alle nostre latitudini vanno previste schermature che evitino il surriscaldamento estivo.
La **serra**, che come si è visto può essere uno degli elementi di captazione passiva più efficaci, garantisce al suo interno, di norma, condizioni luminose simili a quelle esterne permettendo, però, un loro controllo con l'uso di schermature, vetri speciali, superfici riflettenti.
I **condotti di luce** sono sistemi che servono a trasportare la luce diurna in ambienti che non hanno altre possibilità di essere illuminati naturalmente perché non adiacenti con l'ambiente esterno. Consistono generalmente in colonne o spazi ricavati internamente all'edificio, verticali o orizzontali, costruiti in mattoni, calcestruzzo ecc. o anche in legno, pannelli di fibre ecc., ma rivestiti, internamente, con superfici riflettenti. La luce ha accesso attraverso specchi che devono essere rivolti costantemente verso il Sole mediante

Portare luce dove non c'è

una morfologia tale da permettere la captazione della radiazione luminosa nella maggior parte della giornata (o attraverso un "inseguitore solare" automatico). La tecnologia sulla quale si basano è piuttosto semplice, ma i rendimenti non sono molto elevati e i condotti devono avere dimensioni notevoli (da 0,5 × 0,5 m a 2 × 2 m) il che può complicare una loro applicazione.

Fibre ottiche

I sistemi a **fibre ottiche** servono a trasportare la luce naturale in zone che altrimenti potrebbero essere illuminate solo artificialmente. Le fibre ottiche possono essere vitree o plastiche e hanno avuto già un'ampia sperimentazione nel campo del trasporto della luce artificiale. Per quanto riguarda la luce naturale, essa presenta il problema della scarsa intensità, per cui, per essere fatta passare attraverso le fibre ottiche, deve essere concentrata in una zona ristretta da particolari sistemi chiamati "collettori solari a focheggiamento" orientabili, con lente di Fresnel o specchi cilindrici semplici o doppi. Limiti, per quanto riguarda la capacità di captazione della luce solare, sono dati dal fatto che la concentrazione di quest'ultima provoca un innalzamento della temperatura che può essere sopportato dalle fibre ottiche solo fino a un determinato valore (circa 250 °C).

Componenti di controllo Tra i componenti di controllo della luce naturale si possono innanzitutto ricordare i **vetri speciali**, di cui si parla nel par. 1 del cap. 6.

Un vetro molto innovativo, per quanto riguarda la captazione di luce naturale, ma che ha anche applicazioni nel riscaldamento passivo, è l'isolante termico traslucente in vetro **Helioran**, della Schott-Rohrglas GmbH. Si tratta di un sistema realizzato con tubi in vetro, posti, l'uno accanto all'altro, nella sezione dell'elemento e capaci di indirizzare la luce naturale per distribuirla all'interno nel modo desiderato.

Vetri prismatici

Le **vetrate prismatiche** utilizzano la proprietà del vetro, o delle materie plastiche trasparenti, di riflettere diverse proporzioni della luce che giunge su di loro, a seconda dell'angolo di incidenza, trasmettendo in misura maggiore i raggi con direzione che si avvicina alla normale alla loro superficie. La luce trasmessa viene direzionata poi verso il soffitto grazie alle sfaccettature presenti sulla superficie interna o esterna della lastra e da qui diffusa in modo più omogeneo nell'ambiente interno. Tali componenti, però, modificano l'immagine degli oggetti osservati ed è per questo motivo che, di norma, se ne limita l'uso alla sola parte superiore delle vetrate; in questa posizione i vetri prismatici possono essere usati, in una combinazione di due lastre (di cui una verticale e una aggettante) e di uno strato riflettente: si ottiene così una sorta di schermo che ostruisce il passaggio dei raggi solari quando questi sono bassi sull'orizzonte e favorisce invece (grazie a una serie di riflessioni) il passaggio di luce zenitale, ridirezionandola sul soffitto del locale su cui si interviene. Un inconveniente dei sistemi a vetri prismatici è quello di accumulare polvere compromettendo, nel tempo, il proprio funzionamento; per

questo motivo spesso vengono inglobati tra lastre di vetro piano. Esistono anche **pellicole plastiche** (ad esempio 3M), con analoghe funzioni, caratterizzate da superfici con **microprismi**.
Tra i componenti di controllo si possono ricordare anche gli **scaffali di luce**; sono elementi posizionati orizzontalmente, sopra il livello dell'occhio, all'interno di un componente di passaggio verticale, che ne rimane diviso in due parti distinte, una inferiore e una superiore, e servono per proteggere la zona a ridosso delle aperture dell'edificio intercettando la radiazione solare diretta e ridirezionandola sul soffitto, ottenendo un'illuminazione più uniforme. Possono essere di diversi materiali e dimensioni e generalmente sono dotati, sul lato superiore, di una superficie riflettente.
Anche le **strombature delle finestre e i davanzali**, se opportunamente studiati, in dimensioni e colori, possono avere funzione di indirizzare parte della luce incidente sul soffitto e le pareti laterali.
Infine i **frangisole** (cfr. cap. 5, par. 5), possono essere utilizzati, oltre che per ombreggiare una facciata, per modificare la direzione della radiazione incidente o trasformare la radiazione diretta in diffusa, in funzione della superficie degli elementi (lamelle ecc.) che ricevono la luce.

6.4. Due prodotti specifici: Solatube, Parans I componenti ora descritti, tra i più innovativi sistemi di conduzione della luce, sono, in certi casi, ancora poco diffusi perché piuttosto costosi in relazione ai rendimenti e, soprattutto, alle soluzioni alternative realizzate con illuminazione artificiale. La loro crescente diffusione sul mercato indica però una crescente attenzione per l'illuminazione naturale degli ambienti. Si vedano, di seguito, due schede sintetiche su prodotti commerciali per condotti di luce e sistemi a fibre ottiche, a cura della società che li distribuisce in Italia, la **InfinityMotion** di Monza.
Solatube Il prodotto Solatube consente la captazione tramite una calotta che incorpora la tecnologia RayBander® & LITD®, che massimizza la quantità di luce trasferita all'interno del condotto ad altissima riflettanza. Una volta incanalata la luce nel condotto ad altissima riflettenza (99,7% riflessione speculare), essa viene distribuita con degli appositi diffusori su una larga superficie (fig. 5.28).
Solatube mette a disposizione di progettisti due linee di prodotto: la serie Brighten®-Up per applicazioni residenziali e la serie SolaMaster® per applicazioni commerciali e/o industriali.
La **Serie Brighten®-Up**, adatta ad applicazioni residenziali, ha delle dimensioni compatte (250 mm-350 mm di diametro), che permettono l'inserimento nella copertura senza nessuna modifica strutturale. Il Solatube di diametro 250 mm è sufficiente per illuminare fino a 15 mq di superficie, mentre la lunghezza massima suggerita è pari a 6 m. Il Solatube 350 mm illumina fino a 23 mq di superficie e si consiglia di non superare i 9 m di lunghezza del condotto (cfr. fig. 5.29).

FIGURA 5.28 **Il tubo di conduzione della luce naturale e il diffusore interno**

FIGURA 5.29 **Esempi di applicazione Solatube Brighten-Up in abitazioni**

FIGURA 5.30 Esempi di applicazioni SolaMaster in edifici commerciali-industriali

La **Serie SolaMaster®**, con diametro 530 mm, riesce a illuminare una vasta superficie che varia in funzione dell'altezza tra soffitto e pavimento, ed è adatta a superfici commerciali come supermercati, aree di produzione e uffici.
Solatube mette a disposizione una linea per aree produttive (senza controsoffittatura) che consente di lasciare il Solatube sospeso. Invece in uffici o zone con controsoffittatura è consigliabile utilizzare un accessorio particolare (scatola transitrice) che consente al diffusore di integrarsi perfettamente alla controsoffittatura standard 60 × 60 cm (fig. 5.30).
È possibile inoltre scaricare dal sito il file "IES" per calcoli illuminotecnici e i relativi file fotometrici per poter effettuare un rendering 3D. Per maggiori info: www.infinitymotion.com.
Parans By Infinity Motion Parans consente di catturare la luce del Sole tramite degli elementi detti "skyport" messi all'esterno dell'edificio, in posizione soleggiata, trasportandola attraverso cavi detti "sunwire" di fibra ottica (fig. 5.31).
Un piano di lenti fisse e un piano di lenti mobili raccolgono la luce solare in accordo con i principi ottici. Il piano di lenti mobili viene mosso meccanicamente e questo consente di seguire il movimento del Sole durante l'arco della giornata. Tutto questo viene gestito da un microcomputer guidato da un sistema di puntamento solare. Le lenti concentrano la luce del Sole sulle teste di 576 fibre ottiche sul pannello realizzate in PMMA.
Il risultato è un ambiente illuminato naturalmente attraverso un diffusore appositamente studiato chiamato Bjork. Il sistema Parans può trasportare la luce del Sole a una distanza massima suggerita di 15 m tramite un fascio

FIGURA 5.31 Esempi di applicazione Parans

di fibre ottiche che hanno un ingombro molto ridotto (7 cm di spazio per il passaggio).

La luce del Sole viene raccolta dagli skyport (pannelli convogliatori) posizionati all'esterno dell'edificio. Una volta convogliata la luce del Sole, essa viene trasportata attraverso delle fibre ottiche. Internamente la luce viene diffusa da speciali diffusori.

Lo skyport deve essere montato in una posizione dove non vi sia nessuna interferenza alla luce del Sole durante tutto l'arco della giornata. Il miglior posizionamento nell'emisfero nord da un punto di vista ottico è la direzione sud. Il prodotto può essere installato anche in altre direzioni quando vi è una esigenza di illuminazione maggiore o alla mattina o alla sera. Lo skyport può essere montato con elementi standard su tetti e facciate, anche se normalmente viene montato sulla copertura come un tradizionale collettore solare di riscaldamento. Può anche essere inserito su facciate soleggiate o sul terreno.

7. Raffrescamento passivo e controllo della ventilazione in ambienti confinati

Il **raffrescamento passivo** degli edifici permette la protezione dal calore o la dispersione del calore con sistemi di controllo climatico naturale che non utilizzano energia da fonti fossili, eliminando o limitando la necessità di installare impianti di condizionamento, che comportano consistenti consumi ed emissioni inquinanti. Alle nostre latitudini una corretta progettazione che consideri le tecniche di raffrescamento naturale è in grado, di norma, di garantire idonee condizioni di confort estivo.

Per evitare i problemi di surriscaldamento estivo degli edifici, che in clima mediterraneo possono essere rilevanti, si possono progettare – insieme ai sistemi di **ombreggiamento** (cfr. cap. 5, par. 5) e **isolamento termico** (cfr. cap. 5, par. 8) – soluzioni di controllo della **ventilazione naturale** che possono essere molto efficaci.

Quando possibile, sarà innanzitutto utile, ai fini del raffrescamento passivo, realizzare edifici in zone in cui le analisi bioclimatiche (cfr. cap. 3, par. 4) abbiano messo in luce la presenza di brezze estive refrigeranti o dove sia comunque possibile controllare e sfruttare le correnti d'aria esterne attraverso la progettazione degli spazi aperti e della vegetazione (cfr. cap. 4, par. 1).

Tuttavia, per il controllo della ventilazione negli spazi confinati, si può utilizzare anche una serie di strategie che intervengono direttamente sulla morfologia dell'edificio e delle sue aperture verso l'esterno.

Strategie per la ventilazione naturale

Le diverse strategie per la ventilazione naturale in ambiente confinato si basano sul controllo dei processi alla base della formazione di correnti d'aria: affinché esse vengano generate occorre che vi siano zone con differente livello di pressione, determinato sia dalla diversa temperatura dell'aria tra zone esterne e interne all'edificio considerato, sia dalla pressione fisica del vento sulle diverse parti dell'involucro edilizio.

Quando in due zone vi siano masse d'aria caratterizzate da differenti livelli di temperatura, sono diversi anche i rispettivi livelli di densità e pressione, e questo origina movimenti dell'aria stessa dalla zona più fredda, con aria a più alta densità, alla zona più calda.

Effetto camino

All'interno di uno spazio confinato si può ottenere in modo naturale movimento d'aria progettando aperture sia in basso che in alto (preferibilmente sui lati opposti), perché l'aria scaldandosi tende a salire e, uscendo dalle bucature in alto, richiama nell'ambiente considerato aria più fresca dal basso. Questo processo, definito "**effetto camino**", è evidentemente potenziato dalla localizzazione delle aperture più basse in corrispondenza di zone più fredde e delle aperture più alte in corrispondenza di zone più calde (in generale, per esempio, alle nostre latitudini, sarà opportuno aprire le bucature basse sulle pareti perimetrali esterne esposte a nord). Per una buona estrazione dell'aria è tuttavia necessario che vi siano differenze apprezzabili tra l'aria calda nella parte più alta dell'edificio e l'aria esterna. La ventilazione per effetto camino non è di norma molto veloce, ma è molto utile per evitare stratificazioni d'aria calda nelle parti alte degli ambienti e particolarmente efficace in presenza di spazi a grande sviluppo verticale (per esempio i vani scala, immagine a colori, foto 37); essa è utilizzabile anche in pareti e tetti ventilati per il raffrescamento delle masse murarie.

Camino solare

Per incrementare considerevolmente la ventilazione per effetto camino di un ambiente confinato si può aumentare la temperatura dell'aria in uscita attraverso la realizzazione di un "**camino solare**", sistema solare passivo che utilizza l'energia termica solare per il raffrescamento.

FIGURA 5.32 **Effetto camino e camino solare**

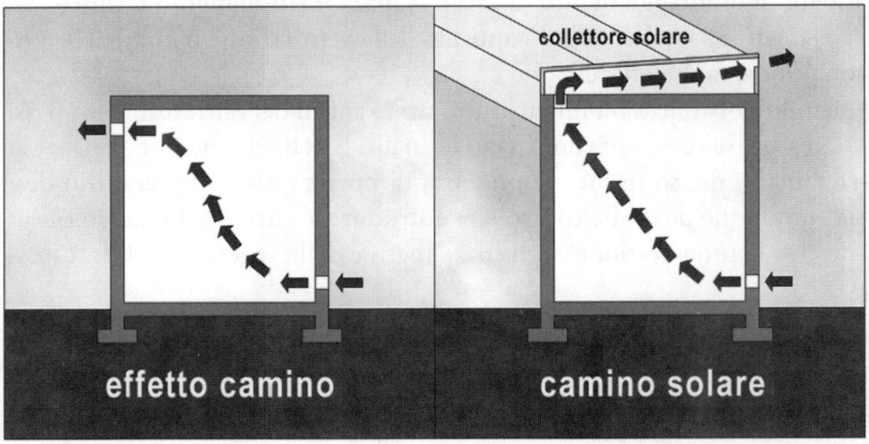

Un camino solare è essenzialmente costituito da un collettore (camera d'aria vetrata o coperta con materiale plastico e con superficie d'assorbimento), simile a quello dei sistemi a serra o a muro Trombe-Michel (cfr. cap. 5, par. 1), che consente però l'immediato smaltimento dell'aria riscaldata ed è posizionato in corrispondenza delle bucature alte dei sistemi a camino in modo da aumentare la temperatura dell'aria in uscita incrementando il tiraggio (fig. 5.32).
Diversi progettisti hanno già sperimentato l'uso di sistemi a camino solare con soluzioni affascinanti come quella per l'**Inland Revenue Centre** a Nottingham (1992-95), dove Michael Hopkins ha utilizzato un camino solare verticale costituito da una torretta contenente i vani scala. Questa torretta è realizzata in blocchi di vetro e costituisce una sorta di serra solare con copertura ad apertura regolabile tramite un meccanismo idraulico: il camino solare così realizzato contribuisce alla ventilazione degli uffici situati ai diversi piani dell'edificio incrementando il tiraggio d'aria attraverso gli spazi distributivi (fig. 5.33).

"Sacche" d'aria fresca

Così come è possibile, con i camini solari, creare zona d'aria calda per facilitare il fluire dell'aria stessa, è possibile creare, allo stesso scopo, sacche di aria fresca in corrispondenza delle bocchette d'entrata: a tal fine possono essere progettati sul fronte dell'edificio che ospita tali bocchette (preferibilmente quello a nord) particolari elementi edilizi come rientri di facciata, patii, atri, porticati, zone d'ombra. Molto utili alla creazione di sacche d'aria fresca possono essere elementi vegetali e specchi d'acqua per creare spazi ombreggiati da elementi naturali e con aria umidificata.

Condotti sotterranei

Per raffrescare l'aria in ingresso possono anche essere utilizzati condotti sotterranei: già a pochi metri di profondità (5-10 m) vi sono infatti escursioni termiche annuali sensibilmente inferiori rispetto a quelle in superficie, così che, nella stagione calda, l'aria, che viene fatta passare in condotti

FIGURA 5.33 Assonometria che rappresenta il funzionamento del sistema a camino solare dell'Inland Revenue Centre a Nottingham (immagine fornita dalla Hopkins Architects)

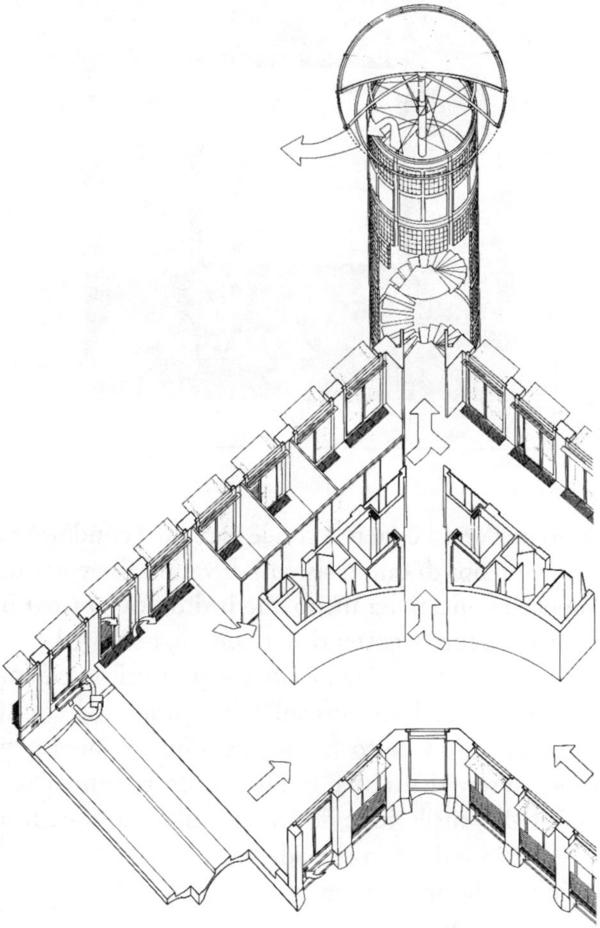

sotterranei di una certa lunghezza, può raggiungere una temperatura di alcuni gradi inferiore rispetto a quella esterna. L'uso di condotti sotterranei richiede una particolare attenzione nella scelta e progettazione dei rivestimenti, che devono impedire fenomeni di infiltrazione di inquinanti nocivi che possono andare ad alterare la purezza dell'aria (fig. 5.34).

Torri del vento

Movimenti d'aria inversi rispetto a quelli dei camini solari sono quelli che si hanno con l'uso delle tradizionali torri del vento (cfr. cap. 1, par. 1); sistemi riproposti ancora oggi, in particolari contesti climatici, attraverso opere di architettura contemporanea come l'Università del Quatar progettata da Kamal el Kafrawi. Nei climi temperati come il nostro, dove non siano presenti eccessivi sbalzi termici tra il giorno e la notte (utili, di giorno, per attivare

FIGURA 5.34 Schema di ventilazione a camino con condotto sotterraneo

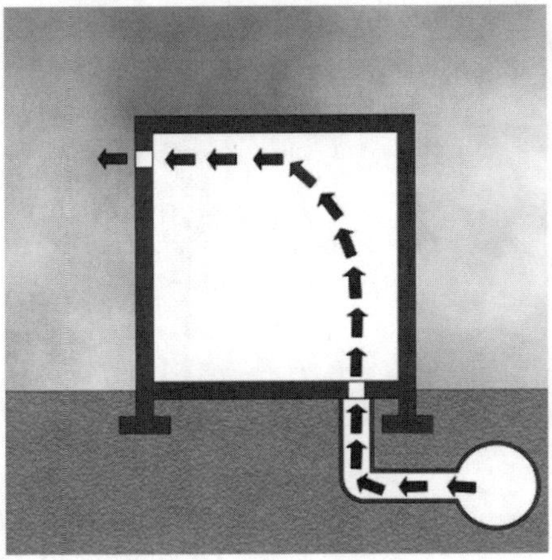

moti discendenti dell'aria a contatto con le pareti del condotto raffreddate di notte), il funzionamento di questi sistemi di ventilazione naturale può produrre effetti poco significativi a meno che il sito non si trovi in corrispondenza di una zona con forti e costanti venti dominanti estivi.

Pressione fisica del vento

Per il raffrescamento passivo degli edifici si può utilizzare anche l'**effetto della pressione esercitata dal vento** sull'edificio: la differenza di pressione tra le facciate sopravento e sottovento genera infatti movimenti d'aria interni che possono essere sfruttati ai fini del confort termico.

Per il controllo della ventilazione derivante dalla pressione fisica del vento sull'involucro edilizio si devono considerare:

- la disposizione delle aperture in pianta;
- la distribuzione degli spazi interessati;
- la disposizione delle aperture in sezione;
- l'area di apertura delle bucature di facciata;
- i sistemi di chiusura delle bucature di facciata;
- i dispositivi per il direzionamento delle correnti d'aria.

Disposizione delle aperture in pianta

Per quanto riguarda la disposizione delle aperture in pianta, in generale, la migliore distribuzione d'aria negli ambienti da raffrescare si ottiene con aperture sia sul lato sottovento che sul lato sopravento disposte diagonalmente, quando sia possibile avere spazi che affacciano su entrambi questi lati dell'edificio (fig. 5.35).

Distribuzione degli spazi interessati

Per quanto riguarda la distribuzione degli spazi interessati, anch'essa esercita una notevole influenza sulla ventilazione interna.

Il progetto distributivo degli spazi interni dovrà tener conto:

- dell'esposizione dell'unità (residenza, uffici ecc.) e dei diversi affacci, in funzione dei venti dominanti;

FIGURA 5.35 Schemi di pianta relativi ai diversi tipi di ventilazione interna in relazione al vento dominante e alla disposizione delle aperture sui diversi fronti dell'edificio

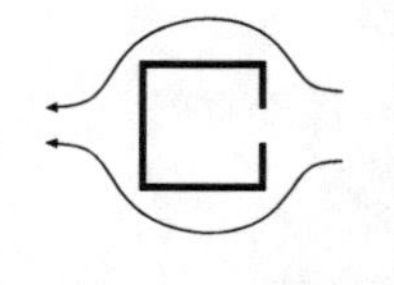	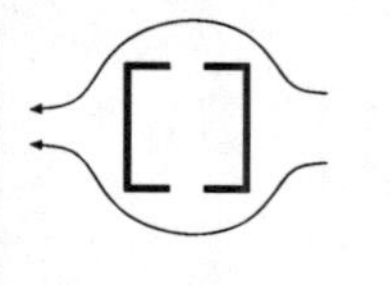	– ventilazione scarsa – raffrescamento passivo poco efficiente
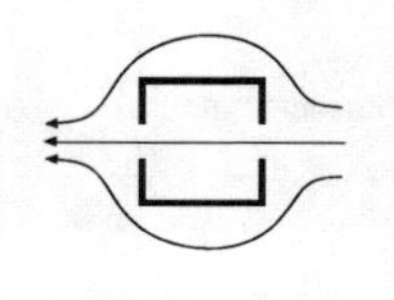	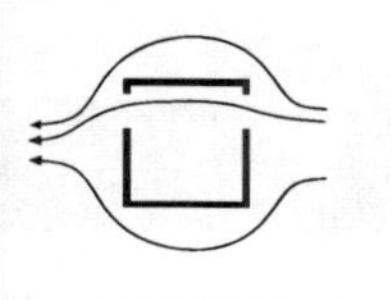	– ventilazione buona – raffrescamento passivo con correnti d'aria che possono essere fastidiose
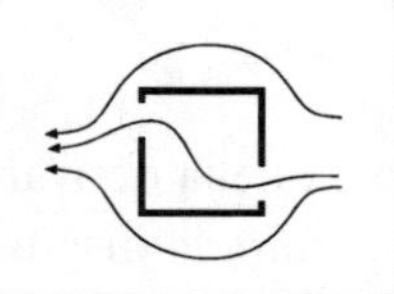	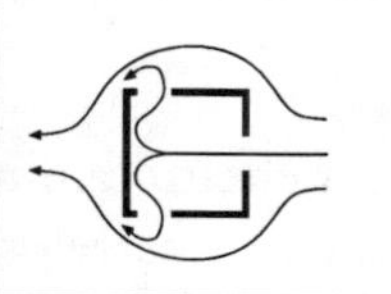	– ventilazione buona – raffrescamento passivo e confort interno

- del tipo di funzioni svolte all'interno dei diversi spazi, per poter ventilare nel modo migliore quelli più occupati, esposti maggiormente al Sole o dove si svolgono attività particolari (cucine, palestre ecc.);
- degli orari di svolgimento delle diverse attività (al fine di avere ventilazione massima durante il periodo più caldo dell'arco temporale considerato);
- della possibilità di mettere in comunicazione i diversi spazi; per esempio per poter garantire la continuità del flusso tra le bucature di diverse facciate: possono a tal fine essere progettate soluzioni particolari quali griglie sulle porte o sui divisori interni, prestando però attenzione ai problemi di passaggio dei rumori o degli odori tra i diversi ambienti considerati;
- del fatto che i divisori interni si comportano come deviatori dei flussi d'aria e possono quindi condizionarne notevolmente l'andamento, creando zone di calma o moti vorticosi non desiderati;
- della posizione prevalente degli utenti nei diversi spazi (seduti, in piedi, sdraiati) al fine di regolare il flusso d'aria a un'altezza opportuna.

Disposizione delle aperture in sezione

Per la ventilazione degli spazi interni riveste una grande importanza anche la disposizione delle aperture in sezione. In linea di massima, se si intende ottenere un buon raffrescamento corporeo degli utenti, occorrerà posizionare le aperture ad altezza uomo; se si vuole ottenere, invece, un raffrescamento della massa muraria, la chiusura d'entrata (non necessariamente quella d'uscita) deve essere posta vicino alla massa muraria da raffrescare (fig. 5.36).

In relazione alla disposizione in sezione delle aperture, è necessario evitare

FIGURA 5.36 **Schemi relativi ai diversi effetti sulla ventilazione interna dovuti alla disposizione delle aperture in sezione**

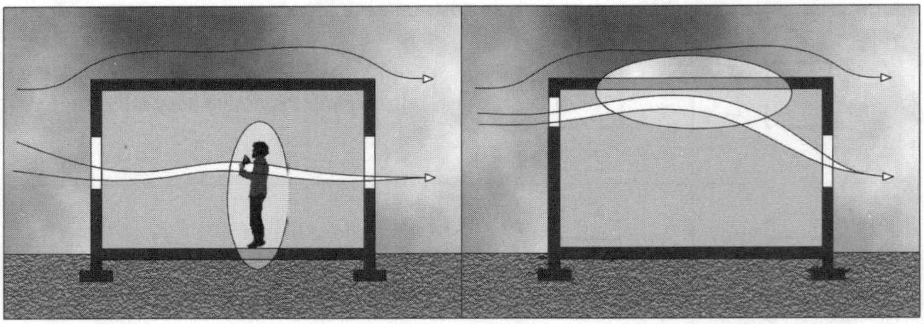

che entrino in conflitto la ventilazione per effetto camino e quella derivante dalla pressione del vento: ciò significa che occorre progettare la disposizione delle bucature in funzione delle correnti d'aria dominanti per evitare che l'aria smaltita per effetto camino venga nuovamente spinta all'interno dell'edificio (fig. 5.37).

Al fine di impiegare in modo sinergico la ventilazione da vento e per effetto camino si possono utilizzare particolari tipi di chiusure di uscita per potenziare l'effetto di tiraggio dell'aria sfruttando (anche in combinazione fra loro) gli **effetti Bernoulli e Venturi**, consistenti nella diminuzione di pressione che si può ottenere quando un flusso d'aria aumenta di velocità poiché costretto a compiere percorsi più lunghi o a passare attraverso strozzature (fig. 5.38).

FIGURA 5.37 **Possibile conflitto o sinergia della ventilazione da vento e per effetto camino**

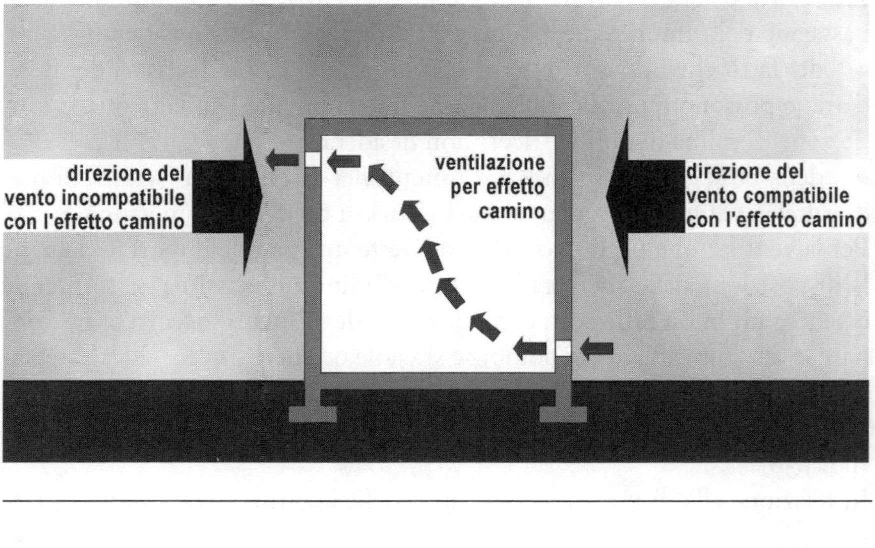

FIGURA 5.38 Schema di funzionamento del sistema di ventilazione dell'edificio per uffici in Stukeley Street a Londra (1991), ottenuto dal recupero di un ex magazzino dei primi del Novecento; i progettisti Jestico e Whiles, di fronte alla carenza di affacci del vecchio edificio verso l'esterno, hanno sfruttato il cavedio esistente per la captazione della luce naturale e la ventilazione interna a camino e per effetto Bernoulli-Venturi

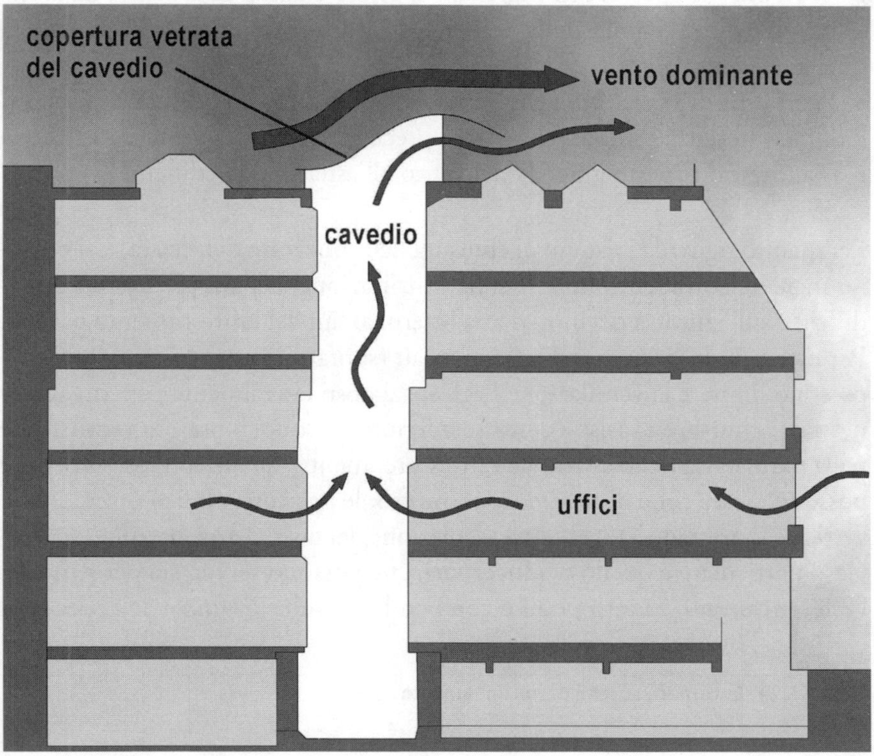

Altri sistemi per potenziare il tiraggio d'aria interno agli edifici attraverso lo sfruttamento del vento esterno sono i **turbo-aspiratori eolici**. Questi sistemi (presenti in commercio in acciaio zincato, rame o alluminio) sono realizzati con una piccola turbina a pale sagomate che viene posta – in corrispondenza delle correnti d'aria dominanti – sulla copertura degli edifici e collegata con un condotto agli spazi interni; questa turbina, che viene messa in movimento anche da una semplice brezza, ha le pale sagomate in modo che ruotando creino un effetto di aspirazione.

Esistono poi, in commercio, anche piccoli **aspiratori eolici fotovoltaici** realizzati con ventole azionate da un piccolo motore comandato da pannelli fotovoltaici integrati.

Area di apertura delle bucature

Per quanto riguarda l'area di apertura delle bucature di facciata, si tratta di un importante fattore che condiziona la velocità dei moti d'aria all'interno degli edifici.

In generale, a parità di altri fattori:

- con area di apertura in ingresso inferiore all'area di apertura in uscita si ha un aumento della velocità del flusso d'aria interno rispetto a quella del vento all'esterno dell'edificio;
- con area di apertura in ingresso superiore all'area di apertura in uscita si ha una diminuzione della velocità del flusso d'aria interno rispetto a quella del vento all'esterno dell'edificio;
- con area di apertura in ingresso uguale all'area di apertura in uscita si ha una differenza minore, rispetto ai precedenti casi, tra velocità del flusso d'aria interno rispetto a quella del vento all'esterno dell'edificio.

Sistemi di chiusura delle bucature di facciata

Per quanto riguarda i sistemi di chiusura delle bucature di facciata, essi possono incidere considerevolmente sulla distribuzione dell'aria all'interno dell'edificio e sull'efficacia dei moti d'aria interni ai fini del raffrescamento passivo. Per esempio: le chiusure ad ante verticali (soprattutto quando aperte a 90°) possono limitare la ventilazione degli spazi posti lateralmente rispetto alla finestra; le chiusure a vasistas con asse inferiore possono limitare la ventilazione nella parte bassa dello spazio da raffrescare, mentre quelle con asse superiore possono creare zone di stasi verso il soffitto; le aperture a bilico orizzontale e verticale si prestano a una buona regolazione dei flussi d'aria interni.
Caso particolare è quello dei **lucernari**, che possono servire sia per sfruttare l'effetto camino, su tetti piani o con pendenze ridotte (fino a 20° circa), sia

FIGURA 5.39 Lucernari, schemi di funzionamento

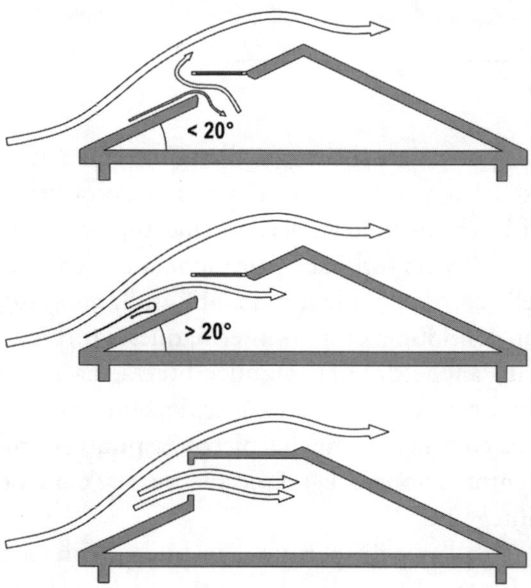

per permettere l'accesso d'aria dall'esterno, con pendenze più elevate o con piano di apertura verticale. Anche su coperture poco inclinate, particolari tipi di apertura possono però permettere l'accesso del flusso laminare che lambisce la falda del tetto (fig. 5.39).

Dispositivi di direzionamento delle correnti

Per quanto riguarda i dispositivi per il direzionamento delle correnti d'aria (ad esempio, schermi fissi o mobili posti in verticale o in orizzontale sui prospetti degli edifici in aderenza o meno alle bucature), anch'essi possono concorrere a incrementare la ventilazione interna, aumentando il volume e la velocità del flusso d'aria captato o, al contrario, ostacolando o deviando quest'ultimo per ridurne gli effetti sull'edificio e il suo involucro (fig. 5.40).

FIGURA 5.40 Schemi di funzionamento di dispositivi per il direzionamento delle correnti d'aria

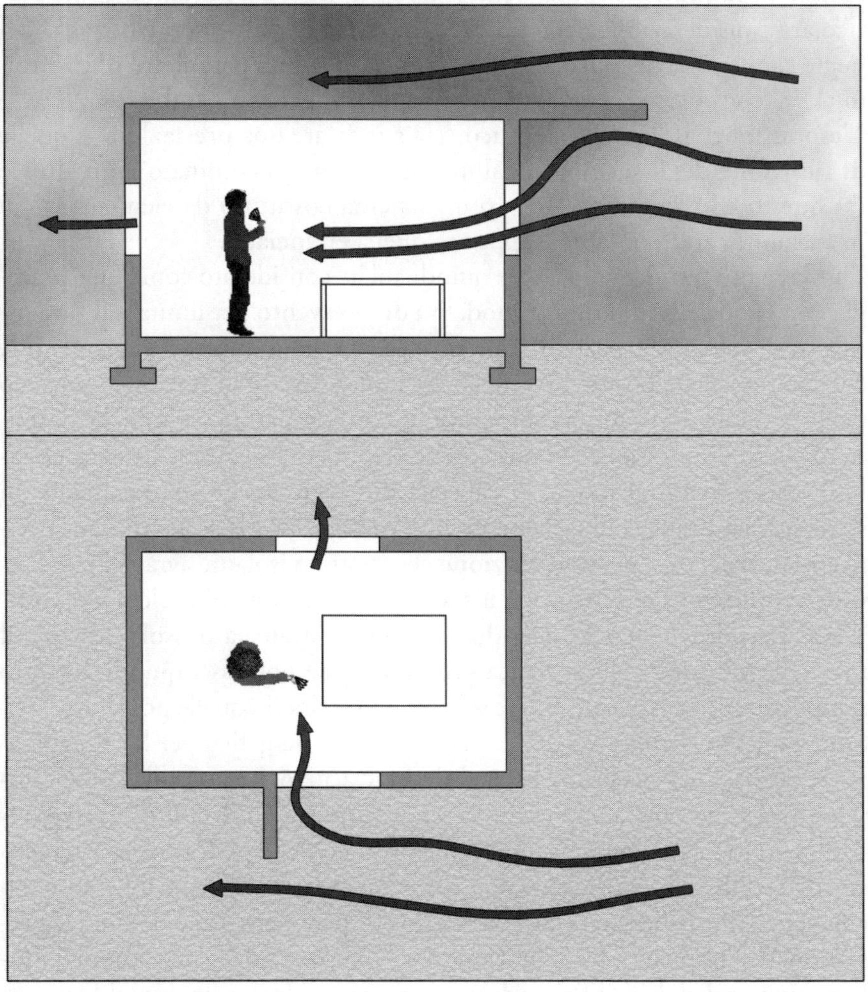

8. Isolamento termico

Finalità principale della realizzazione di edifici è la **creazione di spazi** caratterizzati da **microclima idoneo** al tipo di attività ospitata, in modo che questa non sia influenzata dal mutare delle condizioni esterne di luce, temperatura, eventi meteorologici ecc.

Nonostante la **rivoluzione industriale** abbia creato la possibilità, per l'uomo, di avere **materiali e prodotti** praticamente in **qualunque parte del nostro pianeta**, a prescindere dalle disponibilità locali, e che questo abbia portato alla possibilità di **climatizzare facilmente** gli edifici, **superando** così gli ostacoli dovuti alle eventuali **ostilità del clima** e alle sue variazioni durante il corso dell'anno (o della giornata), l'attuale **preoccupazione** per un eccessivo **sfruttamento** delle **fonti energetiche** di origine **fossile**, e per le **emissioni inquinanti** conseguenti il loro impiego, sta portando a una particolare considerazione della necessità di dotare gli involucri edilizi di adeguate caratteristiche di **isolamento termico.** Il primo parametro di controllo che si considera solitamente, infatti, è la **temperatura ambiente**.

Isolamento termico come strategia

L'espressione "isolamento termico" sta a indicare una **prestazione** – quella di **riduzione degli scambi di calore** tra uno spazio confinato e un altro o tra questo e lo spazio aperto – o un **sistema** costituito da elementi la cui prestazione caratterizzante è appunto quella enunciata.

L'isolamento termico può essere quindi anche considerato come una **strategia** con la quale si indicano le **modalità di intervento** per limitare il trasferimento di calore tra spazi a natura diversa, tramite l'impiego di elementi le cui caratteristiche possono essere anche molto diverse in funzione non solo del loro valore di trasmittanza termica (cfr. cap. 5, par. 14), ma anche di resistenza alla compressione (importante se si tratta di isolare strutture calpestabili), di resistenza al fuoco, di capacità di isolare anche acusticamente gli spazi ecc. La strategia di isolamento non prevede solo la **scelta** di uno specifico **materiale**, ma anche la **posizione** che lo strato isolante avrà nei pacchetti di **involucro** in oggetto, cioè il suo rapporto con gli altri elementi costituenti l'involucro stesso. Individuare la giusta strategia di isolamento, e il materiale più adatto alla specifica situazione, può non esser quindi del tutto semplice e costituisce comunque sempre una scelta tra quelle possibili.

Sino a oggi le normative italiane sul risparmio energetico per la climatizzazione degli edifici – la prima è stata la legge 373/1976, la successiva, molto importante per le novità apportate, la legge 10/1991 con il D.P.R. 412/1993 – hanno considerato come parametri di controllo delle performance energetiche dell'edificio il Coefficiente di dispersione volumica (CD) e il Fabbisogno energetico normalizzato (Fen), oltre a diversi parametri atti a definire le prestazioni dell'impianto. La definizione del CD dipende dalle prestazioni di isolamento termico dell'edificio e dal suo rapporto di forma, mentre il Fen considera anche le dispersioni per ricambio d'aria. Con la legge 192/2005, sorta

di completamento – dopo 14 anni! – della legge 10/1991, si sono andati a definire anche i **valori limite di trasmittanza** degli elementi di involucro, in funzione della fascia climatica in cui ci si trova, dandoci così un obiettivo da raggiungere in ordine alla erogazione della prestazione primaria.
Di seguito le tabelle (tabb. 5.1, 5.2, 5.3), tratte dall'*Allegato C*.

TABELLA 5.1 Valori limite della trasmittanza termica U delle strutture verticali opache espressa in W/mqK

Zona climatica	Dal 1° gennaio 2006 U (W/mqK)	Dal 1° gennaio 2009 U (W/mqK)
A	0,85	0,72
B	0,64	0,54
C	0,57	0,46
D	0,50	0,40
E	0,46	0,37
F	0,44	0,35

TABELLA 5.2 Valori limite della trasmittanza termica U delle strutture orizzontali opache espressa in W/mqK

Zona climatica	Dal 1° gennaio 2006 U (W/mqK)	Dal 1° gennaio 2009 U (W/mqK)
A	0,80	0,68
B	0,60	0,51
C	0,55	0,44
D	0,46	0,37
E	0,43	0,34
F	0,41	0,33

TABELLA 5.3 Valori limite della trasmittanza termica U delle chiusure trasparenti comprensive degli infissi espressa in W/mqK

Zona climatica	Dal 1° gennaio 2006 U (W/mqK)	Dal 1° gennaio 2009 U (W/mqK)
A	5,5	5,0
B	4,0	3,6
C	3,3	3,0
D	3,1	2,8
E	2,8	2,5
F	2,4	2,2

Le opinioni degli addetti del settore in merito ai valori stabiliti sono opposte, con alcune categorie che dichiarano una forte difficoltà nel soddisfare la nuova legge con le consuetudini costruttive odierne (i costruttori) e altre (produttori di isolanti) che non vedono un grande passo avanti in merito. Considerando che scopo della nuova normativa è un più facile controllo delle caratteristiche termiche degli edifici e una ulteriore riduzione dei consumi, rispetto a quanto previsto dalla legge 10/1991, non si può certo dire che i valori di trasmittanza limite costituiscano un forte onere aggiuntivo per chi costruisce e neanche che sia necessario ricorrere alle tecnologie più innovative: ad esempio, un valore di trasmittanza 0,46 è ottenibile con una muratura in forati da 12 cm e intercapedine con uno strato interno di isolante in polistirene di 4 cm, con uno spessore, quindi, di poco superiore ai 30 cm.

Le strategie

Per avere informazioni utili a raffinare via via la nostra **scelta** è però **necessaria** un'**analisi del contesto progettuale**.
Innanzitutto, nel considerare le modalità di climatizzazione di un edificio, dovremo individuare lo specifico rapporto tra funzionamento passivo (caratteristiche di isolamento termico e di accumulo, cioè di "capacità" termica"; cfr. cap. 5, par. 14) e attivo (l'impianto di climatizzazione). Possiamo infatti individuare **diverse strade** da percorrere:

- **edificio fortemente isolato**, con poca massa – è l'approccio utilizzato nelle ***passiv-haus***, edifici iperisolati a struttura leggera, con pochissima massa, climatizzati con **impianti ad aria** con sistemi di recupero di calore;
- **edificio** la cui gestione del calore è affidata all'**accumulo** negli **elementi edilizi massicci** – è l'edificio europeo tradizionale, modificato per poter assolvere agli obblighi di legge, la cui climatizzazione è affidata all'erogazione di **calore per irraggiamento**, anche dagli elementi edilizi stessi, e, in parte, per convezione naturale, particolarmente adatto per l'impiego dei sistemi solari passivi;
- una delle **possibili vie di mezzo** tra i due approcci estremi sopra indicati, che potremmo anche definire come **costruzione massiccia iperisolata**, rimandando alla necessità di porre in equilibrio, soprattutto nel clima mediterraneo, la prestazioni di trasmittanza e capacità termica.

È evidente che le due strategie poste ai limiti – impiego del solo isolamento o della sola massa – hanno caratteristiche che si adattano bene ad alcuni ambiti climatici, destinazioni d'uso e modalità di impiego e male ad altre. Da non trascurare inoltre le possibili diverse modalità comportamentali dell'utenza, che per cultura e abitudine potrebbe non accettare di buon grado alcuni limiti imposti da una specifica strategia (come, ad esempio, l'uso del riscaldamento ad aria).

Comportamento igrotermico

Se per il calcolo della trasmittanza di un elemento di involucro quello che conta è il materiale utilizzato e il suo spessore, per il controllo del comportamento igrotermico si dovrà considerare anche la **sequenza degli strati**, ovvero la loro **posizione nel pacchetto di chiusura**. La **migrazione del vapore** dall'interno verso l'esterno crea infatti **rischi di condensazione interstiziale** che possono inficiare la durata nel tempo dell'elemento stesso e comunque sicuramente la conservazione delle prestazioni di isolamento termico.

La normativa prevede il **controllo**, tramite **diagramma di Glaser**, della **condensazione**, permettendo la formazione di condensa nel periodo invernale qualora la stessa quantità di acqua sia in grado di rievaporare nel periodo estivo. Ciò porta però ad alcuni inconvenienti che la normativa, da sola, non controlla e che invece devono essere individuati ed eliminati tramite una corretta progettazione. I valori di umidità relativa e temperatura interni sono standard, variando, nel calcolo, solo quelli esterni in funzione della località di progetto. È evidente però che se la temperatura interna verrà controllata dall'impianto di riscaldamento, l'umidità relativa sarà variabile in assenza di un vero e proprio sistema di condizionamento. Ci troveremo quindi di fronte, nella maggior parte dei casi, a valori di umidità relativa maggiori, soprattutto in alcuni locali (bagni, cucine). La creazione di condensa interstiziale inoltre, anche se limitata a un periodo dell'anno, potrebbe essere un problema se non avremo selezionato materiali poco sensibili all'umidità; in caso contrario avremo un degrado dell'elemento e una conseguente riduzione delle prestazioni.

Il consiglio è di **provare a modificare i valori di T e UR** interni ed esterni, rispetto a quelli di riferimento, simulando particolari situazioni climatiche e di impiego in funzione dei dati statistici riscontrabili (in particolare i massimi e minimi). Sarebbe bene inoltre considerare sempre spessori degli elementi corrispondenti a valori commerciali, al fine di non dover modificare le soluzioni in fase realizzativa, simulando eventuali errori esecutivi prevedibili (ad esempio il più frequente è la modifica della profondità dell'intercapedine per errori di tracciamento o di posizionamento dei distanziatori) qualora riscontrassimo che le curve di pressione del vapore (relativa e a saturazione) siano, nelle condizioni standard di progetto, molto vicine.

Individuazione della posizione dell'isolante

Il calcolo di verifica che normalmente viene fatto è realizzato in regime stazionario, cioè in un momento T_0 unico; per questo motivo si impiegano dati di riferimento medi. La realtà però è ben diversa e il regime di funzionamento è tutt'altro che stazionario. Gli stessi valori di trasmittanza dei materiali e del pacchetto di chiusura risultante sono calcolati a partire da valori di conduttanza del materiale definiti in condizioni convenzionali di temperatura. Il comportamento del materiale in realtà cambia in funzione, ad esempio, della sua temperatura e del tasso di umidità. Sarebbe importante quindi considerare non solo i valori di trasmittanza di un elemento ma anche la sua capacità termica e la sua diffusività termica (cfr. cap. 5, par. 14) per poter prevedere il reale comportamento dell'edificio.

Come **indicazione generale**, non essendo in genere possibile procedere a un esame del comportamento energetico dell'edificio che vada oltre quelli che sono gli obblighi normativi, la scelta del materiale e della sua posizione dovrà seguire delle **semplici regole**:

- stratificare l'elemento di involucro in modo che se c'è una **parte massiccia**, questa resti **verso l'interno** e l'**isolante** sia più **all'esterno** possibile, al fine di poter sfruttare la capacità di accumulo del calore prodotto internamente in inverno e rallentare l'accumulo del calore proveniente dall'esterno in estate;
- nelle soluzioni in cui l'**isolante** è posto sul **limite esterno** (isolamenti a cappotto, coperture "rovesce"), impiegare **materiali isolanti con alta densità**, come il sughero e la schiuma di vetro, in quanto hanno un migliore comportamento sotto l'irraggiamento solare avendo un più alto valore di calore specifico;
- negli **involucri leggeri**, con isolanti a bassa densità, **ventilare** lo strato isolante così che non si surriscaldi in estate (compromettendo le sue prestazioni); ciò, in generale, permette anche di mantenerlo asciutto riducendo i rischi di deterioramento e perdita di efficienza;
- cercare di stratificare l'elemento di involucro **aumentando la permeabilità** al vapore dei componenti man mano che ci si sposta **verso l'esterno** al fine di ridurre i rischi di condensazione interstiziale; quando questo non è possibile, prevedere degli **strati specifici di freno o barriera al vapore** verso l'interno; gli architetti che si occupano di bioedilizia e bioarchitettura preferiscono soluzioni molto traspiranti e ciò è possibile con un'attenta selezione dei materiali impiegati;
- nel caso di condizioni climatiche in cui sono frequenti fenomeni di condensazione all'esterno, dovuti ad alti tassi di umidità rispetto alle rigide temperature (brina), sarà opportuno proteggere l'isolante con barriere al vapore anche sul lato esterno (cioè "impacchettando" l'isolante con fogli impermeabili al vapore) o usare materiali insensibili o poco sensibili all'umidità.

Le prestazioni accessorie

Si è detto che non è sufficiente individuare il valore di resistenza termica di un isolante per effettuarne la selezione, essendo necessario analizzare il contesto costruttivo in cui viene utilizzato. Queste prestazioni "accessorie" non sono del tutto secondarie perché determinano l'affidabilità del sistema. Vediamone alcune.

- **Resistenza a compressione.** In funzione della posizione dello strato isolante questo potrebbe essere soggetto a carichi di compressione, come ad esempio nei solai. Andrà quindi individuato un materiale in grado di resistere a tali carichi, avendo cura che siano comunque di tipo distribuito al fine di ridurre la pressione. Uno dei materiali più resistenti in tal senso è la schiuma di vetro.
- **Resistenza al fuoco.** Due sono gli impieghi: resistenza all'incendio, per elementi che devono avere questa caratteristica, e resistenza alla posa con

bitume a caldo. Anche in questo caso la schiuma di vetro presenta ottime caratteristiche.

- **Permeabilità al vapore e stabilità in presenza di umidità.** Ci ricolleghiamo al discorso già fatto. In funzione di tale caratteristica cambierà il flusso di vapore migrante dall'interno verso l'esterno. In certi casi potrebbe essere opportuno posare una barriera al vapore sul lato interno che ci permette di fermare il vapore nella zona calda dell'elemento di involucro impedendo così il passaggio di stato. Per stabilità a vapore intendiamo la capacità di non modificare le proprie caratteristiche in presenza di umidità. Ci sono materiali particolarmente sensibili, come ad esempio la cellulosa, che devono assolutamente restare asciutti.
- **Provenienza della materia prima** impiegata per la produzione.

I materiali più diffusi sono quelli di origine petrolifera, **poliuretano e polistirene espansi**, con diverse modalità produttive e diverse caratteristiche, sino a oggi i più economici nel rapporto con le prestazioni (in ambito industriale e impiantistico sono diffusi anche altri isolanti di origine petrolifera), ma che sono ormai soggetti a forte concorrenza da parte di materiali di diversa origine. Questi materiali, negli ultimi anni, sono stati soggetti a cambiamenti di processo con ripercussioni sulle loro prestazioni, a causa della progressiva messa al bando dei gas di espansione, accusati di essere gas serra.

La **schiuma di vetro** è un materiale prodotto a partire dal vetro riciclato e dal vetro vergine; può quindi essere considerato un materiale da risorsa non propriamente rinnovabile ma comunque abbondante e la cui frazione di provenienza da riciclo continua a crescere. Inoltre ha notevoli caratteristiche di stabilità nel tempo e al variare delle condizioni di T e UR, resistenza infinita al passaggio del vapore, resistenza al fuoco in classe 0 (incombustibile).

Si stanno diffondendo ultimamente diversi prodotti derivanti da **materie prime rinnovabili**, sia di origine vegetale che animale, fortemente promossi da chi si occupa di bioedilizia: fiocchi di cellulosa, sughero espanso (di questo gruppo è il più collaudato), fibra di legno, fibre vegetali (kenaf, cocco), lana di pecora. Questi materiali hanno come caratteristica comune una alta permeabilità al vapore che: da una parte è un elemento che li rende idonei alla realizzazione di tipologie di involucro "traspiranti", molto care, ad esempio, ai bioarchitetti; dall'altra li rende più sensibili (in certi casi pericolosamente sensibili) agli effetti dell'umidità, aspetto che va considerato, come già detto, in sede di progettazione della stratificazione. Si vedano più in dettaglio nel par. 3 del cap. 6.

Un nuovo prodotto, inoltre, sta affacciandosi sul mercato dell'edilizia: l'**iperisolante stratificato**. Si tratta di materassini multistrato, molto sottili, costituiti da molti strati di materiale diverso, concepiti per agire ostacolando il passaggio di calore secondo i diversi fenomeni fisici: fogli di alluminio

TABELLA 5.4

Iperisolante stratificato	Applicazione	Numero strati / numero pellicole alluminio (intermedio + esterno)	Resistenza termica mqC/W	Coeff. di trasmissione U (W/mqC)	Equiv. lana min. (*) (cm)	Equiv. polist. estr. (*) (cm)	Equiv. poliuretano (*) (cm)
MULTIPRO TS 250 +	tetti – muri	15/8	6,5	0,15	26	21,5	15
TRISO-LAINE +	tetti – muri	15/6	6,1	0,16	24,4	20,1	14
TRISO-SUPER 9 +	tetti – muri	14/6	5,6	0,18	22,4	18,5	12,9
TRISO-MURS +	pareti verticali	8/4	3,5	0,29	14	11,6	8,1
TRISO-SOL	solai	13/6	1	1	4	3,3	2,3
TB 80	complem. industriale	5/2	2	0,5	8	6,6	4,6

Nota: Trasmittanza calcolata in base ai seguenti valori di conduttanza: lana minerale λ = 0,04 W/m°C – d = 51-70 Kg/mc; poliuretano λ = 0,023 W/m°C – d = 40 Kg/mc; polistirene estruso λ = 0,033 W/m°C – d = 33 Kg/mc.

riflettono l'irraggiamento e, non permettendo il passaggio di vapore, riducono le perdite per cambiamento di fase (condense); la convezione viene ostacolata dagli strati liminari di aria ferma sui diversi strati (mediamente una quindicina); il fenomeno della conduzione è ostacolato dalla bassa conduzione degli strati isolanti e dall'interposizione di strati con pochi punti di contatto tra loro (ad esempio a bolle). Un iperisolante stratificato di 2,5 cm può avere lo stesso valore di trasmittanza di 20 cm di fibra di vetro. Per comprendere meglio le caratteristiche di tale materiale si riportano dei valori basati sui prodotti ACTIS (tab. 5.4).

Chiaramente il costo è nettamente più alto, ma un confronto fatto sulle prestazioni dimostrerebbe la competitività nei confronti della maggior parte dei materiali isolanti oltre a vantaggi derivanti dallo spessore molto ridotto, dalla insensibilità all'umidità (gli strati di alluminio sono molti), dalla facilità di posa (graffatura) in situazioni particolari dovuta alla grande flessibilità del materassino.

9. Soluzioni impiantistiche integrative

I **livelli di confort** richiesti oggi per gli spazi in cui abitiamo e lavoriamo sono ben lontani da quelli a cui si era abituati un tempo. Sino a **qualche decennio fa**, in Italia, una buona parte della popolazione, soprattutto in ambito rurale, **viveva ancora in edifici privi di impianti** igienici, per l'ac-

qua corrente, di impianti per l'erogazione di energia elettrica e di riscaldamento, e le attività oggi permesse da queste componenti tecniche (lavarsi, riscaldarsi, illuminare i vani di sera ecc.) erano espletate diversamente per mezzo di numerose e faticose operazioni manuali (andare a prendere l'acqua al pozzo, accendere la legna nel focolare ecc.).
Quando consideriamo gli esempi storici (cfr. cap. 1, par. 1) di quelli che oggi consideriamo come edifici con una buona capacità di integrazione con le condizioni climatiche locali (anche in relazione alla disponibilità di determinate risorse materiali) – l'igloo nelle zone artiche, i trulli e i dammusi nel Sud-Italia ecc. – non dobbiamo dimenticare che oggi, vivere in essi, nelle condizioni di un tempo, ci parrebbe, se non impossibile, alquanto sgradevole.

Complementarità edificio-impianto

Nell'approccio bioclimatico alla progettazione si tenta di raggiungere le condizioni di confort che oggi riteniamo adeguate attraverso la corretta impostazione del rapporto di forma, dell'orientamento, dei materiali ecc., ma ciò è effettivamente possibile solo in determinate fasce climatiche, in determinati momenti dell'anno.
Per questo motivo definiamo le **soluzioni impiantistiche** che adottiamo per questi edifici "**integrative**", in quanto agiscono in maniera **complementare** con i **dispositivi passivi** dell'edificio stesso – come ad esempio i sistemi solari passivi – rifiutando l'idea che sia il solo impianto a determinare il microclima in un edificio.
I sistemi impiantistici da impiegare in un edificio bioclimatico dovranno però avere caratteristiche specifiche e avere sistemi di controllo in grado di farli interagire con le dotazioni "passive" contenute. Si tratta in alcuni casi di dotare impianti di tipo tradizionale di sistemi di regolazione che non sempre vengono adottati, in altri di installare semplici dispositivi integrativi, in altri ancora di individuare soluzioni impiantistiche effettivamente particolari e, se pure ampiamente testate, non del tutto consuete.
Gli obiettivi da raggiungere sono:

- **fornire** agli spazi confinati un **grado di confort** adeguato alle **esigenze contemporanee** di climatizzazione;
- adottare **soluzioni** che, per capacità di integrazione con il funzionamento passivo dell'edificio e/o per sfruttamento di fonti energetiche rinnovabili e/o per particolare efficienza del dispositivo impiantistico, consumino **poca energia** da **fonte non rinnovabile**;
- sfruttare i fenomeni fisici nella maniera più appropriata, **focalizzando l'attenzione sul risultato**, cioè il livello di confort, invece che sulla consuetudine operativa;
- adottare soluzioni che permettano di ottenere un buon grado di salubrità degli spazi, facendo attenzione alla **qualità dell'aria**.

Di seguito verranno individuati alcuni **dispositivi impiantistici** posti in relazione con le **strategie di controllo ambientale** attuabili in un edificio.

La loro selezione e integrazione ovviamente dipenderà dalle caratteristiche dell'edificio in questione, per cui la loro composizione, in numero e qualità, potrà essere fortemente variabile. Si ribadisce quindi la necessità di integrare il progetto edilizio con quello impiantistico al fine di ottenere i migliori risultati possibili in funzione del luogo e delle risorse a disposizione.

Diversificare le temperature

Una prima strategia per la riduzione dei consumi energetici per la climatizzazione è la **diversificazione delle temperature nei vani** in funzione dalle attività che vi si svolgono. Oggi l'uso del **cronotermostato** è diventato obbligatorio; questo dispositivo ci permette di regolare la temperatura nel nostro alloggio (o ufficio) programmando sia la temperatura che i tempi di accensione. In realtà nella nostra casa abbiamo **esigenze diverse nei diversi vani** che la compongono. Queste esigenze variano anche al variare dello stile di vita. Per alcuni soggetti, ad esempio, la camera da letto è unicamente il luogo in cui si dorme, altri vi passano del tempo studiando, lavorando ecc., ciò è altrettanto vero per gli spazi lavorativi.

La diversificazione delle temperature nei vani è possibile, negli impianti a radiatori, anche con un semplice dispositivo come la **valvola termostatica**, che regola il flusso del fluido termovettore nei termosifoni in funzione della temperatura ambiente impostata. Nelle camere quindi, ad esempio, qualora vengano usate solo per il sonno, potrà essere mantenuta la temperatura notturna (15-16 gradi) anche di giorno; analogamente potremo ridurre la temperatura ambiente in tutti quei locali in cui non vi sia una permanenza delle persone (corridoi, disimpegni, ripostigli, dispense). Negli impianti ad aria forzata analogo risultato sarà raggiungibile con l'erogazione centralizzata di aria alla temperatura inferiore necessaria e l'uso di dispostivi locali per l'innalzamento alla temperatura necessaria in funzione della destinazione d'uso; tale soluzione impiantistica è già di uso consueto negli impianti di climatizzazione di grandi edifici.

Fenomeni convettivi

Altra strategia di controllo ambientale attivo-passivo è quella del **controllo dei fenomeni convettivi.**

L'uso di ventilatori per creare correnti d'aria che allevino la sensazione di caldo che sentiamo nel periodo estivo è consueto; si agisce, in pratica, sull'effetto di raffrescamento dato dall'evaporazione dell'umidità corporea.

I ventilatori possono però essere usati anche per **"mescolare" l'aria** che si stratifica con diversa temperatura negli ambienti, maggiormente al crescere dell'altezza. In spazi, ad esempio, dotati di atri vetrati usati come elementi di captazione solare, può essere di grande giovamento, nel periodo di riscaldamento, usare dei ventilatori a bassa velocità che spingano verso il basso l'aria scaldata per effetto serra che, altrimenti, tenderebbe a restare nella parte più alta.

Altro esempio di **dispositivo integrativo dei sistemi passivi** (come quelli solari: serra, muro Trombe ecc.) sono gli **aspiratori**. Si tratta di piccoli dispositivi di ventilazione (come quelli che si usano nei bagni) che permettono di **far circolare l'aria** spostandola da uno spazio a un altro, migliorando quindi l'efficienza dei sistemi solari passivi, che in certi momenti, in funzione delle temperature rilevabili all'esterno, nel sistema stesso e nel locale che deve essere riscaldato, possono entrare in crisi a causa della ridotta efficienza della convezione naturale (ad esempio quando le differenze di temperatura sono limitate). Per questo tipo di aspiratori dovrà essere valutata la portata adeguata e la velocità dell'aria conseguente; dovrà essere installato un dispositivo di comando che li **attivi in funzione della temperatura rilevata** nel sistema solare passivo.

Le temperature superficiali

Un'altra strategia di riduzione dei consumi energetici è quella del **controllo delle temperature superficiali**. È infatti **possibile ridurre la temperatura dell'aria**, rispetto ai 20-21 °C consentiti dalle norme in materia di contenimento dei consumi energetici per il riscaldamento, **aumentando la temperatura degli elementi edilizi** che ci circondano, verticali e orizzontali. Come si è visto nel paragrafo precedente sull'isolamento termico, questo è possibile innanzitutto con una adeguata progettazione degli elementi edilizi, in particolare di quelli di involucro, facendo sì che la parte passiva di questi sia protetta in estate dall'irraggiamento intenso (dall'esterno) e in inverno possa accumulare una parte del calore erogato dagli impianti (o captato con i sistemi solari passivi) per distribuirlo più uniformemente nel tempo. Ciò permette di non far scendere troppo la temperatura delle superfici interne in inverno e di non farla salire in estate.

Impianti a pannelli radianti

Dalla suddetta relazione nascono i **sistemi impiantistici a pavimento, a parete e a soffitto radiante.**

Negli impianti tradizionali, con acqua a temperature intorno agli 80 °C e terminali di distribuzione a corpi scaldanti metallici, si sfruttano sia il fenomeno radiativo che quello della convezione, in misura variabile in funzione delle caratteristiche (lega metallica impiegata e forma) di quelli che comunemente vengono chiamati "termosifoni" o anche "radiatori". Gli elementi, di forma tendenzialmente piana e con semplici sagomature, lavorano soprattutto per irraggiamento; quelli realizzati con elementi modulari fortemente sagomati, a creare intercapedini verticali tra un elemento e l'altro, lavorano soprattutto per convezione naturale.

Nei **sistemi a pavimento, parete e soffitto radiante** invece si utilizza **unicamente** il **fenomeno radiativo** e i corpi scaldanti scompaiono, essendo integrati negli elementi edilizi stessi. Ciò permette di ottenere il giusto grado di confort, come si è detto, con temperature dell'aria inferiori al valore di riferimento dei 20 °C, ottenendo una **riduzione dei consumi energetici** in termini di KW/h erogati.

Gli impianti radianti a pavimento esistono, in effetti, da secoli e se ne trovano applicazioni fin dai tempi dei romani, che usavano l'aria come fluido termovettore (ipocausto).

Da considerare favorevole il fatto che la **bassa temperatura dell'aria** che lambisce gli elementi radianti **non permette la movimentazione di pulviscolo**, che al contrario, con i consueti elementi a convezione naturale, tende a sollevarsi e a diffondersi negli ambienti riducendo la purezza dell'aria. Le **temperature** del **fluido** vettore necessarie al funzionamento di questi impianti sono nell'ordine di **40-50 °C**, con temperature sul limite inferiore per i sistemi a pavimento e sul limite superiore per i sistemi a parete e, soprattutto, a soffitto. Questo vuol dire che è possibile alimentarli mediante dei sistemi **solari a collettore termico**, anche di tipo tradizionale (i sistemi vacuotubolari raggiungono temperature maggiori; cfr. cap. 5, par. 3), permettendo di ridurre ulteriormente i consumi, che si concentrerebbero così nel periodo invernale più freddo, quando il solo apporto solare è insufficiente. Qualunque tipo di impianto termico ovviamente, opportunamente regolato, può alimentare un sistema a pannelli radianti.

I sistemi di riscaldamento a pavimento, a parete e a soffitto sono, di norma, costituiti da **tubi flessibili** in plastica o rame (già predisposti in pannelli o con posa libera in cantiere) a forma di serpentina, fissati sotto il massetto, l'intonaco o la pannellatura di rivestimento, mediante appositi sostegni o tasselli; all'interno dei tubi circola acqua, a una temperatura tra i 19 e i 50 °C in funzione del tipo di applicazione, per il riscaldamento; questi impianti possono anche essere **utilizzati** per il **raffrescamento** facendovi circolare **acqua a 10-15 °C**.

Negli impianti tradizionali in genere il funzionamento si basa sulla temperatura dell'aria misurata dai termostati ambiente; in realtà la temperatura che noi percepiamo è quella operante (To), che dipende dalla temperatura dell'aria (Taria) e da quella media radiante (Tmr) delle superfici che racchiudono l'ambiente.

Riscaldamento radiante a pavimento

Il riscaldamento a pavimento presenta, in sintesi, i seguenti vantaggi:

- è compatibile con il solare termico;
- è invisibile e consente libertà nella disposizione dell'arredamento;
- il gradiente di temperatura verticale è omogeneo, il moto dell'aria è quasi nullo; poiché lo scambio avviene principalmente per radiazione e solo minimamente per convezione, viene ridotta la formazione di "baffi" neri che compaiono normalmente sui corpi scaldanti e in corrispondenza dei ponti termici;
- è adatto a chi soffre di allergie alle polveri;
- elimina pavimenti freddi in stanze su porticati, ambienti aperti o non riscaldati;
- non presenta radiatori o altri tipi di elementi che si riempiono di polvere e devono essere puliti periodicamente.

Per i sistemi a pavimento vengono oggi utilizzati tubi anche a sezione ovale che permettono raggi di curvatura maggiori a parità di portata. I tubi sono realizzati con materiali che devono garantire un'ottima durata nel tempo e la perfetta tenuta delle saldature (per esempio il PoliPropilene Random). Le saldature possono avvenire o tramite giunti metallici o per fusione di pezzi speciali di elementi realizzati nello stesso materiale dei tubi. Esistono diversi sistemi di fissaggio dei tubi a pavimento, alcuni dei quali sfruttano particolari configurazioni della faccia superiore dei pannelli isolanti che normalmente sono inseriti sotto i tubi stessi.

I sistemi di fissaggio con barre e clips permettono di svincolare il sistema dal tipo di isolante; con il sistema di fissaggio con barre e clips l'impianto è semplicemente appoggiato sulla barriera al vapore e di conseguenza si può adottare qualunque tipo di isolante, dai materiali in lastre a quelli sfusi in granuli o mescolati al cemento, inoltre il tubo risulta sollevato da terra così che resti immerso nell'impasto del massetto e si ottenga uno scambio di calore ottimale.

La **posa a serpentina** consente di differenziare maggiormente le temperature superficiali del pavimento tra la zona perimetrale e la zona centrale della stanza; in questo modo si può far fronte anche a dispersioni elevate causate da pareti fredde e grandi serramenti.

Per i **massetti** nei quali sono annegati i tubi si usano normalmente additivi che garantiscono: conducibilità termica migliorata in confronto alle caldane normali; aumento della resistenza alla trazione e flessione; aumento della resistenza alla pressione; basso coefficiente di ritiro con minor possibilità di fessurazione.

Impianti a parete e a soffitto

Con gli impianti a parete o a soffitto non c'è contatto diretto con l'elemento radiante (come avviene per gli impianti a pavimento), quindi il sistema può raggiungere temperature superficiali più alte nel campo del riscaldamento e più basse nell'ambito del raffrescamento. Riguardo alle valutazioni sul confort e facendo riferimento alla normativa UNI-EN-ISO 7730, sono ammesse temperature superficiali di parete maggiori di 40 °C.

Le **applicazioni** delle pareti radianti sono molte:

- come integrazione in locali riscaldati a pavimento con problemi di dispersioni termiche e pareti molto fredde;
- per la realizzazione di impianti misti parete-pavimento-soffitto, per risolvere problemi di asimmetria radiante e abbassare la temperatura di mandata dell'acqua sfruttando l'energia solare per il riscaldamento;
- per il riscaldamento di soppalchi e locali a doppia altezza;
- per i vani scale;
- per risanare vecchie murature umide e pareti con problemi di umidità da ponti termici;
- per il riscaldamento e raffrescamento anche con soluzioni costruttive a secco in cartongesso o legno.

Normalmente i sistemi a parete o a soffitto sono composti da pannelli modulari (in media misure da 50 × 50 cm a 100 × 100 cm) che si collegano tra loro; possono essere utilizzati tubi ovali per ridurre lo spessore dell'intonaco; per il montaggio sono normalmente previsti particolari sistemi di aggancio.

Nei pannelli **annegati in setti di cemento armato** i moduli sono legati ai ferri dell'armatura; successivamente vengono costruiti i casseri e viene eseguito il getto con metodi tradizionali e i pannelli rimangono all'interno del setto. Il setto può rimanere a vista o può essere intonacato.

Alta o bassa inerzia termica

I sistemi radianti sono normalmente ad **alta inerzia termica** quando vengono annegati nel calcestruzzo, nel massetto di sottofondo o nell'intonaco (anche se nell'intonaco non si può sempre parlare di alta inerzia termica, soprattutto con gli spessori usuali). Sono invece a **bassa inerzia termica** quando sono impiegati in soluzioni in cui non c'è un intimo contatto tra i tubi e l'elemento superficiale di confine con il vano (ad esempio pavimenti, pareti, soffitti a secco in legno o cartongesso); in questo caso presentano il vantaggio di entrare a regime immediatamente (10 minuti circa) e di poter essere impiegati anche per ambienti con utilizzo discontinuo, a fronte però di maggiori consumi e temperature di esercizio più alte.

L'umidità relativa negli impianti estivi

In generale, ogni qualvolta la superficie di una parete, di un soffitto o di un pavimento ha una **temperatura uguale o inferiore alla temperatura di rugiada dell'aria** con cui è a contatto, sulla stessa superficie **condensa** la quantità d'acqua che non può essere contenuta nell'aria sotto forma di vapore.

Nei sistemi di raffrescamento radianti la misurazione e il controllo dell'umidità relativa sono molto importanti ed è conveniente utilizzare sonde di controllo per tenere l'umidità relativa tra il 60 e il 65%;

- le sonde di umidità ambiente devono essere collocate negli ambienti più soggetti ad affollamento;
- le sonde devono comandare il funzionamento del sistema di deumidificazione;
- la temperatura di mandata dell'acqua deve variare in funzione della temperatura interna richiesta e soprattutto in funzione del valore di umidità relativa misurata.

I pavimenti radianti presentano **rese estive limitate** in condizioni normali e si necessita comunque di un edificio bene isolato; se però i vani sono irradiati direttamente dal Sole, come ad esempio nel caso di ambienti con grandi vetrate, aumenta il ΔT e di conseguenza anche la resa termica (fino a 100 W/mq).

È molto importante che la temperatura superficiale sia molto omogenea, per questo motivo il **differenziale tra mandata e ritorno** è sempre di **2-3 °K.**

Il sistema presenta una elevata inerzia termica, di conseguenza si consiglia l'uso soprattutto in ambienti con grandi volumi e con vetrate esposte a sud e a ovest oppure quando il soffitto degli ambienti contiene un grande numero di fari alogeni che emettono molto calore radiante. Il sistema richiede un controllo dell'umidità relativa molto accurato

Raffrescamento

I **pavimenti radianti** usati per il **raffrescamento** possono suscitare **insoddisfazione** negli ambienti in cui le persone si trovano per **molte ore** sedute, soprattutto se vestono **calzature leggere**.

La **parete radiante**, usata per il raffrescamento, ha uno scambio termico mediamente alto anche per effetto del movimento dell'aria dall'alto verso il basso; ha uno scambio radiante efficace con tutto quello che si trova nell'arco di 4 m circa e funziona molto bene anche come barriera termica verso l'esterno.

È molto importante che la temperatura superficiale sia molto omogenea, per questo motivo il differenziale tra mandata e ritorno è sempre di 2-3 °K.

Il sistema presenta una bassa o bassissima inerzia termica a seconda della soluzione costruttiva utilizzata, pertanto è possibile adottare un controllo di umidità meno sofisticato rispetto a quello dell'impianto a pavimento.

L'efficacia si apprezza soprattutto negli ambienti residenziali e nelle stanze rivolte a sud e ad ovest grazie alla funzione di barriera termica verso l'esterno. L'uso viene espressamente consigliato per:

- edifici residenziali;
- camere d'albergo;
- uffici;
- musei.

Il **soffitto radiante**, usato per il raffrescamento, presenta rese molto alte grazie a un elevato scambio convettivo (aria calda che sale e si raffredda). È molto importante che la temperatura superficiale sia molto omogenea, per questo motivo il differenziale tra mandata e ritorno è sempre di soli 2-3 °K.

Come per le pareti, il sistema presenta una bassa o bassissima inerzia termica a seconda della soluzione costruttiva utilizzata, pertanto è possibile adottare un controllo di umidità meno sofisticato rispetto a quello dell'impianto a pavimento. L'efficacia si apprezza soprattutto negli ambienti residenziali e nelle stanze che si trovano all'ultimo piano sotto una terrazza o sotto la falda del tetto grazie alla funzione di barriera termica verso l'esterno.

L'uso viene espressamente consigliato per:

- edifici residenziali;
- camere d'albergo;
- uffici.

Altri impianti

In questo breve *excursus* si è trattato solo degli impianti radianti, poiché costituiscono la tecnologia impiantistica pseudoconvenzionale più diffusa e

collaudata e sono facilmente integrabili con le tecnologie solari passive e attive.
Altri sistemi impiantistici sono già stati citati nel par. 1 del cap. 2: impianti a pompa di calore con sonda geotermica, impianti a biomassa, impianti di cogenerazione e microcogenerazione; altrettanto interessanti sono gli impianti a **pompa di calore** con scambio ad **acqua di falda o di mare** e i sistemi ad aria a pompa di calore con **recuperatore** sull'**aria di estrazione** (molto utilizzati nelle *passiv-haus*).

10. Riqualificazione sostenibile

I principi di progettazione bioclimatica possono essere applicati sia nella realizzazione di nuovi edifici sia per il recupero del costruito. Pare anzi auspicabile una larga diffusione di operazioni di "**riqualificazione sostenibile**" sul patrimonio edilizio esistente visto che, a oggi, in paesi come il nostro, rispetto alla totalità degli interventi edilizi, quelli di nuova costruzione rappresentano una frazione modesta (con una percentuale annua di edifici di nuova costruzione rispetto al parco di abitazioni esistenti che, nell'ultimo trentennio, è scesa al di sotto dell'1%). Solo un diffuso intervento sull'esistente può allora offrire garanzie circa la possibilità di ottenere, su grande scala, risultati apprezzabili in relazione al controllo degli sprechi energetici e dell'impatto sull'ambiente del costruito.
L'applicazione di strategie di progettazione sostenibile nelle operazioni di riqualificazione edilizia può riguardare sia edifici storici sia edifici di recente costruzione.

Riqualificazione sostenibile dell'edilizia storica

In linea di massima, le operazioni di riqualificazione sostenibile sull'edilizia storica saranno caratterizzate, rispetto a quelle sugli edifici di recente costruzione, da una maggiore attenzione per la salvaguardia dei caratteri costruttivi e tipologici dell'oggetto di intervento.
Le operazioni di **recupero degli edifici storici con criteri progettuali bioclimatici** potranno allora, per esempio, essere orientate, più che all'utilizzo di sistemi solari passivi (che implicano interventi sulla morfologia degli involucri edilizi), verso un approccio fondato:

- sull'integrazione di impianti ad alta efficienza o di sistemi solari termici e fotovoltaici (viste anche le nuove possibilità offerte dal mercato; si pensi, ad esempio, alle "tegole fotovoltaiche"; cfr. cap. 5, par. 4);
- sull'impiego di tecniche poco invasive per la ventilazione e l'illuminazione naturali (per esempio i sistemi Solatube e Parans; cfr. cap. 5, par. 6);
- sull'applicazione di soluzioni di isolamento termico e sfruttamento, per il controllo microclimatico, della massa termica rappresentata dalle spesse murature portanti degli edifici tradizionali (anche con misurati interventi per la realizzazione di sistemi a serra solare o muro Trombe-Mi-

chel che utilizzino come accumulatori primari proprio le massicce pareti perimetrali);

- sull'uso di prodotti (per intonaci, tinteggiature ecc.) ecocompatibili e naturali, di norma accettati con favore dalle soprintendenze perché più vicini alla tradizione del costruire storico, rispetto ai prodotti oggi più usualmente impiegati.

Riqualificazione sostenibile dell'edilizia recente

Più "spregiudicati", invece, potranno essere gli interventi di riconversione funzionale, di adeguamento prestazionale o normativo sul costruito recente.

Soprattutto quando gli edifici interessati siano privi di significative valenze architettoniche, l'applicazione di tecnologie bioclimatiche può rappresentare, infatti, anche un'occasione per migliorare l'aspetto formale del costruito, oltre che le sue prestazioni di controllo microclimatico. Un ambito che pare molto promettente da questo punto di vista è quello della **riqualificazione delle periferie urbane** realizzate a partire dal secondo dopoguerra, nel periodo del cosiddetto "boom edilizio", e contraddistinte in larga parte da edilizia "parallelepipeda", poco caratterizzata, a basso costo, e oggi, normalmente, in stato di degrado, soprattutto per quanto concerne gli involucri edilizi e le prestazioni legate al confort climatico interno.

Una tendenza piuttosto diffusa nella realizzazione dei quartieri di edilizia economica popolare, soprattutto in Italia, è stata infatti quella di progettare e costruire edifici con un certo grado di attenzione alla tenuta statica (sia quando si sono utilizzate strutture gettate in opera che quando è stata impiegata la prefabbricazione pesante), ma con pochissimo riguardo verso i problemi di inserimento nel contesto e scarso controllo impiantistico, termico e termoigrometrico degli involucri, aspetti che forse sembravano più sacrificabili della sicurezza strutturale, considerando le scarse risorse economiche a disposizione (per esempio, è rara – almeno prima dell'entrata in vigore della legge 10/1991 – la messa in opera di isolanti termici, di doppie finestre così come l'attenzione alla formazione di ponti termici).

Quello che abbiamo ereditato dal recente passato è quindi un patrimonio edilizio, peraltro immenso, spesso caratterizzato da situazioni di forte degrado, che rappresenta comunque una risorsa (sociale, economica, materiale, energetica e persino storico-culturale) da gestire con criterio e che non si può pensare di demolire diffusamente e indiscriminatamente. Questo patrimonio edilizio, che non è – di massima – interessato da situazioni di rischio di crollo, è però caratterizzato da pessime condizioni di confort invernale ed estivo, costi di gestione impiantistica molto elevati, problemi di umidità interstiziale, macchie sulle superfici interne ed esterne delle pareti perimetrali, fenomeni quali la scopertura dei ferri d'armatura, la loro conseguente carbonatazione causa di dilatazioni e distacchi, forte degrado estetico-funzionale.

L'esigenza di ricostruire e costruire molto e in poco tempo ha prodotto, dal

dopoguerra, quartieri periferici ormai invivibili. Molti sono, in queste zone, i grandi complessi e i singoli immobili, realizzati negli ultimi cinquant'anni, che sembrano concepiti solo in funzione di esigenze di minimizzazione dei costi e dove sono evidenti segni del dominio della logica di mercato sull'attenzione alle esigenze dell'utenza, quelli della superficialità dei sistemi di gestione e controllo dei processi costruttivi.
Le aree periferiche di molte città europee e italiane sono intasate da edifici che, pur mostrando oggi tutta la loro inadeguatezza impiantistica, formale e sociale, è impensabile che siano sempre demoliti e sostituiti, se non in casi estremi. Occorre far rilevare che quando si parla di inadeguatezza sociale non ci si riferisce solo alla mancanza di opportuni standard abitativi e di servizi adeguati, o alla presenza di fattori ingeneranti situazioni di microcriminalità o comunque di disagio per gli abitanti, ma anche al fatto che negli ultimi anni la società è profondamente cambiata. I nuclei familiari sono diversi per composizione e generalmente più piccoli rispetto a quelli per cui gran parte dell'edilizia esistente è stata pensata. Diverse sono poi le esigenze e maggiore il grado di elasticità richiesto dall'utenza (ad esempio persone anziane che possono tornare a vivere con le famiglie dei figli mantenendo però un certo grado di autonomia e indipendenza). Tutto ciò è causa di un forte squilibrio nell'utilizzo del patrimonio edilizio, che andrebbe modificato anche in relazione alle nuove esigenze abitative.
In questo contesto pare del tutto appropriato articolare interventi di recupero basati anche sull'applicazione di:

- strategie per la ventilazione e l'illuminazione naturali, anche fondate su ampi interventi tali da configurare un riassetto della distribuzione interna degli spazi considerati e della loro esposizione;
- sistemi solari passivi e attivi, per permettere controllo microclimatico e risparmio energetico ma anche come occasione per ricomporre e caratterizzare il nuovo disegno delle facciate;
- soluzioni impiantistiche innovative a sostituzione di impianti obsoleti e ad alto consumo;
- isolamento termico (per esempio con soluzioni a cappotto volte a rendere disponibile all'interno degli edifici tutta la massa d'accumulo e, allo stesso tempo, a rifasciare e proteggere l'involucro edilizio in degrado).

Possibili problemi della riqualificazione sostenibile

È necessario, a questo punto, evidenziare brevemente alcune delle possibili e più comuni difficoltà che si possono incontrare in operazioni di riqualificazione sostenibile, affinché esse possano essere gestite in modo adeguato fin dalle prime fasi del progetto.
Innanzitutto gli edifici sui quali si può intervenire non presentano necessariamente un buon **orientamento** e una buona **esposizione** in relazione alle possibilità di sfruttamento della radiazione solare: cioè non è detto che siano disposti con i fronti più lunghi a sud e a nord, né che ospitino alloggi passanti (con affacci su entrambi i lati sud e nord e ambienti di servizio a

nord). Nella maggior parte dei casi avviene invece il contrario, quando l'orientamento degli edifici sia stato in qualche modo studiato e non discenda da una scelta casuale. Infatti «il movimento funzionalista aveva teorizzato l'opportunità di orientare gli edifici (in linea) lungo l'asse eliotermico onde distribuire la luce sulle due facciate principali rivolte ad est e ad ovest. Le camere da letto preferibilmente orientate ad est celebravano la recente acquisizione scientifica relativa al potere battericida della luce solare e nell'insieme l'orientamento dell'edificio realizzava primariamente presupposti igienico sanitari rappresentanti la maggiore preoccupazione del momento» (Cuppini, 1980, p. 151). L'influenza di teorie come quella dell'asse eliotermico si è a lungo esercitata sull'architettura post-razionalista, anche su quella del recente passato, influenzando la disposizione degli edifici di interi quartieri. Se si considera l'aspetto energetico, invece, la soluzione che garantisce la maggiore captazione del calore è quella che porta a privilegiare l'orientamento a sud con la protezione del lato nord. È evidente allora che un intervento di riqualificazione energetica su edifici di tipo funzionalista potrà incontrare difficoltà notevoli.

Altro aspetto problematico, quando si intenda intervenire su edifici di recente costruzione con strategie bioclimatiche, è la possibile **carenza di massa termica** delle pareti perimetrali, normalmente realizzate con tamponamenti leggeri in laterizio (salvo nei casi in cui si siano impiegati sistemi costruttivi di prefabbricazione pesante). La carenza di massa termica può limitare fortemente l'impiego di sistemi solari passivi che sfruttano l'irraggiamento per la trasmissione del calore e obbliga all'impiego di strategie di riscaldamento per convezione, riducendo – talora in modo considerevole – i rendimenti energetici o comunque condizionando pesantemente le scelte progettuali.

I problemi indicati (accompagnati dalle consuete difficoltà di intervento su edifici in degrado) possono limitare le prestazioni complessive dei sistemi impiegati comportando **lunghi periodi di ammortamento** delle spese realizzative. È quindi indispensabile che il progettista sappia commisurare le sue scelte alle specifiche condizioni di intervento, analizzando preventivamente, in maniera approfondita, le caratteristiche prestazionali e termiche, nonché le "patologie" dell'edificio oggetto di riqualificazione. Le **analisi bioclimatiche** (cfr. cap. 3, par. 4) potranno così assumere un peso ancor più rilevante che negli interventi di nuova costruzione; ciononostante i risultati che si possono ottenere con applicazioni diffuse di operazioni di riqualificazione sostenibile sono potenzialmente eccezionali, proprio perché esse, oltre a garantire la maggiore efficienza del costruito, vanno a sanare situazioni caratterizzate da ingente spreco di risorse energetiche e fortemente dannose per l'ambiente.

Realizzazioni

In diversi paesi europei, come la Francia, la Danimarca, la Germania sono state avviate da tempo operazioni di riqualificazione sostenibile dell'edilizia sociale esistente; in Italia il programma dei Contratti di quartiere (cfr. cap. 2, par. 4) è stato, in questo senso, un'esperienza significativa, non in grado però, da sola, di cambiare indirizzo alle più tradizionali tendenze del recupero edilizio.

Tra i più significativi **casi di riqualificazione sostenibile** di complessi di edilizia residenziale di recente costruzione si possono innanzitutto ricordare quelli francesi del quartiere del Lièvre D'or a Dreux (1983, su progetto del Groupe Aura) e di Rehabsol a Valence (1995, su progetto del gruppo ARCHI.M.E.D.E.S): si tratta, in entrambi i casi, di interventi di retrofit energetico su edilizia sociale esistente, caratterizzata da forte degrado, realizzati attraverso un largo impiego di sistemi solari passivi; il primo dei due interventi citati, pur non avendo raggiunto risultati ottimali (soprattutto in termini economici) rappresenta, però, una delle prime operazioni di riqualificazione di edilizia residenziale sociale effettuate secondo i criteri della progettazione bioclimatica. Nei primi anni ottanta erano tuttavia già state effettuate in Francia operazioni di recupero su edifici tradizionali prevalentemente in contesti rurali: tra esse si può ricordare l'intervento realizzato a Gard, nel 1982, dall'architetto François Confino, su un complesso formato da alcuni corpi di fabbrica e un granaio, recuperato a uso abitazione. In questo edificio sono stati impiegati sistemi di guadagno solare passivo a serra e di tipo diretto, con stoccaggio termico garantito dagli spessi muri e da un letto di pietre opportunamente predisposto sotto l'edificio.

Tra i più significativi interventi di riqualificazione sostenibile di complessi residenziali in Danimarca, si possono poi ricordare: quello a Baggesensgade (Copenaghen), eseguito su progetto di Floyd Stein, nel 1985, con nuove serre solari in facciata realizzate con struttura lignea; quello del recupero del complesso Toftegård (Copenaghen), eseguito su progetto di John Engel, nel 1993; e, soprattutto, quello a Vesterbro (Copenaghen), eseguito su progetto di Lundgaard e Tranberg, nel 1992, che rappresenta un buon esempio di riqualificazione funzionale ed energetica ma anche estetico-formale, attraverso il ridisegno della facciata permesso dall'uso di una serra solare (immagini a colori, foto 38 e 39).

Diversi altri interventi di questo tipo sono stati effettuati in Germania o in Svizzera; tra essi si può ricordare il progetto di Jacques Herzog e Pierre De Meuron (1993) per la riqualificazione e l'ampliamento degli uffici dell'agenzia basilese della SUVA (immagini a colori, foto 40 e 41). Herzog e De Meuron hanno aggiunto, all'edificio esistente, costruzioni per uffici e appartamenti, utilizzando poi una facciata vetrata come rivestimento continuo, per rendere omogenea l'immagine di insieme delle parti nuove ed esistenti. La facciata continua è composta da tre fasce vetrate, per ogni piano, alte ciascuna un metro circa. La fascia vetrata inferiore arriva fino al davanzale delle finestre esistenti, quella di mezzo sopra l'altezza degli occhi, la terza alla soletta superiore. I vetri utilizzati nelle tre fasce sono differenti:

per la parte più bassa sono utilizzate lastre isolanti in vetro smerigliato, per quella intermedia lastre isolanti di vetro trasparente, per la più alta lastre di vetro prismatico, per eliminare possibili effetti di abbagliamento e diffondere la luce che entra nell'edificio. In questo modo si ottengono una buona protezione "trasparente" dalla radiazione diretta e un'illuminazione naturale ottimale, non abbagliante e ben distribuita nell'ambiente, con rilevanti riduzioni nel consumo di luce artificiale. L'apertura e la chiusura dei vetri delle due fasce inferiore e superiore avviene tramite regolazione elettronica centralizzata, l'anta di vetro centrale può essere invece manovrata direttamente dagli utenti. Tra la nuova facciata vetrata e l'esistente è stata ricavata una piccola camera d'aria che comporta un ridotto guadagno solare ma ha buone prestazioni come isolante termico e acustico.
Per quanto riguarda l'Italia, oltre ai già citati Contratti di quartiere, si può ricordare il significativo progetto dell'architetto Mario Cucinella per la ristrutturazione di alcuni edifici, degli anni sessanta-settanta, che ospitano la mensa del Centro comune di ricerca della Comunità Europea a Ispra. L'architetto ha deciso di intervenire su tutti i corpi esistenti con un'unica grande copertura di circa 5.000 mq che ridefinisce e unifica l'immagine d'insieme ma soprattutto costituisce un elemento di controllo microclimatico. La copertura, infatti, è costituita da una struttura metallica in acciaio zincato a cui sono fissate lamelle frangisole in legno diversamente inclinate, in funzione del tipo di prestazione luminosa e termica richiesta dagli ambienti sottostanti, che sono inoltre puntualmente illuminati da condotti di luce. Questo grande brise-soleil, progettato anche per ospitare vegetazione rampicante, permette la riduzione del carico termico estivo con l'abbattimento dei consumi dovuti all'uso di condizionatori (altra interessante soluzione bioclimatica fondata sull'utilizzo di un grande elemento di copertura è quella di Jourda e Perraudin per il Centro di formazione di Herne-Sodingen in Germania).

11. Certificazione energetica e ambientale degli edifici

Soprattutto a partire dagli anni novanta sono state sviluppate, a livello internazionale, diverse ricerche sulla certificazione ambientale ed energetica degli edifici; ormai chiariti i presupposti teorici della progettazione sostenibile si sono infatti resi necessari strumenti di controllo per verificare, valutare, confrontare le prestazioni effettivamente raggiunte dai diversi edifici in rapporto all'ambiente e alle sue risorse.

Importanza della certificazione

La certificazione dell'ecocompatibilità degli edifici è importante per diversi motivi e in relazione alle esigenze dei differenti soggetti coinvolti nel settore e nel mercato edilizio: per classificare progetti o realizzazioni da finanziare da parte di pubbliche amministrazioni; per ottenere dati concreti sulle effettive performance raggiunte in termini di riduzione dell'impatto ambientale e risparmio di risorse e avviare adeguate politiche di sviluppo delle conoscenze acquisite; per guidare i diversi tecnici coinvolti nelle scelte di progetto e di cantiere; per promuovere anche sul mercato la diffusione di strategie progettuali, costruttive e di gestione immobiliare sostenibili, sulla base di dati concreti; per aiutare i futuri utenti nelle scelte di acquisto permettendo loro valutazioni costi-benefici in grado di considerare anche le spese energetiche e i vantaggi in termini di confort, benessere e salute dell'abitare.

Tipi di certificazione

Le prime elaborazioni di sistemi di certificazione sono state sviluppate nel Nord-Europa, soprattutto in Inghilterra, in Danimarca e in Olanda, negli Stati Uniti e in Canada, facendo emergere da subito diverse linee di approccio, tutte comunque volte al raggiungimento degli obiettivi di sostenibilità definiti a scala internazionale nell'ambito dei diversi Rapporti sull'emergenza energetica e lo stato dell'ambiente e delle diverse Conferenze internazionali sul tema (cfr. cap. 1). Tra i diversi approcci si possono ricordare: quelli fondati essenzialmente sulla **valutazione dei rendimenti energetici**, sulla scorta delle normative nazionali e internazionali per il contenimento dei consumi per il riscaldamento, il raffrescamento, l'illuminazione e le dotazioni impiantistiche degli edifici in genere; quelli fondati su **procedure** LCA (Life Cycle Assessment; cfr. cap. 7, par. 2) riferite soprattutto ai prodotti da costruzione impiegati e ai costi energetico-ambientali di produzione e di esercizio; quelli basati su **ecobilanci** utili a testare complessivamente la compatibilità ambientale del costruito, non solo in rapporto alle risorse impiegate (materiali ed energia) ma anche al rispetto del contesto fisico, naturale, ecosistemico, sociale di inserimento.

Di seguito vengono brevemente presentati alcuni dei più importanti strumenti di certificazione elaborati a livello internazionale, a partire dal sistema BREEAM, sviluppato e utilizzato in Inghilterra, che ha rappresentato storicamente un importante punto di riferimento per l'elaborazione dei successivi metodi di certificazione ambientale, fino agli strumenti, come quello del Green Building Challenge, elaborati da network internazionali per avere una diffusione su larga scala.

Strutturazione dei diversi metodi

In relazione alla strutturazione dei diversi metodi, in generale, essi sono fondati sulla definizione di **parametri di valutazione** (raggruppati per aree specifiche, gruppi di criteri e requisiti) per ciascuno dei quali vengono definiti opportuni **indicatori** quali-quantitativi che permettono di valutare la prestazione dell'edificio, del complesso edilizio, del quartiere considerato rispetto ai parametri stessi; le singole valutazioni ottenute per ciascun parametro vengono, di norma, "pesate" rispetto all'importanza relativa attribuita al parametro, per poter procedere alla valutazione complessiva delle performance energetiche e/o ambientali dell'oggetto considerato; questa avviene perlopiù attraverso la compilazione di fogli di calcolo opportunamente predisposti.

Problemi generali di applicazione

In relazione ai problemi di applicazione, in generale, si riscontrano: difficoltà di reperimento dati, per la compilazione dei fogli di calcolo, che possono richiedere sforzi economici e tempi superiori a quelli normalmente impiegati per la progettazione degli edifici; necessità di rivolgersi a tecnici e certificatori specializzati con l'impiego di risorse anche rilevanti e problemi di coordinamento nel lavoro; mancanza di uniformità di condizioni climatiche, ambientali, sociali, culturali nei diversi contesti territoriali e conseguente difficoltà di applicazione dei diversi sistemi in aree geografiche diverse da quella in cui sono stati elaborati; mancanza e/o impossibilità di esportazione tra diversi paesi delle banche dati necessarie, specie in riferimento alle analisi LCA di materiali, prodotti e processi impiegabili.

Queste difficoltà, oltre a quelle intrinsecamente legate a ogni tipo di valutazione che interessa fattori ambientali (per loro natura eterogenei, variabili nel tempo, diversamente ricombinati nelle differenti realtà territoriali) e progetti architettonici (con qualità formali, per esempio, per le quali è – per fortuna – impossibile una valutazione oggettiva), rendono ancora difficile la traduzione immediata dei diversi sistemi di certificazione in specifiche norme di legge e limitano, in certi casi, la loro diffusione. Tuttavia le difficoltà di applicazione sopra menzionate potranno essere superate: dalla diffusione sempre su più ampia scala dei sistemi di certificazione, che hanno comunque una storia di ricerca alle spalle piuttosto breve; dall'evoluzione degli studi (cui concorre l'attivazione continua di progetti di ricerca anche in Italia) e dalle semplificazioni che già cominciano a essere operate per i diversi sistemi (per esempio il Protocollo ITACA elaborato in Italia è stato affiancato da una versione light).

Il problema più difficile da superare, invece, in particolare nella specifica realtà italiana, sembra essere quello legato al contesto di arretratezza in merito all'applicazione di strategie sostenibili, nel quale si inserisce la ricerca di sofisticati sistemi di certificazione del quasi nulla o del molto poco che è stato progettato e soprattutto realizzato in questo campo. In questo senso è legittimo chiedersi che senso ha disporre di sistemi di valutazione superefficienti quando nella realtà dei fatti non vengono di norma neanche rispettate le leggi vigenti, quando manca una diffusa cultura del progetto sostenibile, quando mancano (fatto salvo qualche significativo ma isolato esempio in Emilia Romagna o nelle Marche) regolamenti edilizi adeguati; che senso ha disporre di "macchine potenti" quando ancora non esistono che "strade sterrate". Allora, è sicuramente importante che la ricerca intorno ai sistemi di certificazione trovi adeguati spazi di sviluppo anche in Italia; allo stesso tempo, è necessario però procedere parallelamente alla ricerca continua di semplificazioni dei sistemi di certificazione stessi in modo che essi possano tradursi in regolamenti, norme, linee guida ad ampia diffusione e divenire concreti strumenti di lavoro e giudizio per i progettisti, le amministrazioni locali, i promotori, le imprese, gli utenti; perché la ricerca non pecchi, come spesso accade, di autoreferenza e sia poco spendibile nella realtà e soprattutto perché il rispetto dell'ambiente e delle sue risorse, anche in edilizia, ha senso solo se si attua su grande scala, in maniera ampiamente condivisa, con esperienze ripetibili nella prassi corrente.

11.1. BREEAM e sistemi di valutazione europei Il sistema BREEAM (Building Research Establishment Environmental Assessment Method) è stato sviluppato in Inghilterra dal BRE (Building Research Establishment) a partire dal 1990; è tra i primi strumenti per la valutazione della qualità ambientale degli edifici e ha rappresentato, quindi, un punto di riferimento per l'elaborazione dei successivi metodi. Il sistema viene impiegato su base volontaria, ma in Inghilterra ha ottenuto un successo rilevante al punto che più del 25% dei nuovi edifici per uffici sono stati valutati attraverso la sua applicazione, che avviene tramite certificatori autorizzati dal BRE e porta al rilascio di un certificato con il livello di performance ambientale dell'edificio. Tale livello è espresso attraverso il numero di girasoli che va da uno – performance più bassa corrispondente a "Pass"– a quattro – performance migliore corrispondente a "Excellent"–, passando per due e tre girasoli – "Good" e "Very Good".

Struttura del BREEAM

Per esprimere il giudizio finale si valutano le prestazioni dell'edificio rispetto a diversi **parametri**: energia (consumo di energia ed emissioni di CO_2), trasporti (accessibilità a mezzi pubblici), inquinamento (dell'aria e dell'acqua), materiali (certificazione ecologica dei prodotti impiegati), acqua (risparmio idrico), utilizzo del territorio (valore ambientale del sito), salute e benessere (inquinamento indoor). Per arrivare alla definizione del punteggio finale vengono attribuiti punteggi a diverse **sottocategorie** presenti per ciascuno dei parametri individuati; vengono poi applicati particolari **fattori correttivi** che servono per dare un peso alla votazione in funzione dell'importanza relativa di ciascuna sottocategoria. La definizione dei diversi fattori correttivi deriva da una ricerca condotta dal BRE. In questa ricerca sono stati istituiti gruppi, formati da rappresentanti di diverse categorie di attori del processo edilizio, al giudizio dei quali sono stati sottoposti i diversi parametri e le relative sottocategorie al fine di poter ottenere per ciascuno di essi l'effettivo "**peso**" da attribuire nell'applicazione del metodo.
BREEAM considera, tra i requisiti prestazionali da soddisfare, anche l'impiego di materiali ecocompatibili; a tal fine, non potendosi prevedere, per ciascuno dei casi analizzati, valutazioni LCA dei singoli materiali impiegati, BREEAM fa riferimento a **etichette di prodotto** quali: gli standard FSC (Forest Stewardship Council) o PEFC (Pan European Forest Certification), per l'impiego del legno; la *Green Guide to Housing Specification* del BRE, per la scelta dei materiali da costruzione.

Pacchetto BREEAM

Il pacchetto BREEAM è composto da diversi sistemi in funzione delle diverse destinazioni d'uso degli edifici. **EcoHomes** è la versione per edifici residenziali e può essere applicato sia su edifici nuovi sia in caso di riqualificazione/ristrutturazione di edifici esistenti, sia su un singolo appartamento che su un intero complesso edilizio. Per l'applicazione di EcoHomes è necessario l'uso della procedura SAP (Standard Assessing Procedure) al fine di valutare l'efficienza energetica degli edifici. Tale procedura considera diversi parametri: le dimensioni dell'alloggio, la ventilazione (infiltrazioni d'aria, ventilazione meccanica e naturale ecc.), le dispersioni termiche, il consumo energetico per il riscaldamento dell'acqua, gli apporti termici interni gratuiti (lampadine, cucina, elettrodomestici), la radiazione solare, la temperatura interna, i gradi-giorno, il consumo energetico per il riscaldamento, il costo del carburante. Per ciascun parametro è presente una sorta di questionario da compilare a cura del progettista e dei tecnici specialisti.

Limiti

BREEAM non è uno strumento concettualmente molto complesso ed è, per questo, realisticamente applicabile nella progettazione corrente; tuttavia il suo impiego richiede l'intervento di certificatori esterni e tempi piuttosto lunghi per ottenere tutti i dati utili al computo dei punteggi. Inoltre questo strumento è fortemente legato alla specifica realtà territoriale nella quale è stato sviluppato, non solo perché si avvale di etichette di prodotto inglesi (difficilmente impiegabili in altri contesti), ma anche perché fa riferimento ad analisi che solitamente non vengono compiute in Italia (per esempio i test di pressurizzazione richiesti per l'uso del SAP) e a esigenze fortemente sentite nel contesto climatico nord-europeo (per esempio la disponibilità di un locale apposito per l'asciugatura della biancheria – valutato come un importante parametro di giudizio – è sicuramente meno importante nel clima mediterraneo). Infine i punteggi attribuiti ai diversi parametri considerati sono stati definiti sulla base di ricerche compiute su gruppi di interesse inglesi e probabilmente, in altre realtà territoriali, potrebbero esservi significative differenze nel peso da attribuire ai diversi fattori in gioco.

Altri sistemi europei

Oltre al BREEAM sono state sviluppate in Europa molte altre esperienze significative tra le quali si ricordano: quelle dell'associazione francese HQE (Haute Qualité Environnementale); l'austriaco TQ **Building Assessment Tool**; il metodo DCBA elaborato dal BOOM Office di Delft; l'**Energy Rating** danese. Quest'ultimo è un metodo elaborato già a partire dagli anni ottanta, come base per l'assegnazione di incentivi per la realizzazione di nuove residenze, che è stato perfezionato fino a essere imposto, nel 1997, attraverso una legge nazionale che prescrive la certificazione obbligatoria per la riqualificazione edilizia e per la realizzazione di nuovi edifici. A seguito di questa legge sono stati certificati in Danimarca, in tre anni e mezzo a partire dal 2000, più di 160.000 edifici. Il governo danese ha stimato un costo di certificazione pari a 2,5 milioni di euro a fronte di un guadagno, permesso dalle migliorie apportate agli edifici certificati, pari a 125 milioni di euro, dimostrando così l'alta redditività degli investimenti destinati all'applicazione del metodo.

Sistemi di certificazione energetica

I sistemi di certificazione energetica come l'Energy Rating, benché consentano una valutazione parziale delle performance ambientali di un edificio, perché non tengono conto dell'insieme dei requisiti ambientali da soddisfare (inquinamento, presenza di materiali ecocompatibili, aspetti sociali ecc.) ma solo di quelli legati all'utilizzo delle risorse energetiche, fino a oggi si sono dimostrati i più facili da applicare su larga scala e da tradurre in specifiche normative. I dati richiesti per la compilazione dei fogli di calcolo dei rendimenti energetici sono, infatti, più semplici da ricavare (anche nella progettazione corrente) rispetto a quelli necessari per ottenere un profilo ambientale completo degli edifici e i calcoli da effettuare non sono dissimili rispetto a quelli che normalmente devono essere eseguiti nel rispetto delle normative già in vigore. Inoltre la presenza di un numero di variabili di giudizio ridotto permette più facilmente una classificazione univoca, chiara e semplice, facilmente utilizzabile per l'emanazione di specifiche norme.

11.2. LEED (Leadership in Energy & Environmental Design) Il LEED è un sistema volontario di valutazione degli edifici, elaborato a partire dal 1996 e in uso dal marzo del 2000, messo a punto negli Stati Uniti e promosso dall'US **Green Building Council**, organizzazione che raggruppa categorie di progettisti dell'architettura e del paesaggio, pianificatori, produttori di materiali edili, imprenditori edili, costruttori, ricercatori universitari, società di ingegneria che si occupano anche di temi legati alla sostenibilità ambientale del costruito.

Struttura del LEED

LEED è un metodo a punteggi impiegato per edifici con destinazioni d'uso differenti (residenze, uffici, università ecc.); fino a ora sono stati perlopiù valutati complessi di grande rilevanza e dimensioni. Certificatori specializzati, che sarebbe preferibile inserire anche nell'équipe di progettazione affinché collaborino da subito a indirizzarne il lavoro, valutano l'edificio sulla base di differenti requisiti e conferiscono un punteggio in base al quale all'edificio viene attribuito un certificato LEED. Nel certificato, a seconda del punteggio complessivamente raggiunto, viene indicato il livello di performance dell'edificio: "LEED Certified", "Silver Level", "Gold Level", "Platinum Level". I requisiti sulla base dei quali viene effettuata la valutazione sono raggruppati in diverse sezioni: qualità ambientale dei siti di intervento, gestione efficiente dell'acqua, energia e atmosfera, materiali e risorse, qualità ambientale interna. Vengono inoltre attribuiti punteggi in funzione delle innovazioni progettuali eventualmente apportate rispetto agli stessi parametri LEED. Per ciascuna delle diverse sezioni sono presenti alcuni prerequisiti, considerati obbligatori, che nel progetto devono assolutamente essere rispettati per poter avere la certificazione LEED.

Limiti

Il metodo presentato è stato un punto di riferimento per l'elaborazione di altri sistemi di certificazione, come quello del Green Building Challenge, e sicuramente la definizione dei suoi requisiti di sostenibilità è di grande interesse, tuttavia LEED presenta alcuni problemi: la sua applicazione è piuttosto complessa, richiede l'intervento obbligatorio di certificatori preparati che svolgono un lungo lavoro di controllo sulla base dei numerosi dati che devono essere forniti da progettisti e tecnici coinvolti; la documentazione richiesta non è sempre di facile reperimento; la certificazione LEED rappresenta un onere economico che può essere messo a bilancio solo nel caso di progetti di una certa rilevanza; la metodologia LEED non prevede la quantificazione dei risparmi energetici con parametri di semplice comprensione quali KWh/mq anno; il sistema di attribuzione di livelli, a seconda dei punteggi raggiunti, fa sì che la committenza e i progettisti concentrino i loro sforzi per il raggiungimento del punteggio minimo richiesto per entrare nella categoria desiderata; il metodo LEED, benché comunque utile come riferimento, non è impiegabile in realtà territoriali diverse da quella americana poiché si riferisce a norme nazionali e linee guida di enti locali ed è fortemente legato a specifiche realtà del paese di origine attribuendo, per esempio, grande importanza al controllo degli effetti degli uragani.

11.3. Green Building Challenge I sistemi di certificazione e valutazione ambientale sviluppati nei diversi paesi (come il BREEAM o il LEED) hanno un forte limite strutturale perché, come si è visto, sono applicabili solo nella specifica realtà geografica, territoriale, climatica ed economico-sociale nella quale sono stati sviluppati. Per questo motivo un network mondiale composto da istituti ed enti di ricerca pubblici e privati di 24 diverse nazioni (Gran Bretagna, Norvegia, Svezia, Finlandia, Francia, Olanda, Germania, Italia, Austria, Polonia, Spagna, Ungheria, Canada, USA, Argentina, Brasile, Cile, Messico, Giappone, Hong Kong, Corea, Cina, Australia, Sud Africa), il **Green Building Challenge**, sta mettendo a punto uno **strumento di seconda generazione**, il **Green Building Tool – GBTool**, che consenta di effettuare valutazioni sull'impatto e la performance ambientale di diversi tipi di costruzioni (residenze, scuole, uffici) sulla base di uno **standard internazionale di riferimento**. Questo strumento, in continua evoluzione a partire dal 1996, considera l'intero ciclo di vita degli edifici ai quali viene applicato e può essere adattato alle specifiche realtà territoriali pur mantenendo la medesima struttura di base. Il processo di costante aggiornamento viene condotto dall'International Framework Committee e coordinato dall'Associazione internazionale iiSBE.

Struttura del GBTool

Per l'applicazione del metodo del Green Building Challenge vengono considerate, oltre a informazioni sul sito di progetto e sul complesso edilizio, diverse categorie e sottocategorie di valutazione quali: il consumo di risorse, i carichi ambientali, la qualità dell'ambiente interno, la qualità dei servizi, l'economia e la gestione. Tali categorie sono suddivise, a loro volta, in sottocategorie e quindi in criteri e, talora, in sottocriteri. Nei diversi siste-

mi elaborati dal Green Building Challenge vi sono tuttavia alcune differenze nella definizione delle diverse categorie e non tutti i paesi considerano l'insieme dei criteri.
Sulla base della performance ambientale del complesso edilizio considerato, rispetto a ogni criterio e sottocriterio, viene attribuito un punteggio che può variare da –2 a + 5. Questa la scala dei punteggi:
–2 rappresenta una prestazione scadente, fortemente inferiore allo standard corrente e alla pratica edilizia accettata; è anche il punteggio attribuito a un requisito nel caso in cui non sia stato verificato; spesso tale valore si ritrova per interventi sul costruito dove può essere molto difficile raggiungere performance elevate;
–1 rappresenta una prestazione inferiore allo standard corrente e/o alla pratica accettata;
0 è il cosiddetto livello benchmark – prestazione di base –, rappresenta la prestazione minima accettabile definita da norme vigenti nel paese considerato o, nel caso in cui non esistano specifici regolamenti di riferimento, rappresenta la pratica comune utilizzata nel contesto considerato per la realizzazione di un edificio di riferimento, paragonabile per dimensioni e utenza e costruito secondo i criteri più tradizionali e diffusi;
1. rappresenta un lieve miglioramento della prestazione rispetto ai regolamenti vigenti e alla pratica comune;
2. rappresenta un moderato miglioramento della prestazione rispetto ai regolamenti vigenti e alla pratica comune;
3. rappresenta un significativo miglioramento della prestazione rispetto ai regolamenti vigenti e alla pratica comune; è da considerarsi come la pratica corrente migliore;
4. rappresenta un moderato incremento della pratica corrente migliore;
5. rappresenta una prestazione considerevolmente avanzata rispetto alla pratica corrente e di carattere sperimentale; tuttavia questo risultato dovrebbe potersi raggiungere anche con l'impiego di tecnologie normalmente disponibili sul mercato.
I risultati sono espressi o sottoforma di grafici, che mostrano l'andamento globale e quello relativo a ogni singola categoria, oppure in forma numerica. I team di ogni nazione scelgono quale importanza attribuire alle differenti categorie e sottocategorie, oltre che i relativi pesi rispetto a un livello benchmark di prestazione di base compatibile con la normativa vigente. I sistemi GBTool sono sostanzialmente dei fogli Excel, tra loro collegati e preimpostati, che elaborano i dati inseriti (sia quelli relativi alle diverse situazioni locali sia quelli più specificatamente relativi al progetto da valutare) fornendo così automaticamente la valutazione finale. Al fine di rendere quanto più possibile omogenee le valutazioni a livello internazionale per definire oggettivamente la sostenibilità ambientale, sono stati elaborati dal Green Building Challenge indicatori riferiti alle prestazioni fondamentali

della qualità energetico-ambientale dell'edificio. Tali parametri, che devono essere impiegati dai diversi paesi che aderiscono, sono definiti ESI – Environmental Sustainability Indicators. Tra essi: il consumo netto totale di energia primaria inglobata nei componenti e nei materiali; il consumo netto annuale di energia primaria per il funzionamento dell'edificio; il consumo netto annuale di energia primaria non rinnovabile per il funzionamento dell'edificio; il consumo netto di territorio per l'edificio, le sistemazioni esterne e le opere di urbanizzazione; il consumo netto annuale di acqua potabile per il funzionamento dell'edificio; l'emissione annuale netta di gas serra dovuti al funzionamento dell'edificio, in relazione alla superficie netta e agli abitanti. Accanto a questi ESI ve ne sono alcuni opzionali che possono essere utilizzati a discrezione di ogni singolo paese.

Limiti

I metodi Green Building Challenge, benché molto interessanti, poiché volti al raggiungimento di criteri comuni per certificazioni di edifici valide a livello internazionale, sono tuttavia di difficile applicazione nella prassi progettuale corrente. Richiedono, infatti, l'intervento di tecnici specializzati e specifiche analisi per fornire informazioni molto puntuali normalmente non utilizzate nelle operazioni di progettazione/costruzione edilizia, quali, per esempio, la prevista presenza di particelle inquinanti sospese di diametro inferiore a 10 micron e a 2,5 micron. Inoltre, per compilare i fogli Excel dei GBTool, si deve dare risposta anche a più di 1.000 domande, per la maggior parte delle quali sono necessari specifici calcoli e ricerche.

11.4. Il progetto HQE²R Tra le metodologie messe a punto da network internazionali per la valutazione della sostenibilità dell'ambiente costruito, di particolare interesse è il progetto HQE²R, studiato per poter essere diffuso e applicato in tutta Europa, tanto è vero che la metodologia sulla quale si fonda è stata sperimentata in diverse città di sette Stati membri (Francia, Danimarca, Regno Unito, Olanda, Italia, Spagna e Germania). L'obiettivo del metodo è mettere a disposizione delle diverse amministrazioni locali e dei vari operatori del settore edilizio strumenti idonei alla valutazione di progetti di recupero urbano in relazione ai diversi aspetti della sostenibilità. I temi oggetto di valutazione sono: l'efficienza economica, l'equità sociale, la tutela ambientale, la visione a lungo termine, la visione globale, la "governance"; tutti dedotti dai principi enunciati nella Dichiarazione di Rio del 1992.

L'applicazione di HQE²R consente di ottenere, per diversi scenari di intervento messi a punto per la riqualificazione di quartieri urbani, valutazioni che vanno da – 3 a + 3 punti. Tali valutazioni sono utili a indirizzare la scelta tra le alternative di progetto previste.

L'interesse della procedura HQE²R risiede soprattutto nello specifico oggetto di valutazione: il recupero urbano. La certificazione della sostenibilità del costruito assume un'importanza molto rilevante quando si considerano interi quartieri piuttosto che singoli edifici: sia perché gli effetti prodotti dall'applicazione di criteri bioclimatici su vasta scala, soprattutto in contesti degradati (anche con l'utilizzo di tecnologie più soft), sono quantitativamente più rilevanti di quelli ottenuti con singoli edifici, sia perché riqualificare intere parti di città, nel rispetto dell'ambiente e delle sue risorse, costituisce la strategia che in futuro dovrà essere dominante per l'attivazione di concrete politiche di sviluppo sostenibile, che non si possono pensare basate sulla sporadica attuazione di singoli interventi con performance altissime e ampiamente certificate che rappresentano però episodi isolati e irripetibili.

11.5. Sistemi di valutazione in Italia: il Protocollo ITACA Nel 2002, presso la sede di ITACA (Istituto per la trasparenza, l'aggiornamento e la certificazione degli appalti), è stato istituito un **Gruppo di lavoro interregionale** per promuovere, sul territorio italiano, interventi edilizi sostenibili, attraverso la predisposizione di un sistema di certificazione, applicabile dalle diverse amministrazioni locali per l'erogazione di fondi e la valutazione dei progetti. Il Gruppo di lavoro interregionale, facendo riferimento alla Deliberazione regionale dell'Emilia Romagna del 16 gennaio 2001 (sui requisiti cogenti e volontari per il rispetto delle risorse naturali e la riduzione del consumo delle energie non rinnovabili in edilizia), al lavoro dell'Environment-Park di Torino (in occasione delle Olimpiadi 2006) e soprattutto al metodo del Green Building Challenge, ha predisposto un sistema di certificazione denominato **Protocollo** ITACA.

Struttura del Protocollo ITACA

In analogia con il metodo GBC, è stato proposto, nel Protocollo ITACA, un sistema di punteggi secondo una scala di valori che va da – 2 a + 5, dove lo 0 rappresenta lo standard di paragone, il livello benchmark riferito alla normativa vigente o alla prassi costruttiva diffusa.

Sempre in analogia con il metodo GBC sono state individuate diverse **aree di valutazione**: qualità ambientale degli spazi esterni, consumo di risorse, carichi ambientali, qualità dell'ambiente interno, qualità del servizio, qualità della gestione e trasporti. All'interno di ogni area di valutazione è stata poi individuata una serie di **categorie di requisiti** e, all'interno di queste ultime, diversi **requisiti**, talora suddivisi, a loro volta, in **sottorequisiti**. Per ogni requisito o sottorequisito sono state elaborate **schede** specifiche contenenti: la definizione del requisito e la sua appartenenza a una specifica area o categoria; l'esigenza da soddisfare e gli obiettivi che si intendono raggiungere attraverso la valutazione del requisito; l'**indicatore prestazionale** del requisito; l'unità di misura dell'indicatore scelto (se il requisito è di tipo quantitativo) e i relativi metodi di calcolo e verifica; la scala di prestazione del requisito rispetto ai valori riscontrati nel calcolo dell'indicatore, per l'attribuzione di un punteggio da – 2 a + 5 per il singolo requisito considerato; i riferimenti normativi, i riferimenti tecnici (norme UNI, EN ecc.), ove possibile, sistemi speditivi di valutazione per evitare calcoli troppo complessi (ad esempio, per l'inquinamento elettromagnetico, oltre alla valutazione del campo magnetico in microtesla e del campo elettrico in V/m, si è indicata la fascia di rispetto in metri dalla linea dell'elettrodotto; cfr. cap. 3, par. 2). La scheda predisposta per ogni requisito permette la sua valutazione.

A ogni requisito viene attribuito, poi, un determinato peso in percentuale a seconda dell'importanza attribuita al requisito stesso nell'ambito della valutazione generale. La **pesatura dei requisiti** è un'operazione fondamentale e, soprattutto, è fortemente legata alla specifica realtà territoriale: ad esempio la valutazione della presenza di radon può essere molto importante in alcune parti del territorio nazionale dove questo gas è presente, irrilevante in altre parti del territorio; oppure il risparmio di energia per il riscaldamento avrà un peso ovviamente diverso nel Nord e nel Sud-Italia. Di conseguenza il metodo è predisposto affinché possano essere corrette le pesature dei singoli requisiti nelle diverse regioni. Moltiplicando il voto ottenuto da ciascun criterio per il peso attribuito al criterio stesso si ottiene il voto pesato del requisito. La somma di voti pesati dei requisiti appartenenti a una determinata categoria configura il voto della categoria stessa. A loro volta, le diverse categorie di requisiti sono pesate: dalla moltiplicazione del voto della categoria di requisiti per il peso della stessa categoria si ottiene il voto pesato della categoria di requisiti. La somma dei voti pesati delle diverse categorie di requisiti configura il voto dell'area di valutazione. Ottenuti i voti delle diverse aree di valutazione (qualità ambientale degli spazi esterni, consumo di risorse, carichi ambientali, qualità dell'ambiente interno, qualità del servizio, qualità della gestione, trasporti) si possono costruire grafici di riferimento che mettono subito in luce le qualità del progetto valutato e le eventuali possibili aree per interventi migliorativi. Le diverse amministrazioni potranno imporre (in occasione di erogazioni di fondi o per l'applicazione di agevolazioni per la costruzione edilizia) il raggiungimento di determinati punteggi per le diverse categorie.

Per ottenere il voto finale complessivo occorre sommare i voti pesati delle singole aree di valutazione (secondo i pesi di seguito indicati: 15% per la qualità ambientale degli spazi esterni, 20% per il consumo di risorse, 20% per i carichi ambientali, 25% per la qualità dell'ambiente interno, 5% per la qualità del servizio, 10% per la qualità della gestione, 5% per i trasporti).

Protocollo semplificato

Il metodo sopra esposto è stato, fino a ora, testato su alcuni edifici; ciò ha permesso di apportare alcune correzioni alle singole schede di valutazione ma, allo stesso tempo, ha messo in luce difficoltà applicative (che sono poi le stesse del GBTool) legate essenzialmente alla grande complessità d'articolazione del sistema e ai lunghi tempi di valutazione. È stato così affiancato al Protocollo ITACA un **Protocollo semplificato** che, pur mantenendo l'impostazione del primo, riduce le schede di valutazione da 70 a 28 e l'elenco dei requisiti a un elenco di requisiti minimi inderogabili.

11.6. Altri sistemi di certificazione italiani Accanto al Protocollo ITACA vanno ricordati alcuni altri interessanti sistemi di valutazione/certificazione messi a punto in Italia.

Metodi UNI e SB100

Uno dei più interessanti è il **metodo di valutazione UNI del Gruppo GL13**. Messa a punto dal gruppo GL13, istituito dalla Commissione edilizia dell'Istituto nazionale di unificazione (UNI) già nel 1999, questa procedura a punteggio, che si rifà al metodo GBTool, presenta un'originale e interessante struttura di organizzazione dei requisiti prestazionali, che può essere presa a modello per creare **check list** di valutazione.

Tra gli altri sistemi di valutazione ambientale, si ricorda l'SB100, messo a punto dall'ANAB (Associazione nazionale architettura bioecologica).

CasaClima

Si ricorda poi lo strumento **CasaClima**, creato dalla Provincia di Bolzano (decreto del presidente della Provincia 29 settembre 2004, n. 34). Esso rappresenta un importante esempio di iniziativa politica volta alla riduzione dei consumi energetici in edilizia. Si tratta di una **certificazione energetica** che attribuisce agli edifici una "categoria di consumo" che va da A (la migliore, per fabbisogni energetici inferiori a 30 kWh/mq annui) a G (per fabbisogni energetici superiori a 160 kWh/mq annui). In base alla categoria di consumo prevista: viene attribuito il certificato di abitabilità; viene dato il permesso di non conteggiare lo spessore dell'isolante (considerando, ad esempio, i muri perimetrali pari a 0,3 m per gli edifici in categoria A anche se di spessore maggiore) ai fini della determinazione della cubatura realizzabile; vengono fisicamente indicate sugli edifici – con apposite targhe – le valutazioni raggiunte affinché il parametro energetico possa contribuire a guidare le scelte dei possibili acquirenti. Per ottenere la valutazione CasaClima degli edifici (cioè il loro previsto fabbisogno energetico annuo) vengono utilizzati fogli di calcolo Excel, compilati rispondendo a un questionario. Gli edifici che si distinguono per il basso dispendio di energia ricevono una targa che li classifica come edifici CasaClima; si può ottenere anche la targa **CasaClimaPiù** nel caso in cui vengano impiegati materiali ecologici ed energie rinnovabili.

D.Lgs. 192/2005

Con il decreto legislativo 19 agosto 2005, n. 192, che di fatto rappresenta un'integrazione e solo una parziale modifica della legge 10/1991, la normativa italiana ha recepito la **Direttiva 2002/91/CE** in materia di "rendimento energetico in edilizia". Il D.Lgs. 192/2005, che si applica a edifici di nuova costruzione e a quelli oggetto di ristrutturazione, fatte salve – in quest'ultimo caso – alcune limitazioni o eccezioni, prevede la certificazione energetica sulla base di metodologie e criteri, la definizione dei quali è però demandata a futuri decreti attuativi, in attesa dei quali sono previste apposite norme transitorie. Questo decreto, pur non avendo ancora permesso una radicale inversione di tendenza, in relazione all'importanza da attribuirsi alla certificazione energetica degli edifici, ha comunque sollevato la questione e l'interesse in merito da parte di molti tecnici del settore e permesso l'avvio, soprattutto a opera delle Regioni e di enti a esse afferenti, di studi volti alla creazione di metodi e linee guida sulla classificazione degli edifici in base alle loro prestazioni energetiche. È auspicabile che, in breve tempo, si possano così riprodurre, su scala nazionale, significative esperienze avviate in Europa o in contesti privilegiati come quello della Provincia di Bolzano.

12. Gli utenti nella gestione dei sistemi a controllo climatico naturale

Si definisce **microclima** l'insieme dei fattori ambientali specifici di uno spazio delimitato. Per un'abitazione, un ufficio, uno spazio produttivo si può quindi ugualmente parlare di microclima, intendendo l'insieme dei parametri ambientali, caratterizzati da specifici valori quantitativi, che identificano quello spazio.

Gli spazi produttivi hanno un microclima influenzato dal tipo di lavorazione da effettuare e necessitano quindi quasi sempre di impianti per il trattamento dell'aria (ad esempio alto tasso di umidità negli impianti tessili, assenza di polvere nelle fabbriche di microchip ecc.).

Gli edifici che invece ospitano attività legate alla **presenza di esseri umani** (residenze, uffici, spazi commerciali) saranno climatizzati, con sistemi attivi e passivi, in funzione delle condizioni ideali di **confort**, secondo i valori di riferimento oggi riconosciuti. In questi spazi si tenta quindi di fornire condizioni ambientali pressoché costanti durante l'anno, con valori che convenzionalmente è bene siano più vicini possibile alla coppia temperatura T = 20 °C-umidità relativa I = 52%, per avere un buon rapporto tra stato di benessere e consumi energetici, secondo quanto è possibile vedere nei diagrammi del confort già illustrati nei capitoli precedenti. Gli scarti possibili da tali valori dipendono – oltre che dall'intervallo di tolleranza superato il quale l'utente comincerà a soffrire in maniera sensibile – dall'importanza che ha il confort ambientale per la normale prosecuzione delle attività previste. È per questo motivo che è più facile che non si tolleri l'assenza, in estate, dell'impianto di condizionamento negli spazi lavorativi, dove si passano molte ore di seguito e in cui un forte calo del confort ambientale si ripercuoterebbe sulle prestazioni dei lavoratori, che nella propria abitazione.

Tali valori – insieme ad altri caratterizzanti la qualità ambientale: velocità dell'aria, purezza dell'aria, caratteristiche di illuminazione naturale, temperature superficiali degli elementi edilizi ecc. –, come si è già detto, possono essere ottenuti in parte attraverso la progettazione bioclimatica dell'edificio e in parte con un'integrazione impiantistica, in funzione della differenza tra i valori di requisito standard e i valori esterni.

Comportamento dell'utenza e progetto bioclimatico

Così come il funzionamento di un impianto, per quanto automatico, può essere influenzato dalle modalità di gestione dell'utenza, con esiti diversi nella determinazione delle condizioni microclimatiche e nei consumi energetici (numero di ore di accensione, tipo di elementi scaldanti, temperatura dei corpi scaldanti, distribuzione dei corpi scaldanti ecc.), tanto più in un edificio bioclimatico le **modalità di gestione** dei sistemi passivi – di captazione solare, di attivazione dei fenomeni ventilativi ecc. – da parte **dell'utenza** influenzeranno i valori dei parametri microclimatici e, conseguentemente, i consumi energetici degli impianti integrativi.

Comportamento dell'utenza: elementi di influenza

Da cosa dipende il comportamento dell'utenza?

- Dalla **consapevolezza** delle caratteristiche costruttive dello spazio in cui ci si trova e delle sue dotazioni passive/attive;
- dalla **capacità di comprendere** i fenomeni che regolano i parametri caratterizzanti le condizioni ambientali;
- dalla **disponibilità di istruzioni** semplici e comprensibili relative alle caratteristiche costruttive e alle dotazioni passive/attive dell'edificio e relative alla modalità di funzionamento (ad esempio, "se succede questo e vuoi ottenere quello devi fare così...");
- dall'**interesse dell'utente** nel gestire correttamente le dotazioni passive per ridurre i consumi energetici (coinvolgimento economico nella gestione);
- dal **valore** che l'utente dà al risparmio economico conseguibile dal risparmio energetico in relazione alle sue capacità di spesa (qualora vi sia coinvolto), alla difficoltà di operatività dei sistemi passivi, alla sua etica nei confronti del rapporto uomo-ambiente.

È evidente quindi che potranno essere presupposte delle **differenze comportamentali** in relazione al tipo di utenza previsto.

Sarà, in particolare, più complesso prevedere il comportamento di un'**utenza non proprietaria**, in quanto variabile in funzione del coinvolgimento economico nella gestione dell'edificio e delle spese di funzionamento. Spesso si tratta di affittuari di edilizia residenziale pubblica che per diversi motivi potrebbero essere molto poco coinvolti e carenti di affezione nei confronti di abitazioni non di rado in condizioni di conservazione non proprio ottimali e a volte caratterizzate da un livello prestazionale molto basso. L'innalzamento della qualità attraverso opere di riqualificazione e adozione di dispositivi di controllo climatico naturale potrebbe portare delle novità difficilmente apprezzate e il cui funzionamento potrebbe essere inficiato da tale mancanza di comprensione. In questi casi sarà opportuno accompagnare le opere di riqualificazione con un **processo partecipativo** che permetta un lento adattamento al cambiamento in atto e istruisca l'utenza sulle modalità di funzionamento della "nuova" casa.

Potrebbero anche essere individuate **forme di coinvolgimento economico** attraverso la partecipazione degli affittuari alle spese a fronte di futuri recuperi, quindi, nel caso di impianti termici centralizzati, attraverso l'istallazione di contabilizzatori di calore per singolo alloggio.

Un'esperienza negativa

Passate esperienze di progettazione di edifici con sistemi solari passivi, in cui non è stato tenuto conto dell'estrema importanza del ruolo dell'utenza per il funzionamento di questi, ci mostrano come gli sforzi compiuti nella progettazione di edifici efficienti dal punto di vista energetico vadano accompagnati da analoghi sforzi per prevedere le modalità di funzionamento nella fase di esercizio, pena il rischio di effetti addirittura controproducenti.

È noto l'esempio (il documento di sintesi mi fu dato nel lontano 1997 dai dott. Malosti e Citterio dell'ENEA, per il mio dottorato di ricerca) dell'edificio realizzato a **Latisana**, Udine, nel 1987-89 dello IACP di Udine, su cui l'ENEA fece una campagna di rilevamento per monitorare il funzionamento di sistemi solari attivi e passivi installati.

In questo periodo in Italia furono realizzati molti edifici multipiano per sperimentare i sistemi solari, grazie a finanziamenti resi disponibili a tal fine (ENEA, 1992). Era ancora una fase in cui i sistemi solari venivano considerati degli impianti e quindi applicati agli edifici senza una vera e propria integrazione; ciò portava a individui edilizi tendenzialmente "sgraziati" e in cui la presenza dei dispositivi di captazione solare era eccessivamente evidente e non metabolizzata con le altre parti dell'edificio. Come controparte però si è avuta una vasta **sperimentazione su tipologie multipiano** – che ha evidenziato molte delle problematiche di integrazione a cui oggi si fa maggiore attenzione – quando in Europa la tendenza della progettazione bioclimatica era ancora legata soprattutto (ma questo anche per motivi culturali) all'edilizia monofamiliare o con tipologia a schiera.

L'edificio di Latisana – tipologia in linea – con facciate principali a sud-nord, era costituito da 56 alloggi disposti in 14 colonne da 4 piani, con tre tipologie di alloggio – L1, L2, L3 – denominate in funzione del numero di camere da letto disponibili.

Sulle abitazioni al primo piano non era stato installato alcun dispositivo solare. Al secondo piano erano state installate delle serre nelle logge comunicanti con i vani soggiorno degli alloggi. Al terzo e quarto piano erano stati installati dei sistemi Barra-Costantini in corrispondenza delle camere da letto. Furono monitorati gli alloggi L2, maggiormente presenti nell'edificio.

L'impianto di riscaldamento era di tipo a gas autonomo per dodici colonne di alloggi, una colonna con impianto a pompa di calore con scambio da una falda freatica, con caldaia a gas di emergenza, e l'ultima con pompa di calore elioassistita (solare termico), con caldaia a gasolio di emergenza.

Primi inconvenienti: gli alloggi vennero assegnati in ritardo e il rilevamento fu conseguentemente limitato da giugno 1988 ad aprile 1989. Alcuni alloggi rimasero non occupati; in alcuni alloggi ci si accorse che la strumentazione funzionava male.

I dati del monitoraggio fornirono **valori molto diversi** tra loro in funzione:

- della **posizione** dell'alloggio nell'edificio;
- delle **ore di occupazione** da parte degli utenti;

- della **comprensione** del corretto funzionamento dei dispositivi.

Si arrivò a calcolare, per certi alloggi, tempi di ritorno dell'investimento superiori alla vita probabile dell'edificio, ma solo perché non era stato possibile metterli in stato di corretto funzionamento.

Compiti del progettista

Nel caso dell'edilizia residenziale, quindi, il progettista dovrà:

- **progettare sistemi bioclimatici il cui funzionamento sia sensibile**; l'utente deve potersi accorgere subito che il sistema funziona anche se i vantaggi economici sono in realtà ripartiti nel tempo;
- **progettare sistemi bioclimatici manutenibili**; l'utente deve poter gestire semplicemente ed economicamente la manutenzione ordinaria dei sistemi (pulizia dei vetri, sostituzione di filtri e guarnizioni ecc.);
- **progettare sistemi bioclimatici di facile operatività**; l'utente deve poter dedicare alla gestione dei sistemi passivi poco tempo e attraverso semplici operazioni; il progettista deve individuare una ripetitività delle operazioni facilmente memorizzabile ("operazioni stagionali da compiersi il... del mese di..."; "operazioni giornaliere da compiersi alle ore... nel mese di..."; "operazioni da compiere se la T esterna è di..." ecc.);
- **progettare le istruzioni relative alla casa/appartamento in oggetto**; l'utente deve poter sapere, a prescindere dal suo livello di istruzione, cosa deve fare e quando lo deve fare.

Si parla oggi sempre più di "libretto dell'edificio" o "fascicolo del fabbricato" (dal D.D.L. 4339bis Bersani in poi), per la programmazione della manutenzione ordinaria e straordinaria e, il secondo, per l'attestazione del mantenimento delle condizioni di sicurezza statiche e impiantistiche. L'edificio "del terzo millennio" dovrà effettivamente avere un manuale di istruzioni se vogliamo raggiungere veramente gli obiettivi che ci siamo posti nel definire il concetto di "sviluppo sostenibile".

Automazione e modificabilità locale

Altro discorso va fatto per gli **spazi lavorativi**; nel caso di spazi con una utenza numerosa, come gli spazi lavorativi in genere, specie quelli del tipo a *open-space* più o meno ampi, può essere complicato affidare la movimentazione dei dispositivi agli utenti, che potrebbero avere opinioni diverse sulla necessità di ridurre o aumentare la temperatura, la velocità dell'aria ecc. Come si è detto nel par. 5 di questo capitolo, in questi edifici può essere opportuno utilizzare **sistemi automatizzati** per la movimentazione dei dispositivi di ombreggiatura, apertura dei serramenti ecc. al fine di ottimizzare la riduzione dei consumi energetici.

Qualora però la tipologia di edificio lo permetta – cioè non si tratti di un edificio, ad esempio, che per grande altezza presenti dei limiti nella apribilità, a causa delle forti correnti ascensionali presenti ai piani alti – può essere interessante permettere il controllo di alcuni parametri (ad esempio le modalità di illuminazione naturale, diretta, diffusa ecc.) singolarmente, per postazione di lavoro, al fine di **non limitare eccessivamente la libertà** del singolo nell'apportare modifiche alle condizioni ambientali del proprio spazio lavorativo. La modificabilità di alcune condizioni ambientali locali serve anche a rendere più accettabile la permanenza da parte del lavoratore in un unico luogo per molte ore. Si dovranno individuare quindi elementi e modalità di modifica delle condizioni locali tali da non mettere in crisi il corretto funzionamento del sistema nella sua globalità.

13. Durata dell'architettura nel tempo

L'aggettivo "**sostenibile**" e, ancora meglio, il corrispettivo francese "**durable**" qualificano la **capacità rigenerativa** di uno "sviluppo" socioeconomico che può "**perdurare**" nel tempo, attraverso l'uso appropriato delle risorse dalle quali dipende e dipenderà, nel rispetto di tutti coloro che ne traggono e trarranno beneficio.
Gli stessi aggettivi, riferiti all'architettura, cambiano ovviamente significato, essendo, in questo caso, puramente evocativi: non implicando, cioè, il perdurare nel tempo degli edifici ma rimandando a un approccio progettuale che – fondandosi sull'uso attento delle risorse e sulla salvaguardia ambientale – può essere ascritto fra le pratiche per lo "sviluppo sostenibile" come sopra delineato.
Tuttavia la **"durata" del costruito nel tempo** non è certo aspetto di secondo piano nell'ambito dell'**architettura sostenibile**, nel senso che gli edifici devono essere concepiti non solo per un corretto uso delle risorse necessarie al loro buon funzionamento ma anche considerando il fatto che sono, essi stessi, risorse materiali, oltre che storico-culturali, da gestire con cura, costruiti con impiego di lavoro fisico e intellettuale (di moltissime persone) e con grande dispendio di energia, e, per questo, da progettare anche in relazione e con attenzione al presunto arco temporale che costituirà la loro vita.
Guardare al progetto in questa prospettiva (e secondo la specifica natura prospettiva del progettare, *pro iacere*, gettare avanti, prevedere) non implica affatto che un'architettura, per poter essere definita sostenibile, debba "durare" per sempre o per lunghissimi periodi: anzi, nell'attuale situazione del settore edilizio, può sembrare persino più vero il contrario.

Obsolescenza dell'architettura contemporanea

Oggi, infatti, diversi fenomeni di **precoce obsolescenza funzionale, formale e fisica del costruito** (anche recentissimo) – dovuti all'incessante susseguirsi di sempre nuovi cambiamenti di destinazione d'uso degli spazi urbani, al rincorrersi di vere e proprie mode dell'architettura e all'estrema complessificazione dei processi ideativi e di cantiere – sembrano mettere definitivamente in crisi l'assioma per cui l'architettura deve, per forza, essere "eterna" espressione della cultura degli uomini e del tempo che l'hanno generata.
Così, per esempio, entrando alla Biennale di Venezia del 2002 si poteva leggere: «è quasi inevitabile che un edificio sia fuori moda prima di essere

terminato» e, ancora, le riviste di settore sembrano fare a gara per scoprire, ogni giorno, la nuova "tendenza" pronta a soppiantare quella del giorno prima; inoltre sono sempre di più gli esempi di una diffusa attenzione per l'architettura virtuale o temporanea (solo per citare un caso si può ricordare il concorso per il Temporary Museum di Tokyo, con durata prevista di non più di cinque anni, al quale hanno partecipato tre illustri firme dell'architettura contemporanea come Ban, Hadid e Nouvel). Moltissimi sono, poi, i casi di edifici costruiti in fretta per grandi eventi (sportivi, commerciali, sociali e politici) e già predisposti per esser riconvertiti – non appena terminato l'evento – a usi più ordinari; allo stesso modo sono all'ordine del giorno le grandi riqualificazioni urbane incentrate, per esempio, sulla trasformazione di complessi produttivi in commerciali e residenziali, con straordinarie opere di maquillage e arditi interventi tecnico-strutturali.
In recenti pubblicazioni (Giachetta, 2004a e 2004b) il tema della durata fisica dell'architettura nel tempo è stato affrontato anche mostrando alcuni casi di edifici progettati da architetti contemporanei molto famosi e realizzati da pochissimi anni eppure già in avanzato stato di degrado. I motivi di questo strano fenomeno sono diversi ma, fondamentalmente, riconducibili al fatto che, moltiplicandosi le competenze coinvolte nella realizzazione degli edifici, la progettazione dell'architettura può spingersi verso soluzioni molto complesse e ardite limitatamente a singole parti (con specialisti della forma, degli aspetti sociali, delle strutture, degli impianti, dei materiali, delle norme e procedure di approvazione dei progetti, del cantiere, delle valutazioni economiche e, persino, delle tecnologie bioclimatiche). Questa **frammentazione del progetto** corrisponde a una **frammentazione delle responsabilità** dei progettisti, facendo loro perdere ogni effettiva capacità di regia e controllo sull'insieme delle prestazioni dell'edificio e, soprattutto, su quelle legate alla durata nel tempo, dal momento che quest'ultima è considerata di secondo piano rispetto all'importanza attribuita al primo apparire dell'architettura (raramente le riviste di settore si occupano di cosa sia successo alle opere dei grandi architetti dopo alcuni anni dalla loro costruzione: l'interesse dei lettori è concentrato sui render di progetto e sulle immagini dell'opera appena uscita dal cantiere).
Inoltre lo svilupparsi di **tecnologie a secco**, particolarmente per quanto riguarda i rivestimenti d'involucro (in laterizio, lapidei, metallici, plastici) e il moltiplicarsi di componenti edilizi e **prodotti "presignificati"** (Gregotti, 2002, p. 119) solo da assemblarsi in cantiere, sta avvicinando la logica dei processi costruttivi a quella della produzione industriale, automobilistica, e la logica degli interventi di ripristino a quella da carrozzieri, basata sulla sostituzione per pezzi, "fino a quando ne vale la pena", fino a quando l'edificio – sempre più una vera e propria "machine à habiter" (secondo la definizione di Le Corbusier) – non passa di moda.
Tutto questo implica un **cambiamento radicale del modo di pensare al-**

l'architettura, soprattutto in relazione alla sua durata nel tempo, così che molto difficilmente, oggi, un progettista potrebbe utilizzare il motto di Kahn, «good building would produce a marvelous ruin» (Braghieri, 2005, p. 8), senza passare per un sognatore fuori dal tempo. Eppure, nel panorama contemporaneo, le riflessioni su questo argomento sono pochissime e il problema è poco considerato nei dibattiti "colti" sull'architettura, nei quali si continua a dare per scontata la durata dell'architettura nel tempo (per l'eternità) o, al massimo, si predica una radicale inversione di tendenza verso l'effimero e il virtuale, senza mai interrogarsi sui perché e sui come.

Durata come variabile di progetto

È, così, evidente che l'espressione "architettura sostenibile", nella sua accezione più propria (che si possa sostenere, mantenere salda, "durable") e non soltanto nel suo significato traslato e simbolico, può riferirsi non tanto a edifici destinati a "perdurare" nei secoli (oggi, come si è visto, forse insostenibili anche sul piano della logica) quanto a edifici generati da progetti che hanno saputo **considerare consapevolmente la durata nel tempo come una vera e propria variabile di progetto**. Questo non significa affatto sostenere la temporaneità a tutti i costi dell'architettura, semplicemente implica, finalmente, il riconoscimento di un problema oggi innegabile che può divenire invece stimolo progettuale per la corretta gestione del costruito.

La capacità di controllare, nel progetto d'architettura, gli aspetti della durata può tradursi infatti in un **uso più appropriato delle risorse materiali ed energetiche** (edifici con orizzonti temporali molto diversi tra loro dovrebbero essere concepiti pensando a un uso di materiali, impianti, soluzioni costruttive e risorse economiche differenti) e comportare un'accurata **programmazione della manutenzione e persino della dismissione dell'edificio** (con conseguente messa a punto di strategie di riciclaggio dei materiali edili).

Edificio come organismo vivente

Considerare la durata come variabile di progetto può portare a guardare all'edificio come a un vero e proprio **organismo vivente** che nasce, si sviluppa, si trasforma nel tempo e muore: tutti questi momenti della vita di un'architettura – che potrebbe così non essere più pensata come immutabile per l'eternità – possono far parte del **codice genetico di un edificio** e la codifica non può che avvenire in fase progettuale.

Solo guardando in questi termini al costruito si può immaginare la sua vera **contestualizzazione nell'ambiente di inserimento**, che è dinamico nelle sue continue trasformazioni d'origine antropica o naturale, nel continuo variare delle condizioni climatiche stagionali, persino giornaliere: solo pensando in questo modo al progetto d'architettura gli edifici potranno essere sostenibili rispetto alle risorse in gioco, rispettosi delle dinamiche dell'ambiente in cui si inseriscono, bioclimatici, capaci – come si dice – di regolare di continuo le proprie prestazioni attraverso un involucro mutevole (che, non a caso, si definisce "pelle"), di traspirare, di respirare, di aprirsi e chiudersi al vento e al Sole.

14. Fisica tecnica, tre parametri fondamentali: trasmittanza, capacità termica, diffusività termica

di *Stefano Bergero* e *Anna Chiari*

14.1. Trasmittanza In condizioni di regime stazionario il flusso termico φ scambiato attraverso una parete piana di area frontale A che separa due ambienti rispettivamente a temperatura T_i (interno) e T_e (esterno) può essere valutato mediante la seguente relazione:

$$\varphi = KA(T_i - T_e) \tag{1}$$

La grandezza K [W/mqK] è detta **coefficiente globale di scambio termico** o **trasmittanza** della parete.
La trasmittanza di una parete risulta dunque il flusso termico scambiato per unità di superficie e per unità di differenza di temperatura tra i due ambienti. Esprime l'attitudine di una parete a trasmettere calore: a parità di area frontale A e di differenza di temperatura $(T_i - T_e)$, tanto più elevata è la trasmittanza K, tanto più elevato risulta il flusso φ trasmesso attraverso la parete.
L'inverso della trasmittanza è la **resistenza termica specifica** R [mqK/W] della parete che esprime l'attitudine della parete a opporsi allo scambio di calore:

$$R = \frac{1}{K} \qquad \varphi = \frac{A(T_i - T_e)}{R} \tag{2}$$

La trasmittanza è un importante parametro tecnico per valutare lo scambio termico attraverso una parete in condizioni di **regime stazionario**, ossia quando si ipotizza che tutte le grandezze che caratterizzano il comportamento del sistema in analisi rimangono costanti nel tempo.
La trasmittanza è una proprietà di una parete e tiene conto di tutti i meccanismi di scambio termico che interessano la parete stessa: la conduzione attraverso i materiali solidi, la convezione tra le superfici interna ed esterna della parete e l'aria che le lambisce, l'irraggiamento tra le superfici interna ed esterna della parete e i corpi (oggetti, altre pareti, persone ecc.) che sono presenti nell'ambiente esterno e nell'ambiente interno.
Per il calcolo della trasmittanza di pareti che presentano le più differenti configurazioni sia nella geometria che nella disposizione dei materiali si rimanda alla letteratura specializzata. Si riporta qui di seguito a titolo di esempio il semplice caso di parete piana costituita da un materiale omogeneo.

FIGURA 5.41 Trasmissione del calore attraverso una parete piana omogenea

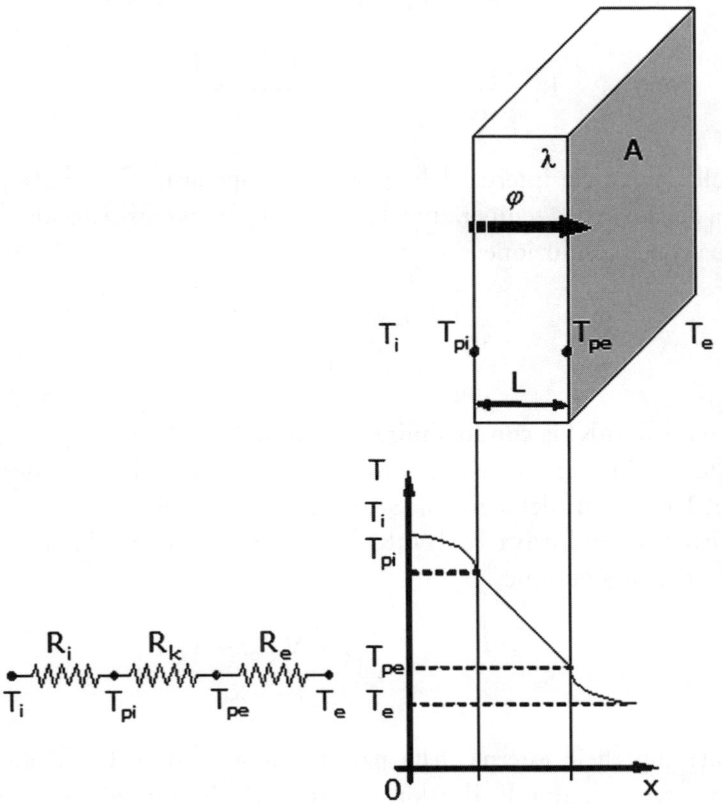

Si consideri una parete piana omogenea, di area frontale A e spessore L, che separa due ambienti le cui temperature siano rispettivamente T_i e T_e, con $T_i > T_e$ (fig. 5.41).
Il flusso termico φ si propaga dall'ambiente interno a quello esterno con le seguenti modalità.

1. Dall'ambiente a temperatura T_i alla superficie interna della parete a temperatura T_{pi} il calore si propaga per convezione e irraggiamento:

(3) $$\varphi = \alpha_i A(T_i - T_{pi})$$

essendo α_i [W/mqK] il **coefficiente liminare** (o **di adduzione**) **interno**, dato dalla somma dei coefficienti parziali $\alpha_{i,c}$ e $\alpha_{i,irr}$ corrispondenti rispettivamente alle trasmissioni per convezione e per irraggiamento:

(4) $$\alpha_i = \alpha_{i,c} + \alpha_{i,irr}$$

L'inverso del coefficiente liminare interno rappresenta la **resistenza liminare** (o **di adduzione**) **interna** R_i [mqK/W], per cui risulta:

$$(5) \qquad R_i = \frac{1}{\alpha_i} \qquad \varphi = \frac{A(T_i - T_{pi})}{R_i}$$

2. Dalla superficie interna della parete a temperatura T_{pi} alla superficie esterna della parete a temperatura T_{pe} attraverso il materiale solido il calore si propaga per conduzione:

$$(6) \qquad \varphi = \frac{\lambda A(T_{pi} - T_{pe})}{L}$$

essendo λ [W/mK] la **conducibilità termica** del materiale.
La conducibilità termica è una proprietà termofisica di un materiale ed esprime l'attitudine del materiale a condurre il calore.
La **resistenza conduttiva** R_k [mqK/W] offerta dal materiale al passaggio del calore risulta dunque:

$$(7) \qquad R_k = \frac{L}{\lambda} \qquad \varphi = \frac{A(T_{pi} - T_{pe})}{R_k}$$

3. Dalla superficie esterna della parete a temperatura T_{pe} all'ambiente esterno a temperatura T_e il calore si propaga per convezione e irraggiamento:

$$(8) \qquad \varphi = \alpha_e A(T_{pe} - T_e)$$

essendo α_e [W/mqK] il **coefficiente liminare** (o **di adduzione**) **esterno**, dato dalla somma dei coefficienti parziali $\alpha_{e,c}$ e $\alpha_{e,irr}$ corrispondenti rispettivamente alle trasmissioni per convezione e per irraggiamento:

$$(9) \qquad \alpha_e = \alpha_{e,c} + \alpha_{e,irr}$$

L'inverso del coefficiente liminare esterno rappresenta la **resistenza liminare** (o **di adduzione**) **esterna** R_e [mqK/W], per cui risulta:

$$(10) \qquad R_e = \frac{1}{\alpha_e} \qquad \varphi = \frac{A(T_{pe} - T_e)}{R_e}$$

Combinando la (5), la (7) e la (10), il flusso termico φ scambiato attraverso la parete risulta:

(11) $$\varphi = \frac{A(T_i - T_e)}{R_i + R_k + R_e} = \frac{A(T_i - T_e)}{\dfrac{1}{\alpha_i} + \dfrac{L}{\lambda} + \dfrac{1}{\alpha_e}}$$

La resistenza termica specifica della parete risulta quindi dalla (2):

(12) $$R = R_i + R_k + R_e = \frac{1}{\alpha_i} + \frac{L}{\lambda} + \frac{1}{\alpha_e}$$

La trasmittanza della parete risulta di conseguenza:

(13) $$K = \frac{1}{R_i + R_k + R_e} = \frac{1}{\dfrac{1}{\alpha_i} + \dfrac{L}{\lambda} + \dfrac{1}{\alpha_e}}$$

Nel caso in cui la parete sia costituita da N strati di materiale omogeneo, ciascuno di spessore L_j e conducibilità termica λ_j, la trasmittanza risulta:

(14) $$K = \frac{1}{\dfrac{1}{\alpha_i} + \sum_{j=1}^{N} \dfrac{L_j}{\lambda_j} + \dfrac{1}{\alpha_e}}$$

Nel caso in cui nella parete siano presenti anche materiali non omogenei (ad esempio mattoni forati) e intercapedini d'aria, si introduce nel calcolo della trasmittanza direttamente la resistenza R_h dello strato di materiale non omogeneo o dell'intercapedine, ovvero la grandezza inversa, detta **conduttanza termica** C_h [W/mqK]:

(15) $$K = \frac{1}{\dfrac{1}{\alpha_i} + \sum_{j=1}^{N} \dfrac{L_j}{\lambda_j} + \sum_{h=1}^{M} R_h + \dfrac{1}{\alpha_e}} = \frac{1}{\dfrac{1}{\alpha_i} + \sum_{j=1}^{N} \dfrac{L_j}{\lambda_j} + \sum_{h=1}^{M} \dfrac{1}{C_h} + \dfrac{1}{\alpha_e}}$$

essendo M la somma del numero degli strati di materiale non omogeneo e del numero delle intercapedini d'aria presenti nella parete.
I valori delle grandezze necessarie per il calcolo della trasmittanza sono riportati nella norma UNI EN ISO 6946: 1999, *Componenti ed elementi per edilizia – Resistenza termica e trasmittanza termica – Metodo di calcolo*.
I valori della conducibilità termica dei principali materiali da costruzione a temperatura ordinaria sono riportati nella norma UNI 10351: 1995, *Materiali da costruzione – Conduttività termica e permeabilità al vapore.*

14.2. Capacità termica La quantità di calore Q che deve essere scambiata da un corpo per passare dalla temperatura iniziale T_1 alla temperatura finale T_2 risulta:

$$Q = C(T_2 - T_1) \tag{16}$$

La grandezza C [J/K] è detta **capacità termica** (o **inerzia termica**) del corpo.
La capacità termica di un corpo risulta dunque la quantità di calore che deve essere scambiata per produrre una variazione unitaria della sua temperatura di 1 grado. Esprime l'attitudine di un corpo ad accumulare o cedere calore a fronte di una variazione della sua temperatura: a parità di differenza di temperatura ($T_2 - T_1$), tanto più grande è la capacità termica C tanto maggiore risulta la quantità di calore Q scambiata dal corpo.
Nel caso in cui il corpo, di massa m e volume V, sia costituito da un materiale omogeneo, la capacità termica risulta:

$$C = mc \tag{17}$$

ove c [J/kgK] è il **calore specifico** del materiale.
Il calore specifico è una proprietà termofisica di un materiale ed esprime l'attitudine del materiale ad accumulare o cedere calore a fronte di una variazione della sua temperatura.
Introducendo la **densità** ρ [kg/mc] del materiale, risulta:

$$C = \rho Vc \tag{18}$$

La capacità termica è un parametro utile per valutare il comportamento di una parete in condizioni di **regime variabile**, ossia quando le grandezze che caratterizzano il comportamento del sistema in analisi variano nel tempo.
Ad esempio in inverno, in presenza di un impianto di riscaldamento, un locale delimitato da pareti a elevata capacità termica si riscalda fino alla temperatura prefissata più lentamente rispetto a un altro delimitato da pareti a capacità termica inferiore in quanto bisogna fornire più calore per portare le pareti alla temperatura di regime. Tuttavia, quando l'impianto viene spento, il locale delimitato da pareti a più elevata inerzia termica si raffredda più lentamente, "mantenendo il calore" più a lungo rispetto a quello delimitato da pareti a inerzia termica inferiore.
In estate, in assenza di un impianto di raffrescamento, un locale poco ventilato e delimitato da pareti con inerzia termica elevata durante il giorno si mantiene più fresco rispetto a uno con pareti a bassa capacità termica in

quanto le pareti si riscaldano più lentamente, mentre durante la notte risulta più caldo in quanto le pareti si raffreddano più lentamente.
I valori della densità dei principali materiali da costruzione a temperatura ordinaria sono riportati nella norma UNI 10351: 1995, *Materiali da costruzione – Conduttività termica e permeabilità al vapore*. I valori del calore specifico sono reperibili nei testi specializzati.

14.3. Diffusività termica Si definisce **diffusività termica** a[mq/s] di un materiale la quantità:

$$a = \frac{\lambda}{\varrho c} \tag{19}$$

dove:
λ = conducibilità termica [W/mK];
ϱ = densità [kg/mc];
c = calore specifico [J/kgK].
Essendo una combinazione di proprietà termofisiche, la diffusività termica è a sua volta una proprietà termofisica di un materiale.
La diffusività termica caratterizza il comportamento di un materiale in regime variabile.
La **conducibilità termica** λ esprime l'attitudine di un materiale a trasmettere il calore per conduzione. Il prodotto ϱc [J/mcK] è la **capacità termica per unità di volume** del materiale ed esprime l'attitudine del materiale ad assorbire o cedere calore a fronte di una variazione della sua temperatura.
La diffusività termica può essere vista quindi come il rapporto tra il calore trasmesso per conduzione e l'energia termica accumulata per unità di volume:

$$a = \frac{\text{calore trasmesso per conduzione}}{\text{energia termica accumulata}} \tag{20}$$

Il significato fisico della diffusività termica è dunque correlato alla rapidità con cui una variazione di temperatura sulla superficie di un mezzo si propaga al suo interno, nel senso che più elevata è la diffusività termica, più rapidamente la temperatura all'interno del mezzo risente delle variazioni di temperatura sulla superficie.
Un alto valore di diffusività termica indica una veloce propagazione del calore, mentre un basso valore di diffusività termica indica che il calore è prevalentemente "accumulato" dal materiale.
Al fine di meglio comprendere il significato fisico della diffusività termica, si considera a titolo di esempio il semplice caso di scambio termico per conduzione in regime periodico stabilizzato attraverso un mezzo omoge-

FIGURA 5.42 Mezzo omogeneo seminfinito

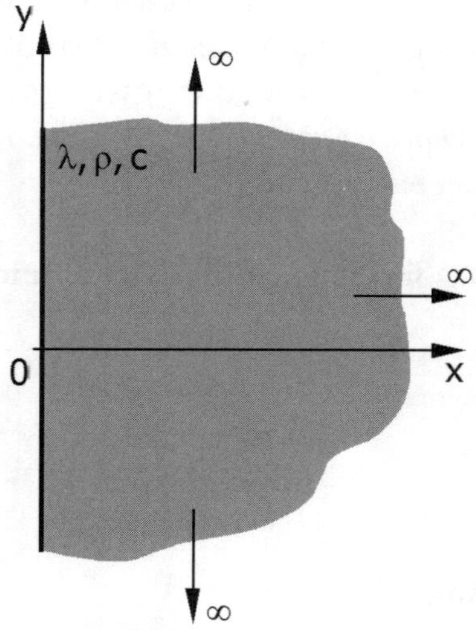

neo seminfinito. Un mezzo seminfinito ha spessore infinito ed è delimitato da una superficie piana di dimensioni infinite (fig. 5.42). La propagazione del calore risulta monodimensionale in direzione x, per cui la temperatura è funzione della coordinata x e del tempo τ: $T = T(x,\tau)$.
Si impone sulla superficie delimitante il mezzo seminfinito ($x = 0$) una perturbazione termica periodica sinusoidale (fig. 5.43):

FIGURA 5.43 Perturbazione periodica sinusoidale sulla superficie di un mezzo omogeneo seminifinito

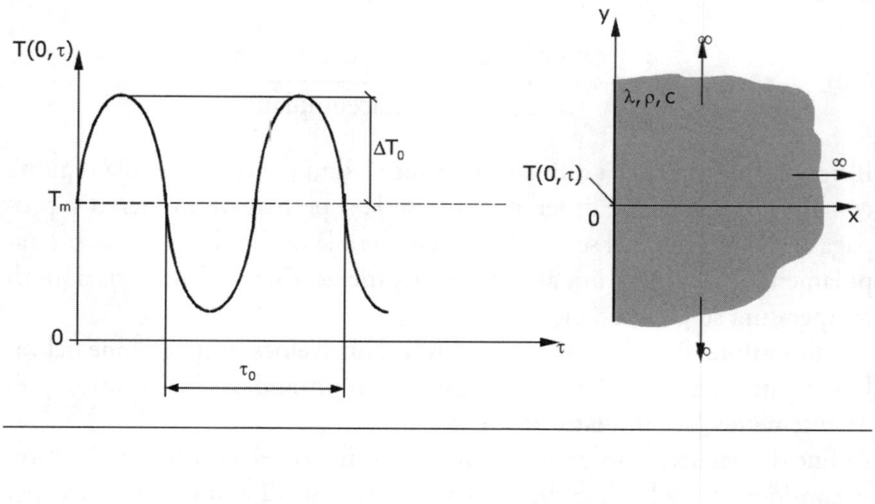

(21) $$T(o,\tau) = T_m + \Delta T_0 \sin\omega\tau$$

dove:
T_m = valore medio della temperatura;
ΔT_0 = ampiezza dell'oscillazione di temperatura;
$\omega = 2\pi/\tau_0$ = pulsazione del fenomeno oscillatorio di periodo τ_0 (fig. 5.43).
Dopo un certo intervallo di tempo, in ogni punto del mezzo si osserva che la temperatura varia con legge periodica sinusoidale. Tale condizione è det-

FIGURA 5.44 Regime periodico stabilizzato in un mezzo omogeneo seminfinito

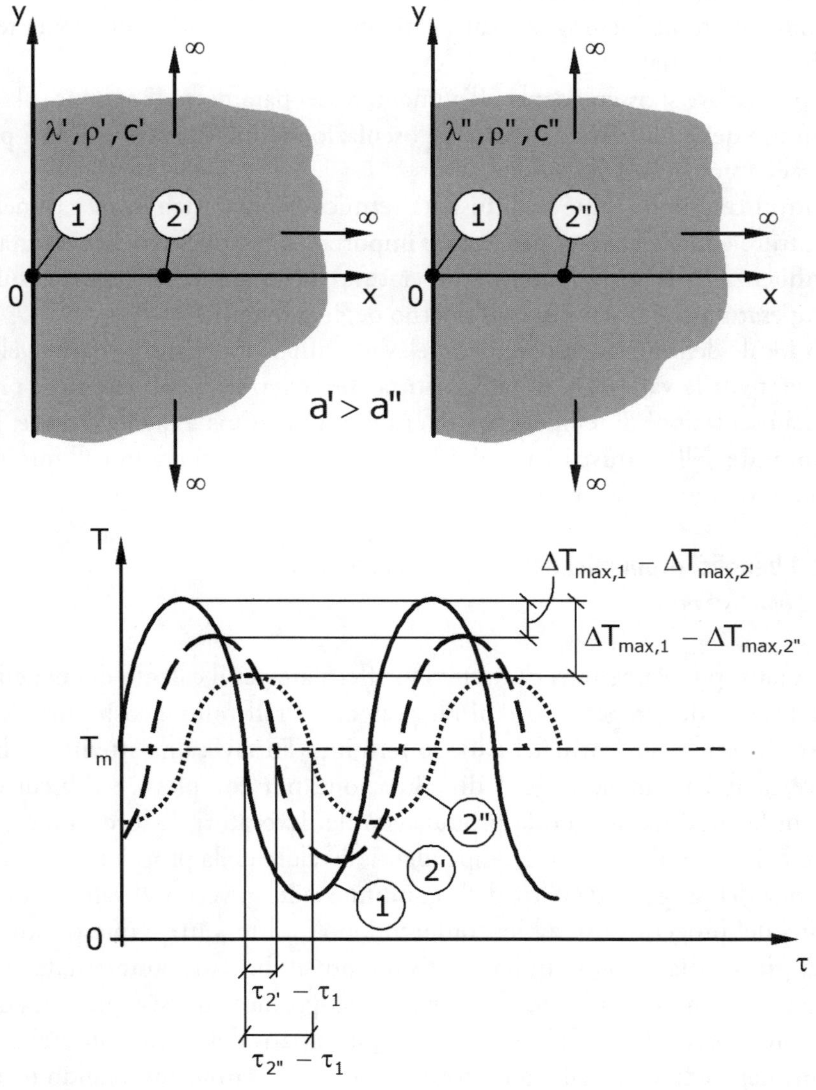

ta regime periodico stabilizzato. In tale condizione l'andamento della temperatura risulta:

$$T(x,\tau) = T_m + \Delta T_0 e^{-\beta x}\sin(\omega\tau - \beta x) \tag{22}$$

dove:

$$\beta = \sqrt{\frac{\omega}{2a}}$$

L'andamento della temperatura all'interno del mezzo dipende sia dalle condizioni termiche imposte sulla superficie $x = 0$ sia dalla diffusività termica del materiale.
In particolare si osservi come all'aumentare del parametro β e quindi al diminuire della diffusività termica a l'oscillazione di temperatura risulti più sfasata e smorzata (fig. 5.44).
Si intuisce quindi come la diffusività termica dei materiali impiegati nelle strutture edilizie assuma particolare importanza quando si debba valutare l'influenza della variazione di temperatura che si verifica all'esterno sulla temperatura che si stabilisce all'interno degli ambienti.
Un locale delimitato da pareti con elevata diffusività termica risente velocemente delle variazioni di temperatura che si verificano all'esterno e presenta oscillazioni di temperatura di ampiezza prossima a quelle esterne. Al diminuire della diffusività termica le oscillazioni di temperatura all'interno risultano più ritardate e smorzate.

15. I benefici economici del progetto sostenibile
di *Thomas Smith*

Le **analisi più elementari** che vengono effettuate per il **calcolo dei benefici** e del valore del **progetto sostenibile** pongono a raffronto il costo iniziale, i costi di esercizio e i benefici a lungo termine. Tuttavia una attenta analisi deve includere anche oggetti di valutazione più complessi e difficili da quantificare. Questi sono la produttività dei lavoratori, la loro salute e il loro benessere, il *turnover* dei dipendenti, il valore della proprietà e l'accettazione del progetto da parte della comunità e del governo. Il valore e i benefici del progetto sostenibile comprendono inoltre, oltre a questi fattori, una **più ampia responsabilità relativamente all'impatto ambientale**, che in genere non è considerato all'interno della specifica analisi economica dei singoli progetti. È ormai innegabile che **gli impatti** derivanti dalla realizzazione degli edifici, e dalla loro messa in esercizio, **stanno cambiando il clima del nostro pianeta**. Gli effetti del cambiamento climatico includono eventi meteorologici estremi e cambiamenti nella qualità dell'aria, dell'acqua, dei sistemi marini, dell'ecosistema terrestre e l'innalzamento del livello del mare. Questi **impatti su scala globale** stanno portando **effetti negativi significativi sull'economia** e dovrebbero quindi essere considerati quando si analizzano i benefici economici del progetto sostenibile.

Costi supplementari e loro riduzione

Le informazioni disponibili, relativamente ai costi di costruzione di un progetto sostenibile, dicono che questi hanno un **incremento compreso tra il 2 e il 7%** rispetto agli edifici convenzionali. Questi costi sono dovuti a dotazioni edilizie e impiantistiche più sofisticate, oltre a una maggiore quantità di tempo impiegato per la realizzazione (Kats, 2003). È stato constatato che questi costi si riducono man mano che vengono realizzati sempre più progetti sostenibili e la curva di apprendimento relativa alle strategie e alle tecnologie si abbassa. Un fattore chiave nel mantenere bassi i costi dei progetti sostenibili è una **pianificazione del progetto** che parte dall'inizio. Il raggiungimento di una chiara definizione degli obiettivi e il coinvolgimento di un team di esperti già dall'inizio del processo permettono spesso l'ottenimento di sinergie all'interno delle strategie di progetto che non sono possibili a uno stadio tardivo. Un altro fattore importante che aiuta a minimizzare i costi supplementari è assicurare che **siano previsti**, già nella fase iniziale del progetto, **principi di intervento caratterizzati da basso costo**. Questi principi – come il corretto orientamento, l'illuminazione naturale, la posizione delle finestre per la ventilazione naturale e il progetto dei sistemi di ombreggiamento per il controllo del carico termico estivo – possono poi essere potenziati da tecnologie attive per migliorare ulteriormente le prestazioni dell'edificio.

Costi dell'energia e costi della manodopera

L'incremento relativamente piccolo dei costi di costruzione, in confronto con l'edilizia convenzionale, è abbastanza semplice da giustificare, anche solo con i **risparmi riscontrabili nel ciclo di vita**. Risparmi del **30-40%** sui costi dell'energia sono sempre più sensibili man mano che il costo dell'energia aumenta. L'ammortamento dei costi iniziali in molti casi viene raggiunto già al quinto anno di esercizio. Ma spesso il tempo di ammortamento non sembra abbastanza corto a imprenditori e proprietari. In effetti, rispetto all'intero costo dell'operazione, **il ritorno dovuto al risparmio energetico rappresenta una piccola percentuale**. I costi per l'energia, i costi di esercizio e di manutenzione sono mediamente il **2%** dei costi globali, mentre i **costi della manodopera possono arrivare al** 78% (Loftness, 1999). Questa informazione indica che è possibile ottenere ritorni economici sensibili dalle pratiche di sostenibilità.

Risparmi dall'aumento di produttività

Una delle aree più significative che permette **benefici economici** ulteriori, per i proprietari e per gli inquilini degli edifici sostenibili, è la **produttività**. È stata fatta molta ricerca sul tema della produttività e sul confort dei lavoratori. Studi condotti dal The Center for Building Performance and Diagnostics, Carnegie Mellon University, hanno dimostrato la possibilità di ottenere **guadagni di produttività dal 3 al 18% tramite l'impiego della luce naturale** nel luogo di lavoro. In Inghilterra, Adrian Leaman ha osservato che la produttività del lavoratore potrebbe essere aumentata del 12,5% negli edifici ben illuminati, mentre può diminuire anche del 17% in quelli mal illuminati. Studi condotti dal Herschong Mahoe Group hanno analizzato i punteggi di test fatti su 21.000 studenti e scoperto che gli studenti che avevano la migliore illuminazione naturale in aula erano più bravi in matematica del 20% e del 26% più veloci nella lettura, rispetto a studenti con una cattiva illuminazione (Hershone Magone Group, *Daylighting in Schools*, Rapporto commissionato dal California Board for Energy Efficiency Third Party Program). Questo tipo di dati si traduce in maggiori guadagni attribuibili all'alta qualità ambientale degli edifici.

Riduzione delle assenze per malattia

La **salute e il benessere degli impiegati sono strettamente correlati alle caratteristiche degli edifici**. La salute e il benessere degli impiegati influenzano il numero di assenze per malattia e comunque la produttività viene ridotta da fattori di salute connessi (Fisk, 2000). Negli Stati Uniti circa il 20% della popolazione ha allergie connesse agli inquinanti ambientali e il 6% ha l'asma (Pope, Patterson, Burge, 1993). Principi e strategie per una giusta attenzione alla qualità interna dell'aria (*Indoor Air Quality*, IAQ) possono ridurre i sintomi dovuti a queste malattie dell'8-25% (Fisk, 2000). Questi fattori potrebbero non essere normalmente considerati in una semplice valutazione dei vantaggi economici del progetto sostenibile, ma una analisi più attenta dimostra l'impatto finanziario sul costo dell'operazione.

Permanenza del personale

La qualità dell'ambiente costruito influenza anche la capacità, per una società, di **attrarre e conservare forza lavoro qualificata**. I costi associati al cambio degli impiegati includono le dimissioni, la temporanea mancanza di un ruolo, il rimpiazzo, con perdite di produttività conseguenti. Le dimissioni richiedono tempo da parte dell'amministrazione per le pratiche burocratiche inerenti e perdite per i costi correlati. La vacanza del posto di lavoro accrescerà le perdite per ogni giorno in cui il posto non è occupato. Il rimpiazzo includerà il costo di ricerca del nuovo impiegato così come tempi burocratici per l'assunzione e per il tirocinio per il nuovo impiegato. Le perdite di produttività continueranno sino a che l'impiegato non raggiungerà il livello di produttività che il precedente impiegato, con esperienza, aveva (Loftness, 1999). **Edifici sostenibili di alta qualità** possono costituire un valore che aiuta a **minimizzare i costi di *turnover***. È necessario evidenziare e monetizzare questo aspetto.

Influenza sui prezzi di vendita e affitto

Man mano che aumenta il riconoscimento nei confronti del progetto sostenibile, la preferenza per questo tipo di servizio aumenterà il valore della proprietà di questo tipo di costruzione. Affitti più alti, minori costi energetici e ambiente interno più salubre, associabili a questo tipo di edificio, cominciano a influenzare il mercato e ad aumentare il valore nelle vendite e negli affitti. I prezzi medi per gli alloggi del **quartiere Bedzed**, un insediamento sostenibile sito nella zona sud di Londra, sono stati del **15% più alti** di quelli medi locali e gli alloggi sono stati venduti tutti in poco tempo (Lazarus, 2003). Un altro esempio della forza del mercato e della richiesta da parte del pubblico di edifici sostenibili è l'**insediamento** da 600 alloggi GWL **Terrein ad Amsterdam**. Quando l'agenzia urbanistica locale ha annunciato la pianificazione dell'insediamento senza automobili ha ricevuto 4.000 richieste di potenziali acquirenti (cfr. www.sustainability.murdoch.edu.au/publications/jscheurer/urbanecology/pdf/ ch16-3.pdf).

Accettazione da parte dell'opinione pubblica

L'**accettazione da parte della pubblica amministrazione** e il sostegno della comunità ai progetti sostenibili, insieme a incentivi per gli edifici ecologici, creano un beneficio economico ulteriore. Progetti sostenibili ben programmati sono in genere accettati velocemente dalle autorità competenti e possono ricevere attenzioni e vantaggi rispetto ai progetti standard. Per il progetto Bedzed, ad esempio, il progettista ha preparato un piano molto minuzioso per un insediamento a zero emissioni includendo un programma di trasporti ecologici e strategie di *car-sharing*. Questo piano ha portato alla necessità di un ridotto numero di posti auto. Il progetto è stato approvato permettendo di costruire con una densità edilizia superiore rispetto a quella tipica in quella zona.

L'intero costo del sistema di trasporto ecologico è stato di circa 130.000 $. Il guadagno dovuto alla possibilità di incrementare il numero di unità immobiliari ha portato a un profitto di 2.174.000 $. Questo ha potuto essere usato per mettere a punto altre strategie innovative nel progetto (Lazarus, 2003).

Eventi meteorologici straordinari

Il beneficio economico finale di un progetto sostenibile è connesso alla **riduzione degli impatti ambientali**; questo aspetto si svilupperà via via che la costruzione sostenibile diventerà l'approccio dominante. Il "**riscaldamento globale**" è un fatto dimostrato ed è dovuto principalmente alle attività umane e alla combustione di risorse fossili negli ultimi secoli (*Climate Change and the Greenhouse Effect*, Met Office Hadley Center, Exeter, UK 19 September 2005). L'industria delle costruzioni pesa per circa il 40% nel mondo e consuma il 50% delle risorse naturali (Gauzin-Müller, 2002). La maggior parte dell'energia attualmente utilizzata nell'industria delle costruzioni è generata da combustibili fossili. Il risultato è l'**emissione di biossido di carbonio e altri gas serra** che contribuiscono al riscaldamento globale. Come già detto, gli effetti del riscaldamento del pianeta includono eventi meteorologici estremi, modifiche della qualità dell'aria, dell'acqua, dei sistemi marini, degli ecosistemi terrestri e innalzamento del livello del mare (Van Minnen, Voight, 2004). Questi impatti così ampi hanno generato costi economici sconcertanti dovuti soprattutto agli eventi meteorologici. Durante gli anni novanta il numero di **eventi climatici disastrosi** in

Europa è raddoppiato rispetto al decennio precedente. Il progetto e lo sviluppo sostenibile sono uno degli obiettivi che devono essere raggiunti al fine di fermare la distruzione del nostro pianeta. Senza il raggiungimento di questi obiettivi il rischio, alla fine, è un cambiamento climatico radicale e il collasso degli ecosistemi in tutto il mondo. Questo distruggerebbe del tutto qualunque nozione di economia.

Monitorare le realizzazioni

A ulteriore definizione e quantificazione dei benefici economici del progetto sostenibile, è necessario presentare agli investitori e agli imprenditori degli esempi, per **dimostrare la fattibilità economica** del progetto sostenibile. Soprattutto il confort, la salute e il benessere sono difficili da quantificare e generano dati che possono essere utilizzati per analizzare il beneficio totale di una strategia. Una **valutazione postoccupazione**, simile al lavoro fatto negli anni novanta in Inghilterra da "PROBE" ("Post-Occupancy Review of Buildings and Their Engineering") è utile e dovrebbe essere proseguita e implementata per fornire dati ulteriori. Il Building Investment Decision Support (BIDS) del Center for Building performance and Diagnostics al Carnegie Mellon University, è uno strumento per il calcolo dei costi e dei benefici di questi elementi poco tangibili, che effettua una valutazione su una base di dollari per metro quadro. Questo tipo di dati e sistemi simili di quantificazione continueranno ad aiutare a promuovere il progetto sostenibile definendo chiaramente i benefici economici ottenibili tramite questo approccio.

In questo capitolo

- Viene illustrato l'approccio progettuale bioclimatico che permette di ridurre i consumi energetici per la climatizzazione e l'illuminazione degli edifici, anche con approfondimenti specialistici sugli aspetti fisico-tecnici ed economici.
- Viene spiegato il funzionamento dei diversi sistemi solari passivi.
- Si fa riferimento all'uso di software per la progettazione bioclimatica.
- Vengono descritti i sistemi solari termici e fotovoltaici applicabili agli edifici.
- Vengono presentati serramenti speciali e sistemi frangisole, facendo cenno al tema dell'automazione per il controllo termico degli edifici bioclimatici.
- Si descrivono le strategie di illuminazione naturale degli edifici.
- Si descrivono i sistemi di raffrescamento passivo degli edifici.
- Viene fatto riferimento ai sistemi di isolamento termico, alle tipologie edilizie *passiv-haus* e alle soluzioni impiantistiche integrative dei sistemi bioclimatici.
- Viene affrontato il tema della riqualificazione sostenibile degli edifici.

- Si affronta il tema della certificazione energetica e ambientale del costruito.
- Si descrive il ruolo dell'utente nel funzionamento dell'edificio bioclimatico.
- Si affronta il tema della durata del costruito nel tempo come aspetto fortemente correlato alla sostenibilità.

Riferimenti bibliografici e siti Internet

AA.VV. (2003), *Innovazione costruttiva nell'architettura sostenibile*, Edilstampa, Roma.

ACHARD P., GICQUEL R. (1986), *European Passive Solar Handbook: Basic Principles and Concepts for Passive Solar Architecture*, Commission of the European Communities, Bruxelles.

AICARR (2006), *La certificazione e l'efficienza energetica del sistema edificio-impianto: aspetti interpretativi, tecnici e procedurali*, AICARR, FonteGrafica, Monza.

ANGELUCCI F., PANARELLI G. (2003), *Involucri energetici*, Sala Editori, Pescara.

ARUP (1995), *The New Inland Revenue Centre*, in "The ARUP Journal", 4, pp. 11-7.

BARRIE E. (1993), *Prefabricating the Superstructure*, in "The Architects' Journal", 27, pp. 42-51.

BEIM A., LARSEN L., MOSSIN N. (2002), *Økologi og arkitektonisk kvalitet*, Arkitektskolens Forlag, København.

BENEDETTI C. (1994), *Manuale di architettura bioclimatica*, Maggioli Editore, Rimini.

BETTI E. (1983), *Recuperare in chiave climatica*, in "Modulo", 12, pp. 1500-3.

BOONSTRA C., VOLLEBREGT R. (1996), *Advanced Glazed Balconies: Integration of Solar Energy in Building Renovation*, in *Solar Energy in Architecture and Urban Planning*, Atti della Conferenza Europea di Berlino, 26-29 marzo 1996, Haus der kulturen der welt, Berlin.

BRAGHIERI N. (2005), *Buoni edifici, meravigliose rovine. Louis I. Kahn e il mestiere dell'architettura*, Feltrinelli Real Cinema, Milano.

BREEDVELD L. (2002), *Valutazione dell'impatto ambientale nel settore edilizio: l'esperienza olandese*, in *Atti del Convegno Certificazione energetico ambientale degli edifici e politiche per la promozione dell'edilizia sostenibile: esperienze internazionali e prospettive italiane*, Environment Park, Torino.

BRUCK M., GEISSLER S. (2001), *ECO-Building – Optimierung von Gebäuden. Total Quality Building Assessment*, commissioned by the Austrian Federal Ministry for Economy and Work, the Austrian Federal Ministry for Transport, Innovation and Technology, and the Austrian Ministry for Agricolture and Foresty, Environment and Water Management, Wien.

BUCKLEY M., BURTON S., CROMPTON A., DOGGART J. (1991), *Solar Architecture in Europe: Design, Performance and Evaluation*, Commission of the European Communities, Dorset.

BUONO M. (1998), *Architettura del vento: design e tecnologie per il raffrescamento passivo*, CLEAN, Napoli.

BUTERA F. M. (1995), *Architettura e ambiente: manuale per il controllo della qualità termica, luminosa e acustica degli edifici*, Etaslibri, Milano.

CACCIAPUOTI R. G. (2004), *Dossier: fotovoltaico e progetto*, in "Costruire", 255, pp. 79-86.

CALDERARO V. (1981), *Architettura solare passiva: manuale di progettazione*, Edizioni Kappa, Roma.

CANGELLI E., PAOLELLA A. (2001), *Il progetto ambientale degli edifici. LCA, EMAS, Ecolabel, gli standard ISO applicati al processo edilizio*, Alinea Editrice, Firenze.

COLE R. J., LARSSON N. (2002), *GBTool User Manual, Green Building Challenge*, NRCan-iiSBE, Vancouver.

COLOMBO R., LANDABASO A., SEVILLA A. (1996), *Manuel de conception: architecture solaire passive pour la région méditerranéenne*, Centre Commun de Recherche Commission Européenne et Direction Générale de l'énergie, Bruxelles.

COMITATO SCIENTIFICO S7A (a cura di) (2002), *Edificio e ambiente: impatto dei materiali da costruzione nella qualità ambientale*, Diagonale, Roma.

COMPAGNO A. (2003), *Intelligente Glasfassaden*, Birkhäuser, Basel-Berlin-Boston.

CREMONINI L. (1992), *Luce naturale-luce artificiale*, Alinea Editrice, Firenze.

CUPPINI G. (1980), *Recupero delle risorse urbane riuso del sole*, in AA.VV., *Politica energetica e gestione del territorio: il nodo energia*, SAIE, Ente fiere, Bologna, p. 151.

DALL'Ò G. (1990), *Progetto clima casa*, BE-MA, Milano.

ID. (2005), *Certificazione energetica degli edifici*, in Provincia di Milano, *Tavolo Energia e Ambiente (24 maggio 2005)*, www.temi.provincia.milano.it.

DE CAPUA A. (2002), *Nuovi paradigmi per il progetto sostenibile: contesto, adattabilità, durata, dismissione*, Gangemi Editore, Roma.

D'ERRICO E., FUNARO G. (1992), *Edilizia bioclimatica in Italia: 151 edifici solari passivi*, ENEA, Roma.

DIAPPI L. (a cura di) (2000), *Sostenibilità urbana. Dai principi ai metodi di analisi. Forma urbana, energia e ambiente*, Paravia, Torino.

ENEA (a cura di) (1992), *Edifici bioclimatici in Italia. 151 Edifici solari passivi*, ENEA, Roma.

EU MEMBER COUNTRIES (1994), *The Building Energy Certification: State of Progress and Perspectives*, EU, Sophia-Antipolis.

FAWCETT P. (1995), *Peter Fawcett on the Inland Revenue Centre*, in "Architecture Today", 56, pp. 24-33.

FISK W. J. (2000), *Health and Productivity Gains from Better Indoor Environments and their Implications for the U.S. Department of Energy*, Lawrence Berkeley Laboratory, Berkeley.

FULLER M. (1985), *Concepts and Practiced of Architectural Daylighting*, VNR, New York.

GAUZIN-MÜLLER D. (2002), *Sustainable Architecture and Urbanism*, Birkhäuser, Basel.

GIACHETTA A. (2004a), *Architettura e tempo. La variabile della durata nel progetto di architettura*, CLUP, Milano.

ID. (2004b), *La durata dell'architettura nel tempo: l'opera in pezzi*, in "Costruire", 255, pp. 126-30.

GIALLOCOSTA G. (2004), *Riflessioni sull'innovazione. Architettura e produzione edilizia nei regimi di complessità delle fasi storiche di sviluppo del costruire*, Alinea Editrice, Firenze.

GOULDING J. R., LEWIS J. O., STEEMERS T. P. (1992), *Energy in Architecture: The European Passive Solar Handbook*, Commission of the European Communities, Dublin.

GREGOTTI V. (2002), *Architettura, tecnica, finalità*, Laterza, Roma-Bari.

GRIECO M., MARINO F. P. R. (2006), *La certificazione energetica degli edifici ed il D.Lgs.192 del 19/8/2005*, EPC Libri, Roma.

GROSSI A., MATTAROZZI S., GUALANDI M., *Brochure HQE^{2}R project – Recupero sostenibile del costruito per un quartiere urbano sostenibile*, per ICIE (Istituto Cooperativo per l'Innovazione), riferimento web: http:hqe2r.cstb.fr.

GROSSO M. (1997), *Il raffrescamento passivo degli edifici*, Maggioli Editore, Rimini.

GROSSO M., GIORDANO R. (2002), *La valutazione della compatibilità ambientale di elementi tecnici d'involucro: un'applicazione della metodologia LCA*, in *Atti del Convegno Certificazione energetico ambientale degli edifici e politiche per la promozione dell'edilizia sostenibile: esperienze internazionali e prospettive italiane*, Environment Park, Torino.

GRUPPO DI LAVORO INTERREGIONALE IN MATERIA DI BIOEDILIZIA – ITACA (2004), *Protocollo Itaca per la valutazione della qualità energetica ed ambientale di un edificio*, Roma, 15 gennaio, www.itaca.org.

HERZOG T. (ed.) (1996), *Solar Energy in Architecture and Urban Planning*, Prestel, Munich.

JAUNZENS D. (1995), *Energy Efficiency at Work*, in "The Architects'Journal", 13.

KATS G. H. (2003), *Green Building Costs and Financial Benefits*, in "Massachusetts Technology Collaborative", ottobre 2003.

KENNY P., LEWIS J. O. (1996a), *Selection of Design Tool Software for Energy Efficient Building Design*, in *Solar Energy in Architecture and Urban Planning*, Atti della Conferenza Europea di Berlino, 26-29 marzo 1996, Haus der kulturen der welt, Berlin.

IDD. (1996b), *Tools and Techniques for the Design and Evaluation of Energy Efficient Buildings*, UCD-OPET for the European Commission, Dublin.

KJAER B. (1994), *Forme Urbaine et Contextualisme*, in "Techniques et Architecture", 414.

LAVAGNA M. (2005), *Efficienza energetica degli edifici. Prestazioni termiche. Comportamento ambientale*, Rockwool Italia, Milano.

LAZARUS N. (2003), *Beddington Zero (Fossil) Energy Development – Toolkit for Carbon Neutral Developments – Part II*, DIT, London.

LEWIS J. O., MCNICHOLL A. (1994), *Daylighting in Buildings*, The European Commission Directorate-General for Energy (DGXVII), Bruxelles.

LIVERIS P. (1994), *Natural and Low Energy Cooling in Buildings*, The European Commission Directorate-General for Energy (DGXVII), Bruxelles.

LOFTNESS V. (1999), *Building Investment Decision Support* (BIDS), Carnegie Mellon University, Pittsburgh.

LOLLINI R., MERONI I., ITC-CNR (2002), *Sostenibilità ambientale degli edifici: criteri di valutazione*, in "Tetto & Pareti – tecnologie e prodotti sostenibili per l'involucro casa", 8.

MAGRINI A., ENA D. (2002), *Tecnologie solari attive e passive*, EPC Libri, Roma.

MARCHIGIANI S., ROTA R. (1991), *Edilizia residenziale a basso contenuto energetico*, Alinea Editrice, Firenze.

MAROCCO M., ORLANDI F. (2000), *Qualità del comfort ambientale*, Dedalo, Roma.

MASERA G. (2004), *Residenze e risparmio energetico – Tecnologie applicative e linee guida progettuali per la costruzione di abitazioni sostenibili*, Il Sole24ore, Milano.

MAZRIA E. (1990), *Sistemi solari passivi: soluzioni per una migliore qualità ambientale degli edifici*, Franco Muzio Editore, Padova.

MORO A. (2002), *La certificazione ambientale: scenari e quadro normativo europeo*, in *Atti del Convegno Certificazione energetico ambientale degli edifici e politiche per la promozione dell'edilizia sostenibile: esperienze internazionali e prospettive italiane*, Environment Park, Torino.

NOVI F. (a cura di) (1999), *La riqualificazione sostenibile. Applicazioni, sistemi e strategie di controllo climatico naturale*, Alinea Editrice, Firenze.

PAOLELLA A. (a cura di) (2001), *L'edificio ecologico: obiettivi riconoscibilità caratteri tecnologie*, Gangemi Editore, Roma.

PERINIC D., PERINIC M. (1983), *Dreux: solare passivo in un recente quartiere degradato*, in "Recuperare", 7.

POPE A. M., PATTERSON R., BURGE H. (1993), *Indoor Allergens Assessing and Controlling Adverse Health Effects*, Committee on the Helth Effect of Indoor Allergens Division of Health Promotion and Disease Prevention, National Academy Press, Washington DC.

ROGORA A. (1997), *Luce naturale e progetto*, Maggioli Editore, Rimini.

SALA M. (a cura di) (1994), *Tecnologie bioclimatiche in Europa*, Alinea Editrice, Firenze.

ID. (a cura di) (2001), *Recupero edilizio e bioclimatica: strumenti, tecniche e casi studio*, Se, Arzano.

SALA M., CECCHERINI NELLI L. (1992), *Tecnologie solari*, Alinea Editrice, Firenze.

SALA M., TORRICELLI M. C., SECCHI S. (1995), *La luce del giorno, tecnologie e strumenti per la progettazione*, Alinea Editrice, Firenze.

SERRA FLORENSA R., COCH ROURA H. (1991), *El disseny energètic a l'arquitectura. Quaderns d' arquitectes*, UPC, Barcellona.

SILVESTRINI G. (1984), *Metodi semplificati di calcolo per sistemi solari passivi*, in M. Bottero, G. Rossi, G. Scudo, G. Silvestrini, *Architettura solare, tecnologie passive e analisi costi benefici*, CLUP, Milano.

VAN MINNEN J., VOIGHT T. (2004), *Impacts of Europe's Changing Climate*, European Environment Agency report n. 2, Office for Official publications of the european Communities, Luxembourg.

WILLMERT T. (2001), *The Return of Natural Ventilation*, in "Architectural Record", 7.

YANNAS S. (1994), *Solar Energy and Housing Design. Volume 2*, DTI, London.

www.assohque.org (sito web dell'associazione HQE)
www.breeam.org (sito web relativo a BREEAM)
www.ecotect.com (software *Ecotect*)
www.eere.energy.gov/buildings/tools_directory/subjects_sub.cfm (sito web del Dipartimento dell'Energia degli Stati Uniti)
www.europa.eu.int (portale dell'Unione Europea)
www.greenbuilding.ca (sito web relativo a Green Building)
www.iisbe.org (sito web dell'iiSBE che coordina lo sviluppo del Green Building Challenge)
www.itaca.org (sito web relativo al Protocollo ITACA)
www.solacalc.com (software *Solacalc*)
www.usbc.org (sito web di LEED, *LEED-Rating System – Version 2.0 – 2001*).

6
I materiali nella progettazione sostenibile

I materiali svolgono un ruolo fondamentale in architettura: attraverso l'uso dei materiali l'atto progettuale si concretizza, si realizza, diventa materia, realtà quotidiana. L'individuazione dei materiali in un progetto può percorrere diverse strade, essere atto fondamentale o indifferente ma mai casuale.
Nel concetto di "sviluppo sostenibile" i materiali giocano, implicitamente, un ruolo fondamentale, sotto diversi aspetti: il materiale è l'esito della trasformazione della risorsa primaria, grazie anche alla produzione di energia che rende possibile i processi industriali necessari, quindi di conseguenza anch'esso atto di sfruttamento di risorse. Ma è anche attraverso i materiali che è possibile realizzare soluzioni costruttive tali da permettere consumi energetici limitati per climatizzare i nostri edifici ecc.
Vediamo quindi, in sintesi, alcuni degli aspetti attraverso i quali definire la **relazione tra materiale e sostenibilità**.

Materiale come risorsa

Un qualunque **materiale** per l'edilizia deriva dalla **trasformazione**, come si è appena detto, di una o più **materie prime**, attraverso **processi industriali** volti a modificare in tutto o in parte le caratteristiche fisico chimiche per renderle stabili in un orizzonte temporale definito (secondo il concetto di "affidabilità", cioè di permanenza delle prestazioni nel tempo) e rendere la materia idonea a un determinato uso. Le materie prime possono però avere **diversa origine** e diverse caratteristiche di "**disponibilità**". Si parla di "**risorse rinnovabili**" quando il materiale in oggetto deriva da una **sostanza riproducibile** secondo **cicli controllabili dall'uomo**; le risorse materiali rinnovabili in realtà non sono molte, dovendo necessariamente fare riferimento, per considerarle tali, a cicli di coltivazione di specie vegetali o, in certi casi, di allevamento di animali (quest'ultime impiegate nel settore dell'arredo ma non, o perlomeno non più, in quello dell'edilizia). Si fa riferimento principalmente al legno e ai suoi derivati, di cui si tratterà nel par. 2 di questo capitolo.
Le **risorse non rinnovabili** sono invece costituite, in termini di materia, da quelle **sostanze la cui presenza sul nostro pianeta è definita quantitativamente**, per le quali i cicli di trasformazione sono al di là degli orizzonti

temporali dell'uomo: rocce, argille, minerali ecc. Alcune di queste risorse sono **abbondanti**, cioè è difficile immaginarne un reale rischio di esaurimento, altre invece sono di **disponibilità limitata** perché quantitativamente poco presenti sul nostro pianeta. Molti materiali impiegati in edilizia derivano da risorse **non rinnovabili ma ampiamente disponibili**. Questo però non deve tranquillizzarci, infatti la loro estrazione **modifica irrimediabilmente il territorio** di origine: le materie prime vengono escavate da rilievi montuosi che, di conseguenza, vengono via via erosi. Oggi c'è una maggiore attenzione per gli **aspetti paesaggistici** legati al mercato dell'estrazione mineraria e molte cave vengono realizzate in sottosuolo.

La terza via, molto interessante e maggiormente descritta nel par. 4 di questo capitolo e nel par. 3 del cap. 7, è quella del **riciclo**, ovvero dell'impiego di materia prima non vergine, **trasformando materia già utilizzata**, a volte per lo stesso scopo ma molto spesso portando a un prodotto in parte o del tutto diverso.

Materiale ed energia

La trasformazione delle materie prime in materiali e prodotti per l'edilizia implica un **consumo energetico** legato ai processi industriali, al trasporto dai luoghi di produzione a quelli di costruzione, alle modalità di messa in opera. A tale consumo energetico, come si è già detto in questo testo, è connesso un problema di emissioni inquinanti in forma liquida, solida o gassosa, o in termini di calore dissipato nell'atmosfera o nei corsi d'acqua. In un progetto sostenibile andrebbero quindi selezionati materiali a "**basso contenuto energetico**", ovvero per la cui produzione, rispetto all'unità di prodotto (kg, mc, o elemento funzionale in opera) è stata consumata meno energia rispetto ad altri materiali di consueto utilizzo e analoga prestazione. Tale selezione è di complessa effettuazione se si vuole essere sicuri della correttezza dei dati e dei termini di paragone che si stanno impiegando. Alcune indicazioni in merito sono riportate nel cap. 7, par. 2 sulle certificazioni di prodotto e sull'analisi del ciclo di vita.

Materiale per la realizzazione di tecnologie "attive"

Alcuni dei materiali che si usano nella progettazione sostenibile sono volti a realizzare elementi in grado di agire in maniera più sofisticata, nei rispetti del fenomeno del passaggio del calore, rispetto al semplice parametro della conduttanza. Si tratta ad esempio del **vetro**, che vedremo nel par. 1 di questo capitolo, che come si è già potuto osservare nel cap. 5, è alla base del funzionamento dei **sistemi solari passivi** attraverso il fenomeno dell'**effetto serra**. Altro materiale interessante, di cui si è parlato nel par. 4 del cap. 5, è il **silicio** impiegato per le **celle fotovoltaiche**, un tempo prodotto eminentemente impiantistico, oggi, grazie ai sistemi integrati, nuovo materiale, nel suo guscio vitreo, per la realizzazione di rivestimenti "attivi" negli edifici.

Materiale e salute umana

Molti dei materiali utilizzati in questo ultimo secolo sono oggi accusati di avere effetti nocivi sulla salute dell'uomo. Si parla di **inquinamento *indoor***, indicando quelle condizioni ambientali decisamente poco salubri che vengono a crearsi all'interno dei nostri ambienti confinati a causa delle emissioni di sostanze gassose o di particelle che vengono inalate rischiando di creare malattie croniche o, in certi casi, degenerative sino alla letalità (caso tristemente noto è quello dell'amianto). Nel par. 3 di questo capitolo si parlerà di **bioedilizia** come di approccio progettuale in cui ci si preoccupa principalmente dell'uso di materiali sani, appunto compatibili con la vita (bio) dell'utente che vi viene a contatto.

1. Il vetro

Per quanto l'architettura **bioclimatica** si sia evoluta, dai primi esperimenti degli anni cinquanta sino a oggi, al punto da sviluppare caratteristiche prestazionali sempre meno legate alle componenti espressive formali, passando da una condizione di "espressione di un diagramma di funzionamento", con una decisa prevalenza degli elementi caratterizzanti le prestazioni dei sistemi solari passivi, a una nuova fase in cui le diverse componenti confluenti nel progetto vengono metabolizzate, così da ottenere una unità organica equilibrata, la presenza dei componenti per la gestione attiva e passiva delle condizioni microclimatiche è comunque più o meno evidente.

Vetro materiale fondamentale nei sistemi solari passivi e attivi

Tra i materiali più impiegati in questi organismi c'è sicuramente il vetro, essenziale per l'attivazione dell'**effetto serra**, fenomeno alla base del funzionamento dei sistemi solari passivi e attivi. Le sue caratteristiche fisico-chimiche, il suo impiego, la sua elaborazione in prodotti con diverse prestazioni, dalle semplici lastre in vetro *float* ai prodotti più innovativi come i TIM, determina gran parte delle modalità di funzionamento degli elementi bioclimatici dell'edificio sostenibile.

Il vetro è considerato, a ragione, **materiale della modernità**, poiché il suo sviluppo tecnologico ha accompagnato l'evoluzione dell'architettura come la intendiamo oggi.

Problematiche relative all'uso estensivo del vetro

La possibilità di realizzare facciate a *curtain wall* ha permesso un alleggerimento esasperato dell'involucro edilizio, permettendo una trasparenza prima sconosciuta, portando con sé però nuove problematiche, come quella dell'**eccessivo irraggiamento** e della conseguente necessità di proteggersi dal surriscaldamento o da un eccesso di illuminazione diretta o, al contrario, di dover rimediare alle eccessive dispersioni termiche nella stagione fredda. Da questi inconvenienti derivano stimoli a un ulteriore **sviluppo tecnologico** all'invenzione di altri prodotti in grado di risolvere, o per lo meno ridurre, gli inconvenienti citati.

Componenti del vetro

Il vetro è un **prodotto di fusione**, inorganico; viene considerato una soluzione solida o un fluido solidificato poiché il materiale, durante la fase di raffreddamento, passa dallo stato fluido a quello solido senza cristallizzare. Le molecole, disposte in modo completamente disordinato, non formano un reticolo cristallino, pertanto il materiale risulta trasparente.

Composizione e caratteristiche principali:

- vetrificanti: silice, anidride borica, anidride fosforica, feldspati, caolini (silice, SiO_2: 69/74%);
- fondenti: carbonati di sodio e potassio, abbassano la temperatura di fusione rendendo più facile la lavorazione (ossido di sodio, Na_2O: 12/16%);
- stabilizzanti: carbonati di calcio e bario, ossidi di piombo, zinco e alluminio, modificano le caratteristiche fisico-chimiche e migliorano la stabilità del vetro rispetto alle sollecitazioni dovute agli agenti atmosferici (calce, CaO: 5/12%);
- altri ossidi, affinanti, opacizzanti e coloranti per modificare le proprietà fisiche.

Il vetro *float*

Parlando di vetro per edilizia, come lo intendiamo oggi, si può dire che la rivoluzione sia nata nel 1959, con l'apertura del primo impianto industriale per la produzione di vetro con una nuova tecnica, il ***float***, da parte della società inglese **Pilkington Brothers Ltd.** La miscela, fusa a 1.500-1.600 °C, viene colata su un bagno di stagno in atmosfera controllata; il liquido vitreo si trova così a galleggiare sullo stagno, formando un nastro le cui superfici sono piane e parallele semplicemente grazie all'azione della forza gravitazionale e al controllo della temperatura per ottenere la giusta viscosità della massa. Successivamente le lastre vengono ricotte per eliminare le tensioni createsi a causa del raffreddamento della lastra. Si ottengono così lastre di larghezza pari a 3,20 m circa e di lunghezza teoricamente indefinita (commercialmente la lunghezza standard è 6 m). Questa tecnologia produttiva permette di ottenere una grande produzione con un livello qualitativo nettamente superiore ai prodotti precedenti (ottenuti per laminazione o tiro dell'impasto colato).

Le lastre possono successivamente essere soggette ad **altre lavorazioni**, per modificarne le caratteristiche prestazionali, e all'assemblaggio, con diversi procedimenti, al fine di ottenere elementi in cui vengono **migliorate** alcune **prestazioni** quali la resistenza meccanica, la resistenza al passaggio del calore ecc. Di seguito vengono presentate, sinteticamente, alcune categorie di prodotto il cui uso è frequente nell'edilizia, o prodotti speciali il cui impiego potrebbe essere interessante se le difficoltà tecniche di produzione fossero superate. Il mondo dell'industria del vetro è, in realtà, molto più ampio (auto, contenitori, fibre ecc.) e verrà tralasciato quanto non direttamente connesso con le tematiche affrontate in questo testo.

Parametri che individuano le caratteristiche di un vetro

1.1. Parametri prestazionali È opportuno definire alcuni parametri al fine di comprendere meglio le differenze prestazionali tra i diversi tipi di vetro (i valori di riferimento sono stati calcolati attraverso l'impiego del software *Pilkington Spectrum Glazing Calculator*).

Trasmissione luminosa (TL): flusso luminoso trasmesso attraverso il vetro in rapporto al flusso luminoso incidente (secondo la curva CIE D65 con densità spettrale da 380 a 780 nm); il valore TL per un vetro chiaro da 3 mm è circa 90%.

Riflessione luminosa (RL): flusso luminoso riflesso dalla lastra in rapporto al flusso luminoso incidente (secondo la curva normalizzata CIE D65); il valore per un vetro chiaro da 3 mm è circa 8%.

Trasmissione ultravioletta (UV): rapporto di irraggiamento ultravioletto (campo spettrale tra i 280 e i 380 nm) trasmesso rispetto a quello incidente; il valore per un vetro chiaro è circa 63%.

Trasmissione energetica (TE) o **energetica diretta** (TED): flusso energetico che viene trasmesso direttamente attraverso il vetro (senza cambiare lunghezza d'onda per la TED); il valore di TE per un vetro chiaro da 3 mm è circa 84%.

Riflessione energetica (RE): flusso energetico riflesso dalla lastra di vetro rispetto a quello incidente; il valore per un vetro chiaro da 3 mm è circa 8%.

Assorbimento energetico (AE): rapporto tra flusso energetico assorbito dal vetro e quello incidente; questo verrà poi riemesso in parte verso l'interno e in parte verso l'esterno in funzione delle caratteristiche del vetro, delle temperature, delle velocità dell'aria interne ed esterne; per un vetro chiaro da 3 mm il valore è circa 8%.

Fattore solare (FS **o g**) o trasmissione energetica totale: è il rapporto tra il flusso energetico solare entrante attraverso il vetro e quello incidente; è la somma di TE con l'energia assorbita dal vetro e ritrasmessa verso l'interno (spettro da 2,5 a 50 micron), in condizioni determinate di irraggiamento; il valore per un vetro chiaro da 3 mm è circa 0,86.

FIGURA 6.1 Riflessione, assorbimento, trasmissione della radiazione attraverso il vetro – schema

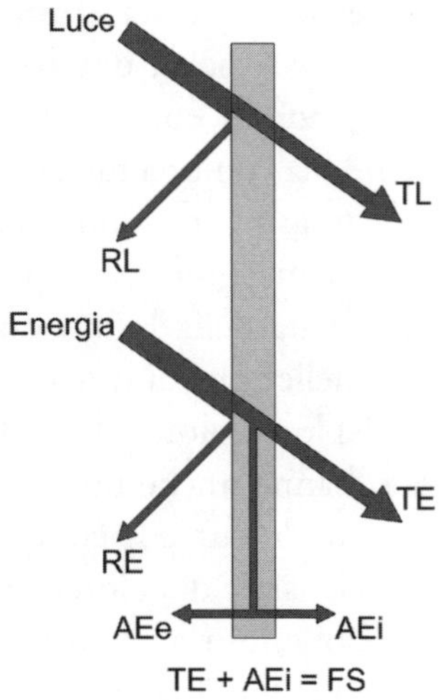

Coefficiente *shading* (SC): rapporto tra il fattore solare della vetrata considerata e quello di riferimento corrispondente a un vetro chiaro da 3 mm con radiazione di 783W/mq (FS = 0,87).
Trasmittanza termica (K): energia termica espressa in W che viene trasmessa attraverso 1 mq di superficie per ogni grado di differenza di temperatura tra interno ed esterno in gradi Kelvin. La trasmittanza di un vetro chiaro da 3 mm è di circa 5,8 W/(mq K).
Emissività (e): rapporto tra la radiazione emessa dalla sua superficie e la radiazione che emetterebbe un corpo nero avente la stessa area, alla stessa temperatura; il valore è quindi compreso tra 0 e 1.
Indice generale della resa dei colori RD65 (DIN 6269) o Ra: valutazione del grado di accordo tra l'aspetto cromatico degli oggetti illuminati dalla luce del Sole e l'aspetto cromatico degli stessi oggetti illuminati dalla luce del Sole che attraversa la vetrata.

1.2. Vetri colorati e riflettenti

Vetri per la riduzione della trasmissione termica e luminosa

Vetri colorati in pasta Il *float* colorato viene prodotto mescolando alla pasta vetrosa fusa ossidi metallici (diversi a seconda del colore che si vuole ottenere, principalmente ferro, cobalto, cromo, vanadio, rame, oro e argento). La coloritura è quindi permanente e uniforme. Lo spessore della lastra determina inoltre l'intensità del colore (analogamente a quanto avviene per il *float* chiaro, che, si ricorda, tende ad avere un colore verde per la presenza di ossidi di ferro). Questo vetro ha una capacità di assorbimento solare notevole, riducendo di conseguenza l'intensità luminosa trasmessa e l'abbagliamento. Per quanto riguarda la radiazione termica è opportuno ricordare che il vetro colorato, assorbendola, si scalda notevolmente e conseguentemente riemette parte dell'energia assorbita verso l'interno. Per avere un termine di confronto, un **vetro chiaro da 4 mm** ha una trasmissione TE = 83 circa, con FS = 0,85 e una TL = 90%; una lastra **color bronzo** può avere un valore intorno a TE = 59, con FS = 0,68 e una TL = 61%.
La lastra resta quindi trasparente ma con una forte riduzione della trasmissione energetica e luminosa. Tali lastre vengono generalmente usate nella **versione temprata**, a causa della maggiori **possibilità di shock termico** (rottura per dilatazione differenziata della lastra) dovuto all'alto assorbimento e alle possibili variazioni nelle zone di irraggiamento/ombra.
Le lastre colorate, in funzione del loro colore, oltre ad avere un diverso fattore solare a parità di spessore, hanno anche una diversa risposta alla trasmissione spettrale, delineata secondo curve le cui caratteristiche sono fornite dai produttori. Ad esempio le lastre di **colore verde** hanno una **buona trasmissione nel campo del visibile**, pur avendo un **fattore solare molto basso**, essendo molto selettive sulle lunghezze d'onda dell'infrarosso. Ciò vuol dire che i cambiamenti cromatici della radiazione trasmessa nel cam-

po del visibile possono essere diversi in funzione del colore della lastra. Ad esempio mentre un **vetro bronzo** da 4 mm ha, come già visto, una TE = 59% e una TL = 61%, un **vetro verde** ha un valore TE = 66% e TL = 80%.

Vetri riflettenti a strato pirolitico Il vetro a deposito pirolitico è il primo vero prodotto per il controllo solare. Si tratta di un *float* sul quale **si applica a caldo** uno **strato di ossidi metallici** direttamente sulla linea di produzione, all'uscita dal forno, in modo che con la ricottura lo strato si incorpori chimicamente nella faccia della lastra, in maniera permanente. La **pellicola** che si ottiene è **resistente quanto il vetro** stesso, che può quindi essere installato con la faccia trattata in posizione 1 (fig. 6.2), cioè all'esterno, per una buona riflessione energetica e luminosa; tale faccia però deve essere mantenuta sempre pulita perché eventuali depositi aggressivi non deteriorino il deposito metallico. In alternativa la superficie trattata può anche essere messa in faccia 2; in tal modo si ottiene una minore riflessione, ma la lastra tende a scaldarsi maggiormente e conviene sia temprata. Le caratteristiche variano anche in **funzione** del **colore** del **vetro** di base, che ne determina l'aspetto estetico. Sommando energia assorbita e riflessa si arriva, sottraendola a quella incidente, a un **fattore solare** piuttosto basso, **anche inferiore al 40%**. L'ottenimento di valori così bassi ha come conseguenza l'**abbassamento** piuttosto drastico della **trasmissione luminosa**, che può essere considerato un inconveniente sgradevole (ad esempio il vetro **colore avana** riflettente da 8 mm ha FS = 38 e TL = 18).

Questi *coating* riflettenti pirolitici hanno una **emissività elevata**, paragona-

FIGURA 6.2 Schema del comportamento di una vetrocamera con vetro riflettente

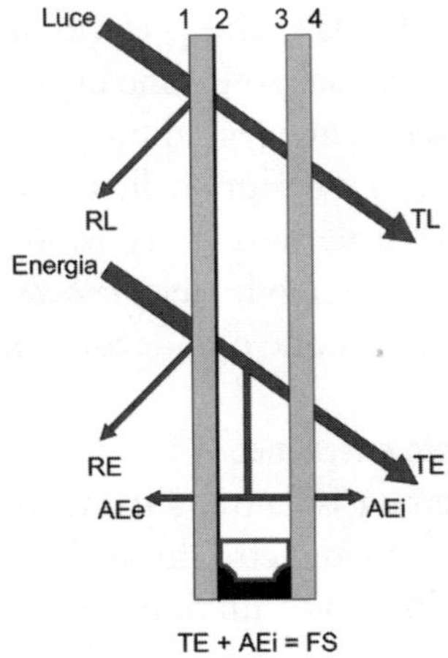

bile a quella del vetro chiaro (e = 0,88) e le loro caratteristiche di isolamento termico sono quindi le stesse del vetro chiaro.
I vetri pirolitici possono essere ulteriormente trattati senza grossi problemi anche successivamente, attraverso processi di tempra, di emalizzazione (smaltatura opacizzante utilizzata per la realizzazione delle lastre di parapetti ciechi), curvatura, stratificazione.

Vetro riflettente per polverizzazione catodica Il processo di deposito viene chiamato ***magneton sputtering***. Consiste nell'asportazione di materiale dal catodo, costituito da una piastra del metallo da depositare, portata a potenziale negativo, per mezzo del bombardamento da parte di ioni del gas di processo la cui concentrazione intorno a esso è stata aumentata per mezzo di magneti, così da aumentare l'efficacia di deposizione sul vetro. Il processo avviene in camere sottovuoto spinto continue ma divise a seconda del gas di processo (argon, ossigeno, azoto) in modo che si depositino metalli puri o assinitruri degli stessi. Si utilizzano catodi di metalli nobili come l'oro e l'argento, o altri come il cromo, il titanio, lo zinco, il rame ecc., che per le loro particolari caratteristiche ottiche negli spessori sottili impieganti (< 0,1 micron) permettono di realizzare una vasta gamma di prodotti con valori variabili di trasmissione luminosa dal 4 al 40% e di FS dal 12% a 52%, in funzione dello spessore depositato su vetro chiaro o colorato. Rispetto al vetro riflettente prodotto per procedimento pirolitico, il processo di *sputtering* ci **permette** di avere, a parità di trasmissione luminosa, fattori solari inferiori, e con un alto indice di **resa dei colori** con Ra > 90, cosa che lo rende in genere preferibile. Questo perché il deposito per *sputtering* rende il prodotto maggiormente selettivo nei confronti degli infrarossi. Anche il **valore di emissività**, compreso mediamente **tra 0,3 e 0,7**, lo rende preferibile perché lo dota di migliori caratteristiche di contenimento termico. Come contropartita si ha una **maggiore delicatezza del deposito**, che pertanto deve essere messo in faccia 3, cioè preferibilmente all'interno della vetrocamera, o, se in lastra singola (soluzione ormai abbandonata), all'interno dell'edificio perché facilmente aggredibile da agenti atmosferici, inquinanti e sostanze detergenti. La tempra delle lastre deve avvenire prima del processo di deposito. Le normative che regolano la qualità produttiva determinano la **dimensione** accettabile dei ***pinholes***, ovvero le mancanze di deposito riflettente, che comunque non devono essere mai ravvicinati.

1.3. Vetri per il contenimento energetico

Il contenimento dei consumi energetici: la vetrocamera

Vetrate isolanti Una vetrata isolante, altrimenti definita **vetrocamera**, è composta da due (o tre) lastre di vetro distanziate da un telaio interno metallico, unito lungo il perimetro da un doppio giunto sigillante, continuo e impermeabile, in modo da poter trattenere il gas disidratato (aria, argon) che contribuisce a determinare le **proprietà isolanti**.

Le prestazioni da controllare, connesse con quelle di miglioramento delle prestazioni termiche, sono necessariamente: durata nel tempo, evitando l'appannamento interno delle lastre per condensazione del vapore in caso di cedimento della sigillatura; la sicurezza, tramite una buona resistenza delle lastre ai carichi dovuti a effetti di pressione o a sollecitazioni termiche; estetica, controllando le possibili deformazioni delle lastre conseguenti al loro accoppiamento.
Le **caratteristiche termiche** della vetrocamera dipendono dallo **spessore** (eventualmente diverso) e dal **tipo di lastre** impiegate (colore, depositi riflettenti o basso-emissivi), dal **tipo di gas** impiegato e dalla **profondità** della intercapedine.
Una vetrocamera costituita da due vetri di spessore 4 mm e una intercapedine da 12 mm (viene indicata come **4-12-4**) in aria disidratata avrà una trasmittanza di circa K = 2,9 W/(mq K). Questa potrà essere ridotta con l'impiego di gas al posto dell'aria, con l'uso di vetri più spessi o, meglio, con l'uso di vetri basso-emissivi.
È possibile ridurre ulteriormente il valore di trasmittanza usando vetrocamere a **3 vetri** (ad esempio del tipo 4 + 12 + 4 + 12 + 4 vetri chiari, con aria disidratata, K = 1,9 W/mq K). Sperimentazioni sono state effettuate anche su vetrate multiparete, con l'impiego di film polimerici tesi, con problemi tecnici tali però da non permetterne la commercializzazione. Altre **sperimentazioni** sono state effettuate realizzando vetrocamere la cui intercapedine viene portata **sottovuoto**, in modo da eliminare i fenomeni convettivi interni. Tale applicazione presenta però diversi inconvenienti, in particolare dovuti alla necessità di sopportare la pressione atmosferica con elementi piani che non potranno quindi essere di grandi dimensioni. Questa tecnologia viene invece efficacemente sfruttata nella produzione di collettori termici tubolari (cfr. cap. 5, par. 3).

Vetri basso-emissivi I vetri basso-emissivi sono **vetri riflettenti con un'alta selettività**, cosa che li rende alla vista praticamente **trasparenti**. Quanto più bassa è l'emissività del *coating* depositato sul vetro, tanto maggiore è la riflessione della radiazione elettromagnetica emessa dai corpi a temperatura ambiente.
Anche in questo caso il deposito può avvenire per via **pirolitica**, ottenendo un prodotto resistente e con un valore di emissività di **e = 0,2-0,3**, oppure depositato per via fisica; quest'ultima soluzione permette di avere valori di emissività ancora più bassi e una migliore trasmissione luminosa: un vetro con *coating* basso-emissivo a base di **argento** su ***float*** chiaro raggiunge il valore di **e = 0,1** con una notevole riflessione nel campo delle radiazioni infrarosse lontane, quali sono quelle emesse dai corpi in un ambiente.
Il vetro basso-emissivo ha come caratteristica peculiare di **permettere** il

passaggio dell'**energia solare in ingresso** ma di essere **riflettente**, come si è detto, alle **radiazioni infrarosse lontane riemesse** dai corpi scaldati all'interno (lunghezze d'onda tra 4 e 50 micron).
Queste caratteristiche fanno sì che il vetro basso-emissivo sia particolarmente adatto alla realizzazione di **vetrocamere isolanti** con una **trasmittanza molto bassa**. La posizione della faccia trattata non influenza particolarmente la trasmittanza, ma crea un comportamento leggermente diverso alla trasmissione energetica e luminosa dall'esterno. Per avere un valore di confronto, una vetrocamera realizzata con due vetri chiari da 4 mm (intercapedine 12 mm contenente aria disidratata) ha un valore K = 2,8 W/(mqK), con TL = **81%** e TE = **76%**; sostituendo il vetro esterno con uno **basso-emissivo** (strato **pirolitico** in faccia 2) si ottiene un K = **1,7 W(mqK)**, pur mantenendo TL = **74%** e **TE = 67%**; con un *coating* **magnetronico** (in faccia 2) avremo **k = 1,5 W/(mqK)**, TL = 78%, TE = 58%. Qualora il *coating* sia in faccia 3 avremo un valore di TE leggermente più alto (rispettivamente 72% e 61%) con un possibile aumento di TL.

1.4. Prodotti speciali

Materiali isolanti trasparenti alla radiazione solare

Vetri TIM Negli anni novanta sono stati condotti molti studi su una nuova classe di materiali in grado di combinare proprietà di alta trasmissione della radiazione solare con ottime prestazioni termiche. Tali materiali, definiti TIM (**Transparent Insulation Materials**), presentano **capacità isolanti** pari a quelle delle fibre di vetro e un **coefficiente di trasmissione solare** paragonabile a quello di una vetrocamera (fig. 6.3).

FIGURA 6.3 **Comportamento di vetri TIM e vetri prismatici**

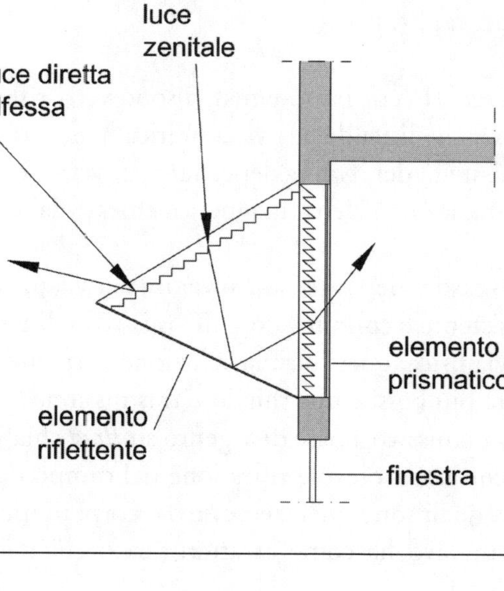

Si distinguono due categorie di TIM: gli aerogel omogenei o granulari di natura inorganica e i policarbonati o polimetilmetacrilati a struttura a nido d'ape di natura organica.
Gli **aerogel** omogenei o granulari sono a struttura porosa e igroscopici, richiedono quindi opportuni rivestimenti; questi materiali hanno un coefficiente di **trasmissione solare superiore all'80%** e un coefficiente di trasmissione termica molto basso, variabile a seconda del procedimento di preparazione e dello spessore.
Le **strutture a nido d'ape** sono realizzate con una serie di fibre in materiale plastico – ma, in recenti sperimentazioni, anche vitreo – e hanno ottime possibilità di **trasmissione della luce** (90% per incidenza normale) e di isolamento termico.
I TIM possono essere impiegati in **soluzioni solari passive** di vario tipo: come componenti trasparenti, in sistemi a guadagno diretto, oppure, accoppiati a elementi opachi di accumulo (immagine a colori, foto 42), in sistemi a guadagno indiretto.
Bisogna tuttavia considerare che i TIM possono portare a un buon confort luminoso, legato anche al loro comportamento diffondente, ma essi **non consentono la visione**; perché questa sia possibile occorrerà utilizzare vetri normali (o vetrocamere), che potranno essere di ridotta dimensione perché ridotta sarà la loro funzione specifica al solo lasciar vedere.
Tra i sistemi traslucidi, tipo TIM, utilizzabili anche accoppiati a elementi murari per la realizzazione di muri solari, vi sono ad esempio i prodotti della Okalux Kapillarglas GmbH o quelli della Ernst Schweizer Ag.

Variare la trasparenza

Vetri a trasparenza variabile Vengono definiti vetri cromogenici i vetri che, attraverso vari sistemi, possono variare il proprio comportamento nei confronti della radiazione incidente.
I sistemi a trasparenza variabile sono tuttora in fase di perfezionamento e hanno costi ancora troppo elevati per una loro larga diffusione in architettura, tuttavia essi si collocano in un ambito della ricerca molto promettente.
I materiali cromogenici si possono suddividere in due categorie:
- quella dei dispositivi **attivati elettronicamente**, nella quale troviamo i dispositivi a **cristalli liquidi** e i dispositivi **elettrocromici**;
- quella dei dispositivi non attivati elettronicamente, nella quale sono compresi i materiali **termocromici** e **fotocromici**.

Opacizzazione

I **vetri a cristalli liquidi** sono composti da vetri stratificati tra le cui due facce viene inserito un film in grado di condurre energia elettrica, costituito da particelle di cristalli liquidi incapsulate in una matrice polimerica. Quando viene applicato un voltaggio sufficientemente alto le molecole di cristalli liquidi assumono un determinato orientamento e il materiale è trasparente; nello stato non attivato le molecole sono disposte casualmente, la luce incidente è diffusa e il materiale risulta di colorazione lattea. In questo stato viene quindi impedita l'introspezione, mentre il passaggio di radiazione luminosa viene relativamente ridotto; nessuna variazione si ha sul passaggio di radiazione termica. L'esposizione a un forte irraggiamento solare può creare problemi modificando il comportamento dei cristalli liquidi.

Test sulla durabilità degli effetti dei dispositivi a cristalli liquidi hanno mostrato l'insorgere di fenomeni legati al rilassamento delle molecole, per cui sono necessari ulteriori studi e verifiche.

Variare la trasparenza con un click

Nei **vetri elettrocromici** il cambiamento delle proprietà è da attribuirsi all'inserimento e all'estrazione di ioni mobili. Tali sistemi sono composti da vetri stratificati tra i quali vengono depositati cinque strati di cui il centrale è un conduttore di ioni ed è compreso tra un film elettrochimico e uno strato di accumulo di elettroni; i due strati esterni sono conduttori trasparenti; l'accumulo di elettroni e il conduttore possono essere incorporati in un unico strato. Quando si applica una differenza di potenziale elettrico tra i conduttori trasparenti, gli ioni, estratti dallo strato di accumulo, passano attraverso il conduttore e sono inseriti nello strato elettrochimico modificandone le proprietà ottiche. La modifica dello strato elettrochimico avviene in funzione dell'input elettronico impresso, dunque si possono ottenere diverse colorazioni e diverse trasparenze e capacità di trasmissione luminosa e solare.

Calore-colore

I **vetri termocromici** modificano le proprietà ottiche in funzione di una differenza di temperatura che altera il loro equilibrio molecolare e li può far diventare opachi.

Ve ne sono di vari tipi, ciascuno con specifiche modalità di trasformazione; tra essi si possono ricordare: l'ossido di vanadio, il TALD, il CLOUG Gel, quest'ultimo già inventato nel 1970.

Per alcuni di essi si può variare la temperatura di inizio reazione attraverso particolari additivi. Questi prodotti sono particolarmente adatti per tutte quelle applicazioni in cui sia richiesta la schermatura dalla radiazione solare e la prevenzione del surriscaldamento; anche allo stato opaco permettono comunque una discreta trasmissione luminosa ma presentano il problema di non fornire mai – neanche allo stato chiaro – una visione nitida.

Luce-colore

Il **vetro fotocromatico** è un vetro contenente alogenuri di argento che reagiscono all'esposizione alla radiazione UV. La variazione della trasmissione di radiazione luminosa incidente è inversamente proporzionale, cioè il vetro si scurisce all'aumentare dell'irraggiamento; un inconveniente che ne limita in generale l'applicazione in edilizia, e praticamente la esclude nei sistemi solari passivi, è il fatto che, scurendosi, diventa assorbente quanto più aumenta l'apporto di radiazione incidente e riemette, quindi, parte dell'energia assorbita verso l'interno.

2. Uso ecologico del legno

Il legno è una delle più importanti **risorse materiali rinnovabili** e senza dubbio la più importante per diffusione e versatilità di impiego.
Derivando dagli alberi, presenti su gran parte del nostro pianeta, è tra i materiali storicamente più diffusi, impiegato sia per la costruzione di edifici che di oggetti. La grande varietà di essenze da cui può essere tratto gli conferisce **caratteristiche molto variabili** sia in termini chimico-fisici che estetici.
L'**ecologicità del suo impiego** è controversa: alcuni paventano la riduzione eccessiva delle foreste a causa di un eccessivo sfruttamento, altri spingono invece in questa direzione definendolo il materiale ecologico per eccellenza. Si può dire che abbiano ragione entrambi i gruppi, i cui atteggiamenti devono però allontanarsi da posizioni radicali se si vuole raggiungere una visione serena e imparziale del problema.
Sicuramente il legno è una risorsa rinnovabile e andrebbe quindi favorita e incentivata anche nei paesi, come il nostro, in cui l'impiego si è tanto ridotto da restare relegato a usi sporadici e di nicchia (ad esempio i solai in legno delle case finto-rurali o il restauro). È doveroso, d'altra parte, considerare obbligatorio un sistema di **controllo dello sfruttamento** delle **risorse forestali** spostandosi sempre di più verso il solo impiego di legni da coltivazione. Se questa può essere già considerata una realtà nel contesto produttivo europeo e nord-americano, molti sforzi sono in atto per l'adeguamento dell'attività silvocolturale in America Latina (cfr., ad esempio, cap. 6, par. 7), ancora molto indietro siamo per quanto riguarda la situazione africana (i cui bellissimi legni scuri, inoltre, sono oggi molto di moda).
Si consideri inoltre che un **albero giovane** ha **un'attività metabolica** molto più intensa di un albero vecchio, cosa che si riflette in un **maggior assorbimento di CO_2**, che viene in un certo senso stoccata nel legno e lì relegata sino a che processi di decadimento (marcescenza, combustione) non la liberano nuovamente nell'atmosfera. Utilizzare molto legno significa quindi eliminare molta CO_2 dall'atmosfera, con i prevedibili effetti sulla salute del nostro pianeta e dei suoi abitanti.

Impiego del legno: vantaggi

In sintesi i **vantaggi ecologici**, **economici ed energetici** nell'impiego del legno, sono:

- è una **materia prima naturale e rinnovabile**, completamente biodegradabile;
- la sua **lavorazione** necessita di **poca energia** e, di conseguenza, presenta emissioni inquinanti molto ridotte; come confronto si consideri che per dei segati medi il contenuto energetico è di 190 kWh/mc contro circa 85.000 kWh/mc dell'alluminio;
- i **prodotti di scarto** delle lavorazioni possono essere **recuperati e rici-**

clati (cfr. anche cap. 7, par. 3) o, al limite, costituire una fonte energetica tramite termovalorizzazione;

- un **impiego massiccio** del legno non necessariamente impoverisce il patrimonio boschivo, al contrario può **stimolare politiche di riforestazione**, risultando compatibile con finalità di tutela ambientale.

Un ente per il controllo dello sfruttamento forestale

Al fine del corretto sfruttamento delle risorse forestali negli USA è nato il **Forest Stewardship Council** (FSC), ONG internazionale di cui fanno parte gruppi ambientalisti, comunità indigene, proprietari forestali, industrie che lavorano e commerciano il legno, scienziati e tecnici con l'obiettivo di migliorare la gestione delle foreste in tutto il mondo, i cui principi sono:

- rispetto delle norme;
- proprietà e diritto d'uso;
- diritti della popolazione indigena;
- relazioni con la comunità locale;
- benefici delle foreste;
- impatti ambientali;
- piano di gestione.

Tale ente ha sede anche in Italia (FSC Italia) e conta diversi associati tra i produttori di arredi in legno.

Peculiarità del legno

Rimandando a testi specifici per la descrizione delle caratteristiche morfologiche, chimiche e fisiche del legno, si richiamano brevemente di seguito alcune caratteristiche peculiari:

- **è un materiale eterogeneo** caratterizzato da incostanza della sua consistenza dovuta alla variabilità delle cellule, dell'orientamento delle fibre, delle caratteristiche degli anelli di crescita e, di conseguenza, della densità nelle diverse parti; tale eterogeneità si ripercuote anche sulla attaccabilità da parte di microrganismi (muffe, funghi) e di insetti xilofagi;
- **è un materiale anisotropo** caratterizzato da fibre prevalentemente orientate, quindi con risposta alle sollecitazioni diversa in ogni direzione;
- **ha una struttura fibrosa capillare** per cui è fortemente sensibile all'umidità che assorbe e cede continuamente, con un "effetto spugna", in equilibrio con l'ambiente in cui si trova; alti tassi di umidità facilitano l'aggredibilità da parte di microrganismi e insetti;
- **è un materiale con discrete capacità di isolamento termico** (la conduttività dell'abete è circa 0,1 W/mK) pur avendo un buon valor di calore specifico (0,57 kcal/kg); ciò lo rende un buon materiale da costruzione;
- **ha un rapporto molto vantaggioso tra peso e resistenza** (carico di rottura a trazione dell'abete 70 N/mmq);
- **è utilizzabile tramite il ricorso a molteplici modalità di collegamento** (incastri, fissaggi con elementi metallici, incollaggio);
- **dà origine**, attraverso la sua lavorazione industriale, **a una grande varietà di prodotti con caratteristiche migliorative** di diverso tipo, utilizzabili in molti campi, tra i quali i principali sono l'edilizia e l'arredamento.

Rispetto alla sostenibilità ambientale i **punti critici nell'uso del legno massello** riguardano:

- la **scelta della specie legnosa**, che dovrebbe escludere i legni derivati da essenze non provenienti da **foreste a ciclo controllato**; normalmente i legni da costruzione sono legni la cui pratica di coltivazione è consolidata, come l'abete, il pioppo, il larice, il castagno ecc.; molti problemi in merito si hanno invece nel campo dell'arredamento;
- la scelta della specie legnosa e le sue modalità di impiego in relazione alle **capacità autopreservanti**; alcune specie (come il castagno e la quercia tra le latifoglie, il pino e il larice tra le conifere) hanno una netta differenziazione tra il durame e l'alburno e sono ricche di tannini, fenoli e oleoresine, cosa che le rende meno attaccabili, nella parte del durame, dai microrganismi e dagli insetti xilofagi (a differenza invece di altre di comune impiego come il pioppo, il faggio, l'abete bianco e l'abete rosso), soprattutto se gli elementi sono posti in opera in modo da restare sempre ben asciutti;
- la **scelta di trattamenti preservanti**; sino a qualche anno fa si è fatto grande impiego di sostanze contenenti alte percentuali di VOC (cfr. cap. 7), tossiche e in certi casi cancerogene; ultimamente però sono stati messi in commercio molti prodotti chimici di origine vegetale, composti da materie prime rinnovabili e a bassissima percentuale di VOC; molto usato, nella bioedilizia, è l'impregnante ad acqua a base di sali di boro;
- analogo discorso vale per i **trattamenti di finitura** superficiale del legno.

Pannelli multistrato

Il prodotto più interessante, nato per ovviare ai limiti del legno massello, è il pannello multistrato o **compensato**, costituito da fogli, prodotti tramite sfogliatura del tronco, incollati con la fibra incrociata alternata in numero dispari, così da avere la stessa direzione nelle due facce esterne; in tal modo si ottiene un prodotto:

- sostanzialmente omogeneo e isotropo nelle due direttrici dimensionali principali;
- in cui sono stati eliminati i principali difetti (nodi ecc.), che potrebbero pregiudicarne le prestazioni;
- la cui fornitura presenta una qualità costante;
- lavorabile facilmente a curvatura sia in fase di produzione che successivamente;
- con dimensioni altrimenti impossibili da ottenere;
- le cui caratteristiche estetiche e di resistenza possono essere variate stratificando legni diversi.

Nel ciclo di produzione del multistrato non si verifica praticamente produzione di segatura e cascame di lavorazione; gli eventuali sfridi (scarti di prodotto, rifilature, avanzi di sfogliatura ecc.) possono essere recuperati per la produzione di pannelli di particelle o di fibre.

Pannelli in fibre e particelle

Esiste una vasta gamma di **pannelli in legno ricostituito** realizzati a partire da trucioli di diversa dimensione, dai pannelli a fibra orientata, con trucioli molto grandi e lunghi, ai truciolari, ai Medium Density (MDF, con particelle molto piccole).
La resistenza meccanica di questi pannelli è abbastanza limitata, e il loro pregio è soprattutto l'**omogeneità** e l'**economicità**.
La **ricostituzione** avviene tramite l'uso di **colle**. Per quanto la materia prima sia derivata dagli scarti di lavorazione dell'industria del legno, la grande percentuale di colla li rende un prodotto **impattante proporzionalmente** al grado di **tossicità della colla** impiegata.
Tuttavia l'impiego di pannelli di produzione industriale al posto del legno massello ha degli indubbi vantaggi, quali un migliore sfruttamento di questa risorsa e la possibilità di usare legni più teneri (a crescita veloce) migliorandone le caratteristiche di resistenza.

Multistrato *vs* truciolare

In generale i **vantaggi** nell'impiego degli elementi **multistrato rispetto ai pannelli in fibra** sono:

- nei pannelli in multistrato si impiegano **minori quantità di colla** fenolica garantendo comunque prestazioni più elevate;
- i pannelli con **colla fenolica** (come ad esempio i compensati marini) sono da **preferirsi** ai pannelli truciolari, che spesso impiegano **urea-formaldeide**, sostanza che rilascia molta formaldeide libera (cancerogena); per le applicazioni di interni è possibile impiegare colle **caseiniche**, cioè derivate dalle **proteine del latte** e assolutamente **atossiche**, con il limite della forte sensibilità all'umidità (in presenza di acqua il compensato si sfoglia);
- in caso di demolizione della struttura in cui sono incorporati, i pannelli in **multistrato** sono potenzialmente **recuperabili** e **riutilizzabili** in altre costruzioni, mentre i truciolari tendono a degradarsi più facilmente.

Fibra di legno e cemento

Un altro tipo di prodotto da tempo impiegato in edilizia è costituito dai **pannelli di fibra di legno**. Si tratta di elementi piani, di diverso spessore e densità in funzione dell'impiego, destinati principalmente a costituire cassero a perdere per i getti in cemento armato, con discrete capacità di isolamento termico, offrendo inoltre buone prestazioni di fonoassorbimento. Questi, sul mercato italiano, sono commercializzati principalmente da due aziende, che ultimamente hanno ridefinito il marketing dei loro prodotti sottolineando le caratteristiche di ecologicità di tale materiale. A parte le differenze tra i due prodotti, le principali componenti sono le **fibre di legno** di abete e il **cemento Portland** più additivi. Questo prodotto ha quindi alcuni vantaggi ma anche problemi in merito alla sua compatibilità ambientale:

- lo stampaggio a caldo e ad alta pressione mineralizza le fibre ed elimina i rischi di aggressione biologica nel materiale;
- vi è la possibilità di produzione con specie legnose a rapido accrescimento;

- buone prestazioni in termini di permeabilità al vapore, reazione al fuoco, resistenza al fuoco; durabilità; anigroscopicità;
- il prodotto finito non presenta problemi di rilascio di sostanze nocive;
- la sua lavorazione in opera avviene come per gli altri prodotti a base di legno ma produce, oltre che sfridi di legno, polvere di cemento;
- qualche inconveniente può insorgere se il materiale viene lasciato a vista perché soggetto a usura e fonte di accumulo di polvere che favorisce lo sviluppo di microrganismi;
- non risulta però un materiale facilmente riciclabile o trasformabile energeticamente perché possiede poco potere calorico, essendo la mineralizzazione irreversibile;
- i pannelli possono tuttavia essere riusati in determinate condizioni, oppure distrutti e reimpiegati per sottofondi.

Con analoga tecnologia vengono anche prodotti dei **blocchi cavi**, sempre con funzione di cassero a perdere, la cui diffusione è sicuramente minore, almeno nel nostro paese.

Isolanti termici

Un derivato dell'attività di silvicoltura da tempo impiegato come isolante termico è il **sughero**; questo viene prodotto dal taglio della corteccia della quercia da sughero (*quercus suber*) e lavorato in funzione degli impieghi a cui è destinato (in gran parte tappi per bottiglie). Viene granulato e sottoposto a diversi processi per ottenere due prodotti: il granulato biondo e quello bruno espanso autocollato naturale. Il primo è realizzato tramite l'agglomerazione con l'ausilio di colle, ha un costo inferiore ed è adatto soprattutto ad applicazioni interne perché è sensibile all'umidità. Il granulato bruno invece viene agglomerato per effetto di calore e pressione, secerne lignina che agisce come collante ed è molto stabile agli effetti del calore e dell'umidità; è particolarmente adatto per la realizzazione degli isolamenti a cappotto termico.

Recentemente sono stati immessi anche sul mercato italiano prodotti per l'isolamento termico costituiti da **materassini in fibre di legno** sottili, fibre prodotte attraverso il recupero di scarti di segheria e agglomerati, secondo diverse densità in funzione delle modalità di impiego, a caldo; l'incollaggio tra le fibre avviene quindi naturalmente, per azione della lignina che viene liberata dal calore.

3. Principi e materiali della bioedilizia

Inquadramento: cos'è la bioedilizia

La **bioedilizia** è un modo di affrontare il progetto d'architettura avendo come obiettivo prioritario la realizzazione di edifici utilizzando **materiali** derivanti da trasformazioni industriali a **basso contenuto energetico**, di **approvvigionamento locale** – per quanto possibile, per motivi culturali ed economico-energetici – di dichiarata **salubrità**, ovvero che non emettono polveri, fibre o sostanze gassose tossiche o di cui sia dubbia la tossicità.

Questa tendenza, la descrizione delle cui caratteristiche sembra porla in totale identità col concetto di "edilizia sostenibile", si esplicita, in modo particolare, nella **preferenza** verso **materiali** spesso ripresi dalla cultura costruttiva locale, semiartigianali, caratterizzati da **processi trasformativi semplici**, a partire da **materie prime naturali** rinnovabili (di origine vegetale) o di disponibilità non limitata (argilla, pietra).

La bioarchitettura

La genesi del termine "bioedilizia" ha seguito, in realtà, quella del termine "**bioarchitettura**". Qual è la differenza?
Dal sito www.bioarchitettura.it:

Si definisce bioarchitettura la disciplina progettuale che attua e presuppone un atteggiamento ecologicamente corretto nei confronti dell'ecosistema ambientale. In una visione caratterizzata dalla più ampia interdisciplinarietà e da un utilizzo razionale e ottimale delle risorse. La bioarchitettura tende alla conciliazione e integrazione delle attività e dei comportamenti umani con le preesistenze ambientali e i fenomeni naturali. Ciò al fine di realizzare un generalizzato miglioramento degli standard qualitativi della vita attuale e futura.
La novità programmatica della bioarchitettura non risiede nella specificità delle singole discipline, quanto nel loro collegamento in una prospettiva capace di rivoluzionare la stessa percezione della qualità architettonica. Non si tratta di nuovo modello formale o semplice sommatoria di tecnologie verdi; obbliga infatti a guardarsi intorno, a scoprire con rinnovata sensibilità la continuità con la storia, le tradizioni, il paesaggio, da affrontare attraverso le nuove consapevolezze della ecosostenibilità e della bio-compatibilità.

Il termine "bioarchitettura" – molto più diffuso dai media, come sinonimo di "architettura naturale", cioè che utilizza componenti naturali ed ecologici – è stato a lungo oggetto di discussione. Il primo motivo è la definizione del suo significato: poiché è la traduzione dal tedesco *Baübiologie* (questa tendenza è nata in Germania-Austria), prima di entrare nell'uso corrente del linguaggio si temeva si confondesse con termini impiegati in Italia quali "bioingegneria", che nulla ha che vedere con l'edilizia (bensì con la manipolazione della vita in senso biologico o medico).

Bioarchitettura: termine registrato

Ma la disputa più lunga si è avuta a causa della registrazione del termine da parte dell'Istituto nazionale di bioarchitettura (INBAR). Il **termine è** quindi **registrato** e soggetto a uso solo in determinate condizioni. «Il termine bioarchitettura è depositato per la didattica e le pubblicazioni; ai soci è proibito ogni uso che comporti riflessi commerciali. In targhe e biglietti da visita ogni socio può evidenziare tale qualità dell'Istituto purché specifichi il numero di iscrizione. È "bioarchitetto" o "esperto in bioarchitettura" chi è inserito nell'Elenco nazionale esperti, a cui si accede mediante curriculum» (www.bioarchitettura.it).
Per questo motivo sono nati altri vocaboli: **edilizia bioecologica**, **bioedili-**

zia (a cui fa riferimento ad esempio l'Associazione nazionale di bioedilizia, ANAB) ecc.
In definitiva, con alcune differenze "filosofiche" interne alle diverse associazioni che si occupano di edilizia ecologica (di cui non è possibile occuparsi in questa sede), questi vocaboli intendono individuare un approccio alla progettazione in cui è fondamentale la preoccupazione per la realizzazione di ambienti sani attraverso l'impiego di materiali naturali e risorse rinnovabili.

Tematiche specifiche della bioarchitettura

Alcuni elementi specifici tipici della bioarchitettura sono oggetto da tempo di discussione in quanto non considerati, da tutti i professionisti e i ricercatori attivi in questo campo, di oggettiva validità scientifica. Ne citiamo due ad esempio.
Geobiologia: la Terra è suddivisa secondo un reticolo magnetico, detto **maglia di Hartmann**, nei cui nodi non bisogna porre spazi di sosta, essendo punti in grado di nuocere alla salute umana, a causa della perturbazione del campo magnetico terrestre. Anche la posizione degli arredi (in particolare dei letti) deve seguire le regole del magnetismo terrestre. Si rileva tramite i rabdomanti o il geomagnetometro.
Feng Shui: è una filosofia orientale, in particolare cinese, che tratta della disposizione degli elementi sul territorio e negli edifici. Particolare rilievo è dato alla forma degli oggetti, in grado di determinare energie positive o negative particolarmente influenti sulla salute dell'uomo.
Altri elementi tipici della bioarchitettura e di approcci affini hanno un riscontro scientifico ma vengono trattati con un livello di attenzione sul quale molti tecnici e studiosi non concordano.
Vediamo quindi i principali **punti di attenzione** su cui la **bioedilizia** focalizza l'attenzione.

Inquinamento *indoor*

Sicuramente la questione più importante, per chi si occupa di bioedilizia, è la realizzazione di **spazi salubri** per l'uomo. È ormai noto che a causa dell'**emissione di sostanze** di vario tipo l'**inquinamento degli spazi confinati** è spesso superiore a quello esterno delle nostre città. La presenza di **formaldeide** e VOC (composti volatili organici) emessi dagli arredi (colle e vernici), di **fibre** inalabili (isolanti fibrosi minerali), di **virus**, **batteri** e **funghi** (impianti di climatizzazione), di gas **radon** (dal suolo) ecc. rende le nostre case e i nostri luoghi di lavoro delle vere e proprie camere a gas, la cui nocività, col tempo, viene evidenziata da disturbi cronici e acuti di vario tipo.
Una delle strategie principali da porre in atto è quindi una **buona ventilazione** dei vani, non solo attraverso i **ricambi d'aria**, che fanno disperdere calore, ma anche attraverso la **porosità dei materiali**. La **"casa che respira"** è uno slogan usato di frequente, volto a rappresentare l'edificio come un **organismo in grado di filtrare l'aria** che attraversa i suoi elementi di confine, permettendo una buona **regolazione** del tasso di **umidità relativa**. Come si è accennato nel par. 8 del cap. 5, ciò comporta una attenta proget-

tazione degli elementi di involucro affinché non si producano condense interstiziali a causa della migrazione del vapore dagli strati più caldi interni a quelli esterni più freddi delle pareti perimetrali. In realtà non tutti sono completamente d'accordo con questa strategia, sostenendo che, in tal modo, gli **elementi edilizi assorbiranno anche le sostanze tossiche** presenti nell'aria che potrebbero essere ricedute nei vani dell'edificio.

Il radon

È forse anche grazie a chi si occupa di bioarchitettura e bioedilizia che alcuni problemi, noti da sempre ma mai considerati in maniera specifica, e mai divulgati, sono stati evidenziati e portati al centro dell'attenzione. È il caso dell'**inquinamento da radon**, **gas naturale** particolarmente **radioattivo**, presente in alcune zone del nostro paese in maniera particolarmente concentrata, di grande tossicità, **cancerogeno**, qualora l'esposizione sia prolungata. Esistono oggi dei prodotti specifici per permettere l'impermeabilizzazione (rispetto ai locali soprastanti) e la ventilazione delle zone di contatto a terra e quindi di ridurre fortemente l'esposizione a questo gas degli utenti degli edifici potenzialmente contaminabili. Questo però non vuol dire che sia sempre necessario predisporre misure antiradon, bisogna prima verificare la sua concentrazione, che è ormai mappata sul nostro territorio; il suo rilevamento, eseguito dall'APAT (Agenzia per la protezione dell'ambiente e per i servizi tecnici) tra gli anni ottanta e novanta, ha dato un **valore della concentrazione media** di **70 Bq/mc** (**Bq** = Becquer, unità di misura della radioattività), relativamente **elevato rispetto alla media mondiale** (intorno a 40 Bq/mc) e a quella europea (circa 59 Bq/mc). Nella varie regioni esiste una situazione molto diversa, con concentrazioni medie che vanno da poche decine di Bq/mc fino a oltre 100 Bq/mc e concentrazioni nelle abitazioni che, in alcuni casi, arrivano fino a migliaia di Bq/mc. La **Commissione Europea** ha fissato dei **valori di riferimento della concentrazione di radon nelle abitazioni** oltre i quali raccomanda interventi di bonifica per la sua riduzione: **400 Bq/mc per edifici esistenti, 200 Bq/mc per edifici da costruire** (Raccomandazione 143/Euratom del 1990); la raccomandazione non è però mai stata recepita in una norma nazionale.

Inquinamento elettromagnetico

Si è parlato di inquinamento elettromagnetico (cap. 3, par. 2) in relazione alla presenza sul territorio degli elettrodotti per la corrente ad alta tensione e le stazioni radio base. I bioprogettisti hanno però puntato l'attenzione anche sull'**inquinamento elettromagnetico *indoor***, dovuto ai **campi elettromagnetici** creati dagli **impianti elettrici a bassa tensione** quali quelli che si trovano nelle nostre case e nei nostri uffici. È stata posta l'attenzione sul fatto che i nostri elettrodomestici creano campi elettromagnetici e che **persino il passaggio di corrente a bassa tensione nei fili crea un campo elettromagnetico**. La soluzione che viene proposta è l'**impiego di sezionatori di rete**, cioè interruttori manuali che tolgono corrente a tratti dell'impianto quando non utilizzato, e di **disgiuntori di rete**, cioè interruttori automatici che si chiudono quando rilevano l'apparecchio utilizzatore in stato di accensione e si aprono quando questo viene spento, così che il circuito sia in tensione solo quando serve (su quella porzione di circuito quindi non devono essere posti apparecchi sempre accesi, come i frigoriferi). Altre soluzioni adottate sono la **disposizione dell'impianto elettrico evitando accuratamente la creazione di anelli**, cioè di spire in grado di generare il campo elettromagnetico, e l'uso di cavi schermati.

Mentre su quest'ultima indicazione i tecnici in generale sono scettici, per lo meno sulla possibilità che il corpo umano sia sensibile a tale variazione del campo magnetico, ultimamente maggiore attenzione si sta ponendo ai **campi generati dagli elettrodomestici**, che possono essere effettivamente di valore sensibile **la cui non nocività non è provata**. A rischio maggiore possono essere considerati gli apparecchi che, per impiego, sono molto vicino al corpo, come i rasoi elettrici (a 3 cm di distanza il valore arriva sino 1.500 microtesla) e i phon (sino a 750 microtesla), anche se questi vengono utilizzati pochi minuti per volta.

Altre fonti di perturbazione del campo magnetico terrestre

Sul problema della perturbazione del campo magnetico terrestre – in cui l'uomo si è evoluto e al quale, quindi, è abituato – e sulla nocività di tali perturbazioni, chi si occupa di bioedilizia spende molte parole. Il consiglio è la rinuncia, quando possibile, all'impiego di materiali metallici, in particolare quelli magnetici, almeno nei vani in cui avviene il riposo e il sonno, cioè nelle camere da letto. Da **abolire** assolutamente i **materassi a molle** e le **reti in maglia metallica**, in quanto le forme a spirale sono maggiormente attive nella perturbazione dei campi magnetici. Se possibile **eliminare** anche gli **elementi di giunzione metallica**, soprattutto nei **letti**. C'è da chiedersi quale sia la nostra reale sensibilità a tali perturbazioni, considerato che viviamo in mezzo a ben altri emettitori di radiazioni elettromagnetiche (televisori, lettori digitali, computer, telefoni cellulari ecc.).

L'arredo ecologico

Ciò ha fatto nascere una fiorente attività nel campo dell'arredo ecologico. Da un po' di anni abbiamo scoperto il confort delle **reti a doghe in legno**, dei **materassi in schiuma di lattice** naturale, abbiamo riscoperto i **materassi in fibre animali e vegetali** (ma con livelli di produzione *high-tech* che li rendono salubri e durevoli) e il cosiddetto "**mobile ecologico**" completamente **in legno** (massello o listellare) e trattato con olii e cere vegetali. Questi prodotti hanno pregi innegabili aldilà della loro "a-magneticità" (cfr. anche cap. 7).

Materiali naturali per l'edilizia

Come si è detto all'inizio di questo paragrafo, il tema principale oggetto di attenzione da parte della bioedilizia è l'**attenzione per l'uso dei materiali.** Questi dovranno:

- essere il più possibile naturali, cioè essere prodotti con tecnologie a **basso contenuto energetico** e con poche trasformazioni a partire da **materie prime naturali**;
- aver un **ridotto ricorso** alle **risorsa petrolifera**, sia perché non rinnovabile, sia perché causa di emissioni inquinanti in fase di lavorazione e di im-

piego e persino in fase di dismissione; i suoi derivati inoltre hanno una biodegradabilità molto bassa e su tempi molto lunghi;

- se fibrosi, essere a **fibra grande e lunga** (vegetale, animale), poiché le fibre molto piccole sono o cancerogene (asbesto) o comunque irritanti e nocive in quanto possono essere inalate;
- essere **permeabili all'aria e al vapore** (tranne nel caso delle membrane antiradon), in quanto per essere salubre l'edificio deve "respirare" e scambiare aria con l'esterno, escludendo le tecnologie che sigillano l'edificio e promuovendo le soluzioni di involucro ventilato.

Dalla tradizione all'innovazione

Queste indicazioni di massima hanno come riferimento nella realtà una gamma di **materiali** che sino a qualche anno fa o non esistevano o facevano parte di **tradizioni costruttive vernacolari** di culture a basso livello tecnologico. Ciò, ad esempio, ha riportato in auge alcune soluzioni produttive particolari, quali ad esempio l'uso della legna e del carbone di legna per la cottura della calce e dei laterizi, che in realtà è alquanto inquinante come combustibile; l'impiego degli **intonaci a calce** e delle tinte a calce; l'uso degli **olii vegetali e delle cere naturali** (animali e vegetali) per il **trattamento** del **legno**, delle **pietre** e dei **laterizi**. Ma ha fatto anche nascere e crescere le aziende di lavorazione chimica e fisica dei prodotti vegetali per la realizzazione di **vernici e pitture ad acqua e a olio**, di materiali isolanti da risorsa rinnovabile. Ha rilanciato la **tecnologia del legno** come possibile alternativa ai materiali della modernità – il cemento armato e l'acciaio – per la realizzazione di edifici a struttura intelaiata. Da notare che in realtà nei paesi nord-europei questa tecnologia non è mai tramontata e tale rilancio, in Italia, stenta ad affermarsi.

I materiali

Non essendo possibile, in una guida come questa, descrivere nei dettagli tutti i materiali e le soluzioni tecnologiche ascrivibili al mondo della bioedilizia, ci si limita a fare un elenco, rimandando alla bibliografia per gli approfondimenti. Evidentemente, date le differenze "filosofiche" e di radicalità di approccio presenti nelle diverse associazioni che si occupano di bioedilizia (oltre che di bioarchitettura), questo elenco è puramente indicativo di ciò che più frequentemente ricorre in tale approccio progettuale.

Elementi strutturali: laterizio (cfr. voce seguente) ove possibile; se possibile usare il legno, materiale naturale e risorsa rinnovabile, per le strutture lineari; si riduca all'indispensabile l'uso del calcestruzzo armato e si escluda l'impiego di cementi derivati da scorie industriali (loppe d'altoforno); ridurre all'indispensabile l'acciaio (e tutti i metalli in genere) in quanto fortemente energivoro e magnetico.

Murature: la pietra va bene, ma è meglio se di recupero, in quanto l'attività di cava deturpa il territorio; attenzione ai tufi perché, sebbene siano teneri e facilmente lavorabili e molto porosi, spesso provengono da zone ricche di radon; si usi in genere il laterizio, anche quello alveolato (o porizzato che dir si voglia), ma attraverso l'inserimento di farina di legno o sansa esausta di olive e non palline di polistirolo (come è stato di frequente sino a oggi).

Intonaci: si limiti, come legante, l'uso del cemento e si impieghi soprattutto la calce, la cui produzione consuma meno energia ed è più adatta a una malta che deve essere elastica e permeabile all'aria quanto il supporto in laterizio che la sostiene; utilizzabili anche gli intonaci in gesso.

Tinte: a base calce, in genere stabilizzate con diversi componenti, poiché il semplice latte di calce tende a ingiallire e a sfarinare, e colorate con ossidi e terre naturali (tempera all'uovo per interni ed esterni, pitture alla caseina per interni, velature alla cera per interni ecc.).

Vernici: a base di olii naturali (ad esempio l'olio duro per parquet, asciugando solidifica e diventa resistente e brillante) o, per lo meno, a base d'acqua, con bassissimo tenore di VOC; per il legno e il cotto ottimo l'olio di lino, dotato di buona resistenza anche all'esterno (va rinnovato ciclicamente).

Isolanti termici: sughero espanso autocollato, fibre di legno autocollate; fibra di cellulosa; lana di pecora; fibre di cocco; fibre di Kenaf; altre fibre vegetali; sono tutti infiammabili, sono igroscopici in misura variabile, alcuni sono negativamente sensibili all'acqua. Fibra di legno mineralizzata; perlite espansa; vermiculite espansa; argilla espansa; vetro cellulare espanso; questo secondo gruppo di isolanti ha un maggiore contenuto energetico, derivando da risorse non rinnovabili ma abbondanti (minerali, argilla, vetro), e possiede particolari performance quali l'inattaccabilità da microrganismi e parassiti e l'incombustibilità.

Impermeabilizzanti: carta catramata (il catrame è producibile col carbone di legna) e carta oleata, derivati entrambi da materie prime rinnovabili e con alta permeabilità al vapore. L'uso di diversi tipi di impermeabilizzanti è forse il "tradimento" più frequente che un progettista di bioedilizia possa compiere, viste le scarse caratteristiche tecniche (soprattutto di resistenza meccanica e quindi affidabilità nel tempo) dei due prodotti citati. Esistono diversi prodotti sintetici adatti allo scopo in quanto fortemente traspiranti (come il Tyvek).

Lungi dall'essere esaustivi citiamo infine due materiali specifici della bioedilizia più radicale, oggi oggetto di studio e recupero da parte degli studiosi di tecnologia: la **terra cruda** e il **bamboo**. La prima è una tecnologia in un certo senso antesignana del calcestruzzo ed è presente nella cultura costruttiva di tutta Europa, pertanto è culturalmente coerente. Il secondo è un'alternativa al legno caratterizzata da tempi di crescita molto più brevi; il bamboo è infatti un'erba ed è in grado di crescere in 5-6 anni raggiungendo, in funzione della varietà, dimensioni ragguardevoli (non nel nostro clima); data la sua estraneità culturale (formale) è entrato nelle nostre case soprattutto sotto forma di elemento di arredo (un po' esotico) e come parquet.

Fa ovviamente parte del bagaglio del bioarchitetto anche la conoscenza di approcci progettuali quali la **progettazione bioclimatica**, l'uso della vegetazione sia per la climatizzazione degli spazi aperti, sia per la purificazione dell'aria negli spazi confinati che, infine, per la realizzazione di impianti di fitodepurazione.

Edilizia scolastica

La progettazione di edifici salubri secondo i principi della bioedilizia è sempre più richiesta nei **bandi di concorso**, soprattutto quando si tratta di edifici scolastici in cui la presenza di bambini, quindi di organismi ancora in via di sviluppo, richiede un approccio prudenziale rispetto alla definizione dei parametri di qualità ambientale.

Un esempio

È possibile mettere in pratica alcune indicazioni delle bioedilizia senza costi aggiuntivi eccessivi, conservando i principi che si ritiene più opportuni e tralasciando gli altri, al fine di ottenere determinati benefici. È il caso, ad esempio, di un progetto da me seguito come coprogettista (con l'arch. M. Ricchebono) per il recupero di un edificio rurale nell'entroterra ligure. L'edificio preesistente è in pietra, caratterizzato quindi da una grande massa, in parte legato con malta di calce in parte con terra. Ha una esposizione ottimale, con i lati principali a sud e a nord.

Le finestre, parzialmente modificate, sono state localizzate in gran parte sul lato nord e solo parzialmente a est e a ovest; a nord affacciano solo due aperture di dimensione limitata. Si è così potuto sfruttare il **guadagno solare diretto** senza utilizzare dispositivi che turbassero il carattere tradizionale della costruzione (fig. 6.4). Una legnaia posta a nord funge come **spazio di transizione termico**. Il vano abitabile a nord è un "**soggiorno d'estate**", esistendone uno più piccolo sul lato sud, con il camino, più adatto all'inverno. La presenza, al centro della casa, di un camino all'interno di uno **spazio a doppia altezza** ne permette l'utilizzo come fonte di calore supplementare (c'è un impianto convenzionale); d'estate è possibile aprire delle finestre al livello superiore, con accesso da un soppalco, per innescare **fenomeni ventilativi di raffrescamento** (fig. 6.5).

I materiali

Si è cercato di ridurre l'**impiego del calcestruzzo al minimo indispensabile**, cioè per il consolidamento delle murature in pietra che resteranno a vista, per le opere di sottomurazione (la casa non aveva vere e proprie fondamenta) e per i cordoli di appoggio delle travi in legno che sostengono il solaio intermedio e la copertura. Le porzioni di parete che è stato necessario ricostruire sono state realizzate con blocchi di **laterizio porizzato** (con **farina di legno**) con spessore 45-50 cm così da rispettare gli spessori preesistenti, non ridurre sensibilmente la massa, ma riducendo il valore di trasmittanza termica.

Il solaio di terra è stato realizzato con casseri a perdere in polipropilene riciclato, che permettono una ottimale **ventilazione dell'attacco a terra**, eliminando i problemi di umidità di risalita. La particolare forma a "iglù" dei casseri permette inoltre un consumo di soli 0,10-0,11 mc/mq di calcestruzzo

FIGURA 6.4 Sezione dell'edificio: irraggiamento nella stagione fredda

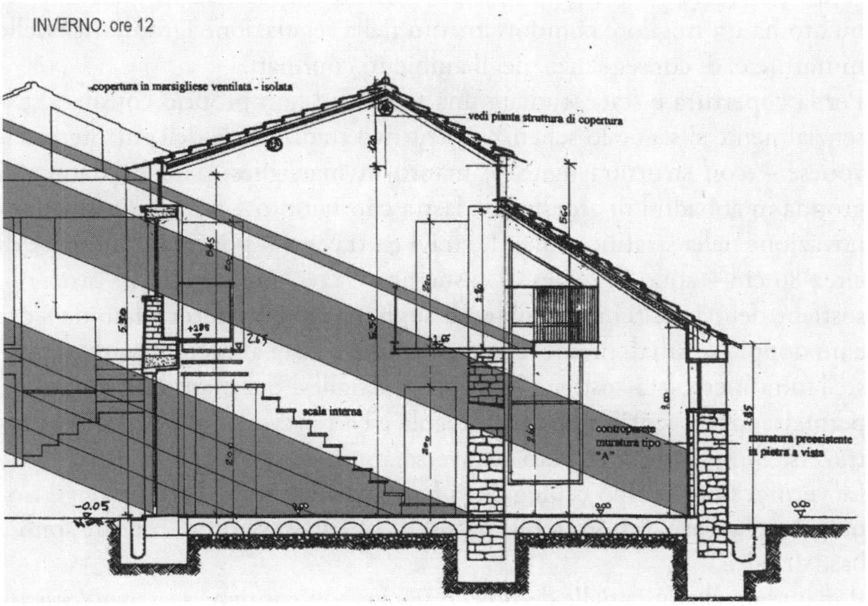

FIGURA 6.5 Sezione dell'edificio: ventilazione e irraggiamento nella stagione calda

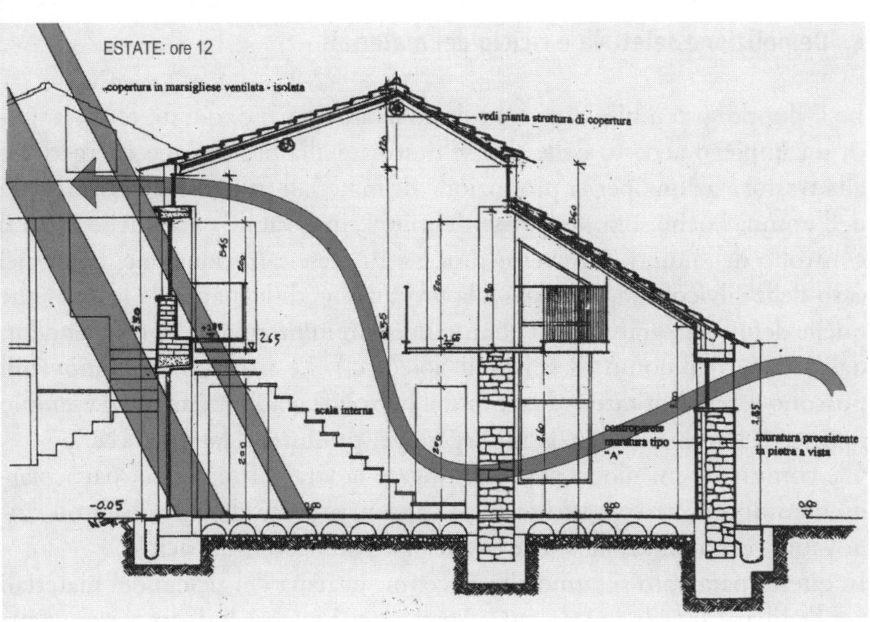

e l'impiego solo di una armatura metallica leggera, riducendo così anche l'impiego dell'acciaio.

Gli **intonaci** sia interni che esterni sono in **malta di calce**, che, oltre ad avere un minor costo energetico in produzione, rispetto all'intonaco di cemento ha un migliore comportamento nella regolazione igrometrica delle murature e, di conseguenza, degli ambienti confinati.
Per la **copertura** è stata studiata una soluzione non proprio consueta. Essenzialmente si segue lo schema costruttivo tradizionale dell'entroterra savonese – con struttura lignea e manto in marsigliesi, con bordatura di gronda in abbadini di ardesia con lastra coprigiunto – ma con qualche innovazione nella stratificazione. Le travi e i travetti – posti a un interasse di circa 80 cm – sono in **legno di castagno**. Il tavolato, sempre in castagno, sostiene dei pannelli in **truciolare di sughero espanso autocollato** da 8 cm e un doppio strato di **membrana traspirante** posata a secco. Una doppia listellatura incrociata sostiene le tegole marsigliesi del manto di copertura, permettendo la **ventilazione sottotegola** e l'asportazione del vapore che attraversa l'impalcato, evacuato attraverso apposite tegole con sfiato.
Le **vernici** sono di tipo **ecologico**, a **base d'acqua**, senza solventi, e gli **impregnanti a base di boro e olii naturali**. Le **pitture murali** interne sono a base di **calce**.
Il materiale di risulta delle demolizioni, che non contiene sostanze tossiche né sintetiche (pietra, malta di calce e terra), è stato reimpiegato per riparare le parti murarie in pietra a vista e per la realizzazione di muretti esterni.

4. Demolizione selettiva e riciclo dei materiali

Lo sviluppo sostenibile, come si è detto in altre parti di questo testo, implica un impiego accorto delle risorse destinate alla produzione energetica e alla trasformazione per la produzione di materiali utili alle diverse attività dell'uomo. Poche sono le risorse definite "rinnovabili", sia quelle sotto il controllo dell'uomo (attraverso processi di crescita/produzione, come nel caso della silvicoltura destinata alla produzione di legname da lavoro) che quelle definibili "gratuite" in quanto presenti in natura ma non dipendenti dall'attività dell'uomo (il vento, il Sole ecc.). Le **risorse non rinnovabili possono essere limitate** (ad esempio il petrolio) **o abbondanti** (ad esempio i minerali ferrosi, l'argilla da impiegare per produrre il laterizio ecc.).

"Prolungare la vita" ai materiali

C'è comunque un modo per "prolungare la vita" ai materiali, particolarmente importante soprattutto per l'appropriato uso delle risorse non rinnovabili (ma applicabile anche alle risorse rinnovabili): il **riciclo**.
In questo paragrafo si fanno alcuni cenni sul tema del riciclo dei materiali per l'edilizia; si veda invece cap. 7, par. 3 per i materiali da impiegare nella produzione industriale di oggetti.

Ciclo di vita dell'edificio

Affinché un'architettura possa considerarsi sostenibile a tutti gli effetti, è necessaria una progettazione responsabile dell'intero ciclo di vita dell'edificio, che consideri non solo l'edificio nella sua **fase d'esercizio** (riduzione dei consumi energetici, uso di materiali atossici e attenzione alle emissioni inquinanti) ma anche:

- le **fasi di realizzazione** (ad esempio cantiere poco impattante, rapido, con ridotte emissioni sonore, riduzione dei trasporti di materiali edili con conseguente riduzione del consumo di carburante e dell'inquinamento ecc.);
- le **fasi di smaltimento** dell'opera alla fine del suo ciclo di vita, che devono avvenire con il minore consumo di risorse ed energia e il minor impatto ambientale e paesaggistico.

È importante considerare, nell'organizzare il processo edilizio di un'opera, l'intero ciclo di vita dell'edificio attraverso processi di LCA (**Life Cycle Assessment**; cfr. cap. 7, par. 2). Questo tipo di analisi è tipico del mondo industriale ed è pratica ormai consolidata, anche se di lunga e complessa applicazione, ma di **difficile adozione** in un processo come quello della progettazione e **realizzazione di un edificio**, in cui vengono impiegati molti materiali diversi, vengono apportate continue variazioni a quanto previsto e le interazioni tra i diversi prodotti e materiali impiegati sono di difficile, e comunque lunga e complessa, previsione.

Sono comunque state compiute già **diverse esperienze interessanti** in questo senso. Ad esempio, il sistema francese dell'HQE valuta i progetti sostenibili anche in funzione dell'organizzazione del "cantiere verde" e del sistema di approvvigionamento dei materiali edili (considerando le distanze cantiere-fornitori). Analogamente il sistema di valutazione **Protocollo ITACA** (Istituto per l'innovazione e trasparenza degli appalti e la compatibilità ambientale) valuta positivamente l'impiego di materiali provenienti da pratiche di riciclo sia sviluppate *in loco* (nel caso di uso di materiali da demolizione degli edifici preesistenti in un sito) sia provenienti da centrali di riciclo esterne.

La pratica del riciclo in edilizia ha diversi obiettivi: Obiettivi del riciclo

- **ridurre il ricorso a materie prime vergini**, specie se costituenti risorse non rinnovabili;
- **ridurre i consumi energetici** legati alla produzione di prodotti con materie prime vergini; infatti partire da un semilavorato – o, persino, riuscire a recuperare degli elementi completi reimpiegabili con poche operazioni di trasformazione – tramite pratiche di demolizione selettiva in genere permette un notevole risparmio di energia in fase produttiva (rigenerativa);
- **ridurre i consumi energetici dovuti al trasporto** dei materiali; questo è particolarmente vero se i centri di riciclaggio sono diffusi sul territorio o se si tratta di materiali riciclati *in loco*, derivanti dalla demolizione di edifici preesistenti;
- **ridurre il volume dei materiali da conferire in discarica.**

Cantieri ecologicamente corretti dovrebbero essere dotati di recipienti diversi per la **raccolta differenziata dei diversi materiali**: inerti, metalli, car-

tone, vetro, legno, rifiuti pericolosi da trattare ecc. La maggior parte dei rifiuti prodotti infatti proviene dalle demolizioni, circa il 30% dalle ristrutturazioni, il 10% dalle nuove costruzioni.
Un vantaggio da non trascurare è, inoltre, la **riduzione dei costi di conferimento in discarica**, i cui oneri, per effetto di recenti normative, hanno subito notevoli aumenti in questi ultimi anni.

Recuperare prima di riciclare

Per ridurre il volume dei rifiuti edilizi occorre quindi che nel progetto siano stati selezionati componenti appropriati, elementi facilmente riducibili a singoli elementi monomateriale e costituiti da materiali di cui sia possibile il riciclo.
La pratica del **recupero**, che anticipa la pratica del riciclo stessa, è raramente applicata anche se certi **componenti edilizi** possono essere facilmente **smontati e riutilizzati** e altri possono essere riutilizzati **dopo un appropriato trattamento**. Questo dipende non tanto, o comunque non solo, dalle caratteristiche degli elementi stessi, quanto dalla mancanza di consuetudine (un tempo invece pratica frequente) e dall'abitudine di fare, ogni volta che si opera, tutto da capo, impiegando nuovi elementi anche quando non necessario.
La pratica del riciclaggio in edilizia è però ancora poco in uso nei paesi mediterranei, mentre è piuttosto sviluppata nel Nord-Europa.

Il caso italiano

I rifiuti da costruzione e demolizione costituiscono un flusso significativo nell'ambito complessivo dei rifiuti prodotti annualmente in Italia, sia in termini quantitativi, sia in termini qualitativi.
Le diverse tipologie sono: calcestruzzo, materiali ferrosi, materie plastiche, laterizi, ceramiche, terre di scavo, materiali da demolizione stradale ecc.
Questi materiali, nonostante siano riciclabili, sono ancora prevalentemente conferiti in discarica. La tabella 6.1 mette in luce le grandi potenzialità di crescita del riciclaggio da demolizione e costruzione in Italia rispetto ad altri paesi (come l'Olanda, il Belgio, la Danimarca, la Finlandia o il Regno Unito).
Per **ottenere un significativo incremento** delle quote di materiale riciclato occorrerebbero le seguenti condizioni operative:

- la revisione e l'aggiornamento delle normative, con introduzione di strumenti come la VAS (cfr. cap. 2, par. 2) da applicare ai Piani di gestione dei rifiuti;
- una più efficace programmazione gestionale che permetta l'effettiva creazione di un mercato del prodotto riciclato mettendo in contatto chi lo produce in cantiere con i possibili acquirenti; possibilità sono offerte dai mercati telematici: alcune iniziative sperimentali sono state già avviate come quella, in Emilia Romagna, del progetto VAMP (Valorizzazione dei materiali e prodotti di demolizione, 1998), che prevede la creazione di un commercio elettronico degli scarti edilizi;

TABELLA 6.1 Produzione di rifiuti da costruzione e demolizione nei paesi membri UE e relative percentuali di riciclaggio e conferimento in discarica

Stato membro	Produzione di C&D (10^3 t)	Materiale riciclato o riutilizzato (%)	Materiale conferito in discarica o inceneritore (%)
Germania	59	17	83
Regno Unito	30	45	55
Francia	24	15	85
Italia	20	9	91
Spagna	13	< 5	> 95
Olanda	11	90	10
Belgio	7	87	13
Austria	5	41	59
Portogallo	3	< 5	> 95
Danimarca	3	81	19
Grecia	2	< 5	> 95
Svezia	2	21	79
Finlandia	1	45	55
Irlanda	1	< 5	> 95
Lussemburgo	–	–	–
Totale UE	180	28	72

Fonte: Symonds Group (1999), cit. in Bressi (2002).

- raggiungimento di accordi di programma tra enti pubblici e privati per la diffusione capillare delle informazioni, la formulazione di regole di buona pratica e normative, la messa a punto di sistemi di gestione ed incentivi.

Il **riciclaggio degli inerti** è, per esempio, da tempo utilizzato – anche in Italia – per la costruzione di rilevati stradali e per massetti in genere che non debbano avere una grande resistenza meccanica, poiché è difficile certificare una miscela di inerti che può contenere materiali diversi. Gli inerti

Esso costituisce una pratica **alternativa al prelievo di ghiaia** dai letti dei fiumi o alla produzione nelle cave, con una riduzione del rifiuto in discarica e dell'impatto ambientale derivante dalle operazioni di prelievo.

In Italia si è costituita l'ANPAR (Associazione nazionale produttori di aggregati riciclati), fondata da imprenditori, attivi nel settore del riciclaggio di rifiuti speciali non pericolosi provenienti da C&D (costruzione e demolizione), al fine di creare un canale alternativo nel settore della fornitura di materiale edile.

Il riciclo dei mattoni

Dalla semplice **triturazione dei mattoni** si ottengono granulati che possono essere utilizzati nei sottofondi stradali e in elementi ricomposti (per la produzione di cocciopesto vengono usati scarti di tipo preconsumo, direttamente in fabbrica, per avere un materiale non contenente impurità).

È possibile tuttavia il **recupero diretto dei mattoni**, in questo caso:

- bisogna scegliere la tecnica di demolizione più adatta e meno invasiva per consentire il recupero dei mattoni;
- prevedere già in cantiere una separazione dei mattoni dagli altri detriti;
- per la fase di trattamento è utile studiare un metodo per pulire i mattoni dalla malta residua al fine del loro riuso.

Un'esperienza di ricerca applicata

In **Olanda** un team di ricercatori della **Delft University of Technology** ha sperimentato l'**utilizzo di un processo termico**, ottenendo il recupero di circa il 50% dei mattoni, come risultato di un progetto pilota, presso uno stabilimento industriale a Reuver.

Per il **diverso coefficiente di dilatazione termica** della malta rispetto a quello del mattone d'argilla, il processo termico determina una differente deformazione dei due materiali e di conseguenza la creazione di forze di compressione e di trazione sull'interfaccia.

Quando viene raggiunta una certa temperatura questa zona di interfaccia si rompe; viene quindi abbassata la temperatura, lentamente, per non creare forze in grado anche di generare microfratture nel mattone. Nel caso specifico della sperimentazione pilota, la temperatura raggiunta dopo 10 ore di riscaldamento progressivo è stata di 540 °C; dopo un periodo di stabilizzazione di 20 ore, la temperatura è stata abbassata lentamente. È stato constatato che la separazione della malta a base di cemento Portland è più facile rispetto a quella della malta a base di calce in quanto, dopo il trattamento, nel primo caso i mattoni sono completamente puliti, mentre nel secondo sulla superficie del mattone rimane un sottile strato di malta, anche se i mattoni rossi in combinazione con la malta a base di cemento Portland presentano alla fine del processo termico molte più fessure.

Il processo di selezione dei mattoni sani e di separazione della malta, la cui rimozione dal mattone non richiede più alcuna forza meccanica, può così essere automatizzato; la selezione manuale risulta infatti un lavoro troppo gravoso in termini di ore lavorative necessarie.

È stata effettuata anche una successiva sperimentazione in occasione della demolizione di un edificio delle ferrovie costruito nel 1970 a Rotterdam. In questo caso l'impresa è stata obbligata, secondo quanto richiesto nell'appalto, a procedere in cantiere a un'attenta separazione dei materiali, utile per il successivo trasporto e trattamento dei rifiuti. In questo caso è stato recuperato il 45% dei mattoni.

La politica del riciclaggio a Londra: il caso di London Remade

London Remade è una partnership che coinvolge il governo regionale, il settore no-profit e alcuni consorzi di impresa e – con un approccio sia teorico, sia pratico – sviluppa piani per la riduzione e il riciclaggio dei rifiuti. Nell'ambito delle sue iniziative collabora anche con l'industria delle costruzioni.

Tra le attività svolte:

- ha sviluppato un protocollo per organizzare la demolizione degli edifici in modo da massimizzare il riciclaggio dei componenti costruttivi;
- ha sostenuto lo sviluppo di "ecositi" specializzati per lo stoccaggio di materiale edile;
- ha sviluppato un team che lavora con oltre 20 aziende coinvolte direttamente e indirettamente con l'industria delle costruzioni, mettendo in contatto i potenziali acquirenti dei materiali riciclati con chi li produce;
- ha orientato la produzione di: tubazioni in plastica riciclata, barre d'armatura riciclate, un sottoprodotto del riciclo del vetro destinato alla realizzazione di manti stradali (che ha avuto ampio impiego in diversi distretti londinesi).

Il riciclo dell'alluminio

L'**industria dei serramenti** e, più in generale, quella di **produzione dell'alluminio** sono state tra le prime a **promuovere l'attività di recupero, trattamento e riciclaggio degli scarti**, sia nel caso in cui essi provengano da attività produttive, sia nel caso in cui essi provengano da attività di demolizione di manufatti edilizi.

L'**introduzione di rottami nel processo di produzione** permette infatti di ridurre i costi di estrazione della bauxite e le temperature nelle fasi di lavorazione, con evidenti vantaggi economici. Inoltre la riduzione delle attività estrattive della bauxite implica un minore impatto ambientale e paesaggistico legato all'attività di cava, oltre che una riduzione delle emissioni inquinanti dovute ai processi estrattivi.

L'alluminio – in forma di estruso, lamiera o pezzi fusi – viene usato comunemente per i serramenti di finestre e altre strutture vetrate (dalle vetrine per negozio alle grandi soluzioni di involucro e copertura), per il rivestimento delle facciate, così come per le maniglie, i fermi per le finestre, le scale, i sistemi di condizionamento ecc.

I prodotti in alluminio possono essere riciclati usando solo una piccola percentuale dell'energia che era stata originariamente necessaria per produrre l'alluminio primario.

L'alluminio è riciclabile, teoricamente, **senza limitazioni** e senza che diminuiscano le sue proprietà.

I prodotti in alluminio smantellati possono essere rifusi e trasformati in lingotti per i nuovi prodotti estrusi e rotolati.

Il processo di riciclaggio comincia con lo smantellamento e l'accumulo degli elementi; segue la separazione dai diversi materiali quali plastica, ferro, i componenti di legno ecc. per mezzo di tecnologie differenti; sarebbe, ov-

viamente, opportuno che il progettista non prevedesse soluzioni ove l'alluminio sia commisto ad altri materiali in modo che la sua separazione sia troppo complessa (ad esempio serramenti misto legno-alluminio, PVC-alluminio ecc.).
Le parti di alluminio vengono direttamente immesse nella fornace per la rifusione o, se hanno un rivestimento, sono trattate in un'installazione separata o, nel processo di fusione, in una fornace speciale con due alloggiamenti in cui il materiale restante è eliminato dopo la rifusione; il metallo liquido è trasferito per il raffinamento in una fornace nella quale vengono effettuate varie prove di composizione e, se necessario, vengono aggiunti leganti (infatti quello che noi chiamiamo alluminio è, di fatto, una lega il cui elemento costituente principale è appunto alluminio).

In questo capitolo

- Si individua il ruolo dei materiali nel progetto sostenibile di architettura e il loro rapporto con i temi dello sfruttamento delle risorse, del consumo energetico in fase di produzione, delle prestazioni di contenimento e captazione dell'energia, della salubrità.
- Si descrivono le caratteristiche di alcuni prodotti vetrari specifici per l'edilizia suggerendone gli impieghi nel progetto bioclimatico.
- Si descrivono le caratteristiche del legno, principale risorsa materiale rinnovabile in edilizia, in relazione a un suo uso "ecologico" nel progetto di architettura.
- Viene delineato l'approccio progettuale denominato "bioedilizia" e vengono descritti i materiali che lo contraddistinguono.
- Viene descritta l'importanza della pratica di demolizione selettiva degli edifici, finalizzata al recupero e al riciclo dei materiali di risulta, per la riduzione del consumo di risorse e della produzione di rifiuti.

Riferimenti bibliografici e siti Internet

AA.VV. (2003), *Innovazione costruttiva dell'architettura sostenibile*, Edilstampa, Roma.

BRESSI G. (2002), *Elementi chiave del settore del riciclaggio dei rifiuti da costruzione*, Atti del convegno *Il riutilizzo dei rifiuti da costruzione e demolizione nelle infrastrutture*, ANPAR, Roma, pp. 1-30.

BRUNO S. (1998), *Progettazione bioclimatica e bioedilizia*, Il Sole24ore, Roma.

ID. (2000), *Opere edili e bioedilizia. Capitolato speciale tipo per opere edili e bioedilizia*, Il Sole24ore, Roma.

CATERINA G. (1995), *Il recupero degli infissi*, UTET, Torino.

DAVOLI P. M. (2005), *Costruire con il legno: Requisiti. Criteri progettuali. Esecuzioni. Prestazioni*, Hoepli, Milano.

FRONTINI F. (a cura di) (1985), *Tecniche e materiali. Il legno, masselli, compensati e truciolari, scelta e utilizzo*, Editoriale Europea srl, Milano.

HERZOG T. (a cura di) (1996), *Solar Energy in Architecture and Urban Planning*, Prestel, Munich.

LASSANDRO P. (2004), *Riutilizzare i materiali edili*, in "Recycling - Demolizioni e riciclaggio", 1.

NATTERER J., HERZOG T., VOLZ M. (1998), *Atlante del legno*, UTET, Torino.

RONDONI A. (1993), *Controllare luce e calore*, in "Vetrospazio", 28.

SCHITTICH C., STAIB G., BALKOW D., SCHULER M., SOBEK W. (1999), *Atlante del vetro*, UTET, Torino.

SOBEK W. (1999), *Glass Construction Manual*, Birkhäuser, Basel.

WALKER A. (1999), *Enciclopedia del legno. Albero per Albero una guida alla risorsa più utilizzata nel mondo*, Istituto Geografico De Agostini, Novara.

www.anpar.org (sito dell'Associazione nazionale produttori di aggregati riciclati)
www.saint-gobain.com (sito dell'omonima azienda di produzione vetraria)
www.pilkington.com (sito dell'omonima azienda di produzione vetraria)

7 Ecodesign

Per **ecodesign** si intende, in sintesi, un particolare **approccio** all'attività del **disegno industriale** volto a **ridurre l'uso delle risorse materiali ed energetiche** necessarie a produrre l'oggetto in questione. Il disegno industriale è l'attività della progettazione di oggetti destinati ai più vari scopi, come i veicoli da trasporto, l'arredamento ecc.

Dall'analisi alle strategie progettuali

Tale esito è perseguibile con diverse **metodologie** di **analisi** del **momento progettuale** e del **momento produttivo**, da adottare in misura diversa in funzione delle caratteristiche del prodotto e della filiera produttiva. Le analisi permettono l'**individuazione** dei **punti deboli** del **progetto** o del **processo produttivo**, in termini di modalità di impiego delle risorse e quindi anche economici, e la **definizione di strategie di intervento** (modifiche morfologiche del prodotto, cambio di materiali, utilizzo di diverse tecnologie produttive ecc.) atte a **ridurre il consumo di materia ed energia** nella produzione di uno specifico prodotto. Tali modifiche possono portare a **sostanziali variazioni** nelle caratteristiche del prodotto, senza ovviamente modificarne la destinazione d'uso e senza ridurne le qualità principali, portando spesso a **risultati interessanti** anche dal **punto di vista formale**.

Motivazioni

Prima di affrontare, nei loro tratti principali, tali metodologie e approcci, è opportuno sintetizzare le motivazioni che hanno portato designer e studiosi della materia a fondare quella che attualmente si sta proponendo nelle scuole e nelle facoltà universitarie quasi come una disciplina a se stante.
Come nel campo territoriale ed edilizio, affrontato negli altri capitoli di questo libro, anche nel campo del disegno industriale si è giunti da tempo alla considerazione che **chi progetta è responsabile**, insieme a chi produce, delle **modalità di sfruttamento delle risorse** – molto spesso non rinnovabili – disponibili sul nostro pianeta. Impiegarle al meglio, permetterne il riuso/riciclo ed, eventualmente, sostituirle con analoghe risorse rinnovabili è attività complementare irrinunciabile per chi svolge l'attività del designer. Se, infatti, chi produce ha come principale obiettivo la remuneratività della propria attività imprenditoriale e agisce, in genere, in tal senso, pur nel rispetto degli obblighi normativi (anche di tutela ambientale), il progettista, pur dovendo rendere anch'egli remunerativa la propria attività, vi riversa la

propria personalità, il proprio background culturale e ha la possibilità di guidare gli esiti del progetto anche dal punto di vista produttivo. Si potrà replicare che ciò è vero solo per le grandi firme del design (così come in architettura) e che invece nella maggior parte dei casi siamo di fronte a progettazione a richiesta, in cui è l'azienda a delineare le caratteristiche della propria linea (anche in funzione delle proprie capacità produttive) e il progettista è solo un generatore di forme coerenti con le indicazioni produttive e stilistiche impartite. È però opportuno ricordare che un professionista, per definizione, non è un semplice operatore del settore ed è tenuto a comportarsi secondo principi etici: è fondamentale che la sua attività lavorativa sia fondata su un substrato culturale ricco e dinamico, con una capacità di comprendere le trasformazioni in atto dal punto di vista sociale, tecnico ed economico e quindi anche ambientale.

Perché controllare lo sfruttamento delle risorse

Del problema dello sfruttamento delle risorse si è già parlato in questo testo (cfr. soprattutto capp. 1 e 6; per quanto riguarda quelle energetiche, cfr. cap. 2, par. 1); è opportuno però richiamare alcuni concetti.

Le risorse che impieghiamo provengono dall'ambiente in cui sia noi, esseri umani, sia le altre specie (animali e vegetali), dalla cui sopravvivenza dipendiamo, viviamo. Modificare l'ambiente ha conseguenze sugli esseri viventi. La modifica dell'ambiente deve essere compiuta con molta attenzione. Inoltre ciò che produciamo contribuisce a modificare, prestazionalmente e anche formalmente, la vivibilità dell'ambiente naturale/artificiale. Ciò che progettiamo ha quindi influenza sull'ambiente sia durante il ciclo produttivo che durante la fase di esercizio e dismissione.

Dovrebbe essere ovvio, oltre che necessario al fine di migliorare la qualità di vita dell'uomo, l'impiego di tecnologie, spesso già disponibili, che ci permettono di produrre quanto necessario impiegando meno energia e meno materia prima. Ciò ha una diretta ripercussione sul problema dei rifiuti: minimizzare l'impiego di materia prima – soggetta a diversi cicli di lavorazione – aumentando la percentuale di materiale proveniente da riciclo abbassa i costi per la trasformazione o l'accumulo dei rifiuti.

È inoltre necessario tenere conto che oggi il 20% della popolazione mondiale consuma l'80% delle risorse impiegate: è possibile continuare così considerando che il tenore di vita dei paesi in via di sviluppo è destinato ad aumentare?

Definizioni

Una **risorsa non rinnovabile** è quanto atto a essere trasformato in materiale utilizzabile per la produzione di un oggetto, o in una forma di energia destinata al processo produttivo dello stesso, a partire da sostanze di disponibilità limitata. Esistono sostanze non rinnovabili ma abbondanti in natura – come il ferro, l'alluminio, l'argilla ecc. – e altre non rinnovabili molto limitate – come il petrolio e le altre sostanze organiche fossili. L'uso indiscriminato delle risorse non rinnovabili limitate porta al loro esaurimento.

Una **risorsa rinnovabile** è una sostanza derivata da un processo di generazione in grado di ripetersi indefinitamente; si tratta sostanzialmente delle sostanze organiche vegetali o animali, in grado di essere riprodotte tramite le trasformazioni tipiche della generazione di nuovi individui a partire da individui maturi e da sostanze nutritive.
Una **risorsa gratuita** è quanto disponibile in maniera indefinita ma la cui rigenerazione non è controllabile tramite l'attività dell'uomo. L'energia solare è una forma di energia extrasistema, provenendo dall'esterno rispetto al sistema Terra, ma ne è, in realtà, il motore vitale. Non è quindi una risorsa rinnovabile ma si può considerare una risorsa gratuita.
Altre risorse gratuite sono: il vento, le maree, i corsi d'acqua (energia cinetica), il calore geotermico. Indirettamente l'attività umana può influenzare tali fonti energetiche, ad esempio attraverso i cambiamenti climatici derivanti dalle emissioni di gas serra; tali cambiamenti non sono però controllabili e sono in genere destabilizzanti perché introducono elementi non statisticamente prevedibili.

Arredi ecologici: un esempio

Come si è già detto nel cap. 6, par. 2, il **legno** è la risorsa rinnovabile per eccellenza. Perché l'uso di tale risorsa sia però considerabile realmente ecocompatibile è necessario che la materia prima provenga da foreste a taglio programmato; inoltre i processi di produzione e trattamento devono essere anch'essi a basso impatto ambientale.
A titolo di esempio si cita l'esperienza di una azienda italiana, la TOTEM, guidata dall'architetto designer Paolo Cogliati, che scrive:

> Nel 1996 TOTEM realizza in Italia la prima linea di mobili in legno progettati secondo criteri ecologici. Oggi continuiamo a credere che un buon prodotto d'uso debba risolvere problemi funzionali e formali ma che debba anche porsi in termini problematici rispetto al commercio e soprattutto alle modalità della sua stessa produzione. Per produrre e vendere si compiono necessariamente delle scelte, la ricerca e lo sviluppo di nuovi prodotti può/deve anche essere l'occasione per rendere queste scelte più consapevoli.
> In particolare TOTEM si occupa di progettare e produrre mobili in legno, risorsa – come si dice – rinnovabile, che non si consuma irreversibilmente come le materie di origine minerale, risorsa che deve essere protetta, il cui uso deve essere programmato e disciplinato. E questo non solo perché il legno è un bene prezioso ma anche perché la foresta è un sistema ecologico e sociale per le popolazioni che la abitano.
> TOTEM ha trovato recentemente una nuova opportunità per sviluppare un prodotto nuovo: con il 2005 è iniziata in Bolivia una nuova stagione politica e culturale che vede le popolazioni indigene protagoniste dello sviluppo e del cambiamento, che restituisce alle comunità autoctone la proprietà delle risorse naturali.
> La Bolivia, il cui territorio è coperto per il 50% da foresta tropicale, è tra i paesi al mondo con la maggiore estensione (1.000.000 di ettari) di bosco certificato secon-

do criteri ecologici ed etici. Con queste premesse TOTEM ha cominciato a lavorare con la Bolivia e con i boliviani, realizzando due linee di prodotti, una a Santa Cruz (regione tropicale) e una a Cochabamba (regione andina), la comunità di Urubichà realizza inoltre i complementi tessili secondo le proprie abitudini e secondo i propri canoni estetici (http://totem.ws).

Esistono due linee di prodotti (immagini a colori, due esempi, foto 44 e 45), una in multistrato e l'altra in massello.
I mobili in multistrato sono oggi realizzati in cerebò e copaibo e sono certificati a basso contenuto di formaldeide (una delle componenti dei collanti). I mobili della linea in multistrato sono venduti in kit di montaggio, comprendente anche il prodotto per la finitura, un impregnante a base di olii vegetali che serve come protettivo del legno, eventualmente colorato. La particolare concezione dei mobili, elementi piani tagliati con macchine a controllo numerico, permette il facile trasporto e immagazzinamento, riducendo i costi e gli sprechi di materiale anche sugli imballaggi. I mobili si montano unicamente mediante incastri, grazie alla precisione del taglio al laser, e sono pertanto smontabili e rimontabili senza difficoltà e senza utensili. Il sistema di incastri esprime, inoltre, la logica costruttiva e funzionale e la resistenza dell'oggetto è dovuta alle forze di tensione e compressione impresse tramite il montaggio. Il rapporto peso portato/peso proprio arriva così, ad esempio per una libreria, a un valore 10, ottimizzando l'uso della materia rispetto alla sua funzione.

1. Strategie progettuali nell'ecodesign

L'ecodesign è fondato su **strategie progettuali** volte al **controllo dell'intero ciclo di vita** dell'oggetto "**from cradle to grave**", secondo una definizione anglosassone che significa "dalla culla alla tomba", ovvero dalla fase di reperimento delle risorse sino alla dismissione dell'oggetto, momento in cui si devono attuare strategie di recupero e riuso o riciclo degli elementi o dei materiali costituenti, affinché non si trasformino in rifiuti ma in nuove risorse.
Tali **strategie** devono guidare l'atto progettuale e la fase produttiva in modo da permettere:
- l'impiego di **materiali derivanti da fonti rinnovabili** o per lo meno, se non rinnovabili, ampiamente disponibili;
- l'impiego di **materiali a basso contenuto energetico** (cfr. anche cap. 6);
- l'impiego di **materiali riciclabili**;
- l'impiego di **materiali a bassa tossicità**, sia in fase produttiva che in fase di assemblaggio dell'oggetto sia in fase di esercizio;
- l'impiego di **materiali derivanti da processi di riciclo**;
- il **semplice disassemblaggio**, per facilitare i processi di riciclo, impie-

gando soluzioni monomateriale (in cui il disassemblaggio non è proprio necessario) o con subelementi monomateriale facilmente separabili al termine del ciclo di vita;

- l'impiego di **risorse locali** o di semilavorati prodotti localmente, al fine di ridurre i costi, economici ed energetici, di trasporto.

Lo strumento atto a individuare il ciclo di vita di un prodotto è il **Life Cycle Assessment**, o **Valutazione del ciclo di vita** (spesso definita Analisi del ciclo di vita, scorrettamente, poiché l'analisi è solo una parte della procedura), comunemente abbreviata con l'acronimo LCA. Di questo strumento si parla nel paragrafo successivo.

DFE – Design for Environment

I suddetti obiettivi vengono raggiunti attraverso l'applicazione del **Design for Environment** (DFE), con il quale si identifica comunemente un **sistema di strategie progettuali** atte a **controllare un prodotto**, un processo o un servizio, al fine di **migliorarne le caratteristiche di compatibilità ambientale**. Nel DFE confluiscono quindi diverse modalità di approccio al problema.

Poiché trattiamo di prodotti industriali – anche se caratterizzati da scale di produzione a volte molto diverse – il DFE tiene conto delle **problematiche relative al ciclo di vita**: estrazione delle materie prime, lavorazione delle materie prime, produzione del prodotto, trasporto, utilizzo, dismissione e riciclo.

Il fine è minimizzare la produzione di rifiuti ed emissioni nocive, riducendo, parallelamente, il ricorso, per quanto possibile, a materie prime vergini.

Selezione dei materiali

Il designer, attraverso il progetto, individua, insieme all'azienda coinvolta, un percorso produttivo in cui la **selezione dei materiali** viene operata con consapevolezza; è necessario:

- **minimizzare la presenza di sostanze tossiche**; ciò implica scegliere le migliori soluzioni disponibili, in termini di materiali e tecnologie di lavorazione, contenenti basse percentuali di sostanze dannose per la salute e per l'ambiente;
- **incorporare materiali riciclati nel prodotto**; vuol dire conoscere e aggiornarsi in merito alle caratteristiche dei materiali e alle loro prestazioni; infatti non tutti i materiali sono facilmente riciclabili e conservano le stesse qualità dopo il processo di riciclo; ciò permette un ridotto ricorso a materie prime vergini e risorse non rinnovabili, insieme a un minore dispendio energetico;
- **ridurre la quantità e le tipologie di materiali utilizzati**; definite le prestazioni che i materiali dovranno raggiungere, si dovrà cercare di ottimizzarne l'impiego dal punto di vista quantitativo e qualitativo, studiando la morfologia, facendo prove di laboratorio per attestare le prestazioni in fase di esercizio ecc.: gli oggetti monomaterici sono più facilmente riciclabili

non necessitando della fase di disassemblaggio e rendendo più semplice il riconoscimento del materiale;

- **impiegare materiali compatibili tra loro in fase di riciclo**; l'uso di materiali compatibili tra loro rende più facile il processo di riciclo in quanto i materiali della stessa famiglia possono essere lavorati negli stessi impianti.

Fase di produzione

Importante oggetto di analisi è l'**entità degli scarti durante la fase produttiva**; durante lo studio progettuale è necessario porre in relazione la generazione formale dell'oggetto con le tecnologie produttive e prevedere la quantità di scarti conseguenti. Tale analisi viene normalmente effettuata dalle aziende, in quanto costituisce, oltre a un problema ambientale, un dispendio economico da ridurre il più possibile. La definizione di un progetto è l'esercizio di una serie di scelte; è necessario **selezionare**, tra le **tecniche di lavorazione**, quella che permette una **produzione inferiore di scarti** che devono comunque essere **recuperabili e riciclabili** (rifiuti **preconsumo**). L'analisi dovrà ovviamente essere estesa, per quanto possibile, anche ai componenti ausiliari coinvolti nella fase produttiva (come, ad esempio, gli stampi per la tecnica di stampaggio).

Il **progettista** deve quindi **conoscere** bene le **tecnologie produttive** affinché, insieme ai tecnici dell'azienda, possa determinare le caratteristiche del prodotto anche in funzione degli sfridi di lavorazione conseguenti.

Il trasporto

La riduzione del consumo di risorse legata alla **fase del trasporto** può essere affrontata in diversi modi.

La prima questione è quella degli **spostamenti delle materie prime o dei semilavorati** dal luogo di produzione iniziale a quello di lavorazione finale; l'accentramento di intere filiere produttive può portare a una riduzione sensibile dei consumi di carburante. In realtà la nostra economia fa sì che i costi di trasporto, rispetto a quelli della mano d'opera, abbiano una incidenza meno rilevante per cui, per molte lavorazioni, si preferisce spostare i materiali base presso aziende localizzate nei paesi in cui il costo della mano d'opera è decisamente inferiore, trasferendo eventualmente anche gli impianti produttivi qualora il livello tecnologico del paese in questione non sia adeguato.

Altra questione è il **trasporto del prodotto finito** presso il luogo di distribuzione e di vendita al dettaglio per il consumo. La soluzione della **riduzione delle fasi di mediazione**, con l'azienda produttrice che rifornisce direttamente i dettaglianti, è sicuramente interessante anche se fuori dal controllo del progettista. Poiché oggi ha poco senso esortare l'utente al consumo di prodotti locali (a parte il settore alimentare) – e, per le aziende, tanto meno ha senso l'esortazione a definire unicamente un mercato locale – il problema principale è la **minimizzazione del *packaging***.

Esistono sostanzialmente due diversi livelli di *packaging*: quello del ***packaging* per il trasporto** e quello del ***packaging* per la vendita**, che in certi casi possono anche coincidere quasi del tutto (a parte l'immancabile *pallet* che serve per la movimentazione). La progettazione del *packaging* per il trasporto è influenzata dalla **necessità di impilare e accostare gli elementi** in modo da occupare meno spazio possibile nei mezzi che verranno utilizzati. Una generica indicazione potrebbe essere quella di realizzare **imballi abbastanza resistenti per essere recuperati e riutilizzati**, pratica ostacolata dalla necessità di un **efficiente ed economico sistema di raccolta e rinvio** alla casa madre per il reimpiego e dal costo generalmente limitato degli imballi, per i quali si preferisce quindi la pratica del riciclo (che deve essere quindi resa possibile).

Nel caso in cui il ***packaging*** **di trasporto coincida** sostanzialmente con **quello di vendita** è fondamentale studiarlo in modo che: svolga la sua funzione, **non sia ridondante** rispetto a questa in quantità o qualità dei materiali impiegati, sia eventualmente riutilizzabile diversamente dall'utente e sia realizzato in un materiale facilmente riciclabile.

Il ***packaging*** **di vendita** in genere è fortemente influenzato dalla capacità di attrazione che esercita sul potenziale acquirente, cosa particolarmente vera per gli oggetti di veloce consumo; praticamente ininfluente è invece nei casi di prodotti destinati a durare, per i quali è molto più importante l'*appeal* dell'oggetto stesso: più è forte il potere di attrazione dell'oggetto, derivante dalle sue prestazioni, meno è importante il *packaging*, anche se aziende che producono oggetti "di culto" sono particolarmente attente anche al design dell'involucro (paragonate, ad esempio, la scatola con cui viene venduto un computer portatile della Apple con quella contenente un portatile HP).

Uso e manutenzione

In funzione del tipo di prodotto, un altro momento in cui possono essere consumate risorse è quello della fase d'uso e della relativa manutenzione.

Il **consumo energetico** può infatti dipendere anche da **scelte di design e di modelli d'uso**, non solo dalla **tecnologia di funzionamento**, poiché queste due componenti hanno punti di interazione. Il desiderio, ad esempio, di ridurre le dimensioni può imporre l'adozione di una tecnologia di funzionamento più energivora per poter ottenere le stesse prestazioni. Anche i modelli d'uso, cioè il comportamento dell'utente nell'impiego di un oggetto, possono essere determinanti. Si pensi, ad esempio, alla scelta, fatta da ormai diversi anni, dei produttori di **elettronica per intrattenimento** (televisori e riproduttori musicali) che hanno affiancato all'interruttore di accensione meccanico quello elettronico di **stand-by** che spegne l'elettrodomestico mantenendolo però in tensione; in certi casi questo è rimasto l'unico interruttore esistente, obbligando, per sconnettere l'apparecchio dalla rete elettrica, al disinserimento della presa di corrente. Tale scelta, dettata dall'estendersi dell'uso del telecomando (ma, nel secondo caso, anche dalla volontà di ridurre i costi di produzione e assistenza), implica un consumo che mediamente va dai 0,5 Wh ai 3 Wh ad apparecchio, cioè da più di 4

KWh a 24 KWh all'anno (nel caso in cui l'apparecchio non venga mai disinserito).

Altra questione è quella della **manutenzione**. È importante progettare il prodotto in modo da rendere semplice l'accesso alle parti per la riparazione o sostituzione, in modo da **limitare il ricorso alla sostituzione** di tutto l'oggetto o di un intero subelemento. Ciò è particolarmente difficile negli oggetti in cui, ad esempio, è prevalente la dotazione elettronica, in quanto l'imperante uso di componenti su scheda integrata rende necessaria la sostituzione dell'intera scheda; d'altronde i collegamenti *point-to-point* (saldatura dei componenti diretta senza l'ausilio della scheda) sono eccessivamente costosi e assolutamente estranei alle modalità produttive industriali, oltre che praticamente impossibili da realizzare in apparecchiature complesse.

La politica commerciale delle aziende, anche in questo caso, per certi prodotti va in senso contrario, con costi del prodotti imparagonabili con quello della manodopera artigianale, cosa che porta a favorire la sostituzione alla manutenzione. D'altronde la soluzione non può essere alzare il prezzo del prodotto o abbassare il costo della manodopera per la manutenzione.

Fine del ciclo di vita

Al termine del ciclo di vita del prodotto – dovuto a un guasto significativo, all'obsolescenza funzionale o comunque alla perdita di attrattiva per l'utente che ne è in possesso – l'oggetto viene generalmente conferito in una discarica generica. Pur contenendo, spesso, la maggior parte degli oggetti di consumo a breve e medio termine (che non siano alimentari o vestiario) componenti e materiali di elevata tossicità per l'ambiente o, comunque, a lentissima biodegradabilità, **ancora limitata è la procedura di raccolta differenziata**, almeno nel nostro paese, e questa, comunque, non comporta veri e propri obblighi se non per gli operatori professionali. Ancora poche sono le esperienze di raccolta delle strumentazioni elettroniche dismesse per poter effettuare operazioni di recupero, riciclo o accumulo in discarica speciale, a monte del conferimento nei centri di raccolta dei rifiuti solidi urbani.

Che venga fatto a monte o a valle del conferimento in discarica, è importante poter effettuare il disassemblaggio degli oggetti, al fine di separare gli elementi costituiti da materiali diversi e non riciclabili congiuntamente o che debbano essere trattati a causa della loro potenziale nocività (bonifica dei componenti).

Il **prodotto deve quindi essere progettato in modo che sia facilmente smontabile**, affinché sia assicurata la convenienza economica dell'operazione e in modo che i singoli componenti siano riconoscibili in termini di materiale costituente, possibilmente unico, come si è già detto.

In termini astratti, la prima operazione di verifica da compiere – in fase progettuale o sull'oggetto il cui progetto sia da modificare – è la possibilità di **recuperare componenti riutilizzabili** per altri prodotti uguali o analoghi come elementi di prodotti diversi. In idraulica, ad esempio, non è infrequente la pratica di recupero di componenti che poi vengono rigenerati attraverso la sostituzione delle parti soggette a usura, una procedura di pulizia approfondita, con verifica del mantenimento delle prestazioni fondamentali, e la dotazione di nuovi componenti ausiliari; ciò permette di utilizzare tali componenti come elementi di sostituzione in fase di manutenzione a costi dimezzati. La pratica di rigenerazione è applicata in vari campi anche se il componente risultante non sempre ha le caratteristiche prestazionali (ad esempio l'affidabilità) di un analogo prodotto *ex novo*.

Riciclabilità dei componenti

Il secondo passo è quello della **riduzione del prodotto dismesso a parti riciclabili**. Questo può essere un problema soprattutto in termini di convenienza economica, poiché spesso vengono impiegate connessioni che prevedono l'uso di collanti o di fissaggi irreversibili (cioè che devono essere rotti per liberare le parti unite), aumentando le difficoltà tecniche e i tempi di separazione dei subcomponenti monomateriale per poter permettere il loro riciclaggio. L'**uso di elementi monomateriale** o di fissaggi a incastro può enormemente **semplificare la procedura di separazione** degli elementi e ridurre i costi di riciclo sensibilmente poiché in molti casi l'operazione di smontaggio e separazione deve avvenire manualmente. Gli elementi, o i subcomponenti, monomateriale dovrebbero essere marchiati per il loro semplice riconoscimento; non è sempre possibile, infatti, eseguirlo a vista (ad esempio con le plastiche).

Il **riciclo dei materiali**, di cui si parla anche nel par. 3 di questo capitolo relativamente ad alcuni casi, può portare alla **rigenerazione della materia** base raggiungendo **caratteristiche prestazionali del tutto uguali** a quelle di partenza, senza perdite qualitative o quantitative (ad esempio l'alluminio), o **portare ad alcune modifiche** dipendenti dalla modalità di raccolta (ad esempio il vetro quando non viene raccolto separatamente per colore), o può portare a modifiche qualitative e perdite quantitative (ad esempio le plastiche) a causa della composizione chimica e della procedura di trattamento. Difficoltà inerenti la raccolta, la separazione in componenti monomateriale o più materiali compatibili, gli esiti del processo di riciclo (in termini sia qualitativi che quantitativi) possono rendere più o meno conveniente economicamente l'operazione; in certi casi la procedura può essere talmente complicata da far preferire il conferimento in discarica. È però **molto importante che la ricerca sviluppi nuove tecnologie di recupero e trattamento** dei materiali in quanto ciò permette di ridurre il volume dei rifiuti in discarica; le discariche occupano territorio, lo deturpano paesaggisticamente e costituiscono una continua minaccia per l'ambiente a causa del rischio di inquinamento sia del terreno e delle falde (per percolazione dei liquami, qualora ceda il sistema di impermeabilizzazione) sia dell'aria (inoltre i gas che si sviluppano possono facilmente incendiarsi). Infine, il riciclo dei materiali permette di ridurre, come si è detto, il consumo di risorse. Si pensi, ad esempio, che sino a pochi anni fa il recupero dei poliaccoppiati (tetrapak) sembrava un problema di difficile risoluzione e invece oggi è una procedura in via di espansione.

2. Life Cycle Assessment: valutazione del ciclo di vita

Si è già accennato, nell'introduzione al capitolo, alla necessità di disporre di dati inerenti il ciclo di vita del prodotto, al fine di porre in atto corrette strategie progettuali. Ciò è possibile attraverso una procedura di **Life Cycle Assessment**, o "valutazione del ciclo di vita", comunemente abbreviata con LCA.

Quest'ultima può altrimenti essere definita come uno **strumento di analisi energetica e ambientale**, che permette di quantificare input e output del sistema/prodotto. Attraverso l'applicazione della metodologia LCA sarà quindi possibile da un lato **evidenziare quelle fasi**, all'interno del processo esaminato, che creano maggiori **problemi di ecocompatibilità**, apportando così miglioramenti atti a rendere il prodotto più sostenibile, dall'altro confrontare il suo profilo ambientale con quello di altri prodotti disponibili sul mercato per indirizzare la scelta verso prodotti maggiormente compatibili con l'ambiente.

Partendo dai risultati della valutazione sarà quindi possibile, per le aziende, attuare strategie di sviluppo e di marketing indirizzate alla sostenibilità, arrivando alla possibilità di dotarsi anche di certificazioni ambientali di prodotto.

La realizzazione di una LCA **non è comunque questione semplice** e necessita di essere affrontata da specialisti del settore e da strutture di ricerca specifiche, avvalendosi di **idonei software e banche dati** continuamente aggiornate in rapporto all'evolversi delle tecnologie del settore produttivo ed energetico.

Le note che seguono sono quindi finalizzate unicamente a permettere la comprensione dell'utilità che tale procedura riveste in campo ambientale e quali sono le tappe fondamentali per la sua implementazione.

Ecocompatibilità e comparazione scientifica

La prestazione di **ecocompatibilità** viene spesso attribuita a un materiale senza le dovute precisazioni e in mancanza di una visione sistemica e globale delle sue interferenze con l'ambiente. Il legno, ad esempio, viene definito ecocompatibile perché è naturale e rinnovabile; ma perché la materia prima mantenga il più a lungo possibile inalterate nel tempo le sue prestazioni, si utilizzano sostanze antivegetative e antiparassitarie per proteggerlo, oltre al fatto che spesso viene poi anche verniciato. Tutti questi trattamenti risultano non sempre così "naturali" come può esserlo il legno in origine, rendendo quest'ultimo non più biodegradabile e atossico come vorremmo. L'alluminio, come esempio opposto, viene accusato di essere non ecocompatibile perché fortemente energivoro, cosa pur vera e riconosciuta; ma in una valutazione comparata con un analogo prodotto in legno si dovrebbe considerare il fatto che l'alluminio è tra i materiali più facilmente e completamente riciclabili e che la quantità di materia necessaria per ottenere un'analoga prestazione, rispetto al legno, potrebbe risultare uguale o persino inferiore.

Per procedere quindi a una **comparazione che sia scientifica e oggettiva** è necessario eseguire una LCA.

La procedura ci permetterà così di **confrontare due prodotti a parità di prestazione richiesta** (e non un kg di materiale a prescindere da ciò che questo "sa fare"), **analizzando i consumi energetici, le materie prime impiegate e le emissioni inquinanti rilasciate** in conseguenza alla loro produzione e messa in esercizio, sino alla fase di dismissione.

Etichettature ambientali

L'**informazione in campo ambientale** è uno dei punti chiave per dirigere le scelte dell'acquirente verso la sostenibilità, tanto che il *Quinto programma di azione* delle Comunità Europea in materia ambientale ha promosso l'uso di strumenti informativi come l'**etichettatura ambientale e i sistemi di ecogestione e audit ambientale** (EMAS).

Certamente tale informazione deve essere chiara, trasparente e corretta, basandosi su criteri di oggettività, legati al metodo di valutazione utilizzato, di credibilità della fonte, di comparabilità dei prodotti e di univocità, attraverso l'adesione a convenzioni nazionali o internazionali. Tutto ciò per evitare la diffusione di valutazioni ambientali eterogenee e prive di basi scientifiche comprovate, lasciando spazio al "fai da te" dei produttori e alla frammentazione di indirizzi e normative dettate dalle amministrazioni pubbliche, e creando così maggiore confusione e disorientamento nelle scelte dell'utente (Lavagna, 2005a).

Per ovviare a tutto ciò, la Comunità Europea, come garante e promotore dell'uniformità dei parametri qualitativi tra gli Stati membri, ha dato una risposta attraverso le norme ISO **14000** e in particolar modo con la serie ISO **14020** (*Environmental Labelling*), volta a stabilire regole comuni nel campo delle **etichette ambientali**, che hanno lo scopo di sollecitare la competizione delle aziende e permettere all'utente, sia esso un semplice consumatore, un progettista o un decisore istituzionale, di accedere a informazioni di tipo ambientale sul prodotto, senza dover egli stesso verificarne l'ecocompatibilità attraverso la realizzazione ad esempio di una LCA.

L'ISO riconosce **tre diversi tipi di etichetta ambientale:**

- etichette di tipo I (ISO 14024) come l'ECOLABEL, certificato da un organismo indipendente e basato sul raggiungimento di un requisito minimo di soglia;
- etichette di tipo II (ISO 14021), come il marchio ANAB-IBO-IBN, per il quale non è previsto il raggiungimento di una soglia minima e la validazione da parte di un ente di certificazione; è il fabbricante stesso che auto-

certifica gli aspetti ambientali del proprio prodotto che ritiene utile evidenziare;
– etichette di tipo III (ISO 14025) come l'EPD (Environmental Product Declaration), che viene certificato da organismo indipendente e non prevede il raggiungimento di una soglia minima, ma il rispetto di un formato della comunicazione dei dati che faciliti il confronto tra i prodotti e un'analisi del profilo ambientale del prodotto attraverso l'applicazione della metodologia LCA, in base alle linee guida dettate dal SETAC (Swedish Environmental Management Council).

2.1. LCA: analisi del sistema-prodotto Il **processo di produzione** di un oggetto può essere visto come un **sistema**, costituito da **unità di processo interrelate tra di loro**, che contemporaneamente interagisce anche con altri sistemi esterni come quello "ambiente", in termini di scambi di materie prime, acqua, energia, emissioni, sfridi di lavorazione ecc.
Secondo quanto stabilito dal Gruppo di lavoro XIII dell'UNI, il ciclo di vita di un prodotto può essere suddiviso nelle seguenti fasi fondamentali (Manzini, Vezzoli, 1998):

- la preproduzione;
- la produzione;
- la distribuzione;
- l'uso;
- la dismissione.

Preproduzione, produzione e distribuzione

La **preproduzione** è la fase in cui si producono i materiali e i semilavorati utilizzati per la produzione dei componenti del prodotto finito; si considerano quindi:

- l'acquisizione delle materie prime;
- il loro trasporto dal luogo di acquisizione al sito produttivo;
- la trasformazione delle risorse prime in materiali ed energia, pronti per essere immessi nella fase successiva di produzione.

I materiali vengono prodotti a partire da due diversi tipi di **risorse**:

- quelle **primarie o vergini**, che provengono direttamente dall'ambiente, e che possono essere rinnovabili, come le biomasse, oppure non rinnovabili come quelle estratte dal sottosuolo;
- quelle **secondarie**, provenienti da **scarti di produzione** o dal trattamento di **rifiuti** reinseriti nel ciclo produttivo. Possono essere sfridi di **preconsumo**, quando vengono recuperati e reinseriti scarti di lavorazione durante il processo produttivo dell'oggetto in esame, o **postconsumo**, provenienti da prodotti finiti o già utilizzati dal consumatore. In questo caso necessitano di ulteriori cicli di lavorazione per essere ritrasformati in materie prime da inserire nel nuovo processo produttivo.

La fase di **produzione** è quella in cui viene realizzato il prodotto finito, il

vero oggetto dell'analisi LCA, che deve essere successivamente distribuito sul mercato e utilizzato dal consumatore.
Possiamo considerare tale fase suddivisa in **tre sottofasi principali**:

- **trasporto** dei materiali dal sito di preproduzione a quello di produzione e loro trasformazione nei componenti costituenti il prodotto;
- **assemblaggio** dei componenti;
- **lavorazioni di finitura** e completamento, come trattamenti di verniciatura, zincatura ecc.

Segue quindi la fase della **distribuzione** per la vendita, che generalmente avviene con diversi livelli successivi di dettaglio (almeno due); pochi sono i casi in cui il produttore si occupa della vendita diretta, se non in settori più vicini all'artigianato (almeno per dimensione produttiva) che all'industria.
Le fasi da considerare, reiterandole per il numero di passaggi necessari (ingrosso, dettaglio), sono:

- l'imballaggio;
- il trasporto;
- l'immagazzinamento.

Uso e dismissione

Nella fase d'**uso** rientrano due attività, con diverso peso in funzione del tipo di prodotto:

- l'**uso o il consumo**: un prodotto alimentare viene, ad esempio, velocemente consumato, mentre per la maggioranza dei prodotti il "consumo" è legato al loro uso ripetuto nel tempo, finché non viene dismesso;
- il **servizio**: durante l'uso possono entrare in gioco anche la manutenzione del prodotto stesso, la sua riparazione, o l'aggiornamento di parti obsolete, inglobando quindi anche altri cicli produttivi relativi ai componenti sostituiti, ai materiali ed energia spesi per la manutenzione ecc.

La **dismissione**, fase in cui il prodotto perde per svariate ragioni la funzione per cui era stato progettato, può avvenire secondo modalità diverse:

- **smaltimento in discarica**, con il materiale a giacere indefinitamente in un luogo deputato;
- **recupero e riuso**, cioè la possibilità di prolungare la funzionalità del prodotto, o solo di alcune sue parti, attraverso un processo che ne elimini gli elementi che lo hanno reso obsoleto;
- **riciclo**, ovvero valorizzazione del contenuto di materia, con diversi tipi di processo atti a riportare allo stato originario la materia prima costituente o a trasformarla in un nuovo materiale; oppure valorizzazione energetica, cioè termovalorizzazione (combustione con produzione di calore e/o energia elettrica; cfr. cap. 3, par. 3) o meglio trasformazione in combustibile (attraverso processi termochimici).

Ciascuna delle suddette fasi si basa sull'impiego di **input** (materia ed energia) e produce **output** (oltre il prodotto in sé: sottoprodotti, sfridi, emissioni).

Attraverso la LCA è possibile analizzare in dettaglio le diverse fasi del ciclo di vita del prodotto, al fine di ottimizzarle e di ridurre gli input e gli output a parità di obiettivo (inteso come prestazione richiesta al prodotto).

2.2. Struttura della LCA I primi esempi di analisi del ciclo di vita nascono negli anni settanta, in particolare all'interno di ricerche nord-americane come il progetto REPA (**Resource and Environmental Profile Analysis**). L'obiettivo di tali studi era la caratterizzazione ambientale di alcuni prodotti dell'industria americana come:

- la Coca Cola Company (per valutare gli impatti ambientali nella produzione di varie tipologie di contenitore);
- la Mobil Chemical Company (per stabilire l'ecoprofilo di alcuni prodotti per l'incartamento degli alimenti).

Le norme UNI EN ISO 14040

A partire dagli anni novanta viene pubblicato il quadro normativo di riferimento, accettato a livello internazionale, e viene coniato e chiaramente definito il termine LCA:

> La LCA è un processo che permette di valutare gli impatti ambientali associati a un prodotto, processo o attività, attraverso l'identificazione e la quantificazione dei consumi di materia, energia ed emissioni nell'ambiente e l'identificazione e la valutazione delle opportunità per diminuire questi impatti. L'analisi riguarda l'intero ciclo di vita (*from cradle to grave*): dall'estrazione delle materie prime, alla produzione, trasporto e distribuzione del prodotto, al suo uso, riuso e manutenzione, fino al riciclo e alla collocazione finale del prodotto dopo l'uso (perdita di funzionalità) (SETAC, 1993).

La divulgazione della LCA ha avuto un forte impulso anche attraverso il lavoro del Comitato ISO, che ha standardizzato la metodologia con la promulgazione della serie di norme UNI EN ISO 14040, *Valutazione del ciclo di vita*.

Queste definiscono la struttura e le fasi per l'applicazione corretta della metodologia LCA, schematizzata nella fig. 7.1.

Definizione degli obiettivi

La **Goal and Scope Definition** (Definizione degli scopi e degli obiettivi) si suddivide in fasi.

1. **Definizione degli obiettivi dello studio**: «Gli obiettivi e gli scopi di una LCA devono essere definiti con chiarezza ed essere coerenti con l'applicazione prevista. L'obiettivo di una LCA deve stabilire senza ambiguità quali siano l'applicazione prevista, le motivazioni che inducono a realizzare lo studio e il tipo di pubblico a cui è destinato, cioè a quali persone si intendono comunicare i risultati dello studio» (UNI EN ISO 14040, 1997).
2. **Campo di applicazione o definizione del sistema**: funzione del sistema, unità funzionale, confini del sistema, qualità dei dati.

FIGURA 7.1 Struttura e fasi per l'applicazione della metodologia LCA

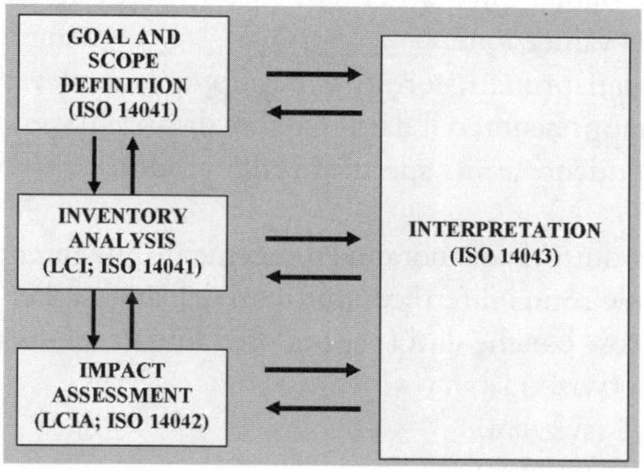

Il processo

Le **funzioni del sistema** rappresentano le caratteristiche e le prestazioni del prodotto. Tra queste se ne individua una dipendente dall'obiettivo dello studio e dal campo di applicazione. Tale prestazione, chiaramente definita e misurabile, rappresenta l'"**unità funzionale**" necessaria come riferimento a cui legare i flussi in entrata e in uscita e fondamentale per consentire la comparabilità dei risultati di una LCA. Tale operazione è particolarmente critica quando si valutano sistemi differenti perché ci si deve assicurare che le comparazioni siano fatte su una base analoga, per evitare che risultati uguali di uno studio, espressi secondo unità funzionali diverse, possano portare a conclusioni completamente differenti.

I "**confini del sistema**" stabiliscono le unità di processo che devono essere incluse nella LCA. È utile una loro rappresentazione attraverso un diagramma di flusso che evidenzi le loro interrelazioni, anche con lo scopo di pianificare la raccolta dei dati e delle informazioni, delineando in tal modo il campo di azione.

La scelta del confine dell'analisi deve essere adeguatamente motivata e sempre segnalata nella redazione dello studio.

Si avrà quindi una sequenza del tipo: flussi elementari in ingresso-unità di processo-flussi elementari in uscita.

I **flussi in ingresso** (input) saranno rappresentati da: materie prime o semilavorati, acqua, energia.

Le **unità di processo** considerate saranno: estrazione delle materie prime, lavorazione dei materiali, produzione e assemblaggio, distribuzione, utilizzo del prodotto, riuso, riciclo, recupero energetico o smaltimento in discarica a fine vita utile.

I **flussi in uscita** (output) saranno rappresentati da: emissioni in aria e in acqua, coprodotti, rifiuti solidi, altri rilasci.

I dati

Per garantire l'affidabilità dei risultati dello studio, è fondamentale poter contare su una buona **qualità dei dati** (nel senso di **attendibilità**) che si utilizzano per la valutazione.
Certamente i dati primari, forniti o meglio ancora rilevati direttamente nelle aziende, rappresentano il dato migliore di cui si possa disporre, anche perché corrispondente a una specifica realtà produttiva e non a una stima media.
Purtroppo i produttori collaborano efficacemente alla raccolta dei dati primari solo quando sono i diretti committenti dell'analisi. Per questo motivo esistono numerose **banche dati** (per ora prettamente straniere):

- BUWAL 250 (svizzera);
- ETH-ESU 96 (svizzera);
- ECO-INVENT (svizzera);
- Pré STANDARD (olandese, inserita come database nel metodo degli Indicatori prodotto dalla Pré);
- IVAM (olandese);
- IDEMAT 2001 (olandese);
- I-LCA (l'unica banca dati italiana per ora disponibile; ANPA, 2001).

Oltre a precisare la fonte dei dati, requisiti di qualità da specificare sono anche i "fattori temporali" e i "fattori geografici": è importante quindi evidenziare l'anzianità dei dati e l'estensione del tempo di raccolta, oltre alla zona geografica di riferimento, in rapporto all'obiettivo dello studio (ad esempio dati a scala locale, nazionale o globale).
Inoltre vanno menzionati anche i "fattori tecnologici", utilizzando per il calcolo una media ponderale dei processi operanti, o la migliore tecnologia disponibile in quel lasso di tempo, oppure quella più sfavorevole.
Infine devono essere presi in considerazione fattori aggiuntivi quali: la precisione (misura della variabilità dei dati), la completezza (percentuale dei siti da cui provengono i dati primari in rapporto al numero di quelli esistenti per la medesima unità di processo), o la rappresentatività (quanto i dati riflettano una data realtà sociale, geografica, temporale e tecnologica).

Analisi di inventario

L'**Inventory Analysis** è la fase di "inventario", la parte contabile della metodologia LCA, il vero e proprio ecobilancio, in cui si quantificano i flussi di ingresso e di uscita di un sistema-prodotto.
È sicuramente la fase più delicata e dispendiosa in termini di tempo; ed è un processo iterativo, dal momento che, man mano che i dati raccolti diventano sempre più approfonditi, il sistema risulta meglio conosciuto svelando nuovi requisiti o limitazioni da apportare allo studio, che possono comportare modifiche alla procedura di raccolta dei dati stessi.
In relazione ai confini del sistema considerati, si procede alla costruzione di un modello analogico della realtà in modo tale da poter rappresentare, nella maniera più fedele possibile, tutti gli scambi tra le singole operazioni della catena produttiva e "distruttiva" del prodotto studiato.

In funzione di tale modello si identificano e determinano gli input e gli output necessari per la valutazione, che possono essere raccolti attraverso l'allestimento di un questionario o di un *data sheet*, in modo da collocare tutte le informazioni ordinatamente e poter facilmente risalire all'origine di ciascuna.
Per controllare che i dati raccolti siano coerenti, si può effettuare un bilancio per ogni processo, tenendo presente che l'ammontare degli input deve essere pari al rilascio degli output.
I dati devono poi essere riferiti all'unità funzionale considerata, attraverso un fattore di contribuzione, che esprima appunto il contributo di ciascun processo rispetto alla produzione di un'unità funzionale; tale procedimento dovrà essere eseguito per tutte le sostanze presenti in ogni processo.

Fasi della valutazione dell'impatto

La valutazione degli impatti (Impact Assessment). Il termine **impatto** si avvicina a ciò che si intende nel linguaggio comune, cioè una sorta di collisione, di contatto violento tra due oggetti rappresentati, nello specifico, dalle nostre azioni e dal sistema ambiente, inteso come complesso di risorse naturali e umane.
Per impatto ambientale si intende quindi «l'insieme di tutti gli effetti, positivi e negativi, diretti ed indiretti, temporanei e permanenti, che ciascuna azione umana genera sull'ambiente» (Bruzzi, 1995).
Le fasi in cui si suddivide la LCIA (**Life Cycle Impact Assessment**) sono:

- **la classificazione**;
- **la caratterizzazione.**

Queste due fasi sono obbligatorie per l'applicazione della metodologia LCA, mentre altre due fasi – la **normalizzazione** e la **valutazione o pesatura** – non sono ritenute attualmente obbligatorie, in quanto trovano ancora uno scarso accordo e poca chiarezza scientifica che ne fanno la fase più critica e dibattuta di tutta la metodologia, ma anche quella in cui sono maggiormente investite le energie dei vari gruppi scientifici di ricerca LCA, confermando la loro importanza. Queste permettono, infatti, di elaborare e aggregare i risultati ottenuti dalle due fasi precedenti ed esprimerli attraverso indici quantitativi e sintetici, che possono meglio agevolare la comparabilità tra diversi prodotti similari.
Prima di procedere nell'applicazione della LCIA, è necessario identificare le tipologie di impatto per mezzo delle quali agisce il sistema in esame.
Il **Working Group on** LCIA della SETAC ha individuato le seguenti **categorie di impatto**:

1. estrazione risorse abiotiche (rinnovabili e non);
2. estrazione risorse biotiche (in maniera sostenibile o non);
3. uso del territorio;
4. effetto serra;
5. assottigliamento dello strato di ozono;

6. acidificazione-eutrofizzazione;
7. smog fotochimico;
8. tossicità per l'uomo ed ecotossicità.

Classificazione e caratterizzazione

La **classificazione degli impatti** consiste nell'assegnare i dati di input (risorse) e output (emissioni), derivanti dai risultati dell'inventario, a una o più categorie di impatto, in base agli effetti e ai danni potenziali che questi possono generare.

La **caratterizzazione degli impatti** ha lo scopo di quantificare il valore degli "indicatori di categoria", definiti per ogni singolo impatto considerato.

Per determinare il contributo che le singole sostanze emesse, o le risorse usate, danno alle varie categorie d'impatto, si effettua un'operazione di standardizzazione attraverso i "**fattori di caratterizzazione**" (*weight factors*).

In sintesi, tali fattori misurano l'intensità dell'effetto della sostanza sul problema ambientale considerato e il suo valore viene stabilito da un'authority, sulla base di considerazioni di carattere scientifico.

Ad esempio l'"effetto serra" utilizza, come indicatore di categoria, i kg di CO_2-equivalente, dal momento che l'anidride carbonica è la sostanza che meglio rappresenta questo problema ambientale; ma al cambiamento climatico partecipano anche altre sostanze, i "gas serra" appunto, come il metano, che danno però un contributo differente al problema ambientale. Attraverso delle tabelle specifiche (in questo caso quelle dell'IPCC, **Intergovernmental Panel on Climate Change**), si convertono i vari gas in kg di CO_2-equivalente, moltiplicando i kg delle sostanze considerate per i rispettivi fattori peso, che rappresentano il GWP delle sostanze (**Global Warming Potentials**, Potenziali di riscaldamento globale); dunque: Effetto serra = ... + kg CO_2 * 1 + kg N_2O * 310 + kg CH_4 * 21 + kg CFC-11 *4.000 + ... = totale kg CO_2-equivalente.

Ad esempio, per ottenere lo stesso effetto sul cambiamento climatico di 1 kg di CO_2 ci vogliono 21 kg di metano.

Normalizzazione e pesatura

L'analisi spesso si ferma alla fase di caratterizzazione degli impatti, con l'individuazione del profilo ambientale rappresentato da una serie di punteggi d'impatto relativi a ciascuna categoria.

La **normalizzazione** è però in grado di contestualizzare tali impatti, stabilendo la magnitudo del sistema studiato, cioè il suo impatto su una determinata area geografica scelta come riferimento.

Viene effettuata dividendo i valori derivanti dalla fase di caratterizzazione per un "**valore di riferimento**" o "**effetto normale**", rappresentato da dati medi su scala regionale, mondiale, e riferiti a un determinato intervallo di tempo:

$$Ni = Si/Ai;$$

dove: Si = quantità di sostanza emessa per unità di prodotto; Ai = quantità di sostanza emessa ad esempio annualmente in quel paese, dove il prodotto viene realizzato, a causa di tutte le attività presenti sul territorio.
In tal modo è possibile vedere quando l'unità funzionale studiata può essere considerata più o meno inquinante rispetto alle altre attività operanti, evidenziando, nel primo caso, una sorta di ecocompatibilità relativa (rispetto alle attività già in atto).
In funzione dello scopo della analisi condotta, potrebbe poi essere utile associare al sistema studiato un indice ambientale finale, giungendo a un punteggio unico globale che permetta, ad esempio, di confrontare due prodotti con analoga funzione.
Questa ulteriore forma di valutazione viene definita **pesatura**: i risultati della normalizzazione vengono quindi moltiplicati per "**fattori peso**" che esprimono l'importanza attribuita a ciascun problema ambientale.
Infine, tutta la procedura assume un senso compiuto se viene effettuata un'analisi dei risultati finalizzata all'**individuazione di alternative**, all'interno del processo produttivo, che permettano di ottenere miglioramenti riducendo alcuni valori attribuiti alle categorie di impatto.
I risultati analizzati possono essere resi comprensibili e maggiormente fruibili attraverso diversi metodi di rappresentazione (istogrammi ecc.), verificando, parallelamente, l'accuratezza dei dati di inventario anche in funzione della loro influenza sui risultati ottenuti. Va quindi verificata la corrispondenza tra lo scopo dello studio e l'esito dell'analisi.

2.3. Esempi di metodi di valutazione LCA Si riportano in sintesi le caratteristiche di due metodologie di valutazione LCA (ne esistono diverse) – l'Eco-Indicator 99 (olandese) e l'EPS 2000 (svedese) – al fine di permettere il confronto tra approcci differenti.

La metodologia degli ecoindicatori – Eco-Indicator 99 – sviluppata dalla PRÉ (**Product Ecology Consultants, Olanda**) aggrega i risultati in tre categorie di danno, a cui si relazionano le varie categorie di impatto, valutate su scala europea: Eco-Indicator 99

- **danni alla salute umana**: le relative categorie di impatto considerate sono: sostanze cancerogene, malattie respiratorie (derivanti da sostanze organiche), malattie respiratorie (derivanti da sostanze inorganiche), cambiamenti climatici, riduzione dello strato di ozono, radiazioni ionizzanti; l'**indicatore di danno** è il DALYS (**Disability – Adjusted Life Years**), definito come il numero di anni di vita persi da tutti i cittadini europei;
- **danni alla qualità dell'ecosistema**: comprende le categorie di impatto: ecotossicità, eutrofizzazione/acidificazione, sfruttamento del suolo. Gli **indicatori di danno** sono il PDF/**m²yr** (**Potentially Disappeared Fraction**) – definito come la variazione della percentuale di specie vegetali che hanno

un'alta probabilità di non sopravvivere a seguito degli impatti considerati – e il PAF (**Potentially Affected Fraction**), parametro utilizzato per valutare il danno arrecato da sostanze tossiche all'ecosistema; si applica per lo più a organismi molto semplici, acquatici e terrestri, come i vermi, i crostacei, le alghe. Può essere interpretato come la frazione percentuale di specie esposte a una concentrazione che implica uno stress tossico, non ancora realmente diventato un danno; infatti, per arrivare a un indicatore di danno univoco (i PDF), si moltiplicano i PAF per dieci (1 PDF = 10 PAF);

- **esaurimento risorse**: comprende le categorie di impatto combustibili fossili e minerali; l'**indicatore di danno** è il **MJ/surplus**, che valuta il surplus di energia necessario per estrarre 1 kg di materiale quando il suo consumo sarà 5 volte quello del 1990.

Gli impatti vengono normalizzati e valutati per ottenere un parametro univoco di valutazione del danno dell'unità funzionale del sistema-prodotto: gli **ecopunti (Pt)**.

La fase di valutazione avviene attraverso la considerazione del modello della "Cultural Theory" (Thompson *et al.*, 1990), per la modellizzazione della soggettività attraverso la distinzione di cinque principali "sistemi di valori". Tale teoria è stata ottenuta da Thompson considerando i comportamenti delle persone rispetto a due dimensioni fondamentali dell'esistenza umana, cioè l'attaccamento al gruppo e il grado di indipendenza nei confronti di imposizioni e di prescrizioni esterne. Dei cinque archetipi – cioè individualista, gerarchica, egualitaria, fatalista, autonoma – solo le prime tre tipologie di persone fondano le proprie scelte su valide prospettive, al contrario delle altre due, in quanto il fatalista tende a uniformarsi completamente al giudizio altrui, mentre l'autonomo ha un pensiero sfuggente a ogni tipo di modellazione.

Per questo il modello adottato dagli Ecoindicatori 99 prende in considerazione solo le prime tre prospettive, da cui derivano tre versioni del modello di valutazione:

1. **versione individualista**; si considerano solo le relazioni causa-effetto che dispongano di prove inerenti la loro validità (certezza); si utilizzano prospettive di breve termine (gli effetti a lungo termine potrebbero essere annullati dal progresso della scienza e della società);
2. **versione gerarchica**; secondo tale atteggiamento vengono adottate le indicazioni sostenute in maniera condivisa dalla comunità scientifica e politica;
3. **versione egualitaria**; adotta il principio precauzionale, non tralasciando alcuno dei possibili rischi, anche ciò che non è completamente provato, e non accetta le indicazioni delle comunità scientifica e politica in merito al livello di rischi accettabile; si utilizza una prospettiva a lungo termine, immaginando che il progresso non risolva in futuro i problemi ambientali.

Dalle tre versioni ne derivano "fattori peso" diversi nella valutazione e an-

che diversi contributi percentuali delle categorie di impatto sulle tre categorie di danno.
Non si avrà quindi un solo valore in uscita, ma tre differenti dipendenti dalla prospettiva prescelta e lasciando, a chi compie la valutazione, la possibilità di scegliere la versione che ritiene più adeguata allo studio e più rispondente anche alla sua, dimostrando che parte del giudizio sui problemi ambientali è legata anche ad una dimensione più soggettiva.
Il metodo di valutazione EPS 2000 (**Environmental Priority Strategies in Product Design**), sviluppato dallo Swedish Environmental Research Institute (IVL), aggrega i risultati in quattro categorie di danno e valuta gli impatti su scala mondiale: EPS 2000

- **danni alla salute umana**; comprende le categorie di impatto: speranza di vita, grave malattia, malattia, forte fastidio, fastidio; l'**indicatore di danno** è il **Person Year**, definito come il numero di anni di vita persi dalla comunità mondiale;
- **capacità produttiva dell'ecosistema**; comprende le categorie di impatto: capacità di crescita del raccolto, capacità di crescita del legno, produzione di carne e pesce, acidificazione del suolo, capacità di produzione d'acqua per irrigare, capacità di produzione d'acqua da bere; in questo caso ci sono due diversi tipi di **indicatore di danno**: i **KG** (di raccolto, di legno, di carne e pesce, di acqua) e il numero di **moli H^+ equivalenti** (per l'impatto di acidificazione del suolo), dal momento che le sostanze emesse potenzialmente acide (SO_2, NO_x) hanno la tendenza a formare ioni positivi di idrogeno;
- **disponibilità di risorse abiotiche**; comprende un'unica categoria di impatto: esaurimento delle riserve; l'indicatore di danno è l'ELU (**Environmental Load Unit**) e rappresenta la disponibilità a pagare per la sostituzione delle risorse abiotiche in esaurimento;
- **biodiversità**; comprende anch'essa un'unica categoria di impatto: estinzione delle specie; l'indicatore di danno è il NEX, un valore dimensionale dato dal rapporto tra le specie estinte a causa della sostanza e numero totale di specie estinte in un anno.

Gli impatti, in questo metodo, vengono solo valutati e non normalizzati; si ottiene così un parametro univoco di valutazione dell'impatto espresso in ELU, cioè **unità di carico ambientale**. Tale parametro si basa sul concetto della WTP (**Willingness To Pay**), cioè la disponibilità a pagare per evitare cambiamenti che possano peggiorare le condizioni dell'ambiente e della salute, o meglio ancora quanto sarebbe necessario spendere per mantenere inalterata la situazione ambientale; per cui più è basso l'indice ELU migliore è la soluzione scelta.
Il metodo EPS è quindi classificabile tra quelli che prevedono un approccio economico del problema e si fa corrispondere un ELU a un euro, anche se in realtà la metodologia originaria faceva riferimento all'ECU.

Dato il suo approccio monetario al problema ambientale, l'EPS è un metodo utile negli studi di tipo **Life Cycle Costing** (LCC).

Differenze tra i due metodi

Esistono alcune differenze sensibili tra i due metodi:

- innanzitutto l'E-I 99 considera la scala europea, mentre l'EPS 2000 la scala mondiale;
- la categoria di danno "qualità dell'ecosistema", in E-I 99, nell'EPS 2000 è espressa in due categorie diverse ("capacità produttiva dell'ecosistema" e "biodiversità");
- l'EPS 2000 contiene categorie di impatto non valutate in E-I 99, cioè l'"influenza sulle capacità di crescita" del raccolto, del legno e della carne-pesce;
- nell'E-I 99 la risorsa acqua è inserita nelle categorie di impatto "minerali" (relativa a quella di danno "esaurimento risorse") e "acidificazione/eutrofizzazione" (relativa a quella di "danno alla qualità dell'ecosistema") mentre nell'EPS 2000 ha due sue proprie categorie di impatto (capacità produttiva acqua per irrigazione e da bere), afferenti quella di danno "capacità produttiva dell'ecosistema"; infatti per l'EPS 2000 il peso del consumo della risorsa idrica è notevolmente maggiore rispetto a quello che gli viene attribuito dal metodo degli E-I 99;
- "esaurimento delle risorse", in E-I99, e "disponibilità risorse abiotiche", in EPS 2000, sono le uniche categorie di danno che si corrispondono maggiormente, anche se attribuiscono pesi diversi alle sostanze: ad esempio il gas naturale e il rame appaiono di disponibilità più limitata nell'EPS 2000 che nell'E-I 99;
- in merito alla CO_2: negli E-I 99 compare nella categoria di impatto "cambiamenti climatici" (relativa alla categoria di "danno alla salute umana"); in EPS 2000 compare in più categorie di danno ("salute umana", "biodiversità" ed "ecosistema") e, in particolar modo, la categoria di impatto "legno" considera le emissioni come un vantaggio per la crescita del legno, differentemente dall'opinione comune che le valuta come dannose per l'ambiente;
- lo "sfruttamento del suolo" riveste un peso decisamente maggiore nell'E-I 99 che nell'EPS 2000;
- hanno approcci diversi (**Distance to Target** e **Monetizzazione**).

L'applicazione di due, o più, metodi differenti permette quindi di evidenziare eventuali aspetti che non emergerebbero con l'utilizzo di un solo metodo, ottenendo così più elementi necessari a una migliore valutazione dell'ecocompatibilità del prodotto studiato.

Considerazioni sul metodo LCA

Dalla suddetta descrizione, per quanto sintetica, è evidente la **complessità** nello sviluppare una LCA; **tale difficoltà può essere ulteriormente aggravata** dai seguenti fattori:

- mancanza di banche dati italiane;
- mancanza di un metodo italiano;

- la valutazione si concentra solo su aspetti quantitativi, tralasciando eventuali requisiti qualitativi non quantificabili;
- sono molte le incertezze relative ad alcune problematiche ambientali (le scienze ambientali sono ancora "giovani"), pertanto gli obiettivi potrebbero nel frattempo cambiare o potrebbero aggiungersene altri oggi trascurati o non rilevati;
- molte sono le incertezze sul futuro: il contesto tecnologico, culturale e normativo può cambiare rispetto a quello del momento in cui si progetta e si sviluppa l'analisi; ciò comporterebbe una continua revisione dei dati per tutti i prodotti realizzati nel mondo!

Per questi motivi si confida maggiormente in strumenti quali il citato EPD (etichettatura ecologica di III tipo), che affida alle industrie la realizzazione della scheda ambientale del prodotto, fornendo più facilmente al progettista i dati primari sulla fase di produzione e permettendone il continuo aggiornamento o la modifica con sforzi economici e di tempo limitati.

3. Il riciclo dei materiali e l'impiego nel design

Nel par. 1 di questo capitolo sono state individuate le strategie di analisi atte a impostare un progetto di ecodesign. Tra queste c'è la selezione del materiale. Si è detto che in mancanza di materiali realizzati da risorsa rinnovabile è opportuno fare **ricorso a materiali derivanti da processi di riciclo** e a loro volta riciclabili; tali processi permettono infatti lo sfruttamento di una risorsa originariamente non rinnovabile come se invece lo fosse, nei limiti della riproducibilità delle caratteristiche qualitative (e quantitative). Si è anche accennato al fatto che in alcuni casi il processo di riciclo dà vita a un prodotto le cui caratteristiche sono in parte o quasi del tutto diverse da quelle dei materiali di origine, soprattutto quando diversi materiali vengono miscelati. Vediamo quindi alcuni esempi per quattro categorie di materiali i cui processi di raccolta e riciclo sono da tempo oggetto di sviluppo: il vetro, la gomma, la plastica e la carta. Del legno si è già parlato, pertanto cfr. cap. 6, par. 2.

3.1. Il vetro Del vetro si è già parlato nel par. 1 del cap. 6, relativamente alle modalità produttive delle lastre piane e ai prodotti specifici per edilizia, e nel par. 3 del cap. 3, relativamente alle possibilità del suo recupero.
Il vetro può però essere lavorato anche a soffio – tecnica antica con cui un tempo si producevano persino i vetri delle finestre – e a stampo, al fine di ottenere lavorazioni, superficiali o nella massa, particolari, ad esempio unendo parti di colore diverso.

Preconsumo e postconsumo

Relativamente alla questione del suo **riciclo**, in fase di raccolta **preconsumo** il vetro è ovviamente reinserito nel processo produttivo come **fondente**, poiché i rottami, inseriti nella massa fusa delle materie prime, non contenendo scorie ed essendo già nella forma chimica finale, permettono di ridurre le temperature di lavorazione, ottenendo un risparmio energetico e riducendo le emissioni inquinanti nell'atmosfera.

Il vetro è però uno dei materiali che da più tempo è oggetto di **raccolta anche in fase postconsumo**; a vantaggio della pratica di raccolta c'è la **totale recuperabilità** del materiale, senza perdite quantitative nel processo, cosa che lo rende conveniente economicamente. Si consideri, per avere un termine di riferimento, che il costo energetico di una tonnellata di contenitori in vetro è stimabile in 20.000 MJ/t; se il contenuto di rottami è del 30%, scende a 15.400 MJ/t.

La raccolta differenziata

Il riciclo postconsumo avviene grazie alla raccolta differenziata. Questa è organizzata diversamente nei paesi europei, in alcuni dei quali è piuttosto capillare e realizzata suddividendo i tre principali colori impiegati per gli involucri (bottiglie, barattoli), che costituiscono la principale risorsa: incolore, verde, marrone. In Italia la raccolta invece non tiene conto di questa possibilità di differenziazione, con il risultato che diventa pressoché impossibile produrre nuovamente contenitori dei rispettivi colori (si possono però ottenere bottiglie verde scuro); il materiale riciclato viene invece in genere utilizzato per **produrre prodotti di diverso tipo**, quali gli **isolanti termici** in proporzioni variabili: **vetro cellulare espanso, fibre di vetro**.

Recupero

Si consideri che nella maggioranza dei paesi europei – in Italia solo in alcune aree – i **contenitori di vetro vengono spesso recuperati e riutilizzati** diverse volte, finché mantengono un livello qualitativo (usura) adeguato al loro uso; è il classico caso del recupero delle bottiglie per acqua minerale "vuoto a rendere", un tempo (prima che si diffondesse la pratica della raccolta differenziata) molto diffuso anche in Italia. Diverse strutture organizzative fanno sì che tale pratica sia conveniente in certi luoghi, mentre in altri sia preferibile la raccolta per il riciclo.

In alcuni paesi europei viene effettuata persino la **raccolta per il recupero di bottiglie di plastica**, sempre destinate alla commercializzazione di acqua minerale, prodotte allo scopo, molto più resistenti di quelle che troviamo in Italia; i consumatori non si stupiscono di trovare negli scaffali bottiglie spesso molto graffiate esternamente (a causa dei processi automatizzati di raccolta, igienizzazione e riempimento), sapendo che ciò implica un risparmio in termini energetici ed economici (la restituzione della bottiglia vuota, presso i punti vendita, implica un rimborso cospicuo in buoni spesa).

Arte e artigianato

Nell'ambito del design di tipo artigianale, sono frequenti operazioni di **recupero e assemblaggio di parti e rottami di elementi di vetro** per la **realizzazione di oggetti artistici** e oggettistica varia di buon effetto, che, in certi casi, per volontà dei realizzatori, conservano la memoria degli oggetti precedenti, sottolineando la loro provenienza.

I rottami di vetro vengono inoltre utilizzati per la realizzazione di graniglie a forte effetto decorativo, incorporandoli in impasti resinosi e ottenendo lastre e piastrelle di diverso spessore e dimensione per la realizzazione di rivestimenti, pavimentazioni, piani per tavoli e mobili ecc. (ad esempio il TTURA).

3.2. La gomma vulcanizzata Uno dei rifiuti caratterizzanti quest'epoca, sul quale si sono concentrati molti studi per il suo notevole ingombro e per l'elevata qualità del materiale costituente (in termini di risorse impiegate per la produzione iniziale e di possibilità di sfruttamento al termine del ciclo di vita), è il **pneumatico**.

Sebbene questo sia in parte prodotto con componenti naturali (la gomma), le componenti sintetiche e i trattamenti di produzione fanno sì che il **tempo necessario al degrado**, per opera di microrganismi, **superi 100 anni**.

Lo smaltimento in discarica controllata può inoltre portare a effetti nocivi, quali la possibilità di sviluppo di incendi, l'instabilità meccanica all'interno della massa di rifiuti stoccata (per la presenza di questi elementi, cavi e molto elastici), oltre a essere una rinuncia al reimpiego di risorse di alta qualità.

Composizione chimica

I **trattamenti di recupero** (ricostruzione, tramite rivulcanizzazione del battistrada), **riciclo** o altro tipo di impiego dei pneumatici (**termovalorizzazione**) sono **determinati dalle caratteristiche** di questi in termini di **composizione chimica** della mescola utilizzata e degli elementi strutturali contenuti, oltre che dalle politiche nazionali in termini di raccolta e riciclo dei rifiuti.

La composizione dei pneumatici da autovettura è diversa da quella di pneumatici da autocarro, sia in termini di proporzioni dei componenti nella formulazione chimica della mescola (ottenuta da gomma naturale, gomma sintetica cioè un copolimero di Stirene-Butadiene SBR, nerofumo, zolfo, ossido di zinco e altre componenti aggiuntive), sia in termini di elementi strutturali contenuti, costituiti dalle tele, sia in tessile sintetico sia in acciaio. I pneumatici sono costituiti dal battistrada (in gomma vulcanizzata) e dalla carcassa (la parte strutturale su cui viene vulcanizzato il battistrada, costituito da spalla e tele, elementi tessili o filamenti di acciaio).

Dal **riciclo** dei pneumatici è possibile ottenere **energia** (il potere calorifico è di circa 6.800-7.800 Kcal/kg, cioè un valore intermedio tra il carbone e l'olio combustibile), **granuli** (in particolare per la produzione di elementi da pavimentazione) e **acciaio**.

Ciò nonostante, secondo un Rapporto di FISE Assoambiente, in Italia ogni anno vengono dismesse circa 430.000 tonnellate di gomma di cui solo il 23% viene riutilizzato, in parte per la ricostruzione dei pneumatici e in parte per il riuso vero e proprio, mentre il 25% viene utilizzato come combustibile in ambito industriale e il 48 % viene depositato in discarica a tempo indeterminato.

Processi per il riciclo

Esistono diversi processi di lavorazione del rifiuto gomma vulcanizzata, da applicare in funzione del tipo di riuso o riciclo che si vuole attuare.

La **triturazione** permette di ridurre il rifiuto in gomma in granuli per consentirne l'impiego nelle mescole di realizzazione di nuovi prodotti, più avanti citati. Esistono tre processi molto diversi: la **triturazione meccanica**, i **processi criogenici**, i **processi elettrotermici**.

Triturazione meccanica

La prima fase da compiere, nella triturazione meccanica è la **rimozione del tallone**, solo per quanto riguarda i pneumatici da autocarro, in quanto contiene anelli metallici di grande sezione che servono a conferire maggiore resistenza al pneumatico.

Successivamente si procede alla **triturazione**, con la riduzione dei pneumatici in elementi di dimensioni dai 70 ai 100 mm, ponendo attenzione a non fare surriscaldare, con la rotazione delle pale di triturazione, il materiale che altrimenti potrebbe aderire agli elementi dell'impianto. Quindi si passa alla **granulazione**, con la riduzione del materiale in elementi più piccoli, cosa che permette di asportare le tele contenute nella parte strutturale del pneumatico. Le diverse granulometrie ottenibili permettono la produzione di nuovi manufatti con caratteristiche variabili. Parte del granulato viene poi ridotto in **polverino**, normalmente impiegato come additivo per la produzione di articoli in gomma o come additivo per i bitumi stradali.

Triturazione criogenica ed elettrotermica

Nella triturazione criogenica si sfrutta il fenomeno di fragilità dovuto al congelamento a bassissima temperatura che permette, una volta che la gomma abbia assunto una struttura cristallina fragile, la sua macinazione. La gomma, dopo una prima triturazione grossolana, viene quindi trattata e sbriciolata criogenicamente e infine polverizzata, ottenendo un polverino di qualità superiore a quello ottenibile solo meccanicamente.

Il processo elettrotermico consiste nell'introduzione del pneumatico, già ridotto in pezzi, in un forno a induzione elettromagnetica, in cui la parte metallica del pneumatico, sottoposta al campo elettromagnetico, si riscalda rapidamente fino a temperature di circa 700 °C. La gomma carbonizza nella parte di interfaccia con le parti metalliche e si distacca da queste, quindi le diverse parti si raccolgono sul fondo del forno, parti metalliche, gomma carbonizzata e gomma inalterata.

Rigenerazione

Parte della gomma triturata viene portata agli impianti di **devulcanizzazione e rigenerazione**, che permettono di portare il materiale a una struttura chimica vicina a quella dell'elastomero di partenza, da impiegarsi come componente delle normali mescole. La devulcanizzazione avviene in autoclave, sfruttando l'azione congiunta di temperatura, pressione e additivi chimici.

Processi termici

Gran parte del rifiuto da pneumatico non viene riciclato e viene sottoposto a **termodistruzione** tramite processi per la produzione di energia termica ed elettrica (pertanto definita anche **termovalorizzazione**; cfr. cap. 3, par.

3), o viene utilizzato come combustibile nel campo industriale ove richiesta una grande quantità di energia termica (cementifici, cartiere, impianti metallurgici ecc). È anche possibile inserire i pneumatici nel processo produttivo di cementifici, utilizzandoli come combustibile nei forni industriali e incorporando il residuo solido, contenente anche materiale ferroso, nel clinker di cemento.

Attraverso il **processo di pirolisi** è possibile scindere il materiale in una componente solida (*char*), una parte liquida (oli) e una gassosa (*syngas*), in proporzioni variabili in funzione di come viene sviluppata la procedura. Questo processo consiste nel sottoporre, tramite riscaldamento, il materiale a un cracking termico a temperature intorno ai 500/600 °C. Le sostanze ottenute possono quindi essere utilizzate come combustibili.

Prodotti a base di gomma riciclata

Il **riciclo** della gomma vulcanizzata derivante dalla raccolta dei copertoni per auto permette la **produzione** di **agglomerati** di vario tipo, principalmente per la **realizzazione di pavimentazioni**, sfruttando la buona resistenza all'usura del materiale di base.

Uno di questi prodotti, ad esempio, viene ottenuto miscelando i granuli di gomma insieme ad altri costituiti da un elastomero, l'EPDM (termopolimero etilene-propilene-diene monomero), e uniti tramite un polimero poliuretanico a base acqua, a bassa emissione di VOC. Dall'impasto è possibile ottenere **fogli e piastre monostrato**, con diversi spessori (sottili: 4-6 mm) e diversi coefficienti di attrito, utilizzabili per **pavimentazioni** antiscivolo. Tale prodotto non deve essere impiegato negli spazi di sosta delle autovetture in quanto è sensibile agli idrocarburi.

Altri tipi di mescola, a granuli più grandi, portano alla realizzazione delle cosiddette **pavimentazioni antishock**, normalmente impiegate per le aree gioco per i bambini, destinate a parchi e giardini, e per certe superfici di aree sportive.

Con mescole a maggior peso specifico (granuli piccoli, agglomerazione a pressione) è possibile realizzare **piastrelle e massetti autobloccanti** per realizzare pavimentazioni esterne di diverso tipo, per aree gioco, aree sportive e per pavimentazioni a diverso trattamento superficiale, ad esempio per realizzare i percorsi e gli elementi di segnalazione per ipovedenti.

Impieghi "creativi"

Nell'ambito del recupero non mancano gli impieghi creativi e artistici. Ormai diffuso è l'impiego di porzioni di **battistrada** non più idonei per la circolazione stradale, per la realizzazione di **suole per scarpe**. Attraverso la lavorazione delle **camere d'aria** (lisce e sottili) vengono realizzati **giochi per bambini** (altalene ecc.; cfr. bibliografia) e oggetti di vario tipo, ad esempio copertine per quaderni, astucci per matite ecc.

Alcune esperienze interessanti hanno portato alla realizzazione di **sedute** realizzate con **strutture in gomma riciclata e rivestimenti di feltro di lana riciclata** (preconsumo).

3.3. La plastica La plastica è una famiglia di **materiali di derivazione petrolifera** (ma esiste anche un tipo di plastica velocemente biodegradabile di derivazione vegetale, con limitati impieghi) che ha caratterizzato e cambiato profondamente la produzione di oggetti e componenti praticamente in ogni settore industriale, eliminando o sostituendo in gran parte i materiali di derivazione naturale, animale e vegetale, usati precedentemente, grazie alle sue grandi caratteristiche di lavorabilità con diverse tecniche, di resistenza all'usura e agli agenti atmosferici e, soprattutto, di economicità. La plastica è però da tempo sul banco degli imputati a causa di diversi aspetti che la pongono in antitesi con gli obiettivi di tutela ambientale: è derivata da una risorsa non rinnovabile, alcuni stadi produttivi sono inquinanti e oggetto di rischio ambientale in caso di incidente, oltre che essere potenzialmente dannosi per la salute di chi la lavora, ha tempi di biodegradabilità molto lunghi, pertanto se dispersa nell'ambiente diventa un elemento fastidioso, ingombrante e in certi casi dannoso per le specie viventi. Non pare oggi possibile però rinunciare al suo impiego; certamente vanno affrontati tutti i problemi che la caratterizzano. Per quanto riguarda gli aspetti che più ci competono, è opportuno sottolineare la necessità di **ridurre il ricorso a plastica vergine**, a causa del progressivo esaurimento della materia prima, cioè la risorsa petrolifera, e cercare di ridurre il più possibile il suo conferimento in discarica al termine del ciclo di vita degli oggetti che di questa sono composti.
Rinviando a testi più specifici l'analisi delle diverse tipologie e composizioni chimiche e delle loro caratteristiche tecniche, si affronta, in questo paragrafo, sinteticamente la questione del suo riciclo.

Riciclo meccanico

La pratica più diffusa di riciclo è quella del riciclo meccanico; questa consiste nella triturazione meccanica di oggetti in plastica, recuperati mediante la raccolta differenziata dei rifiuti urbani, sottoponendo il materiale, successivamente, a processi termici che ne permettono nuovamente la lavorabilità a caldo (stampo ed estrusione), trasformando così il rifiuto in risorsa. La **qualità del materiale finale** è fortemente **dipendente dalla qualità del rifiuto**, ovvero dalla correttezza della pratica di raccolta differenziata e dall'evolversi delle tecniche di selezione (manuali e automatiche) che permettono di avere una materia prima-seconda dalle caratteristiche note.
Si consideri che gli sfridi di lavorazione dei materiali termoplastici rientrano nel ciclo produttivo all'origine, cioè in fase preconsumo, già da molto tempo.
Per quanto riguarda le plastiche termoindurenti, a causa della loro infusibilità dopo la polimerizzazione, queste possono essere comunque triturate e andare a costituire carica inerte in quella categoria che viene definita **plastica eterogenea**.
Sia nel caso si voglia produrre, mediante riciclo, plastica eterogenea che

plastica omogenea, il problema principale è **selezionare i rifiuti individuandone i polimeri** componenti, così da permettere la realizzazione delle giuste mescole.
Diverse sono le **tecniche di separazione** dopo una prima cernita dimensionale e formale volta a raggruppare gli elementi che presumibilmente sono omogenei:

- separazione magnetica;
- separazione per flottazione;
- separazione per densità;
- galleggiamento;
- separazione per proprietà aerodinamiche;
- setaccio tramite soffio d'aria;
- separazione elettrostatica.

Il materiale viene quindi triturato, densificato a temperatura controllata ed estruso. Poiché nella **plastica eterogenea** sono presenti polimeri che si comportano diversamente a determinate temperature, in generale **non sarà possibile ottenere elementi di forma eccessivamente complessa** o di spessore molto sottile, in funzione della dimensione dei granuli.

Riciclo chimico

Oltre al riciclo meccanico esistono altri procedimenti per il recupero del rifiuto in plastica. Si parla di riciclo chimico quando si impiega un processo termochimico in grado di scomporre i polimeri di cui sono composte le plastiche, riportandole allo stato di monomeri, per la produzione di combustibili gassosi o liquidi impiegabili come alternative o come additivi ai prodotti derivati da petrolio vergine. Tale settore sembra particolarmente interessante dal punto di vista del recupero delle risorse ambientali, poiché l'alternativa, in termini di recupero a fini energetici, è quella della termodistruzione, che nonostante gli alti rendimenti ottenibili, per l'alto potere calorifico delle plastiche e l'evoluzione dei sistemi impiantistici in termini di sicurezza per i lavoratori e il cittadino, lascia ancora qualche dubbio a causa della produzione di polveri sottili che possono sfuggire ai sistemi di filtraggio degli impianti e al residuo di scorie che può arrivare al 20% in peso del rifiuto immesso.

Riciclo del PET

Il PET (polietilentereftalato) è una resina termoplastica che si lavora a fusione; successivamente può essere trasformato in materiale fibroso (produzione di fiocchi per imbottitura, tessitura), essere stampato, estruso e termoformato con diverse destinazioni d'uso. La qualità del prodotto raccolto determina il buon esito del riciclo dal punto di vista tecnico ed economico.
Il PET raccolto in fase postconsumo deriva principalmente dalle bottiglie dell'acqua minerale. Queste vengono private degli elementi accessori realizzati con altri materiali (ad esempio etichette di carta) attraverso sistemi di lavaggio spinto, quindi ridotte in granuli, asciugati ed essiccati e sotto-

posti a fusione (245-255 °C); il materiale subisce poi diversi processi in funzione del tipo di prodotto da realizzare.
È possibile, ad esempio, ottenere **fibre di poliestere** per la realizzazione di tessuti caratterizzati da morbidezza e capacità isolanti, utilizzabili anche insieme a fibre naturali come lana e cotone.
Con il sistema a stampaggio è possibile ottenere **elementi dalla superficie solida**, termoformabili e termosaldabili, con cui è possibile produrre oggetti che necessitino di resistenza all'acqua e agli agenti chimici di normale impiego, come piani per mobili, tavoli ecc., apparecchi sanitari (lavandini, piatti doccia e vasche da bagno) ecc., con la possibilità, in caso di graffi evidenti, di levigare la superficie, poiché la colorazione avviene omogeneamente nella massa.

Plastiche eterogenee

Di evidente interesse nel mercato del riciclo della plastica è la nascita relativamente recente di una serie di prodotti genericamente denominati **plastica eterogenea**, la cui importanza è determinata dalla **possibilità di utilizzare diversi tipi di plastica insieme**, inglobando anche plastiche termoindurenti e altri materiali (ad esempio farina di legno) come carica inerte. Ciò permette una riduzione dei costi, mescolando scarti postconsumo (con costi di cernita inferiori) e preconsumo (per correggere la qualità del prodotto finale attraverso l'aggiunta di materiali specifici di composizione e qualità certa) e la possibilità di riciclare una maggiore quantità di materiale secondo le sue caratteristiche, usando le termoplastiche come legante e le termoindurenti come inerte. Inoltre è così possibile ottenere prodotti con caratteristiche nuove rispetto agli elementi di partenza.

Alcuni esempi di plastiche eterogenee

Synplast è un materiale costituito da LDPE (polietilene a bassa densità) come componente legante, HDPE (polietilene ad alta densità) come materiale che reagisce al processo senza però arrivare a completa plasticizzazione (riducendo così la temperatura necessaria per la lavorazione e il conseguente consumo energetico) e altre plastiche (PET, termoindurenti) che sono contenute nella mescola senza modifiche rispetto al momento dell'introduzione. Con l'introduzione di ossidi si possono ottenere diverse colorazioni. Il materiale ha caratteristiche di resistenza analoghe a quelle delle plastiche di partenza e si può lavorare come fosse legno. Si producono diversi profilati atti a realizzare componenti per l'arredo sia per esterni che per interni. Per realizzare un kg di Synplast sono necessari circa 25 contenitori (bottiglie) per liquidi.
Altro materiale eterogeneo è il **Chylon** (immagini a colori, foto 46 e 47), costituito da LDPE, HDPE, provenienti dalla raccolta di contenitori per liquidi (detersivi, cosmetici, alimentari), e sfridi di legno della lavorazione dei pannelli in truciolare, sotto forma di pagliuzze. La dimensione e la quantità di fibre di legno presenti permette la formazione di un reticolo fibroso che dona al materiale caratteristiche del tutto nuove per un materiale plastico. Il materiale è a sua volta riciclabile, potendo essere nuovamente

triturato e inserito nel ciclo di produzione. Il materiale di base viene inserito nell'estrusore e vengono prodotte delle barre di sezione rettangolare che successivamente, allo stato semifluido, verranno messe negli stampi per la formazione degli oggetti. Questi sono successivamente lavorabili ulteriormente ed eventualmente verniciabili. Da considerare la possibilità di ottenere un'immagine superficiale diversa e interessante, in funzione della lavorazione dello stampo e dei coloranti utilizzati, grazie anche alla presenza delle pagliuzze di legno.

Neolite, il cui campo di applicazione è principalmente la realizzazione di oggetti per esterni in sostituzione del legno, come alternativa che non necessita di manutenzione avendo una ridotta alterabilità agli agenti atmosferici, è una plastica eterogenea costituita per il 60-80% da plastica proveniente dalla raccolta differenziata, con aggiunta di LDPE proveniente dal riciclaggio di imballi, per assicurare una mescola omogenea pur ricorrendo al 100% di materie da riciclo. Gli elementi in neolite sono prodotti per estrusione e possono contenere, ove necessario, armature metalliche coestruse.

Si cita infine il **Durawood** (prodotto nel Regno Unito), costituito essenzialmente da HDPE derivato da bottiglie per il latte. Date le caratteristiche del materiale è possibile estrudere sia profilati che lastre dotati di buona rigidità. Il materiale viene colorato simulando i toni di alcuni legni o anche nei colori verde e bianco, poiché le applicazioni più frequenti sono oggetti di arredo per esterni.

L'**Ecoallene** è composto dal 93% di LDPE e dal 7% di polvere di alluminio. Può essere utilizzato sia per la produzione di oggetti che per realizzare impermeabilizzanti. Il materiale deriva infatti dal riciclo del poliaccoppiato, il quale viene triturato e privato della componente cellulosica mediante la dispersione delle fibre in acqua. La cellulosa viene destinata alla produzione di carta e il filtraggio permette il trattenimento delle componenti (pressoché inscindibili) di polietilene e alluminio. Oltre ai consueti oggetti per arredo urbano, è possibile stampare il materiale anche per la produzione di oggettistica (ad esempio da cancelleria).

Può sorprendere il fatto che nel materiale **Ecomat** (azienda Ecoplan) sia incorporato un materiale di scarto di cui l'Italia è grande produttore, cioè la sansa esausta. Questa viene miscelata con polipropilene (vergine e riciclato) e fibra di vetro. Anch'esso è destinato a sostituire il legno in applicazioni in cui l'umidità e gli agenti atmosferici possono richiedere manutenzione, in questo caso invece non necessaria. Il materiale a oggi è stato principalmente utilizzato per realizzare tavole per casserature del calcestruzzo a disarmo facilitato (è fortemente idrorepellente) e impalcati per applicazioni in esterni (ad esempio stabilimenti balneari) o per l'autotrasporto (pianali di autocarri).

3.4. La carta La carta è uno dei materiali oggetto di raccolta differenziata da più tempo. Per la sua natura fisico-chimica la carta è sempre stata oggetto di riciclo, ma da alcuni anni tale pratica è stata sistematizzata e ampliata grazie alle "campane" per la raccolta differenziata. La carta viene quindi trasportata alle piattaforme di raccolta, dove si procede alla separazione grossolana dai materiali estranei presenti. Vengono quindi formate grandi balle di carta pressata che vengono portate alle cartiere da macero per la lavorazione. Le fasi per giungere alla fibra, da mescolare o meno a fibra vergine in funzione del tipo di prodotto che si vuole realizzare, sono lo spappolamento, la selezione in sospensione acquosa, la centrifugazione e la vagliatura. Si arriva quindi alla polpa e allo "scarto di *pulper*", residuo non utilizzabile pari circa al 5% (asciutto) del materiale immesso nel ciclo.

Termodistruzione

Una delle modalità di sfruttamento del rifiuto carta è la termodistruzione. Nonostante la raccolta differenziata della carta sia diventata una pratica ormai capillare, la quantità di fibra cellulosica che finisce nei rifiuti indifferenziati è molto alta, insieme a una buona quantità di plastica, entrambi materiali dall'alto potere calorifico. Si pensi ad esempio ai contenitori in poliaccoppiato che per il momento – sebbene siano in atto sperimentazioni di raccolta postconsumo per il riciclo e la produzione di ecoallene (cfr. cap. 7, par. 3.3) – finiscono nei nostri bidoni e il cui potere calorifico è all'incirca la metà di quello del carbone; si è stimato che la combustione di un imballaggio da 1 litro è sufficiente ad accendere una lampadina da 60 W per un'ora e mezza.

Per questioni pratiche, i rifiuti non vengono generalmente combusti sfusi così come vengono raccolti ma vengono trasformati in combustibile derivato da rifiuti (CDR), una tonnellata del quale ha lo stesso valore calorifico di 0,6 tonnellate di carbone. Qualora si tratti principalmente di imballaggi in cartone e plastica si parlerà di CDI (combustibile derivato da imballaggi), il cui potere calorifico è di circa 0,8 tonnellate di carbone.

Prodotti particolari

Environ biocomposite è un'azienda americana che produce pannelli derivati da fibre e resine vegetali. Il prodotto Dakota Burl è un materiale formato da resine di origine vegetale, derivate dalle proteine di cereali (soia, mais) e paragonabili alla plastica, e carta da riciclo; pertanto è completamente biodegradabile. Il materiale risultante ha le caratteristiche di un legno duro e come tale si può lavorare. Poiché, come il legno, è idrofilo necessita di protezione (verniciatura, ceratura).

Le applicazioni più frequenti sono l'arredo di interni, essendo prodotto in pannelli di dimensioni 1,2 × 2,4 m, con tessiture superficiali e coloriture variabili. È inadatto alle applicazioni a forte tasso di umidità a causa della sua facile e totale biodegradabilità.

Il materiale **ShetkaSTONE** (immagini a colori, foto 48 e 49), prodotto dalla

All Paper Recycling, Inc., è stato inventato dal prof. Stanley J. Shetka, docente di Art and Design presso il Gustavus Adolphus College a St. Peter, Minnesota. È un prodotto realizzato al 100% con carta riciclata pre e postconsumo, fibre vegetali e fibre tessili.

Il processo brevettato utilizza qualunque tipo di rifiuto in carta (anche patinata, cerata ecc.) e, attraverso una specifica amalgama, lo trasforma in un prodotto solido e resistente. Vengono così prodotte lastre il cui spessore, densità e resistenza possono essere controllati durante la realizzazione. Il materiale può essere segato, levigato, incollato, inchiodato o avvitato. Vengono realizzati pannelli utilizzati principalmente per tavoli e piani di appoggio in generale. Il prodotto può essere rifinito con prodotti per il legno.

Il **Sundeala** è un materiale prodotto in Inghilterra, costituito da carta di giornale riciclata (postconsumo), sotto forma di pannelli e utilizzato come materiale per modellismo, supporti per bacheche, oggettistica per scuole, tavoli, sedute, rivestimenti per pareti, oggetti di vario tipo. Viene anche usato come alternativa al legno per la realizzazione di bare. I pannelli possono avere diverse caratteristiche, possono anche essere ignifughi e utilizzabili all'esterno se sottoposti ad appositi trattamenti.

Arredi

Per terminare, ricordiamo che la carta è oggetto di sperimentazione progettuale anche sotto forma di **multistrato**, ovvero **cartone**, con il quale è possibile realizzare mobili e complementi di arredo interessanti e, rispetto al materiale costituente, decisamente resistenti.

Ricordiamo, ad esempio, la cucina di cartone riciclato, risultato di un progetto realizzato da Capellini Design & Consulting in collaborazione con Comieco (Consorzio nazionale per il recupero e riciclo degli imballaggi a base cellulosica), MATREC (Material Recycling) e con il supporto tecnico di Tetra Pak Italia e Indesit Company (immagine a colori, foto 50). È una cucina completa di piano cottura e forno elettrici, lavello, rubinetto, cassettiere e sportelli. Composta da due moduli di dimensioni 170 × 90 cm, ciascuno dei quali ha un peso di circa 12 kg. Il piano di appoggio è realizzato con un foglio in poliaccoppiato al fine di rendere il piano di lavoro impermeabile, lavabile e igienico al contatto con gli alimenti.

Per la realizzazione della cucina sono stati utilizzati principalmente fogli di cartone ondulato a doppia e tripla onda, supportati internamente da quattro tubolari sempre in cartone. Il quantitativo di cartone impiegato risulta l'equivalente in peso di 70 quotidiani. Per il fissaggio delle parti sono state utilizzate colla e graffette metalliche. L'architetto Marco Capellini ha realizzato altri progetti in cartone; ad esempio la libreria puzzle, la cassettiera baby e le poltrone meeting (immagini a colori, foto da 51 a 53).

In questo capitolo

- Si individua il significato del termine "ecodesign", come approccio ecocompatibile al progetto del disegno industriale.

- Vengono descritte le strategie progettuali utili al controllo dell'impatto della produzione industriale sull'ambiente.

- Viene descritta la procedura della *Life Cycle Assessment* (valutazione del ciclo di vita) come strumento di controllo dell'impiego delle risorse e della produzione di emissioni inquinanti nelle attività produttive.

- Vengono descritti i processi di riciclo relativi a quattro materiali (vetro, gomma, plastica, carta), citando esempi di prodotti particolari derivati ed esempi di oggetti di arredo.

Riferimenti bibliografici e siti Internet

ANPA (2001), *Linee guida per la Dichiarazione Ambientale di Prodotto*, ANPA, Roma.

BALDINO V., BALDO G. L. (1998), *LCA Istruzioni per l'uso*, Progetto Leonardo, Bologna.

BALDO G. L. (2000), *LCA – Life Cycle Assessment – Uno strumento di analisi energetica e ambientale*, IPAServizi Editore, Milano.

BALDO G. L., MARINO M., ROSSI S. (2005), *Analisi del ciclo di vita LCA: materiali, prodotti, processi*, Edizioni Ambiente, Milano.

BRUZZI L. (1995), *Prevenzione e controllo dell'impatto ambientale*, CLUEB, Bologna.

CAPPELLARO F. (2001), *Introduzione alla LCA*, Rapporto Tecnico 2001, ENEA, Bologna.

CHIAPPONI M. (1997), *Life Cycle Assessment: valutare e incrementare la qualità ambientale dei prodotti e dei servizi*, Associazione Impresa Politecnico, Milano.

CONAI (a cura di) (2004), *Dossier Prevenzione. Progetti e soluzioni per imballaggi ecocompatibili*, Il Sole24ore, Milano.

DE SANTOLI L. (2006), *Analisi del ciclo di vita del sistema edificio-impianto*, Palombi Editori, Roma.

HEIJUNGS R. (1992), *Environmental Lifecycle Assessment of Products: Guide October 1992*, Report 9266, Centre of Environmental Studies, Leiden, The Netherlands.

HEIJUNGS R., SUH S. (2002), *The Computational Structure of Life Cycle Assessment*, Kluwer Academic Publisher, Dordrecht, The Netherlands.

LAVAGNA M. (2005a), *Direttive, etichette, ma non solo...*, in "Modulo", 309, pp. 166-73.

ID. (2005b), *Sostenibilità e risparmio energetico. Soluzioni tecniche per involucri eco-efficienti*, CLUP, Milano.

MANZINI E., JÈGOU F. (2003a), *Album. Un catalogo di soluzioni promettenti*, Edizioni Ambiente, Milano.

IDD. (2003b), *Quotidiano sostenibile. Scenari di vita urbana*, Edizioni Ambiente, Milano.

MANZINI E., VEZZOLI C. (1998), *Lo sviluppo dei prodotti sostenibili – I requisiti ambientali dei prodotti industriali*, Maggioli Editore con il patrocinio dell'ANPA, Rimini.

MASSONE A. (2005), *Impatti ambientali con il metodo LCA e risparmi energetici secondo la legge 10/91: strumenti di valutazione per un'edilizia sostenibile*, tesi di laurea, relatore prof.ssa Rossana Reiteri, correlatore ing. Paolo Neri (ENEA, Bologna), facoltà di Architettura, Università degli Studi di Genova, Genova.

PIETRONI L. (2004), *Eco-materiali ed eco-prodotti "made in Italy". Casi studio di eco-innovazione nelle imprese italiane*, Edizioni Kappa, Roma.

PRÉ (Product Ecology Consultants) (2001a), *The Eco-indicator 99. A Damage Oriented Method for Life Cycle Impact Assessment. Metodology Report 2001*, 3rd Edition, Pré, Amersfoort.

ID. (2001b), *The Eco-indicator 99. A Damage Oriented Method for Life Cycle Impact Assessment*, Annex 2001.

ID. (2000), *SimaPro 5 User Manual. Introduction into LCA Methodology and Practice with SimaPro 5.0.*

SETAC (Society for Environmental Toxicology and Chemistry) (1993), *Guidelines for Life-Cycle Assessment: A Code of Practice*, Setac, Brussels.

STEEN B. (2000), *A Systematic Approach to Environmental Priority Strategies in Product Development (EPS)*, CMP REPORT 1999:5, *Version 2000, Models and Data of the Default Method*, Chalmers University of Thechnology, Göteborg.

THOMPSON M., ELLIS R., WIDAVSKY A. (1990), *Cultural Theory*, Westview Print, Boulder.

UNI (1997), UNI EN ISO 14040, *Environmental Management. Life Cycle Assessment – Principles and Framework*, UNI, Milano.

ID. (1998), UNI EN ISO 14041, *Environmental Management. Life Cycle Assessment – Goal and Scope Definition and Inventory Analysis*, UNI, Milano.

ID. (2000a), UNI EN ISO 14042, *Environmental Management. Life Cycle Assessment – Life Cycle Interpretation*, UNI, Milano.

ID. (2000b), UNI EN ISO 14043, *Environmental Management. Life Cycle Assessment – Life Cycle Impact Assessment*, UNI, Milano.

www.capellinidesign.it (sito dello studio dell'architetto Marco Capellini)
www.ciseonweb.it/ambiente/lca/lca-vale.htm (sito della Camera di Commercio di Forlì e Cesena)

www.crabo.it (sito del Gruppo Crabo, aziende manifatturiere del campo dell'arredamento)
www.dichep.unige.it/Consulenza_ambientale/lca-fasi.htm (sito del dipartimento di Ingegneria Chimica e di processo "G. B. Bonino", Università di Genova)
www.dichep.unige.it/Consulenza_ambientale/lca-metodologia.htm (idem)
www.disegni.com/home.html (azienda che produce mobili in cartone)
www.durat.com (azienda finlandese che produce l'omonimo materiale in plastica riciclata)
www.ecoinvent.ch (sito del Swiss Centre for Life Cycle Inventories)
www.ecoplan.it (sito dell'azienda Ecoplan che produce lastre da materia di riciclo)
www.ecosurfaces.com (sito dei prodotti in gomma riciclata della Dodge-Regupol Inc.)
www.enea.it (sito dell'Ente per le Nuove tecnologie, l'Energia e l'Ambiente)
www.environbiocomposites.com (sito dell'omonima azienda americana che produce pannelli da arredamento con fibre vegetali)
www.hollowtop.com/sandals.htm (sito commerciale ed informativo relativo a prodotti ecologici)
www.ideacharme.com (sito commerciale citato per la vendita di oggetti in gomma recuperata)
www.inventiveparent.com/wildliferecycledtireswings.htm (sito commerciale citato per la vendita di oggetti in gomma recuperata)
www.isolgomma.it (sito dell'omonima azienda produttrice di pavimentazioni in gomma riciclata)
www.matrec.it (Banca dati italiana dell'ecodesign)
www.percamera.it/ (società che produce mobili in materiale riciclato)
www.pre.nl (società di consulenza olandese che si occupa di *Life Cycle Assessment*)
www.prodottiriciclati.com (sito commerciale)
www.renewalcarpettiles.com (sito dell'omonima azienda che produce moquette da plastica riciclata)
www.setac.org (sito della Society of Environmental Toxicology and Chemistry)
www.shetkastone.com (sito dell'omonima azienda che produce pannelli per arredamento da carta riciclata)
www.sinanet.anpa.it (sito Rete del sistema informativo nazionale ambientale, vedi anche wwwsinanet.apat.it)
www.sundeala.co.uk (sito dell'omonima azienda che produce pannelli per arredamento da carta riciclata)

Note sulle illustrazioni del testo

Le figure in scala di grigi, inserite nel corpo del testo, sono state realizzate dagli autori per questo libro o sono relative a loro progetti; quando ricavate da informazioni riportate su altri testi questi ultimi sono sempre citati in bibliografia. Fanno eccezione: le immagini del cap. 1, par. 2, forniteci dal suo autore Lucien Kroll; l'immagine del cap. 5, par. 7, relativa all'Inland Revenue Centre, inviataci appositamente per il libro dallo studio di Michael Hopkins; le immagini del cap. 5, par. 4, che ci sono state date per la pubblicazione dagli architetti Alberto Natale e Paola Rissotto; le immagini del cap. 5, par. 6.4, facenti parte di una scheda fornitaci per il libro da Lorenzo Gallo della Infinity Motion; le immagini relative al cap. 5, par. 14, forniteci da Stefano Bergero e Anna Chiari.

Le immagini a colori di questo libro sono fotografie eseguite dagli autori del testo nel corso di diversi viaggi-studio o render di loro progetti e studi che hanno seguito. Fanno eccezione: le foto sulle opere di Thomas Herzog (del fotografo Peter Bonfig), Georg Wolfgang Reinberg, Marco Capellini e Paolo Cogliati, fornite appositamente per questo libro dai progettisti o dai loro studi, e le foto dei prodotti dell'Azienda Chenna e dell'Azienda All Paper Recycling Inc.

Gli autori

Stefano Bergero è ricercatore in Fisica tecnica presso la facoltà di Architettura dell'Università di Genova. Attualmente si occupa di tecniche innovative di deumidificazione dell'aria per il risparmio energetico negli impianti di condizionamento.

Marcello Brancucci, geologo, libero professionista, esperto in pianificazione territoriale e VIA; consulente presso la Provincia di Savona nel settore della Pianificazione urbanistica comunale e in quello della Difesa suolo (Piani di bacino). È stato coordinatore tecnico scientifico per la redazione della carta pedologica della Regione Liguria e svolge inoltre, a livello nazionale, attività professionale e di ricerca in campo pedologico, relativamente alla gestione e sfruttamento dei suoli (*Land Capability*) ed alla loro conservazione (*Soil Erosion Risk*).

Anna Chiari è ricercatore in Fisica tecnica presso la facoltà di Architettura dell'Università di Genova. L'attuale attività di ricerca riguarda lo studio di tecniche innovative di deumidificazione dell'aria mediante sistemi a membrana idrofobica e soluzione igroscopica.

Paolo Genta, laureato in Scienze naturali all'Università di Genova, è responsabile del Servizio parchi e aree protette della provincia di Savona. Ha collaborato nella redazione di Piani per alcuni parchi in Liguria e in Piemonte. È stato progettista del Piano provinciale delle aree protette e dei sistemi ambientali della Provincia di Savona. Ha curato la pubblicazione di opere naturalistiche a carattere divulgativo e scientifico.

Andrea Giachetta, architetto, dottore di ricerca, è professore a contratto dei corsi di Progettazione bioclimatica e Sostenibilità ambientale della facoltà di Architettura di Genova. Consulente della Provincia di Savona per le istruttorie dei Piani Urbanistici Comunali, relativamente all'analisi dei sistemi ambientali e agli studi di sostenibilità, svolge attività professionale e di ricerca soprattutto nel campo della progettazione eco-compatibile alla scala edilizia ed urbana. Ha esposto i risultati del suo lavoro in seminari e conferenze e pubblicato diversi scritti sulla tecnologia dell'architettura e la progettazione sostenibile.

Lucien Kroll, architetto belga, è uno dei progettisti più interessanti nel panorama contemporaneo. Si è occupato soprattutto di partecipazione, riqualificazione di quartieri periferici degradati, sostenibilità ambientale, affrontando questi temi in numerosi progetti realizzati soprattutto in Francia, in Germania, in Olanda e in Belgio. Ha insegnato a Bruxelles, a Grenoble e negli USA e ha tenuto numerose conferenze in diverse città nel mondo. È autore di molte pubblicazioni: tra i suoi libri si possono ricordare *Tutto è paesaggio* ed *Ecologie urbane*, pubblicati anche in Italia. Ha collaborato con diverse riviste d'architettura, in Italia anche con "Spazio & Società". Il suo particolare approccio alla progettazione, e il suo desiderio di non realizzare architetture "firmate", pur rendendo molto conosciuta la sua opera, non le ha forse conferito l'importanza che merita nel mondo dell'architettura di oggi.

Adriano Magliocco, architetto, dottore di ricerca, ricercatore in Tecnologia dell'architettura presso la facoltà di Architettura di Genova, è professore di Principi di eco-design e Laboratorio di costruzioni I, componente del collegio docenti del Dottorato in Architettura dell'Ateneo di Genova e membro del centro interuniversitario ABITA (Architettura Bioecologica e Innovazione Tecnologica per l'Ambiente). Svolge attività didattica e di ricerca occupandosi in particolare di tecnologie bioclimatiche e di sostenibilità nei processi di trasformazione territoriale, pubblicando interventi su libri, riviste, atti di convegni.

Luca Mercalli, climatologo, presidente della Società meteorologica italiana, fondatore e direttore della rivista "Nimbus", autore di circa 80 pubblicazioni scientifiche, di oltre 600 articoli su quotidiani (principalmente "la Repubblica") e riviste specialistiche, ha partecipato a circa 350 conferenze e a numerosi interventi televisivi, ha svolto incarichi di docenza in Climatologia e Glaciologia per università e corsi di formazione. È responsabile dell'Osservatorio meteorologico del Real Collegio Carlo Alberto di Moncalieri.

Thomas Smith, AIA, Adjunct Professor School of Architecture College of Design, Construction and Planning, University of Florida, è certificatore e sviluppatore del metodo di certificazione statunitense LEED; svolge attività di progettazione incentrata soprattutto sui temi della sostenibilità ambientale; ha svolto attività di ricerca con particolare approfondimento sulla situazione europea.

Silvia Soppa, architetto, svolge attività di ricerca presso la facoltà di Architettura dell'Università degli Studi di Genova, dov'è dottorando e professore a contratto. È, inoltre, istruttore di Piani urbanistici comunali presso la Provincia di Savona e membro del Consiglio direttivo ligure dell'Istituto nazionale di urbanistica. L'attività scientifica è rivolta all'approfondimento di conoscenze e metodi per la costruzione dei piani e al coordinamento delle valutazioni di carattere paesaggistico con le scelte della pianificazione. È autrice di numerosi saggi e articoli.